Deutschbuch

Erweiterte Ausgabe

Sprach- und Lesebuch

9

Herausgegeben von
Andrea Wagener

Erarbeitet von
Friedrich Dick, Heike Frädrich,
Agnes Fulde, Hans-Joachim Gauggel,
Daniela Giesler, Anna Löwen,
Ruth Malaka, Sabine Matthäus,
Arnhild Nachreiner, Gabriele Neie,
Volker Semmler, Mechthild Stüber,
Bettina Tolle, Carolin Wemhoff-Weinand

Cornelsen

Redaktion: Annika Kusumi

Illustrationen:
Maja Bohn, Berlin: S. 6 unten, 8 oben, 93, 94, 104, 106, 108, 110, 113, 138, 140, 144–146, 148, 150, 155, 310
Kathrin Frank, Regensburg: S. 7, 12, 44, 75, 78–80, 91, 115, 116, 119, 121, 127, 131, 133, 281, 284, 292, 295, 298
Kai Hofmann, Berlin: S. 10, 227, 228, 230, 232, 235, 236, 239, 241, 244, 327
Jutta Melsheimer, Berlin: S. 11, 23–25, 255
Christoph Mett, Münster: Vorsätze

Umschlagfoto: Imagebrokers/Photoshot
Gesamtgestaltung und technische Umsetzung: werkstatt für gebrauchsgrafik, Berlin

www.cornelsen.de

Soweit in diesem Lehrwerk Personen fotografisch abgebildet sind und ihnen von der Redaktion
fiktive Namen, Berufe, Dialoge und Ähnliches zugeordnet oder diese Personen in bestimmte Kontexte
gesetzt werden, dienen diese Zuordnungen und Darstellungen ausschließlich der Veranschaulichung
und dem besseren Verständnis des Inhalts.

Die Webseiten Dritter, deren Internetadressen in diesem Lehrwerk angegeben sind,
wurden vor Drucklegung sorgfältig geprüft. Der Verlag übernimmt keine Gewähr
für die Aktualität und den Inhalt dieser Seiten oder solcher, die mit ihnen verlinkt sind.

Dieses Werk berücksichtigt die Regeln der reformierten Rechtschreibung und Zeichensetzung.
Bei den mit R gekennzeichneten Texten haben die Rechteinhaber einer Anpassung widersprochen.
Die mit * markierten Texte wurden aus didaktischen Gründen gekürzt und/oder verändert.

1. Auflage, 1. Druck 2018

Alle Drucke dieser Auflage sind inhaltlich unverändert
und können im Unterricht nebeneinander verwendet werden.

Druck: Mohn Media Mohndruck, Gütersloh

ISBN 978-3-06-062944-2 (Schülerbuch)
ISBN 978-3-06-063016-5 (E-Book)

PEFC zertifiziert
Dieses Produkt stammt aus nachhaltig
bewirtschafteten Wäldern und kontrollierten
Quellen.
www.pefc.de

PEFC
PEFC/04-31-1033

Euer Deutschbuch auf einen Blick

Das Buch ist in **vier Kompetenzbereiche** aufgeteilt.
Ihr erkennt sie an den Farben:

|||||||||||| Sprechen – Zuhören – Schreiben
|||||||||||| Lesen – Umgang mit Texten und Medien
|||||||||||| Nachdenken über Sprache
|||||||||||| Arbeitstechniken

Jedes **Kapitel** besteht aus **drei Teilen:**

1 Hauptkompetenzbereich

Hier wird das Thema des Kapitels erarbeitet, z. B.
in Kapitel 1 „Andere informieren".

 1.1 Menschen unterwegs – Andere informieren

2 Verknüpfung mit einem zweiten Kompetenzbereich

Das Kapitelthema wird mit einem anderen Kompetenzbereich verbunden und
vertiefend geübt.

 1.2 Flucht und ihre Folgen – Mit Texten zu den Themen „Migration" und „Integration" arbeiten

3 Klassenarbeitstraining oder Projekt

Hier überprüft ihr das Gelernte anhand einer Beispielklassenarbeit und
einer Checkliste oder ihr erhaltet Anregungen für ein Projekt.

 1.3 Fit in ...! – Einen Informationstext verfassen

Das **Orientierungswissen** findet ihr in den blauen Kästen mit

den Bezeichnungen **Information** und **Methode** .

Auf den blauen Seiten am Ende des Buches (▶ S. 295–339) könnt ihr
das Orientierungswissen aller Kapitel noch einmal nachschlagen.

Folgende **Kennzeichnungen** werdet ihr im Buch entdecken:

👥 Partnerarbeit
👥 Gruppenarbeit
4 Zusatzaufgabe

Die **Punkte** sagen euch etwas über die Schwierigkeit der Aufgabe:

●○○ Diese Aufgaben geben euch Starthilfen oder schlagen euch verschiedene Lösungen vor.
●●○ Diese Aufgaben sind schwieriger zu lösen als die Aufgaben mit einem Punkt.
●●● Diese Aufgaben verlangen, dass ihr sie möglichst selbstständig bearbeitet.

Inhaltsverzeichnis

▶ **Schreiben und Gestalten**
Techniken des
Argumentierens und
Erörterns anwenden;
eigene Standpunkte klar
entwickeln und sich mit
fremden Sichtweisen und
Argumentationen sachlich
und fair auseinandersetzen;
Thesen formulieren,
Argumente gewichten und
Beispiele geben;
appellative Texte gestalten
(Flyer)

3

Sprechen – Zuhören – Schreiben

Mein Traumjob!? – Berufe erkunden und sich bewerben 53

▶ **Lesen, mit Texten und**
Medien umgehen
komplexe Sachtexte (lineare
und nichtlineare Texte)
verstehen;
die Informationsmöglich-
keiten unterschiedlicher
Medien nutzen;
recherchieren und
Rechercheergebnisse
vorstellen;
Medien zur Präsentation
nutzen

▶ **Schreiben und Gestalten**
in Kurzreferaten über Berufe
informieren (Informationen
beschaffen, thema- und
zweckbezogen auswählen,
Moderationskarten
erstellen);
selbstständig formalisierte
Texte (Bewerbungs-
anschreiben, Lebenslauf,
Praktikumsbericht)
verfassen;
Texte ziel-, adressaten- und
situationsbezogen gestalten,
aufbauen, strukturieren;
die Möglichkeit von Text-
verarbeitungsprogrammen
nutzen

▶ **Sprechen und Zuhören**
Fragetechniken unter-
suchen;
Vorstellungsgespräche
gestalten und reflektieren

Sprache und Sprachgebrauch
untersuchen
über die Bedeutung von
Wörtern nachdenken
(Denotation und
Konnotation);
den Wandel von Sprache
untersuchen und bewerten
(Bedeutungswandel,
fremdsprachliche Einflüsse);
unterschiedliche Stilmittel
und Sprechweisen unter-
scheiden (öffentlicher und
privater Sprachgebrauch);
Sprachvarianten analysieren
(Jugend-, Standard-/
Umgangssprache, Dialekt,
geschriebene und gespro-
chene Sprache);
über den eigenen Sprach-
gebrauch nachdenken
(z. B. politisch korrekter
Sprachgebrauch,
Geschlechterrollen im
Sprachsystem)

Lesen, mit Texten und
Medien umgehen
Lesestrategien selbstständig
und zielgerichtet einsetzen;
literarische Texte analysieren
(Handlung, Figuren,
Konflikt);
historische und gesell-
schaftliche Fragestellungen
einbeziehen;
sich im Interpretations-
gespräch über eine Lesart
verständigen;
Medien zur Präsentation
nutzen (Plakat)

▶ **Schreiben und Gestalten**
literarische Texte analysieren
und interpretieren (Fragen,
Arbeitshypothesen und
Textentwürfe formulieren,
die Ergebnisse der Textuntersuchung strukturiert und
stilistisch stimmig
darstellen);
eigene Texte durch
Verwendung sprachlicher
Mittel und Erzähltechniken
(Perspektivwechsel)
gestalten

6

Mit- und Nebeneinander – Kurzgeschichten interpretieren 115

▶ **Lesen, mit Texten und**
Medien umgehen
literarische Texte (Kurz-
geschichten, Erzählungen)
analysieren (Handlung,
Figuren, Konflikt, Erzähler,
Leitmotiv, sprachlich-
stilistische Mittel);
gattungstypische Merkmale
beschreiben und erklären;
sich im Interpretations-
gespräch über eine Lesart
verständigen

▶ **Schreiben und Gestalten**
literarische Texte analysieren
und interpretieren (Fragen,
Arbeitshypothesen und
Textentwürfe formulieren,
die Ergebnisse der Textuntersuchung strukturiert und
stimmig darstellen)

▶ **Sprache und Sprachgebrauch**
untersuchen
die Inhalts- und die Bezie-
hungsseite einer Nachricht
unterscheiden;
sprachliche Interaktionen
unter kommunikations-
theoretischen und -psycho-
logischen Aspekten (auch im
Kontext von Kommunika-
tionsmodellen) analysieren

▶ **Sprechen und Zuhören**
Gedichte sinngestaltend vortragen

▶ **Lesen, mit Texten und Medien umgehen**
literarische Texte (Gedichte) analysieren (lyrischer Sprecher, Reimform, Metrum, sprachlich-stilistische Mittel); Lesestrategien selbstständig und zielgerichtet einsetzen; sich im Interpretationsgespräch über eine Lesart verständigen; historische und gesellschaftliche Fragestellungen einbeziehen; ausgewählte gattungstypische Merkmale beschreiben

▶ **Schreiben und Gestalten**
literarische Texte (Gedichte) analysieren und interpretieren (Fragen, Arbeitshypothesen und Textentwürfe formulieren, die Ergebnisse der Textuntersuchung strukturiert und stilistisch stimmig darstellen)

▶ **Sprechen und Zuhören**
dramatische Texte vortragen

▶ **Lesen, mit Texten und Medien umgehen**
literarische Texte (Dramenszenen) verstehen; gattungstypische Merkmale (Bauform und Gestaltungselemente) beschreiben und erklären; Lesestrategien selbstständig und zielgerichtet einsetzen; sich im Interpretationsgespräch über eine Lesart verständigen;

Kompetenzschwerpunkt

historische und gesellschaftliche Fragestellungen einbeziehen;
Handlungsmotive, Konflikte und moralische Bewertungen erfassen

▶ Schreiben und Gestalten
in Anlehnung an literarische Vorlagen Rollenbiografien erfinden;
literarische Texte (Dramenszenen) analysieren und interpretieren (Fragen, Arbeitshypothesen und Textentwürfe formulieren, die Ergebnisse der Textuntersuchung strukturiert und stilistisch stimmig darstellen);
eine Theaterkritik verfassen

Kompetenzschwerpunkt

9 Kommunikation in den Medien – Sachtexte untersuchen 181

▶ Lesen, mit Texten und Medien umgehen
komplexe Sachtexte (lineare und nichtlineare Texte) verstehen;
zentrale Textfunktionen unterscheiden (z. B. zwischen informierenden und meinungsbildenden Texten unterscheiden);
Informationsvermittlung in Massenmedien untersuchen, vergleichen und bewerten;
argumentative Sachtexte in ihrem Aufbau und ihrer sprachlichen Gestaltung analysieren;
Lesestrategien selbstständig und zielgerichtet einsetzen;
Mediennutzung reflektieren

▶ Schreiben und Gestalten
Sachtexte unter Berücksichtigung formaler und sprachlicher Besonderheiten analysieren (Informationen zusammenfassen, formale und sprachlich-stilistische Gestaltungsmittel und ihre Wirkungsweise an Beispielen darstellen, Stellung beziehen)

► **Lesen, mit Texten und Medien umgehen**
literarische Texte (Romanauszüge) verstehen (Handlung, Figuren, Erzähler);
Lesestrategien selbstständig und zielgerichtet einsetzen; sich im Interpretationsgespräch über eine Lesart verständigen;
einen Roman und einen Film untersuchen und vergleichen; elementare Verfahren der Filmanalyse anwenden; audiovisuelle Gestaltungsmittel benennen und ihre Funktion reflektieren (Kameraeinstellung, -perspektive, -bewegung, Schnitt- und Montagetechnik, Mise en Scène)

► **Schreiben und Gestalten**
eine Buchrezension verfassen;
filmische Gestaltungsmittel erproben

► **Sprache und Sprachgebrauch untersuchen**
grammatikalische Kenntnisse (Flexionsformen, Tempora, Modi [Konjunktiv und indirekte Rede], Aktiv-Passiv-Unterscheidung, Syntax) funktional im Sinne der Textkohärenz anwenden; unterschiedliche Stilmittel und deren Leistungen unterscheiden und selbst nutzen (z. B. Nominal- und Verbalstil);
Texte nach Kriterien überarbeiten (sprachliche Richtigkeit, stilistische Gestaltung, Stringenz)

12

Rechtschreibung – Texte überarbeiten 255

▶ **Sprache und Sprachgebrauch
untersuchen**
die orthografischen Normen
reflektiert anwenden (Groß-
und Kleinschreibung,
Getrennt- und Zusammen-
schreibung, Schreibung von
Fremd- und Fachwörtern);
die Regeln der Zeichen-
setzung anwenden (Satz-
gefüge, Zeichensetzung bei
Zitaten);
eigene Fehlerschwerpunkte
erkennen und durch Recht-
schreibstrategien abbauen;
mit dem Rechtschreib-
wörterbuch und mit
Korrekturprogrammen
arbeiten;
Texte nach Kriterien überarbeiten (Korrektheit der
Orthografie und Zeichen-
setzung)

13

„Hier rein, da raus?" — Einen Vortrag gestalten   281

▶ **Lesen, mit Texten und
Medien umgehen**
die Informationsmöglich-
keiten unterschiedlicher
Medien nutzen;
recherchieren und
Rechercheergebnisse
vorstellen;
Medien zur Präsentation
nutzen (Bildschirm-
präsentation)

▶ **Schreiben und Gestalten**
Referate erarbeiten;
Arbeitspläne, Konzepte und
Arbeitsschritte festlegen;
Vortragsskizzen, Modera-
tionskarten und Handout
erstellen;
Quellen korrekt angeben

▶ **Sprechen und Zuhören**
das Referat frei und medien-
gestützt vortragen;
die Vortragsweise
analysieren;
konstruktives Feedback
formulieren

Orientierungswissen   295

1 In der Fremde heimisch werden –
Materialgestützt über Sachverhalte informieren

1 **a** Beschreibt das Bild und erklärt, welche Stimmung es vermittelt.

   b Erzählt euch gegenseitig eine kurze Geschichte zu dem Bild: Wer ist die Figur?
   Woher kommt sie und wohin geht sie? Wie fühlt sie sich auf ihrem Weg?

2 Denkt über die folgenden Begriffe nach und besprecht zu zweit ihre genaue Bedeutung:

der Fremde • der Geflüchtete • der Migrant • der Auswanderer • der Einwanderer •
der Flüchtling • der Asylant • der Gast •
der Gastarbeiter • der Schutzsuchende

– Worin unterscheiden sie sich?
– Woran denkt ihr spontan bei jedem
  einzelnen Begriff?

3 Notiert mögliche Gründe,
warum Menschen ihr Herkunftsland
längerfristig verlassen.

In diesem Kapitel ...

– denkt ihr über die Begriffe *Migration*
  und *Integration* nach,
– entnehmt ihr Informationen aus
  Sachtexten und Grafiken, wertet sie
  aus und formuliert sie um,
– verfasst ihr auf der Grundlage von
  Materialien Informationstexte,
– lest ihr einen Romanauszug zum
  Thema „Flucht".

1.1 Menschen unterwegs – Andere informieren

Situationen beschreiben, Zusammenhänge erklären

Nicole Ricciarelli-Esposito

Wie es wirklich ist, ein Gastarbeiterkind zu sein

Ich beginne mal bei meinem Vater. Mein Vater kommt aus der Toscana. Mit 17 Jahren ärgerte er sich über die verpasste Chance, einen guten Job zu bekommen (dieser war „unter der
5 Hand" an den Neffen des Fabrikbesitzers gegangen), und ging mit Wut und Frust auf ein Abenteuer nach Deutschland. Geplant war ein Aufenthalt von wenigen Monaten, einfach, um etwas Berufserfahrung zu sammeln.
10 Heute ist mein Vater 73 und noch immer in Deutschland.
Er lernte 1965 meine Mutter kennen, strohblond mit grünen Augen, mit Haut, so weiß wie Schnee. Die beiden verliebten sich, was
15 nicht ohne Drama seitens der Familien möglich war. 1967 heirateten sie, 1971 wurde ich geboren.
Mein Dasein als Gastarbeiterkind begann im Grunde so seltsam, wie das Gefühl des Nicht-
20 wissen-wohin-die-Wurzeln-gehören mein Leben lang bleiben sollte.
Ich wurde am 27. März als Italienerin geboren. Am 28. März kauften meine Eltern für 11 DM die deutsche Staatsbürgerschaft hinzu. Seit-
25 dem habe ich beide Staatsangehörigkeiten. Seltsam, oder? Eine Nationalität dazukaufen ... So wie Ketchup zu Pommes.
Was bin ich? Obwohl die Geburtsorte meiner Eltern lediglich 840 km voneinander entfernt
30 sind – bei vielem, vielem, das gleich oder ähnlich ist, so gibt es auch wirklich große Unterschiede. Bin ich die „Deutsche", die ich in Italien bin, oder bin ich die „Italienerin", die ich in Deutschland bin?
35 Bin ich in Deutschland, habe ich das Bedürfnis, Italien zu verteidigen, wenn Menschen schlecht reden oder Dinge unterstellen. Ich muss klarstellen, dass man in Italien nicht jeden Tag Pasta und Pizza isst oder dass es dort
40 durchaus Schnee gibt, die Menschen hart arbeiten müssen und fast alles mehr kostet als hier. Ich muss erklären, dass die Italiener keinesfalls alle fünf Bambini bekommen, dass nicht jeder der Mafia angehört oder Berlusconi[1] liebt.
45 Und und und ...
Genauso muss ich, wenn ich in Italien bin, Partei für Deutschland ergreifen und klarstellen, dass wir sehr wohl Meer und Strände und wunderschöne Landschaften und Temperatu-
50 ren über dem Gefrierpunkt haben. Dass wir uns nicht alle in der Schwarzwaldklinik[2] behandeln lassen oder BMW fahren. Ich muss erklären, dass es auch in Deutschland Männer gibt, die keine Sandalen mit Socken tragen, und
55 dass wir deshalb schon so früh von zu Hause ausziehen, weil wir es uns leisten können.
Beim Fußball, das ist sehr interessant, habe ich schon immer für Italien gefiebert! Das ist ein reines Bauchgefühl und somit nicht manipu-
60 lierbar. Seltsam, dass ich das Kribbeln im Bauch immer nur bei der italienischen Mannschaft hatte, niemals bei der deutschen.

---

1 Silvio Berlusconi: ehemaliger Ministerpräsident Italiens

2 die Schwarzwaldklinik: Krankenhaus in einer erfolgreichen deutschen TV-Serie der 1980er Jahre

Auch beim Essen fühle ich mich eindeutig als Italienerin, obwohl ich hier ein Multikulti bin.
65 Je bunter, desto besser. Aber ich könnte völlig ohne Kartoffeln, Krautgerichte und alles typisch Deutsche leben. Nicht aber ohne Pizza und Pasta! Beim Essen fällt es mir übrigens nie schwer, das eine Land im anderen zu verteidi-
70 gen.

Dauerhaft leben könnte ich in Italien schwer, zu vieles würde mir auf die Nerven gehen. Allein die Autofahrerei, das Missachten sämtlicher Verkehrsregeln ... Oder wenn man auf ein
75 Amt muss ... Nein, da bin ich dann doch zu sehr die Ordnung, Regeleinhaltung und Pünktlichkeit von hier gewohnt.

Aber hier in Deutschland? Fühle ich mich wirklich hier dazugehörend, ohne Einschrän-
80 kung? Bin ich richtig deutsch? Oder bin ich es nur wegen der 11-DM-Urkunde? Und wie viel ist italienisch? Mein emotionales und temperamentvolles Wesen, meine Liebe zu den italienischen Landschaften und das Gefühl, dass mir
85 alle italienischen Verwandten näherstehen als

sämtliche deutsche, das Gefühl der Euphorie und tiefer Zufriedenheit, wenn ich über die italienische Grenze fahre? Komme ich zurück nach Deutschland, ist da auch eine Freude, aber mehr ein dumpfes, wenn auch wohliges 90 Gefühl, nun wieder auf sicherem, wohl geordnetem Boden zu sein.

Ich persönlich habe eine Bauchheimat, die ist Deutschland, und eine Gefühlsheimat, die ist Italien. Was am Ende meiner Tage Ziel meiner 95 Sehnsüchte sein wird, wo ich meine letzten Spaghetti oder die letzte Gulaschsuppe essen werde, bleibt bis zum Schluss ein Geheimnis. Zum Glück, *per fortuna!* *

1 **a** Lest zunächst nur die Überschrift des Artikels. Welche Aussagen erwartet ihr im Text?
  b Lest den vollständigen Artikel. Prüft eure Vermutungen und formuliert eine Aussage zum Thema des Textes.

2 Beschreibt mit eigenen Worten, wie sich die Autorin mit ihrer doppelten Staatsangehörigkeit fühlt.

3 Erklärt, warum sich die Autorin in beiden Ländern auf unterschiedliche Weise heimisch fühlt. Was meint sie mit den Begriffen *Bauchheimat* (▶ Z. 93) und *Gefühlsheimat* (▶ Z. 94)?

4 **a** Woran denkt ihr, wenn ihr *Italien* hört? Beschreibt, welches Bild ihr von Italien habt.
  b Erklärt, wodurch solche Bilder und Vorstellungen von anderen Ländern zustande kommen.

Information	Beschreiben und erklären

- Beim **Beschreiben** stellt man Personen, Vorgänge, Tatsachen oder Situationen genau und sachlich dar, ohne sie zu erklären oder zu bewerten → **Wie ist etwas?**, z. B.:
  Die Autorin fühlt sich weder ganz deutsch noch ganz italienisch.

- Beim **Erklären** ordnet man Aussagen oder Sachverhalte in einen Zusammenhang ein.
  → **Warum ist es so?** Man kann die Zusammenhänge durch Beispiele verdeutlichen, z. B.:
  Die Autorin fühlt sich weder ganz deutsch noch ganz italienisch, weil sie in beiden Ländern Familie hat. So schätzt sie beispielsweise sowohl die italienische als auch die deutsche Küche.

Was genau bedeutet *Migration?* – Einen Informationstext verfassen

Stellt euch vor, ihr sollt eure Mitschülerinnen und Mitschüler in der Schülerzeitung über das Thema „Migration" informieren und dabei auf folgende Fragen eingehen:
– Was genau versteht man unter *Migration*?
– Welche unterschiedlichen Ursachen gibt es für Migration?
– Mit welchen Erwartungen verlassen Menschen ihren Herkunftsort?
– Welche Erfahrungen machen sie am Zielort?

Die folgenden Materialien (M1–M5) stehen euch zur Verfügung.

 Definition: Migration

Migration ist die auf einen längerfristigen Aufenthalt angelegte räumliche Verlagerung des Lebensmittelpunktes von Individuen, Familien, Gruppen oder auch ganzen Bevölkerungen. Individuen, Familien oder Gruppen streben danach, durch Bewegungen zwischen geografischen Räumen Erwerbs- oder Siedlungsmöglichkeiten, Beschäftigungs-, Bildungs-, Ausbildungs- oder Heiratschancen zu verbessern und sich neue Chancen zu erschließen. *

 Bundesministerium für wirtschaftliche Zusammenarbeit und Entwicklung
Ursachen von Migration

Im Zeitalter der Globalisierung ist Migration zu einem festen Bestandteil unseres Lebens geworden. Mobilität ist gefragt. Auslandsaufenthalte und internationale Netzwerke werden immer wichtiger, um in der globalisierten Arbeitswelt bestehen zu können.

Viele Menschen in den Entwicklungsländern sehen in ihrer Heimat für sich und ihre Familien
5 keine Perspektiven. Sie leiden unter fehlenden Bildungschancen, hoher Arbeitslosigkeit, politischen und sozialen Konflikten und schlechter Regierungsführung. Das Bevölkerungswachstum ist in diesen Ländern oft sehr hoch, sodass immer mehr junge Menschen vergeblich nach einem Arbeitsplatz suchen. Armut und Frustration sind die Folge.

Hinzu kommen in vielen Regionen zunehmende Umweltzerstörungen und die bereits spürba-
10 ren Auswirkungen des Klimawandels. Die Schätzungen, wie viele Menschen durch die globale Klimaerwärmung gezwungen sein werden auszuwandern, gehen weit auseinander. Sie reichen von 25 Millionen bis zu 1 Milliarde Menschen.

Oft lässt sich nicht genau sagen, ob es sich bei Migranten um Klimaflüchtlinge oder um Wirtschafts-, Armuts- oder Kriegsflüchtlinge handelt. Fest steht jedoch, dass in Zukunft immer
15 mehr Menschen ihre Heimatländer verlassen werden, weil sich die Umwelt- und Lebensbedingungen dort dauerhaft verändert haben werden.

Über moderne Kommunikationsmittel erfahren die Menschen, wie attraktiv das Leben in den Nachbarländern und erst recht in anderen Teilen der Welt ist oder zu sein scheint. Migration ist ein Mittel der Selbsthilfe. Je weniger das Heimatland entwickelt ist, umso größer ist die
20 Hoffnung, durch Auswanderung die eigenen Lebensverhältnisse verbessern zu können. *

M3 **Warum Menschen nach Deutschland einwandern**

Ausländerinnen und Ausländer mit zeitlich befristeten Aufenthaltstiteln

Aufenthalt ...

aus familiären Gründen: **38,4 %**

aus völkerrechtlichen, humanitären, politischen Gründen: **35 %**

zum Zweck der Ausbildung: **11,1 %**

zum Zweck der Erwerbstätigkeit: **8,2 %**

besondere Aufenthaltsrechte: **7,3 %**

Quelle: Statistisches Bundesamt (Destatis), Ausländerzentralregister, Stand: 31.12.2016

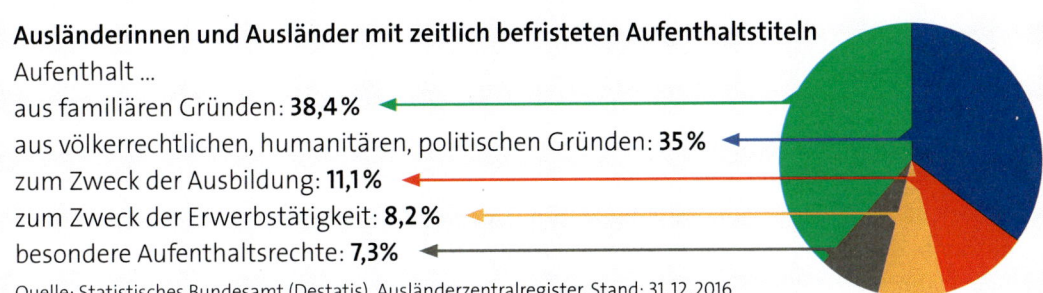

M4 **„Alles in meinem Leben ist jetzt anders"**

Donnerstagabend, 18.25 Uhr in einer Kölner Volks-
hochschule. Die Lehrerin hält Bildkarten hoch und
spricht langsam vor: „Die Sonne – der Mond – die
Wolke – der Wind." Die siebzehn Kursteilnehmer,
5 Frauen und Männer zwischen 20 und 50 Jahren,
sprechen die Wörter leise nach, einige schreiben
eifrig mit. Zwei junge Männer tuscheln: „Warum
die Sonne, aber *der* Mond?"
Nach dem Kurs komme ich mit einem von ihnen
10 ins Gespräch. Er kommt aus Aleppo und ist vor

Zerstörte Häuser in Syrien

dem Krieg und der Verfolgung durch das Assad-Regime geflohen. Seit einem halben Jahr lebt
er nun in Deutschland, allein, wie er in fließendem Englisch berichtet. Seine Familie und Freunde seien noch in Syrien. Er wünschte, sie könnten nachkommen, aber es koste einfach zu viel
und der Weg sei zu beschwerlich. Er selbst sei auf dem Landweg von Aleppo nach Deutschland
15 gekommen, über Damaskus, den Libanon, die Türkei und Griechenland. Weite Strecken sei er
zu Fuß gelaufen. Das würden seine Mutter und seine jüngere Schwester nicht schaffen. Hier
in Köln macht er sich nun große Sorgen um seine Familie. Seinetwegen seien sie in Gefahr. Das
Regime wollte ihn festnehmen, nun sei seine Familie bedroht. Auf seinem Smartphone verfolgt er jeden Tag die Nachrichten, denn die Familie lebt in einem umkämpften Gebiet.
20 Ich frage ihn nach seinen ersten Monaten in Deutschland. „Alles in meinem Leben ist jetzt
anders", antwortet er. „Ich hätte nie gedacht, dass ich einmal in Deutschland leben würde. Ich
muss hier ganz neu anfangen. Das ist nicht leicht. Die ersten Wochen habe ich nur mit Anträ-
gen verbracht." Der Kampf mit der Bürokratie sei kompliziert und verlange viel Geduld. Er
hofft, dass er irgendwann zurückkehren kann in seine Heimat, aber er wolle die Zeit hier in
25 Deutschland nutzen. „Ich freue mich, dass ich endlich diesen Deutschkurs besuchen kann.
So komme ich voran. Mein Traum wäre es, hier eine Ausbildung zu machen, vielleicht zum
Elektroniker. In Aleppo habe ich ein Jahr Informatik studiert, aber dann musste ich mein Stu-
dium wegen des Krieges abbrechen." Freunde habe er bisher nur wenige in Deutschland, die
meisten seien Syrer wie er. „Um deutsche Freunde zu finden, musst man gut deutsch sprechen
30 können und die Lebensweise hier verstehen. Das wird noch viel Arbeit."

M 5 Annamaria Fabian **Auszug aus einem Interview mit einer ungarischen Einwanderin**

Wann sind Sie nach Deutschland gekommen und aus welchen Gründen?

Etwa vor zwei Jahren bin ich nach Deutschland gekommen, weil ich mich in einen deutschen Mann verliebt hatte, ihn geheiratet habe und mit ihm eine Familie gründen wollte.

Wie haben Sie sich Ihre berufliche Zukunft in Deutschland vorgestellt?

5 Ich habe mir die Sache etwas einfacher vorgestellt, als es sich dann in der Wirklichkeit ergab. Ich habe einen Hochschulabschluss und ich hoffte, dass ich beruflich etwas Ähnliches machen könnte wie in meinem Heimatland. Mit der beruflichen Integration hat es bis jetzt leider nicht geklappt.

Welche Arbeitsbeschäftigung üben Sie zurzeit aus?

10 Mit meinem Abschluss konnte ich nirgendwo eine Arbeitsstelle finden. Wegen mangelnder Sprachkompetenzen bin ich gezwungen, in einer Bäckerei als Aushilfe zu arbeiten.

Was erachten Sie als besonders schwer bei Ihrer Integration in Deutschland?

Wie schon gesagt, würde ich mich freuen, wenn ich mehr soziale Kontakte haben könnte. Ich habe sehr wenige Möglichkeiten, überhaupt Menschen kennen zu lernen und Freundschaften

15 zu schließen.

Was vermissen Sie besonders?

Ich vermisse meine alte Umgebung, Freunde, Bekannte, Familienmitglieder um mich herum. Besonders schlecht für mich ist, dass ich die berufliche Anerkennung, die Erfolge, die Freude, die ich in meiner Berufung in Ungarn fand, nicht mehr erleben kann. Ich vermisse meine frü-

20 here berufliche Tätigkeit und finde meinen Platz in dieser Gesellschaft nicht. Oft fühle ich mich überflüssig. Ich weiß, es war meine Entscheidung und meine persönliche Verantwortung, in meinem Heimatland alles aufzugeben. Das habe ich aus Liebe gemacht und mein persönliches Glück habe ich hier tatsächlich gefunden. Das bedeutet mir auch sehr viel, allerdings wäre ich erst richtig glücklich, wenn ich auch mein berufliches Glück finden würde. *

Schritt 1: Sich über das Thema informieren und die Informationen auswerten

1 Wertet die Informationen über Migration in den Materialien 1–5 (▶ S. 16–18) aus und ordnet sie:

a Überfliegt die Materialien und listet auf, welche Textarten euch vorliegen.

b Ordnet die wichtigen Informationen aus den einzelnen Materialien stichwortartig den vorgegebenen Fragen zu. Ihr könnt dazu Karteikarten oder eine Mindmap anlegen, z. B.:

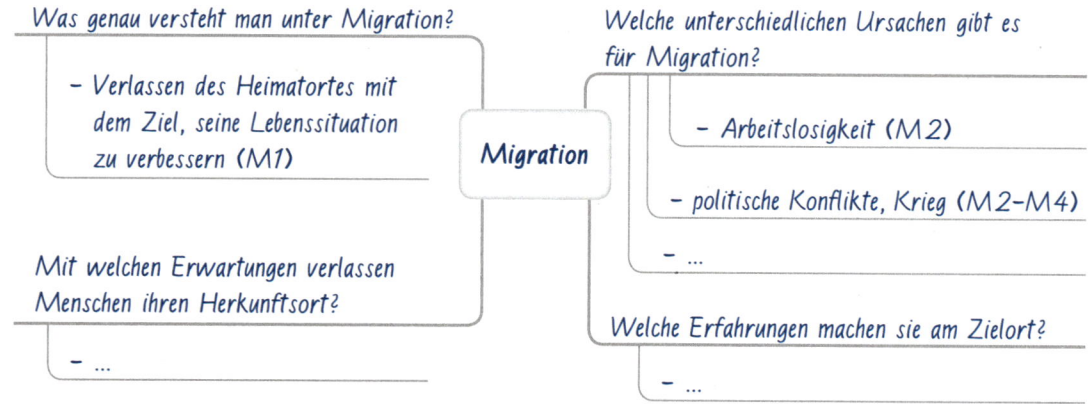

Schritt 2: Informationen auswählen und den Text planen

2 Ihr sollt den Informationstext über Migration für Schülerinnen und Schüler eurer Schule schreiben.

Denkt über folgende Fragen nach und macht euch Notizen dazu:
– Was wissen eure Mitschüler über Migration? Welche Erfahrungen haben sie mit Migration bereits gemacht?
– Was interessiert sie vermutlich an dem Thema? Welche Fragen würden sie dazu stellen?
– Welche Fachbegriffe solltet ihr erklären?

3 Sichtet die Informationen aus den Materialien, die ihr in Aufgabe 1 (▶ S. 18) notiert habt.
a Überlegt, wie sich die Informationen aus den einzelnen Materialien ergänzen:
– Prüft, welche allgemeinen Informationen aus M1, 2 und 3 durch Informationen aus M4 und M5 genauer beschrieben oder erklärt werden können, z. B.:
Laut Angaben des Statistischen Bundesamtes kommen 38,4% der Menschen aus familiären Gründen nach Deutschland. So berichtet beispielsweise eine Frau aus Ungarn in einem Interview, sie sei nach Deutschland eingewandert, weil sie sich in einen deutschen Mann verliebt hatte.
– Markiert Informationen, die übereinstimmen, in derselben Farbe. Durch die Wiederholung desselben Inhalts in verschiedenen Materialien werden die Informationen stichhaltiger.
b Kennzeichnet Informationen, die mögliche Fragen der Schülerinnen und Schüler beantworten. Streicht, was euch mit Blick auf eure Leser überflüssig erscheint.

4 Erstellt eine Gliederung für euren Text.
a Notiert, wie ihr in der **Einleitung** in das Thema einführen wollt:

> eine Frage zum Thema stellen •
> eine Aussage zitieren •
> von eigenen Erfahrungen berichten •
> einen Begriff definieren •
> einige grundlegende Fakten vorstellen

> *Gliederung: Informationstext „Migration"*
>
> *1. Einleitung*
> *Habt ihr euch auch schon einmal gefragt, was genau man unter „Migration" versteht?*
>
> *2. Hauptteil*
> *2.1 Bedeutung des Begriffs „Migration"*
> *– Definition zitieren und erklären*
>
> *2.2 Ursachen für Migration*
> *– politische Konflikte, Krieg*
> *→ Beispiel: Mann aus Syrien*
> *– familiäre Gründe ...*
>
> *3. Schluss*
> *Zusammenfassung: ...*

b Listet die Punkte auf, auf die ihr im **Hauptteil** eingehen wollt. Nummeriert sie und ordnet ihnen wichtige Informationen stichwortartig zu.
c Überlegt, wie ihr den **Schluss** gestalten wollt:

> eine Zusammenfassung formulieren •
> ein Fazit ziehen •
> einen Ausblick in die Zukunft geben

Schritt 3: Paraphrasieren und exzerpieren

5 In eurem Informationstext solltet ihr Aussagen aus den Materialien mit eigenen Worten wiedergeben. Der Fachbegriff dafür lautet **paraphrasieren.** Übt das Paraphrasieren:

a Ersetzt im folgenden Satz einzelne Formulierungen durch Wörter mit gleicher Bedeutung (Synonyme). Nutzt dazu die Angaben im Kasten: *Sicher ist, dass in der kommenden Zeit …*

> „Fest steht jedoch, dass in Zukunft immer mehr Menschen ihre Heimatländer verlassen werden, weil sich die Umwelt- und Lebensbedingungen dort dauerhaft verändert haben werden."
>
> (Material 2, Z. 14–16)

sicher ist • in der kommenden Zeit • Personen • Herkunftsländer • auswandern • die Umgebung • die Gesellschaft • an diesen Orten • sich wandeln

b Deckt den neuen Satz ab und schreibt seinen Inhalt erneut mit eigenen Worten auf. Verändert auch den Satzbau, z. B.: *Weil … sich verschlimmern, werden …*

c Paraphrasiert weitere Sätze aus M 2, die ihr in eurem Text wiedergeben wollt.

d Lest euch eure paraphrasierten Sätze gegenseitig vor. Sind sie gut verständlich?

6 Wenn man ganze Textabschnitte zusammenfasst, nennt man das **exzerpieren.**

a Exzerpiert einzelne Textabschnitte aus den Materialien M 2, 4, 5 wie im folgenden Beispiel. Sucht dazu die Hauptaussage heraus und fasst sie mit eigenen Worten zusammen.

> „Ich vermisse meine alte Umgebung, Freunde, Bekannte, Familienmitglieder um mich herum. Besonders schlecht für mich ist, dass ich die berufliche Anerkennung, die Erfolge, die Freude, die ich in meiner Berufung in Ungarn fand, nicht mehr erleben kann. Ich vermisse meine frühere berufliche Tätigkeit und finde meinen Platz in dieser Gesellschaft nicht. Oft fühle ich mich überflüssig."
>
> (Material 5, Z. 17–21)

Die Einwanderin hat Sehnsucht nach ihrer Heimat, nach ihrer Verwandtschaft und ihrem Freundeskreis. Außerdem fehlen ihr die früheren Erfolgserlebnisse und die Anerkennung in ihrem Beruf. Sie fühlt sich der Gesellschaft oft nicht zugehörig.

b Lest euch eure Zusammenfassungen gegenseitig vor. Sind sie gut verständlich?

Methode	Sätze paraphrasieren und Textabschnitte exzerpieren

Wenn man auf der Grundlage anderer Texte einen eigenen Sachtext schreibt, sollte man möglichst mit eigenen Worten formulieren.

- **Paraphrasieren – Sätze mit eigenen Worten wiedergeben:**
  - Ersetzt Nomen und Verben des Satzes durch Wörter mit gleicher Bedeutung (Synonyme).
  - Verändert auch den Satzbau.
- **Exzerpieren – Textabschnitte mit eigenen Worten zusammenfassen:**
  - Bestimmt die Hauptaussage des Textabschnitts, z. B. zu einer bestimmten Frage.
  - Schreibt diese Hauptaussage mit eigenen Worten auf.

Schritt 4: Den Informationstext schreiben und überarbeiten

7 Schreibt mit Hilfe eurer Vorarbeiten einen zusammenhängenden Informationstext über Migration. Orientiert euch dabei an eurer Gliederung (▶ S. 19, Aufgabe 4) und verwendet eure Exzerpte (▶ S. 20, Aufgabe 6).

a Formuliert eine **Einleitung,** die das Interesse eurer Leserinnen und Leser weckt und in das Thema einführt, z. B.:

Immer wieder hört und liest man in den Medien den Begriff „Migration". Habt ihr euch auch schon einmal gefragt, was genau man unter diesem Begriff versteht?

b Gebt im **Hauptteil** entsprechend eurer Gliederung wichtige Informationen in vollständigen Sätzen wieder. Beachtet die folgenden Schreibtipps:

 TIPP 1 Verwendet Wörter und Formulierungen, die eure Leser gut verstehen. Erklärt Fachwörter, die ihnen vermutlich unbekannt sind.

 TIPP 3 Formuliert Überleitungen zwischen den Gliederungspunkten und verknüpft die einzelnen Informationen durch Konjunktionen wie *weil, obwohl, während.*

 TIPP 2 Formuliert sachlich und knapp ohne persönliche Wertung.

 TIPP 4 Verdeutlicht die Gliederung eures Textes durch Absätze.

c Verfasst einen **Schluss,** z. B.: *Zusammenfassend kann man sagen, dass …*

d Formuliert für euren Informationstext eine passende **Überschrift,** die das Thema klar benennt.

8 Überarbeitet eure Informationstexte in Partnerarbeit: Tauscht eure Texte und prüft, ob eure Lernpartnerin oder euer Lernpartner die Hinweise im folgenden Methodenkasten richtig umgesetzt hat. Formuliert drei Überarbeitungstipps.

| Methode | Einen Informationstext verfassen |

- In einem **Informationstext** beschreibt und erklärt ihr einen Sachverhalt **knapp** und für die Leser **gut verständlich.** Dafür wählt ihr wichtige Informationen zum Thema aus verschiedenen Materialien (z. B. Zeitungsartikel, Broschüre, Internetseite) aus und verfasst auf dieser Grundlage einen eigenen, zusammenhängenden Text. Geht dabei so vor:
- **Schritt 1:** Informiert euch über das **Thema.** Wertet die **vorhandenen Informationen** aus.
- **Schritt 2:** Wählt Informationen aus, die stichhaltig und für die Leser interessant sind. Erstellt eine **Gliederung** mit **Einleitung** (Einführung in das Thema), **Hauptteil** (Informationen zu einzelnen Aspekten des Themas) und **Schluss** (Zusammenfassung, Fazit oder Ausblick).
- **Schritt 3: Paraphrasiert** und **exzerpiert** Informationen aus den vorliegenden Materialien.
- **Schritt 4: Schreibt** und **überarbeitet** den Informationstext. Beachtet dabei folgende Tipps:
  - Gebt Informationen aus anderen Texten **mit eigenen Worten** wieder.
  - Formuliert **sachlich, knapp** und ohne persönliche Wertungen.
  - Formuliert **Überleitungen** zwischen den Gliederungspunkten und **verknüpft** einzelne Informationen durch Konjunktionen wie *weil, aufgrund, da, während, obwohl.*
  - Verdeutlicht die Gliederung eures Textes durch **Absätze.**

Teste dich!

Einen Informationstext überarbeiten

Nach Schätzungen der UNO leben derzeit etwa 244 Millionen Menschen in einem anderen Land als dem, in dem sie geboren wurden. Das sind viele Menschen, aber dieser Anteil entspricht nur 3,3 % der Weltbevölkerung. <u>Das finde ich erstaunlich!</u> Selbst unter katastrophalen Lebensbedingungen <u>hängen Menschen echt total stark</u> an ihrem Heimatland. Nur bei einem sehr <u>starken</u> Druck entschließen sie sich zur Auswanderung oder Flucht. Meist gehören Migranten und Flüchtlinge nicht zu den Armen in ihrer Gesellschaft. Oft sind es aktive Menschen, die sich nicht ihrem Schicksal ergeben wollen. <u>Sie müssen in der Lage sein, die notwendigen finanziellen Mittel für die Migration aufzubringen. Der Mehrheit der Armen und Ungebildeten fehlen jedoch die erforderlichen Ressourcen. In vielen Fällen verfügen Migranten über familiäre oder ethnische Verbindungen ins Zielland, was die Einwanderung erleichtert.</u>

(Randspalte:)
– *Überschrift?*
– *Text in Absätze gliedern!*
– *Auf persönliche Wertungen verzichten!*
– *Umgangssprachliche Wendungen und Wiederholungen vermeiden!*
– *Hier wurde aus dem Ausgangstext abgeschrieben. Mit eigenen Worten formulieren!*

1 Worum geht es in dem Informationstext? Wähle eine passende Überschrift:
A Das Wachstum der Weltbevölkerung
B Die drei Hauptursachen für Migration
C Der Umfang der weltweiten Migration
D Die Lebensbedingungen in verschiedenen Regionen der Welt

2 Überarbeite den Text im Heft. Beachte dabei die Überarbeitungshinweise in der Randspalte.

3 Werte die zwei Grafiken A und B aus und formuliere mit Hilfe dieser Informationen einen weiteren Abschnitt für den Informationstext oben.

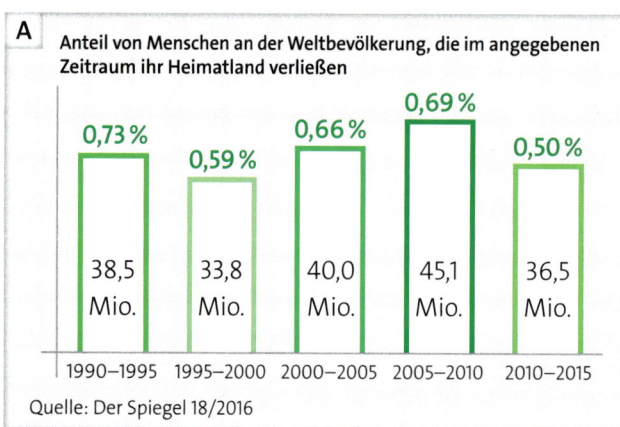

A Anteil von Menschen an der Weltbevölkerung, die im angegebenen Zeitraum ihr Heimatland verließen

1990–1995	1995–2000	2000–2005	2005–2010	2010–2015
0,73 %	0,59 %	0,66 %	0,69 %	0,50 %
38,5 Mio.	33,8 Mio.	40,0 Mio.	45,1 Mio.	36,5 Mio.

Quelle: Der Spiegel 18/2016

B Die sieben größten Migrationsbewegungen zwischen 2010 und 2015

1. Syrien → Türkei
2. Syrien → Libanon
3. Mexiko → USA
4. Indien → USA
5. Bangladesch → Indien
6. Sudan → Südsudan
7. China → USA

Quelle: Der Spiegel 18/2016

4 Vergleiche deine Ergebnisse mit einer Lernpartnerin oder einem Lernpartner.

1.2 Flucht und ihre Folgen – Mit Texten zu den Themen „Migration" und „Integration" arbeiten

Einen literarischen Text untersuchen

Daniel Höra

Das Schicksal der Sterne (2015, Auszug)

In diesem Roman treffen der aus Schlesien stammenden Karl und Adib aus Afghanistan aufeinander. Der über 80-jährige Mann und der Jugendliche aus einem Flüchtlingsheim haben lediglich den Wohnort Berlin und das Interesse an Astronomie gemeinsam. Beide mussten jedoch aus ihrer Heimat fliehen: der eine vor 70 Jahren, der andere in unserer heutigen Zeit.

In den Tagen nach ihrer Ankunft rannten sie von einer Behörde zur anderen, beantworteten Fragen, unterschrieben Papiere, machten Deutschkurse und richteten sich, so gut es
5 ging, in ihrem neuen Leben ein. Nuria[1] fiel es schwerer als den beiden Jungs[2]. Alles war zu fremd für sie. Sie war unsicher und wusste oft nicht, wie sie sich verhalten sollte.
Adib war meist nur zum Schlafen im Wohn-
10 heim[3]. Er konnte die Leute dort nicht ertragen; lauter müde Gesichter, die auf ein besseres Leben warteten. Adib erkundete lieber seine Umgebung oder fuhr mit dem Bus durch die Stadt. Einfach nur dasitzen und gucken, das gefiel
15 ihm.

Eine seiner Lieblingsstellen war an der Havel, gleich neben der Spandauer Altstadt. Dort war eine Bank, halb verdeckt von einer riesigen Weide. Auf der Bank war man regelrecht versteckt und sah doch alles, was um einen herum vor- 20
ging. Auf dem Weg dorthin wunderte sich Adib wieder einmal über den Himmel. Heute war er blaugrün wie das Meer. Überhaupt war das Licht dieser Stadt anders, als er es sich vorgestellt hatte. Gold und Blau waren die beherrschenden 25
Farben, nicht Tiefgrau, nicht Steingrau, nicht Eselgrau, nicht Schimmelgrau – überhaupt nicht Grau, von ein paar Häusern abgesehen. Viele Gebäude waren gelb oder ocker oder orange oder grün. Adib hatte nicht erwartet, dass es 30
hier so bunt war. Und auch die Autos waren farbig und glänzten. In seiner Heimat hatte es nur schwarze oder weiße Autos gegeben und alle waren sie verbeult gewesen.

---

1 Adibs Mutter

2 Adib und sein Bruder Tahir

3 *hier:* Unterkunft für Flüchtlinge

35 An der Havel herrschte ziemliche Aufregung. Ein Krankenwagen stand mitten auf dem Rasen, genau neben Adibs Lieblingsplatz. Leute hatten sich versammelt und sahen zu, wie Sanitäter gerade einen alten Mann auf ihre Trage 40 hievten, zudeckten und zum Wagen trugen. Adib sah wirres graues Haar unter der Decke hervorquellen und eine spitze Nase. Der alte Mann bewegte sich nicht.

Als der Sanitätswagen abgefahren war und die 45 Leute sich verstreut hatten, setzte sich Adib auf seine Bank und sah zwei streitenden Enten zu. Nach einer Weile merkte er, dass sein Blick immer wieder über einen Gegenstand streifte, der erst jetzt in sein Bewusstsein drang: ein Buch.

50 Es war aufgeschlagen und lag mit den Seiten nach unten im Gras, halb verdeckt von einem Busch. Er griff danach und entzifferte den Titel: *Geheimnisse des Universums.* Auf dem Umschlag war ein Sternenhaufen abgebildet, 55 durch den ein Lichtstrahl wie ein scharfes Messer schnitt. Wie oft hatte er während der sieben Monate in den Himmel gestarrt? Wie oft hatten sie unter freiem Himmel schlafen müssen, und wie oft hatte sich Adib vorgestellt, dass die 60 Sterne sie leiten, sie beschützen würden? Ob das Buch dem alten Mann gehörte? Auf der Suche nach einem Namen blätterte er die ersten Seiten durch. Nichts! Erst hinten wurde er fündig: Karl Riedberger stand dort sowie eine Adresse. Er kramte seinen Stadtplan hervor: Die 65 Straße war ganz in seiner Nähe, direkt in der Altstadt.

Das Haus war schon alt und bestand aus löchrigem gelbem Stein. Adib fuhr mit dem Finger die 70 Klingelschilder ab, drückte auf den Namen und wartete. Als sich nichts tat, wollte er woanders klingeln, doch dazu kam es nicht. Eine ältere Frau, die ein grünes Kleid und rote Schuhe trug, kam heraus. Adib erinnerte sie an einen Papagei.

75 „Was willst du denn?", fragte sie schroff.

Adib hielt das Buch hoch und sagte: „Karl Riedberger."

Die Frau blickte ihn unter ihrem grauschwarzen Pony böse an und sagte: „Wenn du nicht 80 verschwindest, hole ich die Polizei." Adib ver-

stand sie nicht. „Das Buch", sagte er und hielt es der Frau hin. Diese trat einen Schritt zurück, als hätte sie Angst vor ihm.

„Mann ist gefallen", sagte Adib. „Doktor", fügte er noch hinzu. Im Gesicht der Frau sah Adib 85 widerstreitende Gefühle. Statt etwas zu sagen, holte sie ein Handy hervor, klappte es auf, drückte ein paar Knöpfe und hielt es sich ans Ohr. Nachdem sie eine Weile gelauscht hatte, klappte sie es wieder zu und sagte: „Geht nicht 90 ran." Sie sah in die Ferne, als würde sie nachdenken. „Wo ist Karl denn?", fragte sie nach einer Weile. Adib zeigte Richtung Kanal. „Ist ihm etwas passiert?", fragte die Frau. Er sagte noch einmal „Doktor" und hatte die Idee, der 95 Frau den Ort zu zeigen, von wo sie den alten Mann abgeholt hatten. Er winkte ihr, ihm zu folgen. Die Frau zögerte, nach einer Weile ging sie jedoch hinter Adib her, wobei sie ihr Handy in der Hand behielt. Am Kanal zeigte Adib ihr 100 die Stelle, wo der alte Mann gelegen hatte. „Karl?", fragte sie. Er nickte und machte ihr vor, wie die Sanitäter den alten Mann auf die Trage gehievt hatten. Als er das Geräusch der Sirene nachmachte, lächelte die Frau zum ersten 105 Mal. Adib zeigte ihr, wo er das Buch gefunden hatte. Sie schlug es auf. „Ich weiß nicht, was passiert ist", sprach sie betont langsam, damit Adib sie verstehen konnte. „Aber ich werde das rausfinden." Sie drehte das Buch um 110 und besah sich den Umschlag. „Er mag diesen Weltraumkram", sagte sie wie zu sich selbst, den Blick auf das Buch gerichtet. Als Adib, der sie nicht verstanden hatte, nachfragte, sah sie auf und sagte: „Karl wird sich sicherlich bei dir bedanken wollen, dass du ihm sein Buch gebracht hast. Vielleicht gibst du mir deine Adresse?" Er nannte ihr seinen Namen, den des Heimes und die Straße. Die Frau klemmte sich nach einem kurzen Gruß das Buch unter den Arm und stapfte davon. Adib sah ihr noch eine Weile nach, vielleicht würde sie sich ja umdrehen und ihm winken. Doch sie lief einfach weiter.

1
a Lest den Romanauszug und formuliert Fragen, die sich euch während des Lesens stellen.
b Stellt eure Fragen einer Lernpartnerin oder einem Lernpartner vor und besprecht, welche sich mit Hilfe des Textes beantworten lassen und welche offenbleiben.

2 Untersucht die Hauptfigur Adib:
a Fasst zusammen, was ihr über die Figur und ihre Lebensumstände erfahrt.
b Beschreibt, wie die Stadt Berlin auf Adib wirkt und welche Erfahrungen er an diesem neuen Ort macht. Worüber wundert er sich?
c Erklärt, warum die Stadt nicht Adibs Erwartungen entspricht. Wie hatte er sich die Stadt und ihre Bewohner vermutlich vorgestellt?

3 Untersucht das Verhalten der Frau, der Adib an der Haustür begegnet:
a Beschreibt, wie sie auf Adib reagiert und wie sie sich ihm gegenüber im Laufe der Geschichte verhält.
b Erklärt, warum sich die Frau vermutlich auf diese Weise verhält.

4
a Spielt die Begegnung zwischen Adib und der Frau (▶ Z. 72–124) nach:
Zwei von euch übernehmen jeweils die Rolle einer Figur, die anderen leiten das Spiel an und geben Regieanweisungen.
b Lasst die beiden Figuren nach dem Spiel der Szene über ihre Gedanken und Gefühle während ihrer Begegnung sprechen, z. B.:

Ich habe mich während der Begegnung mit der Frau die ganze Zeit gefragt, … Die Frau wirkte auf mich …
Als die Frau …, dachte ich …
Ich habe mich … gefühlt, denn …

Als ich den Jungen sah, dachte ich …
Er wirkte auf mich …
Ich habe kurz überlegt, die Polizei zu rufen, …
Während des Gesprächs fühlte ich mich …
Ich frage mich, …

5 Stellt euch vor, einige Zeit später kommt Karl Riedberger ins Wohnheim, um sich bei Adib zu bedanken. Worüber sprechen die beiden? Spielt die Szene oder schreibt einen Dialog.

••• Fordern und fördern – Über Hintergründe informieren

Stellt euch vor, im Rahmen eines Projekts zum Thema „Integration" habt ihr euch mit der Situation geflüchteter Menschen beschäftigt. In einer Informationsbroschüre wollt ihr eure Mitschülerinnen und Mitschüler über die Herausforderungen informieren, vor denen Flüchtlinge in Deutschland stehen. Folgende Materialien (M1–M4) stehen euch zur Verfügung.

M1 Definition: Integration

In einem allgemeinen Verständnis bedeutet Integration die Eingliederung in ein Ganzes, die Herstellung einer Einheit aus einzelnen Elementen oder die Fähigkeit einer Einheit, den Zusammenhalt der Teilelemente auf der Grundlage gemeinsamer Werte und Normen zu erhalten.

Bezogen auf das soziale Zusammenleben bedeutet Integration, dass kulturell und anderweitig ver-
5   schiedene Personen und Gruppen einer Gesellschaft gleichberechtigt zusammenleben.

Integration in Deutschland vollzieht sich vor dem Hintergrund, dass etwa 20 Prozent der Bevölkerung einen Migrationshintergrund haben und entweder selbst Zugewanderte oder Kinder bzw. Enkelkinder von Zugewanderten sind. Der Prozess der Integration besteht aus Annäherung, gegenseitiger Auseinandersetzung und Kommunikation, dem Finden von Gemeinsamkeiten und Unterschieden
10   und der Übernahme gemeinschaftlicher Verantwortung auf allen Seiten. *

M2 „Wie kann ich mich in Deutschland integrieren?"

Munib blickt nachdenklich aus dem Fenster seines winzigen Zimmers. „Es ist vieles anders hier, aber ich bin froh, dass ich es geschafft habe. Der Krieg war schlimm." Seit fünf Monaten ist der 24-jährige gebürtige Palästinenser aus Syrien in Deutschland. Er lebt in einer Flüchtlingsunterkunft in einem Außenbezirk von Berlin. Auf meine Frage, was er den ganzen Tag
5   über mache, antwortet er auf Arabisch: „Mit YouTube und verschiedenen Apps Deutsch lernen." Als Staatenloser habe er, so meint er, keinen Anspruch auf einen Deutschkurs. Vermutlich hat er noch nicht mitbekommen, dass das Bundesamt für Migration und Flüchtlinge diese Regel bereits geändert hat. Manchmal fahre er mit der U-Bahn auch nach Berlin-Neukölln. Dort kenne er mehrere syrische Läden, in denen er Hummus und Halloumi-Käse kauft und ein
10   paar Worte mit den syrischen Ladeninhabern wechselt. „Das hilft gegen Heimweh", meint er scherzend, doch man hört die Verzweiflung in seiner Stimme.

„Wie kann ich mich in Deutschland integrieren?", fragt er. Deutsche Freunde habe er noch nicht. Einmal sei er zu einer Weihnachtsfeier in einer christlichen Kirchgemeinde mitgefahren. „Die haben uns sogar mit einem Bus abgeholt und wieder zurück zur Unterkunft gefahren,
15   das war nett. Sie hatten einen großen Weihnachtsbaum in der Kirche. Die Musik war schön. Ich bin Christ, aber ich habe mich trotzdem fremd gefühlt. Was soll ich machen? Deutsche auf der Straße ansprechen?" In Syrien habe er eine Ausbildung gemacht, aber er vermutet, die werde in Deutschland nicht anerkannt. Im Moment hat er noch keinen Plan, wie es weitergehen soll. „Geduld ist wichtig", sagt er zum Abschied auf Deutsch.

M3 **Beschäftigung von Geflüchteten in Deutschland**

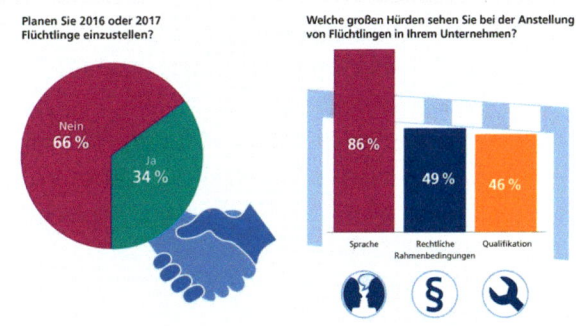

Planen Sie 2016 oder 2017 Flüchtlinge einzustellen?

Nein 66 %

Ja 34 %

Welche großen Hürden sehen Sie bei der Anstellung von Flüchtlingen in Ihrem Unternehmen?

86 % Sprache

49 % Rechtliche Rahmenbedingungen

46 % Qualifikation

Quelle: Randstad-ifo-Personalleiterbefragung „Flexibilisierung"

M4 Gesa Mayr

„Du musst schneller lernen"

Beilsan Alobeid musste wegen des Bürgerkriegs in Syrien ihre Heimat Homs verlassen. In Deutschland kam die 15-Jährige schließlich in die internationale Klasse eines Gymnasiums. Die 20 Schülerinnen und Schüler in dieser Klasse stammten aus Syrien und dem Balkan. Gemeinsam lernten sie Deutsch, manche auch erst Lesen und Schreiben. Nachdem Beilsan ein halbes Jahr
5 Grammatik und Vokabeln gepaukt hat, ist sie nach den Sommerferien in die reguläre achte Klasse gekommen. An einem Montagnachmittag im September erzählt sie von ihrem Weg: „In meiner alten Schule gehörte ich zu den Besten, ich wäre jetzt in die 10. Klasse gekommen. Hier muss ich sehr viel lernen und komme nur in die 8. Klasse. Das ist komisch für mich. Oft bin ich von 8 Uhr morgens bis halb 4 nachmittags in der Schule, danach muss ich Hausaufgaben
10 machen. Ich muss sehr viel erst übersetzen. Manche Fächer laufen ganz o. k., andere nicht. Mein Englisch ist nicht so gut, das ist aber in Deutschland sehr wichtig. Noch schwieriger ist Chemie. Manchmal könnte ich vor Ärger weinen, weil ich es nicht verstehe. Mein erster Tag in Deutschland war ein schlechter Tag. Wenn die Leute mit mir gesprochen haben, konnte ich nicht antworten. Eigentlich war das nicht nur ein Tag, sondern ein Monat. Es war schwierig,
15 sich zu verständigen. Ich habe mich schrecklich fremd gefühlt und meine Freunde vermisst. Aber in der Schule hier gefällt es mir sehr. Die Schüler und Lehrer sind nett und akzeptieren mich, und sie sind geduldig! Ich habe sehr viel Deutsch gelernt durch die internationale Klasse. Die Sprache ist so schwer. Die Grammatik, die Aussprache – ich habe das Gefühl, ich kann keine Geschichten erzählen. Alle in meiner Familie lernen gerade Deutsch. Meine Eltern ma-
20 chen einen Kurs. Wenn ich aus der Schule komme, lerne ich mit meinem jüngeren Bruder zusammen weiter. Meine Mutter sagt immer: ‚Du musst schneller lernen. Das ist deine Zukunft, das ist wichtig.'" *

1 Plant den Informationstext zum Thema „Integration". Notiert Fragen, wertet die Materialien aus und erstellt eine Gliederung für euren Text. ▷ Hilfe zu Aufgabe 1 auf Seite 28

2 Schreibt mit Hilfe eurer Vorarbeiten von Aufgabe 1 einen vollständigen Informationstext. ▷ Hilfe zu Aufgabe 2 auf Seite 28

3 Tauscht eure Texte und gebt euch gegenseitig Überarbeitungshinweise.

4 Erklärt, inwiefern ihr den Romanauszug (▶ S. 23–25) durch die Hintergrundinformationen besser versteht.

Aufgabe 1 mit Hilfen

Plant den Informationstext zum Thema „Integration":

— Notiert vier **Fragen,** die eure Mitschüler zu dem Thema stellen könnten, z. B.:

 – *Was genau bedeutet „Integration"?*

 – *Welche Probleme haben Jugendliche, die als Flüchtlinge in Deutschland ankommen?*

— Lest die **Materialien** 1–4 (▶ S. 26 f.). Legt Karteikarten oder eine Mindmap mit euren Fragen an und ordnet die wichtigen Informationen aus den einzelnen Materialien stichwortartig zu.

— Erstellt eine **Gliederung** für euren Text: Macht euch Notizen, auf welche Punkte ihr in welcher Reihenfolge eingehen wollt.

●○○ Aufgabe 2 mit Hilfen

Schreibt mit Hilfe eurer Vorarbeiten von Aufgabe 1 einen vollständigen Informationstext:

Einleitung

Formuliert eine **Einleitung,** die das Interesse eurer Leserinnen und Leser weckt und in das Thema einführt. Wählt dafür einen der folgenden Anfänge und setzt ihn fort:

– *Habt ihr euch auch schon einmal gefragt, ...*

– *Was erleben Flüchtlinge, wenn sie in Deutschland ankommen? ...*

– *Migranten in Deutschland integrieren – Was heißt das, und wie ...*

Hauptteil

Gebt im **Hauptteil** entsprechend eurer Gliederung wichtige Informationen in vollständigen Sätzen wieder. Mit folgenden Sätzen könnt ihr Absätze beginnen:

– *Unter Integration versteht man allgemein die „Eingliederung in ein Ganzes". Bezogen auf Migration bedeutet Integration demnach ...*

– *Wie man in Interviews mit Flüchtlingen erfährt, wollen sich diese in die Gesellschaft integrieren, wissen aber nicht so recht, wie sie das schaffen können ...*

– *Eine Umfrage unter Personalleitern in Deutschland macht deutlich, dass derzeit nur etwa ein Drittel plant, Flüchtlinge in ihren Unternehmen anzustellen. Als größte Hürde für eine Einstellung nennen die Befragten ...*

– *Eine aus Syrien geflüchtete Schülerin berichtet in einem Interview, wie anstrengend ...*

Schluss

Verfasst einen **Schluss,** in dem ihr die Ausgangsfrage noch einmal aufgreift oder einen Ausblick gebt. Wählt dafür einen der folgenden Anfänge und setzt ihn fort:

– *Zusammenfassend kann man sagen, dass ...*

– *Die Beispiele zeigen, dass ...*

– *Wenn man also über die Integration von Flüchtlingen nachdenkt, sollte man ...*

– *Wenn die Integration von Migranten in Deutschland gelingen soll, ...*

Wählt eine passende **Überschrift** für euren Informationstext aus:

– *Integration – wie geht das?*

– *Herausforderungen bei der Integration in Deutschland*

1.3 Fit in …! – Einen Informationstext verfassen

Stellt euch vor, ihr bekommt in der nächsten Klassenarbeit folgende Aufgabe gestellt:

Aufgabe
In der Schülerzeitung sollst du deine Mitschülerinnen und Mitschüler über das Thema „Emigration – Auswanderung aus Deutschland" informieren. Verfasse mit Hilfe der Materialien M1–M4 einen Informationstext und gehe darin auf folgende Fragen ein:
- Was genau versteht man unter *Emigration?*
- Welche Ursachen gibt es für die Emigration aus Deutschland?
- Mit welchen Erwartungen verlassen Menschen Deutschland?
- Welche Erfahrungen machen sie in ihrer neuen Heimat?

 Auswanderung oder Emigration (von lat. *ex, e,* hinaus, und *migrare,* wandern) bedeutet, das Heimatland dauerhaft zu verlassen. Dies kann freiwillig oder gezwungenermaßen aus wirtschaftlichen, religiösen, politischen oder persönlichen Gründen erfolgen. Auf die Auswanderung (die Emigration) aus einem Land folgt die Einwanderung (die Immigration) in ein anderes.

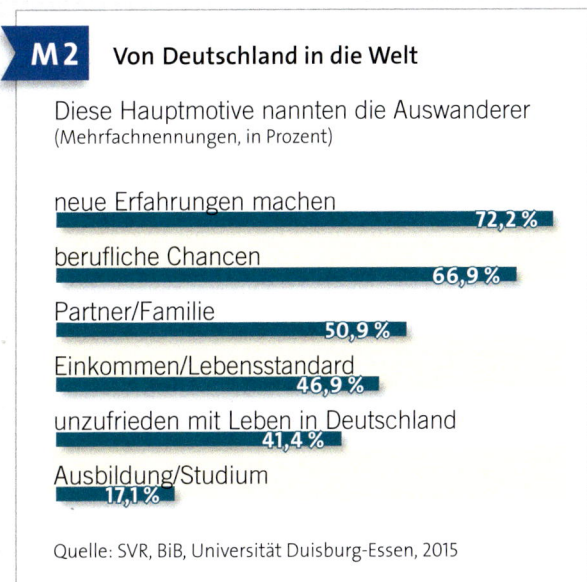

M2   Von Deutschland in die Welt

Diese Hauptmotive nannten die Auswanderer
(Mehrfachnennungen, in Prozent)

neue Erfahrungen machen
72,2 %
berufliche Chancen
66,9 %
Partner/Familie
50,9 %
Einkommen/Lebensstandard
46,9 %
unzufrieden mit Leben in Deutschland
41,4 %
Ausbildung/Studium
17,1 %

Quelle: SVR, BiB, Universität Duisburg-Essen, 2015

 Rainer Hellstern

Interview mit einer Expat-Familie in Seoul

Hallo Johanna, bitte stell dich kurz vor.
Ich bin 31 Jahre alt, habe zwei Kinder und gemeinsam mit meinem Mann und unseren Kindern lebe ich seit Mai 2015 als Expat[1]-Familie in Seoul in Südkorea.

Was war der Grund für den Umzug nach Südkorea?
Da mein Mann aus beruflichen Gründen nach Südkorea ziehen musste, war es für uns als Familie klar, dass wir diesen Schritt nur gemeinsam gehen würden. Also haben wir uns kurzerhand dazu entschlossen, zusammen Deutschland vorerst den Rücken zu kehren und unser Leben in Seoul fortzusetzen.

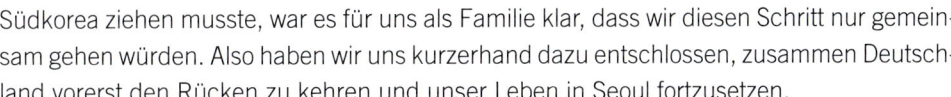

---

1 Expat wird in der Wirtschaft eine Fachkraft genannt, die im Ausland für ein Unternehmen arbeitet.

Wie schwierig waren die bürokratischen Hürden für die Einwanderung in deinem Fall?
In unserem Fall gab es dahingehend keinerlei Hürden. Die bürokratischen Angelegenheiten wurden größtenteils über die Firma geregelt.

Welche großen Unterschiede kannst du zwischen dem Leben in Deutschland und Korea feststellen?
15 Der technische Fortschritt ist hier einfach atemberaubend. Es gibt nichts, wofür es nicht irgendeine IT-Lösung gäbe. Schnelle, unkomplizierte und qualitativ gute Serviceleistungen zu günstigen Preisen sind ebenso eine Spezialität der Koreaner. Unglaublich und in Deutschland unvorstellbar.

Kannst du dir vorstellen, irgendwann wieder nach Deutschland zurückzukehren?
20 Ein Expat-Aufenthalt ist nicht so ausgelegt, dass man für immer auswandert. Irgendwann wird man zurückkehren, ganz gewiss. Im Moment kann ich mir das aber noch nicht vorstellen, nein.

Welchen speziellen Tipp würdest du jemandem geben, der nach Korea auswandern möchte?
25 Grundsätzlich sage ich immer, wenn mir diese Frage gestellt wird: Lasst euch drauf ein. Egal wohin man auswandert, es wird nicht so sein wie dort, wo man herkommt. Die Unterschiede werden auffallen und die Herausforderung wird darin bestehen, sie positiv anzunehmen und für sich fruchtbar zu machen. *

 M4 Jenny Menzel
Interview mit einer Auswanderer-Familie in Neuseeland

Wer seid ihr heute und wer wart ihr, bevor ihr nach Neuseeland ausgewandert seid?
Wir leben seit siebeneinhalb Jahren in Wellington. Unsere Zwillinge Mia und Amy sind heute acht,
5 Nelly wird im Juni fünf und kommt einen Tag nach ihrem Geburtstag in die Schule. Sie ist von uns fünfen der einzige „echte Kiwi" mit neuseeländischem Pass.

Warum wolltet ihr eigentlich auswandern und warum gerade nach Neuseeland?
Eigentlich wollten wir niemals aus Deutschland weg. Wir hatten die perfekten Jobs, tolle Freunde und Familie. Noch kinderlos hatten wir Freunde in Australien besucht und waren
10 dann zwei Wochen in Neuseeland. Klar fällt der Abschied nach jedem Urlaub schwer, aber in Neuseeland war es anders: Schon als wir in Auckland ankamen, war es so, als ob wir irgendwie hierhergehören. Dieses Gefühl hatte ich vorher noch nie gehabt.
Wir sind dann im gleichen Jahr noch einmal nach Neuseeland geflogen, es folgten unzählige Urlaube und jedes Mal wuchs der Wunsch, hier zu leben.

Was habt ihr euch vom neuen Leben in Neuseeland erwartet beziehungsweise erhofft?
Erhofft haben wir uns gar nichts, wir sind ziemlich unbedarft in das Abenteuer gestolpert. Wir wollten es einfach nur mal probieren. Der Lifestyle, die Landschaft und das Leben hier, davon träumten wir, wir fühlten uns Neuseeland irgendwie verbunden. Dass wir beim Job Abstriche machen müssen, was Karriere und Einkommen anbelangt, war uns vorher klar und das ha-
20 ben wir damals gern in Kauf genommen. *

Die Aufgabe richtig verstehen

1 Lest die Aufgabenstellung gründlich und besprecht mit einer Lernpartnerin oder einem Lernpartner, wie ihr beim Schreiben des Informationstextes vorgehen solltet.

2 Schreibt aus der Aufgabenstellung das Thema und die Fragen ab, auf die ihr in eurem Text eingehen sollt.

Den Informationstext planen

3 a Denkt über die Leserinnen und Leser eures Textes nach und macht euch Notizen:
   – An wen soll sich euer Text richten?
   – Was wissen die Leserinnen und Leser bereits über das Thema?
   – Was möchten sie vermutlich über das Thema erfahren?
   – Welche Fachbegriffe solltet ihr zu diesem Thema erklären?
   b Gleicht die Fragen aus der Aufgabenstellung und mögliche Fragen eurer Leser ab.
   Notiert alle Fragen, die ihr in eurem Informationstext beantworten möchtet, auf einzelne Kartei-karten oder in einer Mindmap.

4 Wertet die Materialien zum Thema aus:
   a Listet auf, welche Materialien euch vorliegen.
   b Prüft, welche Informationen die Materialien 1–4 zu euren Fragen (▶ Aufgabe 3 b) liefern.
   Ordnet die Informationen den Fragen zu und notiert sie stichwortartig auf den Karteikarten oder in der Mindmap, z. B.:

Was genau versteht man unter Emigration?	Welche Ursachen gibt es für die Emigration aus Deutschland?
– laut Lexikonartikel: Verlassen des Heimatlandes ... (M1) – ...	– laut Statistik: fast drei Viertel aller Auswanderer verlassen Deutschland, um neue Erfahrungen zu machen (M2) – Interview: Arbeit im Ausland (M3) – ...

   c Sichtet die Informationen, die ihr notiert habt, noch einmal und markiert oder streicht:
   – Welche Informationen aus den einzelnen Materialien ergänzen sich?
   – Welche stimmen überein und werden dadurch stichhaltiger?
   – Welche erscheinen euch mit Blick auf eure Leser überflüssig?

5 Plant den Aufbau des Textes und erstellt eine Gliederung:
   – Überlegt, in welcher Reihenfolge ihr auf die einzelnen Fragen eingehen wollt, und nummeriert eure Notizen entsprechend.
   – Notiert stichwortartig, wie ihr in der Einleitung in das Thema einführen und wie ihr den Schluss gestalten wollt.

Den Informationstext schreiben und überarbeiten

6 Schreibt mit Hilfe eurer Vorarbeiten einen zusammenhängenden Text über Emigration.

a Formuliert eine Einleitung, die das Interesse eurer Leser weckt und in das Thema einführt, z. B.:
Habt ihr auch schon einmal davon geträumt, in einem anderen Land zu leben, vielleicht irgendwo am Meer, wo immer die Sonne scheint und man den ganzen Tag barfuß laufen kann? Oder in einer berühmten Großstadt mit modernen Wolkenkratzern und Menschen aus aller Welt? Tatsächlich verlassen jedes Jahr Deutsche ihr Land ...

b Gebt im Hauptteil entsprechend eurer Gliederung die wichtigen Informationen in vollständigen Sätzen wieder. Beantwortet dabei alle Fragen von Aufgabe 3 b (▶ S. 31).
Formuliert Überleitungen zwischen den Gliederungspunkten und verknüpft die einzelnen Informationen durch Konjunktionen:

Überleitungen:	Konjunktionen:
Laut Lexikoneintrag ... • Darüber hinaus ... • Entsprechend einer Statistik aus dem Jahr ... • Dies wird bestätigt durch ... • Weiterhin ... • Dies entspricht den Aussagen ...	weil • da • damit • sodass • wenn • falls • sofern • während • bevor • als • nachdem • seit • sobald • obwohl • obgleich

c Verfasst einen Schluss, in dem ihr die Ausgangsfrage noch einmal aufgreift, die Informationen zusammenfasst, ein Fazit zieht oder einen Ausblick gebt, z. B.:
Zusammenfassend kann man sagen, dass ... Wer aus Deutschland auswandern will, sollte ...

d Formuliert für euren Informationstext eine passende Überschrift, die das Thema klar benennt.

7 Überarbeitet euren Text mit Hilfe der folgenden Checkliste.

Checkliste

Einen Informationstext verfassen

- Habt ihr in der **Einleitung** das **Thema** genannt?
- Habt ihr im **Hauptteil** in einzelnen **Absätzen** wichtige **Fragen zum Thema** beantwortet?
- Habt ihr zum **Schluss** Informationen **zusammengefasst** oder ein **Fazit** gezogen?
- Passt die **Überschrift** zum gesamten Inhalt des Textes?
- Habt ihr euren Text nach **Gliederungspunkten** sinnvoll aufgebaut?
- Habt ihr die Informationen **sachlich** und für die Leser **gut verständlich** dargestellt?
- Habt ihr **Fremdwörter** im Text ausreichend erklärt?
- Habt ihr **Textstellen paraphrasiert,** das heißt mit eigenen Worten wiedergegeben?
- Habt ihr **Überleitungen** formuliert und **Zusammenhänge** sprachlich verdeutlicht?
- Habt ihr die Textgliederung durch **Absätze** deutlich gemacht?
- Stimmen **Rechtschreibung** und **Zeichensetzung?**

Schreibwörter			▶ S. 339
die Migration	die Immigration (die Einwanderung)	das Interview	attraktiv
die Integration	die Emigration (die Auswanderung)	das Diagramm	kreativ

2 Konsum: Was brauchen wir? –
Überzeugend argumentieren

Sortierung von Kleidung nach Farben in einer Textilfabrik in Indien, bevor diese recycelt werden.
Foto: © Tim Mitchell and Lucy Norris

1 a Betrachtet das Foto und formuliert eine Aussage zu seiner Wirkung.
 Woran denkt ihr, wenn ihr dieses Foto seht?
b Erklärt, was ihr unter dem Begriff „kritischer Konsum" versteht.

2 a Notiert stichwortartig, wofür ihr
 in den letzten zwei Wochen Geld
 ausgegeben habt.
b Formuliert zu einer Sache auf eurer
 Liste eine Begründung, warum ihr
 darauf nicht verzichten könnt.
c Besprecht, worauf man achten muss,
 wenn man andere von seiner
 Meinung überzeugen will.

In diesem Kapitel ...

– übt ihr, überzeugend zu argumentieren,
– nutzt ihr Informationen aus Sachtexten für eure Argumentation,
– verfasst ihr ein Ergebnisprotokoll und
 einen Aufruf,
– untersucht ihr Meinungen und
 Argumente in Sachtexten und verfasst
 textbasierte Erörterungen.

2.1 Unendliche Kauflust – Strittige Themen materialgestützt diskutieren

Eine Argumentation untersuchen

DIE LOKALZEITUNG

Heute Trend, morgen Müll: Kaufen Jugendliche ohne Moral?
Ein Interview mit der Jugendkulturforscherin Ulrike Junkers

Frau Junkers, Sie beschäftigen sich mit der Jugendkultur und vertreten die Ansicht, dass Jugendliche ein unmoralisches Konsumverhalten haben. Warum?

5 Meiner Auffassung nach konsumieren Jugendliche heute unmoralisch, denn sie kaufen immer größere Mengen an billiger Kleidung, ohne
10 darüber nachzudenken, wie sie so viele Teile für so wenig Geld überhaupt erwerben konnten. Ein Party-Top wird beispielsweise im Durchschnitt nur 1,7-mal getragen, bevor es im Müll ent-
15 sorgt wird. Den Preis zahlen die Fabrikarbeiterinnen und Fabrikarbeiter, die unter unmenschlichen Bedingungen unsere Billigmode nähen. Das Fastfood-Konzept ist dabei auch längst in der Mo-
20 deszene angekommen. Schnell wechselnde Kollektionen zum kleinen Preis, die so genannte *Fast Fashion,* erfreut sich unter Jugendlichen immer größerer Beliebtheit. In immer kürzeren Ab-
25 ständen eröffnen in Deutschland neue Filialen, aus denen die Jugendlichen mit prall gefüllten Einkaufstüten kommen. Dieses Konsumverhalten hat auch für unsere Umwelt fatale Konsequenzen, denn
30 sie wird durch achtlos verwendete, hochgiftige Textilfärbemittel verseucht. Deswegen bin ich der Ansicht, dass man das Konsumverhalten der Jugendlichen als unmoralisch bezeichnen kann.

Legen Jugendliche heutzutage mehr Wert auf ihr Aussehen als früher? 35

Das ist eine weitere Beobachtung, die ich im Rahmen meiner Studien gemacht habe. Es zählt immer mehr, wie man „rüberkommt". Das 40 kann man auf digitalen Plattformen sehen, wo die Bilder die meisten Likes bekommen, die perfekt und makellos inszenierte Jugendliche zeigen, welche stolz 45 ein neues Top oder das neue Paar Trend-Schuhe präsentieren. Diese Selbstdarstellung basiert auf reinen Äußerlichkeiten. Auch hier konsumieren Jugendliche unmoralisch, weil sie zu schnell dem Druck 50 Gleichaltriger nachgeben, immer das Neueste und Hippeste kaufen zu müssen, um dazuzugehören. Für sie ist beispielsweise das wichtigste Kriterium[1] 55 für den Kauf von Kleidung das Design, gefolgt vom Preis. Faire Herstellungsbedingungen spielen bei der Kaufentscheidung keine oder nur eine untergeordnete Rolle. Das hat auch 60 eine Studie der Umweltorganisation Greenpeace ergeben. Keiner traut sich mehr, eigene Maßstäbe zu setzten, Wert auf Individualität zu legen und dem Druck der Peers[2] damit etwas entgegenzusetzen. 65

---

1 das Kriterium: das unterscheidende Merkmal

2 die Peers: gleichaltrige Jugendliche

Aber es gibt auch Studien, die belegen, dass Jugendliche sich mit den Herstellungsbedingungen von Mode kritisch auseinandersetzen. Das ist zwar richtig, aber viel entscheidender ist es, in diesem Zusammenhang zwischen Wissen und Handeln zu unterscheiden. Einerseits sind den Jugendlichen die unmenschlichen Arbeitsbedingen bekannt und sie wissen, was es bedeuten kann, wenn im Etikett der Kleidung „Made in Bangladesh" steht – nicht zuletzt, weil Schule und Medien in dieser Hinsicht viel Aufklärungsarbeit leisten. Andererseits handeln sie aber nicht danach. Dieses Wissen wird verdrängt.

Mittlerweile gibt es ja auch zahlreiche Alternativen zur schnellen Mode. Diesen Einwand kann ich nachvollziehen und möchte ergänzen, dass diese Alternativen mittlerweile sogar zu erschwinglichen Preisen angeboten werden. Jedoch genießt *Green Fashion* unter Jugendlichen kein hohes Ansehen. Da zählt es nicht, dass etwas genauso gut aussieht und bezahlbar ist – es kommt aus der „Öko"-Richtung und wird damit automatisch mit selbstgestrickten Socken und „Grauer-Maus-Kleidung" assoziiert – völlig zu Unrecht, denn diese alternative, ethische Modeszene steht, was Aktualität der Kollektionen anbelangt, den Billigmodeketten in nichts nach. Nur die Auswahl ist eben nicht so groß. Hinzu kommt, dass Jugendliche auch bequem geworden sind, weil es für sie einfacher ist, blind nachzukaufen, was ihnen durch *Social Media* präsentiert und empfohlen wird. Sie werden kaum noch selbst aktiv und recherchieren nicht nach fairen Alternativen.

1 Was wird in dem Artikel über das Konsumverhalten von Jugendlichen ausgesagt?
a Gebt die Hauptaussagen des Textes mit eigenen Worten wieder.
b Diskutiert: Welchen einzelnen Aussagen stimmt ihr zu? Welchen würdet ihr widersprechen?

2 Untersucht genauer, wie die Jugendkulturforscherin in ihren Aussagen argumentiert:
a Legt eine Folie über den Text und unterstreicht Behauptungen (Meinung), Argumente und Beispiele in unterschiedlichen Farben.
b Markiert die Aussage, in der die Forscherin ein Gegenargument entkräftet.
c An welchen Formulierungen habt ihr Behauptungen, Argumente, Beispiele und Gegenargumente erkannt? Sammelt sie im Heft.

3 Wählt eine Aussage aus dem Text, die euch nicht überzeugt.
Widerlegt sie und begründet eure Sichtweise. Verwendet eine der folgenden Formulierungen:
– *Die Forscherin behauptet, dass … Dagegen spricht jedoch, dass …*
– *Es ist zwar richtig, dass viele Jugendliche … Aber dem kann man entgegenhalten, dass …*
– *Auch wenn ich verstehe, dass …, möchte ich einwenden, …*

Methode	Überzeugend argumentieren

- Beim **Argumentieren** versucht man, mit Hilfe von Argumenten und Beispielen andere von der eigenen Meinung zu überzeugen.
- Eine Argumentation besteht aus der Abfolge von **Meinung** (oder Behauptung, Wunsch, Forderung), **Argumenten** (Begründungen) und **Beispielen** zur Veranschaulichung von Argumenten.
- Um zu überzeugen, sollte man auch auf **Gegenargumente** eingehen und diese entkräften.

Positionen wiedergeben und Kompromisse formulieren

1 Sollten Jugendliche mehr „grüne Mode" kaufen? Zeigt eure Einstellung auf einer Positionslinie:
- Denkt euch eine Linie quer durch den Klassenraum.
  Ein Ende steht für „Ja", das andere Ende für „Nein". Ordnet euch entlang dieser Linie ein.
- Begründet eure jeweilige Position auf der Linie.

Sollten Jugendliche mehr „grüne Mode" kaufen? – Experten beziehen Position

Umweltaktivist:

Ja, grundsätzlich sollten Jugendliche eher „grüne Mode" statt der billigen Massenware kaufen. Aber meiner Meinung nach ist „grüne Mode" nicht die einzige Möglichkeit für einen verantwortungsvollen Konsum. Es gibt so viele Alternativen zum Kaufen, nur wissen die meisten Jugendlichen noch nicht viel darüber. Im Internet werden Tausch- und Leihplattformen immer beliebter. Einige Schulen organisieren bereits Kleidertauschpartys. Man kann also auch mit wenig Geld nachhaltig konsumieren. Dabei ist die Grundhaltung entscheidend, nicht der Geldbeutel.

Soziologin:

Ich verstehe zwar, warum manche diese Forderung stellen, aber ich finde sie problematisch. Zum einen, weil jeder selbst entscheiden darf, wofür er oder sie sein Geld ausgibt, ohne dafür von anderen verurteilt zu werden. Zum anderen ist es für viele Jugendliche schwierig, „grüne Mode" mit wenig Taschengeld zu finanzieren. Selbst ein fair gehandeltes und nachhaltig produziertes T-Shirt für 10 € kann das monatliche Budget von Jugendlichen erschöpfen. Deswegen kaufen viele in Billigketten ein. Das bedeutet nicht, dass sie keinen Wert auf faire und umweltschonende Produktionsbedingungen legen.

2 **a** Lest die Aussagen des Umweltaktivisten und der Soziologin. An welcher Stelle der Positionslinie (▶ Aufg. 1) würden sie sich jeweils einordnen?

b Prüft, worin sich die Meinungen des Umweltaktivisten und der Soziologin unterscheiden und worin sie übereinstimmen. Veranschaulicht eure Ergebnisse in einem Venn-Diagramm:
- Übertragt nebenstehendes Diagramm ins Heft.
- Notiert die unterschiedlichen Ansichten stichwortartig in die zwei Kreise.
- Schreibt gemeinsame Ansichten stichwortartig an die Schnittstelle in der Mitte.

c Formuliert einen möglichen Kompromiss der Experten:
Während der Umweltaktivist den Standpunkt vertritt, dass ..., ist die Soziologin der Meinung, dass ... Beide teilen jedoch die grundsätzliche Ansicht, dass ... Sie könnten sich darauf einigen ...

Methode	Einen Kompromiss formulieren

Wenn zwei Menschen **unterschiedliche Positionen** vertreten, lassen sich oft **vermittelnde Standpunkte** finden, auf die sich beide einigen können. Dabei müssen jedoch beide auf Teile ihrer Forderungen verzichten.

Sich in Diskussionen auf andere beziehen

Deutschlands brave Jugend – kein Widerstand gegen Markendruck?

Ausschnitt aus einer Podiumsdiskussion

1 Lukas Eden (Elternsprecher): Jugendliche sind völlig markenfixiert. Es kommt ihnen nur darauf an, welches Label ein Pullover trägt – das Design ist ihnen dabei egal. Das beobachte ich beim Shoppen mit meinem Sohn oft: Er sieht Schuhe, die ihm gefallen, wirft einen Blick auf die Marke, und wenn es nicht die richtige ist, wird der Schuh sofort zurück ins Regal gestellt.

2 Anni Kleiner (Produktmarketing einer bekannten Sportmarke): Grundsätzlich kann ich Ihrer Beobachtung zustimmen, aber die Zunahme von Billigmodeketten weist auf einen anderen Trend hin. Diese Modeketten kopieren unter fragwürdigen Herstellungsbedingungen unsere Kollektionen und verkaufen sie mit deutlich schlechterer Qualität in ihren Filialen. 5

3 Michael Henkel (Auszubildender im Einzelhandel): Ich erlebe das in meinem Alltag anders. Jugendliche kaufen keineswegs nur minderwertige Ware, sondern achten meiner Erfahrung nach sehr auf die Qualität. 10

4 Busra Yildiz (Schulsprecherin): Sie haben Jugendliche als markenfixiert bezeichnet, Herr Eden. Das ist meiner Auffassung nach eine sehr einseitige Sichtweise, denn in meiner Schule kann ich einen anderen Trend erkennen: Jeder möchte seinen eigenen Style haben, den möglichst niemand anders kopieren kann. Das geht aber nur, wenn man eben nicht auf bekannte Marken zurückgreift. 15 Außerdem sind es doch meistens unsere Eltern, die Markenmode kaufen, weil sie Wert auf Qualität legen. Man sollte außerdem nicht vergessen, dass es inzwischen auch Billigmodeketten gibt, die umweltschonende und faire Herstellungsbedingungen garantieren.

1 Lest die vier Aussagen und formuliert die Frage, über die die vier Sprecher diskutieren.

2 Untersucht, wie die Sprecherinnen und Sprecher in der Diskussion aufeinander eingehen:
a Gebt an, auf wen sich die Sprecher **2**, **3**, und **4** jeweils beziehen.
b Beschreibt, wie Busra das Argument von Sprecher **1** entkräftet. Welche Möglichkeit nutzt sie?
c Schreibt Formulierungen ins Heft ab, mit denen man sich in Diskussionen auf andere beziehen kann, z. B.: *„Grundsätzlich kann ich Ihrer Beobachtung zustimmen, aber ..."*

3 Listet weitere Formulierungen auf, mit denen man auf Beiträge anderer eingehen kann.

Methode   **An Diskussionsbeiträge anknüpfen, Gegenargumente entkräften**

- Wenn man in einer Diskussion **Argumenten zustimmen** oder sie **entkräften** möchte, muss man deutlich machen, auf welchen Diskussionsbeitrag man **sich bezieht.**
- Geht in einer Diskussion auf die anderen Diskussionspartner ein:
  - Gebt zunächst an, auf welchen Diskussionspartner ihr euch bezieht. Sprecht ihn direkt an und wiederholt seine Aussage, z. B.: *„Lynn, du hast gerade gesagt, ..."*.
  - Sagt deutlich, ob ihr zustimmt oder widersprecht, z. B.: *„Ich sehe das genauso/anders ..."*.
  - Entkräftet Gegenargumente. Gebt dafür ein **Gegenbeispiel** an oder formuliert ein **stärkeres Argument** für eure eigene Position, z. B.: *„Das folgende Beispiel widerspricht dem, was du sagst: ... / Viel wichtiger als ... ist doch ..."*

Eine Debatte materialgestützt vorbereiten und führen

Schülerinnen und Schüler verzichten freiwillig auf Taschengeld

Vielen Eltern bricht der kalte Angstschweiß aus, wenn sie bloß das Wort „Taschengeld" hören. Der fast tägliche Kampf um die Höhe des monatlich ausgezahlten Betrags raubt viel Energie.
5 Gnadenlos handeln Töchter und Söhne um jeden Euro. Nie reicht das Geld aus, um alle Konsumträume der Teenies zu erfüllen. Und das, obwohl die Jugend von heute so viel Geld zur Verfügung hat wie nie zuvor – und gleichzeitig
10 sind sie auch so hoch verschuldet wie nie zuvor. Wen wundert es also, dass Eltern besorgt und oft auch überfordert auf ihre Sprösslinge schauen. Wer will das eigene Kind schon in der Schuldenfalle sehen?
15 Aus diesem Grund haben Pädagogen einer Kölner Gesamtschule ein außergewöhnliches Projekt ins Leben gerufen, das zum Nachmachen motivieren soll: die Taschengeld-Diät. Dabei verzichten Schülerinnen und Schüler sechs
20 Monate lang freiwillig auf die Hälfte ihres Taschengelds und üben auf diese Weise den verantwortungsbewussten Umgang mit Geld.
Diese Diät sei wichtig, weil viele Jugendliche aus Sicht der Pädagogen einen zu hohen Ta-
25 schengeldbetrag ausgezahlt bekommen. So können sie nicht lernen, zu sparen und gut überlegte Kaufentscheidungen zu treffen. Solange Mama und Papa immer wieder für Nachschub sorgen, wenn das monatliche Guthaben
30 erschöpft ist, kann kein Gefühl dafür entstehen, was Dinge in Wirklichkeit kosten und wie viele Stunden pro Woche man arbeiten muss, um sich bestimmte Konsumwünsche erfüllen zu können. Unbegrenzt Geld ausgeben können
35 und trotzdem ein Gefühl für den maßvollen Umgang mit Geld entwickeln: Das funktioniert nicht.
Durch den freiwilligen Verzicht achten die Teenies besser darauf, wofür sie ihr Geld ausge-
40 ben. Sie schauen dann auch eher auf die Qua-

lität und die Herstellungsbedingungen von Produkten. Durch das nur begrenzt verfügbare Taschengeld werden sie gezwungen, beispielsweise nicht nur auf das Design eines Kleidungs-
45 stücks zu achten, sondern auch auf die Qualität und die damit verbundene Haltbarkeit. Wenn man nicht sofort etwas Neues anschaffen kann, muss ein Kleidungsstück auch mehr als einen Waschgang überstehen.
50 Kritisch hinterfragt wird mit Sicherheit der zeitliche Umfang des Projekts: Sind sechs Monate Taschengeld-Diät nicht etwas übertrieben? Doch den Kritikern lässt sich entgegnen, dass man sein Verhalten nicht so einfach von heute
55 auf morgen verändern kann. Wer hat nicht schon mal an Neujahr einen guten Vorsatz gefasst und ihn bereits zwei Tage später wieder verworfen? Die lange Dauer des Projekts ist notwendig, um überhaupt Erfolge in Bezug auf
60 eine Verhaltensveränderung erzielen zu können.
Darüber hinaus hat der Selbstversuch aus Köln noch einen weiteren positiven Effekt: Die Jugendlichen verwenden das monatlich gesparte
65 Geld für einen guten Zweck. Sie spenden den Gesamtbetrag einer Menschenrechtsorganisation, die sich für mehr Bildung statt Kinderarbeit in Entwicklungsländern engagiert.

Silo: Grundsätzlich finde ich die Idee gut, mein Geld gebe ich wirklich oft nur für Spaßdinge aus und weiß am Ende des Monats gar nicht mehr, wofür ich es verwendet habe. Aber ich finde es extrem, die Aktion gleich ein halbes Jahr durchzuziehen. Ich frage mich, ob nicht zwei Monate ausreichen würden.

Durchblick3000: Sind Jugendliche in dem Alter überhaupt dazu in der Lage, auf etwas für sie so Wichtiges zu verzichten? Sie bekommen es ja noch nicht mal hin, ihr Zimmer aufzuräumen, und das verlangt ein viel geringeres Maß an Selbstdisziplin.

1   a   Lest den Artikel auf Seite 38 und besprecht den Inhalt:
- Welches Projekt wird in dem Artikel beschrieben?
- Aus welchen Gründen verzichten die Jugendlichen während des Projekts auf ihr Taschengeld?
- Welche Meinung wird in dem Artikel vertreten? Wie bewertet der Autor des Textes das Projekt?

     b   Lest die zwei Leserkommentare zum Artikel und äußert euch spontan dazu:
Welchem Standpunkt würdet ihr zustimmen, welchem widersprechen?

2   Untersucht, mit welchen rhetorischen Mitteln im Artikel versucht wird, Leser zu überzeugen:
     a   Lest auf S. 38 die Zeilen 34–37 noch einmal und versucht, den Satz ohne Doppelpunkt aufzuschreiben. Wie wirkt der verkürzte Satz mit Doppelpunkt im Vergleich dazu?
     b   Sucht die rhetorische Frage im Text und beschreibt ihre Wirkung.

3   Bereitet eine Debatte zu der folgenden Streitfrage vor:
Sollten wir an dem Projekt „Taschengeld-Diät" teilnehmen, um den Umgang mit Geld zu lernen?
     a   Notiert in einer Tabelle stichwortartig Argumente aus dem Artikel und den Leserkommentaren, die für oder gegen eine Teilnahme sprechen. Ihr könnt auch eigene Argumente ergänzen.

PRO-**Argumente** für die Teilnahme am Projekt	KONTRA-**Argumente** gegen die Teilnahme
– *man lernt, sparsam mit Geld umzugehen*	– ...

     b   Erstellt ein kurzes Meinungsbild der Klasse, indem ihr euch auf zwei unterschiedlichen Seiten aufstellt: Wer ist für und wer ist gegen die Teilnahme an dem Projekt?
     c   Setzt euch mit jemandem zusammen, der eure Position vertritt:
- Tauscht euch über eure Argumente aus und ergänzt eure Tabellen.
- Überlegt gemeinsam, welche Gegenargumente die andere Seite anführen könnte und wie ihr diese sinnvoll entkräften könntet.
- Formuliert zu eurer Position eine Aussage in Doppelpunkt-Technik und eine rhetorische Frage.

Information   **Die rhetorische Frage und die Doppelpunkt-Technik**

- **Rhetorische Frage:** Frage, auf die keine Antwort erwartet wird. Die Zuhörer sollen sich selbst die Antwort geben, z. B.: *Wollen wir wirklich, dass unsere Kinder nur Markensachen kaufen?*
- **Doppelpunkt-Technik:** Eine wichtige Aussage wird ganz knapp formuliert, damit die Zuhörer sie sich merken, z. B.: *Unbeschränktes Taschengeld und sparen: Das passt nicht zusammen.*

4 a Bildet zwei Vierergruppen, bestimmt eine Gesprächsleiterin oder einen Gesprächsleiter und teilt alle weiteren Schülerinnen und Schüler in drei Beobachtungsgruppen ein:

Gruppe A beobachtet einzelne Sprecher/-innen und macht Notizen zum Gesprächsverhalten:
– Geht sie/er auf die Beiträge anderer Debattenteilnehmer ein?
– Knüpft sie/er sinnvoll an den Vorredner an?
– Verwendet sie/er überzeugende Argumente?
– Entkräftet sie/er Gegenargumente?

Gruppe B beobachtet das Gesprächsverhalten der Gesprächsleiterin / des Gesprächsleiters:
– Begrüßt sie/er die Teilnehmer und stellt die Abstimmungsfrage vor?
– Achtet sie/er auf die Einhaltung der Gesprächsregeln und Redezeiten?
– Moderiert sie/er am Ende die Abstimmung der ganzen Klasse?

Gruppe C notiert stichwortartig die Argumente im Diskussionsverlauf.

b Führt die Debatte nach dem folgenden Ablauf durch:

Der Gesprächsleiter begrüßt die Teilnehmer und stellt die **Abstimmungsfrage** vor.	– *Ich begrüße euch und eröffne die Debatte zu der Streitfrage ...* – *Zuerst erteile ich der Pro-Seite das Wort.*
Eröffnungsrunde (2 min pro Sprecher) Jeder Teilnehmer stellt seine Position zur Abstimmungsfrage vor und begründet sie.	– *Ich vertrete die Ansicht, dass ...* – *Ein Argument, das für/gegen ... spricht, ist ...*
Freie Aussprache (etwa 10 min) Es spricht immer abwechselnd jemand von der Pro- und der Kontra-Seite.	– *Einige von euch meinen zwar, ... Aber...* – *Sicherlich kann man einwenden, dass ... Aber ich habe die Erfahrung gemacht, ...*
Schlussrunde (etwa 1 min pro Sprecher) Jeder Teilnehmer hält ein kurzes Schlussstatement zu seiner Position.	– *Ich vertrete unverändert die Meinung, ...* – *Die Debatte hat mich in der Überzeugung gestärkt, ...*
Der Gesprächsleiter dankt und bittet um **Abstimmung.**	– *Ich danke allen Teilnehmerinnen und Teilnehmern für ihre Beiträge und ...*

5 a Fasst den Gesprächsverlauf mit Hilfe der Notizen von Gruppe **C** zusammen.
b Gebt den Teilnehmern der Debatte mit Hilfe der Beobachtungen von Gruppe **A** und **B** ein Feedback. Anschließend können sich die Teilnehmer dazu äußern und Fragen klären.

Information   **Die Debatte**

In einer Debatte wird eine **Entscheidungsfrage** diskutiert, die man mit *Ja* oder *Nein* beantworten kann. Im Verlauf der Debatte werden **Argumente zu beiden Positionen** vorgetragen und diskutiert. Am Ende erfolgt eine **Abstimmung.**

Ein Ergebnisprotokoll schreiben

Ergebnisprotokoll der Debatte vom 13. 06. 20..　　　　　　　　　　　①

Thema:　　　Sollen wir an dem Projekt „Taschengeld-Diät" teilnehmen?
Teilnehmer: Klasse 9 b, Frau Schumacher (Deutschlehrerin)
Leitung:　　Eli Krämer　　　　　　　　　　　　　　　　　　　　②
Zeit:　　　　9:15 – 10:00 Uhr
Protokoll:　 Marco Opak

TOP 1:　　　Themenvorstellung
TOP 2:　　　Debatte in der Klasse　　　　　　　　　　　　　　　③
TOP 3:　　　Abstimmung in der Klasse

Zu TOP 1:
Das Thema der Debatte ist die Frage, ob unsere Klasse an dem Projekt „Taschengeld-Diät"
teilnehmen soll. Dabei handelt es sich um eine sechsmonatige Aktion, bei der ...

Zu TOP 2:
Pro-Argumente für eine Taschengeld-Diät:
– Bei diesem Projekt übt man den sparsamen Umgang mit Geld.
– Es bereitet auf die Ausbildungszeit vor, während der man mit wenig Geld auskommen muss.
– ...
Kontra-Argumente gegen eine Taschengeld-Diät:
– Einige Mitschülerinnen und Mitschüler bekommen bereits sehr wenig Taschengeld.
– ...

Zu TOP 3:
Gegen die Teilnahme an dem Projekt stimmen 8 von 27 Schülerinnen und Schülern. Für ...

Berlin, 14. 06. 20..,　　　　　　　　　　　　　　　　　　　　　④
Marco Opak (Protokollant)

1　a　Beschreibt den Aufbau des Protokolls. Benennt dabei die Bestandteile 1–4.
　　　b　Erklärt anhand der Notizen zu TOP 2, inwiefern es sich um ein Ergebnisprotokoll handelt.

2　Fertigt mit Hilfe der Notizen von Gruppe **C** (▶ S. 40, Aufg. 4) ein Ergebnisprotokoll zu eurer Debatte an.

Methode	Ein Ergebnisprotokoll verfassen

- **Protokolle** sind **knappe Berichte** über Versammlungen, Konferenzen oder Diskussionen.
- Im **Ergebnisprotokoll** werden nur die **Ergebnisse eines Gesprächs** festgehalten.
- Protokolle haben eine feste **äußere Form** und werden im **Präsens** (▶ S. 321) formuliert.

Für einen Flyer schriftlich appellieren

Im Rahmen einer Projektwoche zum Thema „Nachhaltigkeit" plant ihr das Upcycling-Projekt „Pimp my Shirt", bei dem alte Kleidungsstücke zu neuen umgearbeitet werden.
Entwickelt einen Flyer, mit dem ihr Werbung für euer Projekt macht und eure Mitschülerinnen und Mitschüler zur Teilnahme aufruft.

Umweltschutz durch Upcycling

Wasserverbrauch und Umweltverschmutzung in der Textilbranche

Zur Produktion eines einfachen Baumwollshirts werden mindestens 2000, im Extremfall sogar 20000 Liter Wasser verbraucht. Dieses Wasser, das für den gesamten Herstellungsprozess eines Produkts aufgewendet wird, bezeichnet man auch als „virtuelles Wasser". Außer dem großen Wasserverbrauch belasten in der Textilbranche auch Färbetechniken die Umwelt, für die Textilveredlung sind 7000 Chemikalien erlaubt. Darüber hinaus werden beim Anbau von Baumwolle auf den Baumwollfeldern achtmal so viele Chemikalien eingesetzt wie beim Nahrungsmittelanbau.

Upcycling ist das neue Recycling

Upcycling ist eine umweltschonende Alternative zum Kauf von neuer Kleidung. Dabei werden mit einfachen Handgriffen aus alten Kleidungsstücken „neue" hergestellt. Der Kleiderschrank kann somit aktuellen Trends angepasst werden, ohne dass die Verbraucher dafür Geld ausgeben müssen. Das Internet liefert unendlich viele Ideen für das Aufwerten und Umgestalten von alten Kleidungsstücken. Beim Upcycling ist der Energieverbrauch geringer und das Produkt wird auf- statt abgewertet.

DO IT YOURSELF: Ein T-Shirt umdesignen

Knöpfe, Textil-Spraydosen, Nähgarn in Neon-Farben – viel mehr braucht man nicht, um einem alten Fünf-Euro-Shirt einen neuen Look zu verleihen. Mutige greifen zur Schere und machen aus dem Langarm-Shirt ein asymmetrisches Party-Oberteil. Wer sich nicht an Reißverschlüsse und größere Umnäh-Aktionen herantraut, kann auch leichter zu seinem persönlichen Designstück kommen: Man näht einen schönen Spitzen-Einsatz von Hand auf den Brustbereich und erhält ein Romantik-Top. Schneller ist die Variante mit dem Lackstift: Einfach mit einem Textilstift einen Spruch oder ein Muster zeichnen. Selbst ungeübte Designer können mitmachen. Im Internet findet man zahlreiche Tipps, Anleitungen und Ideen für D. I. Y.-Stücke.

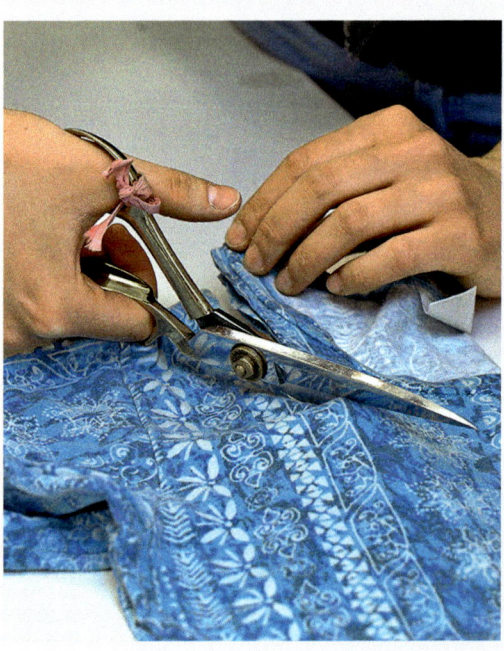

1 **a** Lest den Text und erklärt den Begriff *Upcycling*. Welcher Unterschied besteht zwischen *Upcycling* und *Recycling?*

b Tauscht euch darüber aus, welche weiteren Upcycling-Projekte ihr kennt.

2 Entwerft einen kurzen appellativen Text für den Flyer, in dem ihr eure Mitschülerinnen und Mitschüler zur Teilnahme an dem Upcycling-Projekt „Pimp my Shirt" aufruft:

a Plant den Inhalt des Textes. Notiert dafür Stichworte zu den folgenden drei Punkten. Verwendet Informationen aus dem Text auf Seite 42, die eure Mitschüler überzeugen:

1 **Beschreibung** der Problemlage:	2 **Argumente** für die Teilnahme am Projekt:	3 **Aufruf** zur Teilnahme am Projekt:
→ Warum findet dieses Projekt statt?	→ Warum sollte man daran teilnehmen?	→ Wer kann mitmachen und soll sich wann und wo melden?

b Untersucht die folgenden beiden Textanfänge für den Aufruf. Beschreibt, wie darin versucht wird, die Leser anzusprechen und ihr Interesse zu wecken.

A *Wusstest du, dass man für die Produktion eines einzigen Baumwollshirts bis zu 20 000 Liter Wasser braucht? ...*

B *Samstagabend und du hast nichts zum Anziehen? Monatsende und kein Geld mehr? Kein Grund zur Panik, denn ...*

c Formuliert einen zusammenhängenden Aufruf. Verwendet sprachliche Mittel aus dem Infokasten unten, um an eure Mitschülerinnen und Mitschüler zu appellieren. Der Aufruf sollte nicht mehr als 100 Wörter umfassen.

3 Entwickelt einen Slogan für euren Aufruf zur Teilnahme an dem Projekt „Pimp my Shirt":

a Untersucht die folgenden Slogans. Warum sind sie besonders einprägsam?

A KAUFEN WAR GESTERN, D.I.Y. IST HEUTE! **B** VOM GAMMELSHIRT ZUM DESIGNERSTÜCK

b Entwickelt nach diesen Mustern eigene Slogans für das Projekt.

4 Plant die Gestaltung des Flyers:

a Fertigt eine Skizze zum Aufbau des Flyers an. Er sollte nebenstehende Elemente enthalten.

b Sucht ein passendes Bild und legt die Farben und Schriftgrößen für den Flyer fest. Überlegt dabei, was den Lesern zuerst ins Auge fallen soll.

> Slogan als Überschrift •
> Text mit Problembeschreibung und Aufruf •
> Kontaktdaten • Bild

c Gestaltet den Flyer am Computer und stellt euch gegenseitig eure Entwürfe vor.

d Führt Schreibkonferenzen (▶ S.339) durch. Gebt euch dabei Rückmeldungen zu Text und Gestaltung.

5 Recherchiert im Internet nach Upcycling-Projekten und ruft eure Mitschüler zur Teilnahme auf.

Information **Das Appellieren**

- Ein **Appell** ist eine **Aufforderung** an jemanden, etwas zu tun.
- **Appellierende Texte** beinhalten oft eine **Beschreibung der Problemlage** und den **Aufruf zum Nachdenken, Handeln oder Mitmachen.**
- Um die Leser direkt anzusprechen und ihr Interesse zu wecken, verwendet man sprachliche Mittel wie **Imperative** (Aufforderungsformen), die **persönliche Anrede, rhetorische Fragen** (▶ S.39), **elliptische** (verkürzte) **Sätze, Slogans** oder **Sprüche.**

Teste dich!

Argumentative Aussagen untersuchen

Streitfrage: Sollte das Taschengeld für Jugendliche gesetzlich geregelt werden?

1 Wollen wir wirklich, dass unser Privatleben gesetzlich geregelt wird?

2 Das Miteinander von Jugendlichen kann durch eine gesetzliche Taschengeldregelung positiv beeinflusst werden, weil dann kein Neid auf teure Markenklamotten aufkommt.

3 Sicherlich kann man einwenden, dass es auf das spätere Leben vorbereitet, wenn Jugendliche nur einen eingeschränkten Betrag monatlich zur Verfügung haben.

4 Meiner Auffassung nach sollte der Staat die Höhe des Taschengelds gesetzlich regeln.

5 Studien belegen beispielsweise, dass ein einheitlicher Taschengeldbetrag zur Verbesserung der Sozialkompetenz beitragen kann.

6 Wenn man die beiden Aussagen vergleicht, kann man eine Gemeinsamkeit feststellen: Beide Parteien sehen ein Problem darin, dass manche Eltern ihren Kindern zu viel Taschengeld geben.

1 Untersuche die sechs Aussagen. Ordne den folgenden Satzanfängen die richtige Fortsetzung zu und notiere die Lösungsbuchstaben. Rückwärts gelesen ergeben sie ein Lösungswort.

In Aussage 1 wird …	ein Gegenargument genannt. **A**	ein Appell formuliert. **T**	eine rhetorische Frage gestellt. **Z**
Aussage 2 beinhaltet …	einen Einwand. **L**	ein Argument. **T**	ein Beispiel. **E**
Aussage 3 führt …	eine Begründung an. **U**	ein Gegenargument an und entkräftet es. **H**	ein Gegenargument an. **E**
Aussage 4 …	schlägt einen Kompromiss vor. **I**	beinhaltet eine Meinung. **S**	nennt ein Pro-Argument. **H**
In Aussage 5 wird …	eine Begründung genannt. **B**	eine Meinung geäußert. **K**	ein Beispiel angeführt. **E**
Aussage 6 …	schlägt einen Kompromiss vor. **G**	entkräftet ein Argument. **Z**	nennt ein Kontra-Argument. **L**

2 **a** Wähle eine Aussage von oben aus und formuliere dazu eine Entkräftung.

b Tauscht eure Entkräftungen und prüft, ob sie überzeugend formuliert wurden.

2.2 Von allem immer mehr? – Textbasiert erörtern

Daniela Giesler

Kauf-nix-Tag: Konsumkritiker fordern zur Kaufpause auf

Der schnelle Kaffee zum Mitnehmen, das reduzierte Oberteil im Lieblingsladen, die gebrannten Mandeln auf dem Weihnachtsmarkt: Wer den internationalen Kauf-nix-Tag unterstützen möchte, sollte auf all das verzichten. Auch in diesem Jahr rufen Konsumkritiker wieder zum Kauf-nix-Tag auf. Rechtzeitig zum Start des Vorweihnachtstrubels soll diese Aktion ein Protest gegen den Kaufrausch sein, und es lohnt sich aus vielerlei Gründen, dabei mitzumachen.

Ein Grund ist, dass wir mittlerweile völlig reizüberflutet sind. Die unüberschaubare Anzahl der Produkte, der Dschungel aus Werbung und Schlussverkaufsangeboten haben uns abstumpfen lassen, sodass man fast von einem „Konsum-Burn-out" sprechen kann. Wir laufen wie ferngesteuerte Roboter durch die Einkaufsstraßen, ohne dabei etwas zu empfinden. Hinzu kommt, dass wir fast täglich Dinge kaufen, die wir eigentlich gar nicht brauchen. Das sieht man daran, dass die meisten Sachen uns weder glücklich noch zufrieden machen – zumindest nicht langfristig. Wer freut sich denn noch Wochen später über einen neuen Pulli? Dieses lang anhaltende Glück über einen gekauften Gegenstand stellt leider eher die Ausnahme dar. Wir könnten also ebenso gut auf viele Käufe verzichten.

Zwar lässt sich einwenden, dass die eintägige Konsum-Diät in Deutschland bisher wenig bekannt ist. Die Auswirkungen für den Handel halten sich noch in Grenzen – und damit auch der Einfluss der Verbraucher auf die Firmen in Bezug auf nachhaltige und umweltschonende Produktionsbedingungen.

Dennoch weist die Aktion auf ein erstes Umdenken hin, das sich durch verstärkte Werbung noch weiter verbreiten lässt. Es mangelt nicht an Bereitschaft zur Teilnahme, sondern lediglich am Bekanntheitsgrad.

Noch bedeutsamer als die Teilnahme an solch einer Aktion erscheint jedoch die grundlegende Verhaltensänderung jedes Einzelnen, denn unser momentanes Konsumverhalten wird fatale Auswirkungen auf Natur und Umwelt haben. Das lässt sich wissenschaftlich belegen, wenn man die Folgen des Klimawandels studiert. Diese verdeutlichen, dass wir ökologisch[1] über unsere Verhältnisse leben. Wenn wir weiter so gedankenlos konsumieren wie jetzt, werden die Ressourcen[2] unserer Erde bald verbraucht sein.

Konsumkritiker erhoffen sich von dem Kauf-nix-Tag also langfristig eine Wandlung von der Wegwerfmentalität[3] hin zu einer verantwortungsbewusst und nachhaltig konsumierenden Gesellschaft. Sie rufen deswegen zur Teilnahme an der Konsum-Diät auf.

---

1 ökologisch: die Natur betreffend

2 die Ressourcen: die Bestände, die Vorräte

3 die Wegwerfmentalität: die Gewohnheit, Dinge wegzuwerfen

1 **a** Was haltet ihr von dem „Kauf-nix-Tag"? Tauscht euch über eure spontane Meinung aus.
b Prüft, ob im Text eine Meinung der Autorin deutlich wird. Belegt eure Aussage mit Textstellen.

Eine textbasierte Erörterung vorbereiten

Verfasst zu dem Artikel „Kauf-nix-Tag: Konsumkritiker fordern zur Kaufpause auf" (▶ S. 45) eine Erörterung. Formuliert darin eure Meinung zu der Aktion, begründet sie mit Argumenten und entkräftet Gegenargumente. Geht dabei auf die im Artikel angeführten Argumente für und gegen die Aktion ein.

Die Aufgabenstellung verstehen und über das Thema nachdenken

1 a Lest die Aufgabenstellung oben und besprecht zu zweit, wie ihr vorgehen würdet.
  b Notiert stichwortartig notwendige Arbeitsschritte, um das Schreiben einer textbasierten Erörterung vorzubereiten.

2 Formuliert zu zweit die Fragestellung, zu der ihr eure Meinung äußern sollt, z. B.:
Findest du den „Kauf-nix-Tag" ...?

3 Beantwortet gemeinsam die folgenden zwei Fragen zum Inhalt des Artikels:
  A Welche Hoffnung verbinden Konsumkritiker mit dem „Kauf-nix-Tag"?
  B Warum findet diese Aktion in der Vorweihnachtszeit statt?

Den Text untersuchen und Argumente für beide Seiten finden

4 Formuliert gemeinsam eine Aussage dazu, welche Meinung im Artikel vertreten wird:
Die Autorin des Artikels „Kauf-nix-Tag: ..." vertritt die Meinung, dass ...

5 a Sucht im Artikel Argumente, die für und die gegen den „Kauf-nix-Tag" sprechen.
    Ordnet sie stichwortartig in einer Tabelle:

PRO-**Argumente** für den „Kauf-nix-Tag"	KONTRA-**Argumente** gegen den „Kauf-nix-Tag"
– Reizüberflutung (Z. 12–19)	*– Verzicht auf Gewohnheiten*

  b Denkt zu zweit über weitere Pro- und Kontra-Argumente nach und ergänzt sie in der Tabelle.
  c Bewertet die Überzeugungskraft der einzelnen Argumente. Notiert hinter jedes Argument:
    ++ *sehr überzeugend,* **+** *einigermaßen überzeugend,* **–** *nicht überzeugend.*

Methode   **Die Textvorlage untersuchen**

- Eine **textbasierte Erörterung** verlangt eine **genaue Auseinandersetzung mit dem Text.**
- Die folgenden **Leitfragen** helfen euch, den Text zu erschließen:
  – Um welches Thema geht es in dem Text? Welche Meinung wird darin vertreten?
  – Mit welchen Argumenten wird diese Meinung gestützt?
  – Welche Gegenargumente werden im Text angeführt?
  – Wie überzeugend wirken die einzelnen Argumente?

Sich eine eigene Meinung bilden und den Aufbau der Erörterung planen

6 Schaut noch einmal auf die Argumente in eurer Tabelle von Aufgabe 5 und entscheidet, welche Meinung ihr vertretet. Formuliert sie in einem Satz: *Ich bin der Ansicht, dass …*

7 **a** Beschreibt die folgenden Gliederungen A und B. Welche zwei Möglichkeiten gibt es, Argumente für die eigene Meinung und Gegenargumente in einer Erörterung anzuordnen?

A Konsum-Diät: Dafür oder dagegen?

1 Meinung: Für Konsum-Diät!

2 Argumente gegen Konsum-Diät:
- Läden und Produzenten spüren kaum Auswirkungen (+++)
- zu wenige Teilnehmer (++)
- Einkauf wird nur um einen Tag verschoben (+)

3 Argumente für Konsum-Diät:
- Konzentration auf andere Dinge, z. B. auf dem Schulweg auf Passanten statt auf die Schaufenster (+)
- spart Geld (++)
- Hinterfragung des eigenen Konsumverhaltens: Wie oft kaufe ich etwas am Tag? Was kaufe ich? (+++)

4 Fazit: Eine Konsum-Diät halte ich für eine wichtige Voraussetzung, um …

B Konsum-Diät: Dafür oder dagegen?

1 Meinung: Gegen Konsum-Diät!

2 Argument für Konsum-Diät: durch Verzicht kann man Gewohnheiten hinterfragen (++)

3 Argument gegen Konsum-Diät: Einkauf wird nur verschoben (+)

4 Argument für Konsum-Diät: Zeichen für Läden und Produzenten (+)

5 Argument gegen Konsum-Diät: zu wenige Teilnehmer (++)
…

6 Fazit: Um Erfolg zu haben, müsste(n) … Aber diese Voraussetzung ist meiner Meinung nach … Deshalb finde ich …

b Entscheidet euch für eine Möglichkeit der Anordnung von Argumenten (A oder B) und erstellt eine eigene Gliederung für den Hauptteil eurer Erörterung.

Information	Der Aufbau einer Argumentation
Die Argumente einer Pro- und Kontra-Argumentation kann man unterschiedlich anordnen:	
Das Sanduhr-Schema	**Das Ping-Pong-Schema**
Die Pro- und Kontra-Argumente werden **in zwei Blöcken** angeordnet: Im ersten Block widerlegt man **alle Gegenargumente** (vom stärksten zum schwächsten Gegenargument). Im zweiten Block führt man **alle Pro-Argumente** an (vom schwächsten zum stärksten Argument).	Die Pro- und Kontra-Argumente werden **im laufenden Wechsel** einander gegenübergestellt: Man führt ein **Gegenargument** an und stellt diesem ein **Argument** für die eigene Meinung entgegen. Dabei führt man anfangs die schwächeren und zum Schluss die stärksten Pro-Argumente an.

Fordern und fördern –
Die Erörterung schreiben und überarbeiten

1 Formuliert für die Erörterung zum Artikel auf S. 45 eine Einleitung mit folgenden Angaben:

> Vorstellung des Themas • Angabe der Textvorlage (Titel, Autor/-in, Textsorte) •
> Wiederholung der strittigen Frage • im Text vertretene Meinung

▷ Hilfe zu Aufgabe 1 auf Seite 49

2 Verfasst mit Hilfe eurer Gliederung von Seite 47, Aufg. 7 b den Hauptteil der Erörterung:
 − Formuliert deutlich eure Meinung zur strittigen Frage.
 − Führt Argumente für eure Meinung an und entkräftet Gegenargumente.
  Geht dabei auf wichtige Argumente aus dem Artikel ein.
 − Leitet die Argumente mit passenden Verknüpfungswörtern ein.

▷ Hilfe zu Aufgabe 2 auf Seite 49

3 Schreibt einen Schluss. Fasst darin die Meinung, die ihr euch nach der Auseinandersetzung mit der Textvorlage gebildet habt, noch einmal zusammen und formuliert einen Wunsch für die Zukunft oder einen Appell an die Leser.

▷ Hilfe zu Aufgabe 3 auf Seite 49

4 Tauscht eure Texte und prüft den Text des Partners. Achtet dabei auf folgende Punkte:

> Aufbau • Überzeugungskraft • Überleitungen, Verknüpfungen • Rechtschreibung

5 Welche weiteren Möglichkeiten gäbe es, das eigene Kaufverhalten zu überdenken? Entwickelt eine Idee und formuliert einen kurzen Aufruf zum Mitmachen.

Methode	Eine textbasierte Erörterung schreiben
	In einer **Erörterung** stellt man seine **Meinung** zu einer strittigen Frage dar, geht dabei auf **Argumente für** und **gegen** diese Position ein und wägt sie gegeneinander ab.
Einleitung	− Nennt das **Thema** und weckt das Interesse der Leser. − Gebt die **Textvorlage** an (Titel, Autor, Textsorte) und wiederholt die **strittige Frage**.
Hauptteil	− Formuliert deutlich eure **Meinung** zur strittigen Frage. − Führt **Argumente** für eure Meinung an und entkräftet **Gegenargumente**. Geht dabei auf wichtige Argumente aus dem Text ein. − Baut eure **Argumentation** nach dem **Sanduhr-** oder **Ping-Pong-Schema** auf. − Leitet die Argumente mit passenden **Verknüpfungswörtern** ein.
Schluss	− **Fasst** die Meinung, die ihr euch nach der Auseinandersetzung mit der Textvorlage gebildet habt, noch einmal **zusammen.** − Formuliert einen **Wunsch für die Zukunft** oder einen **Appell** an die Leser.

●○○ Aufgabe 1 mit Hilfen

Formuliert für die Erörterung zum Artikel auf S. 45 eine Einleitung. Ergänzt dafür folgende Sätze:

Wer kennt das nicht: Nach einer Shopping-Tour sitzt man mit schlechtem Gewissen zu Hause, betrachtet die zahlreichen Tüten und fragt sich dabei: Brauche ich das wirklich alles?
In dem Zeitungsartikel „..." von ... geht es um die Frage, ob ...
Die Autorin vertritt die Meinung, dass ...

●○○ Aufgabe 2 mit Hilfen

Verfasst mit Hilfe eurer Gliederung von Seite 47, Aufg. 7 b den Hauptteil der Erörterung.
Folgende Formulierungen könnt ihr verwenden:

Die eigene Meinung formulieren:	– *Ich folge der Ansicht der Autorin (nicht).* – *Ich vertrete die folgende Meinung: ...* – *Meiner Ansicht nach handelt es sich bei dem Kauf-nix-Tag um eine wichtige/sinnvolle/sinnlose Aktion.*
Argumente anführen und verknüpfen:	– *Laut der Autorin sprechen mehrere Gründe für ...* – *Als ein Grund für die Aktion wird im Artikel ... genannt. Diesen Grund kann ich (nicht) nachvollziehen, denn ...* – *Ein weiteres Argument für/gegen diese Aktion ist, dass ...* – *Die Autorin begründet ihre Ansicht außerdem mit dem Argument, dass ... Dem stimme ich (nicht) zu.* – *In dem Artikel wird darauf hingewiesen, dass ... Meiner Einschätzung/ Ansicht/Erfahrung nach ...* – *Die Argumentation der Autorin halte ich für richtig/unzureichend/ wenig überzeugend, denn ...* – *Des Weiteren ... / Hinzu kommt ...* – *Ein weiterer Gesichtspunkt ist, dass ...* – *Ein Beispiel dafür ...*
Auf Gegenargumente eingehen und sie entkräften:	– *Es ist zwar nachvollziehbar, dass ... Aber wichtiger erscheint mir ...* – *Ich verstehe den Einwand, dass ... Jedoch ...* – *Zwar könnte man einwenden, dass ... Allerdings ...* – *Im Artikel heißt es, ... Dagegen kann man einwenden, dass ...* – *Obwohl die angeführten Argumente deutlich zeigen, dass ..., gibt es gute Gründe für ...*

●○○ Aufgabe 3 mit Hilfen

Schreibt einen Schluss. Fasst darin die Meinung, die ihr euch nach der Auseinandersetzung mit der Textvorlage gebildet habt, noch einmal zusammen und formuliert einen Wunsch für die Zukunft oder einen Appell an die Leser. Ihr könnt folgende Satzanfänge verwenden:

– *Die Argumentation der Autorin überzeugt also / nur teilweise / nicht.*
– *Es ist deutlich geworden, dass die Argumente für/gegen die Teilnahme am Kauf-nix-Tag ...*
– *Wenn man bedenkt, ..., würde ich mir wünschen, dass ...*

2.3 Fit in …! – Eine textbasierte Erörterung verfassen

Stellt euch vor, ihr bekommt in der nächsten Klassenarbeit die folgende Aufgabe gestellt:

Aufgabe
Verfasse zu dem Artikel „Minimalisten: Haste nix, biste was" eine Erörterung:
- Formuliere deine Meinung: Wie denkst du über den minimalistischen Lebensstil?
- Begründe deine Meinung mit Argumenten und entkräfte Gegenargumente.
- Geh in deiner Argumentation auf die im Artikel angeführten Argumente für und gegen den minimalistischen Lebensstil ein.

Benjamin Schulz

Minimalisten: Haste nix, biste was

Teurer Urlaub, neueste Mode, Schränke voller Kleinkram? Für Minimalisten ein Graus. Sie arbeiten an der Vereinfachung ihres Lebens – und liegen damit im Trend. Immer größer wird
5 *die Zahl der Menschen, für die weniger tatsächlich mehr ist.*

Wer Alex Rubenbauer etwas schenken möchte, hat es schwer. Ein Windlicht, eine DVD,
10 eine Pflanze – „sinnlosen Krempel entsorge ich nach kurzer Zeit", sagt der 23-jährige Abendschüler aus einem kleinen Ort bei Nürnberg. Rubenbauer will nicht unhöflich sein. Aber konsequent. Konsequent minimalistisch.
15 Das bedeutet: kein Kram, der herumsteht und verstaubt. Nichts, das unnötig Raum einnimmt und von wesentlichen Dingen wie Schreiben, Lesen oder Gesprächen mit Freunden ablenkt. Und nichts, von dem
20 man schon genug hat. „Hier sah es früher aus wie in einer Gärtnerei", sagt Rubenbauer, als er den Blick durch sein Zimmer streifen lässt. Übrig geblieben sind zwei kleine Topfpflanzen auf dem Fenstersims.
25 Ordner mit alten Unterlagen? Weg. Stapelweise Zeitungen und Zeitschriften? Im Altpapier. Statt drei Monitoren und zwei Fernsehern ein Rechner.

Wenn ein neuer Gegenstand ins Haus kommt, muss dafür ein alter weg. Ruben-
30 bauer besitzt etwa 300 Dinge. Er ist dabei, Bücher zu verkaufen und zu spenden – danach werden ihm höchstens noch 200 Gegenstände gehören.
So seltsam Minimalismus in Zeiten von
35 „Drei, zwei, eins … meins" und „Geiz ist geil" anmuten mag – allein ist Rubenbauer mit seiner Haltung nicht. Minimalismus hat Zulauf, weil die Welt immer komplexer wird. Diese Komplexität zu bewältigen und
40 zu verringern ist stressig. Wer sein Leben minimalistisch gestaltet, reduziert den Druck. Das begreifen immer mehr Menschen. Deswegen sind Minimalisten mittlerweile anerkannt und werden nicht mehr
45 belächelt.
Wie weit man beim Ausmisten gehen muss, darüber sind sich die Minimalisten uneinig. Die Spannweite reicht von „materieller Totalverweigerer" bis „kritischer Konsum-
50 bürger". Rubenbauer ist ein Vertreter der zweiten Sorte. Es sei albern, zu Hause auf

Dinge zu verzichten, nur um sie anderswo zu kaufen, etwa, wenn jemand ohne Kaffeemaschine ständig bei Starbucks sitze.

Minimalisten machten sich nicht von materiellen Dingen abhängig, solange Grundbedürfnisse wie Schlaf, Nahrung und eine Bleibe gesichert seien. Der Begriff „Minimalist" begegnete Rubenbauer erstmals in einem Text des US-Bloggers Derek Sivers. Dort hieß es: „Je weniger ich besitze, desto glücklicher bin ich." Das, sagt Rubenbauer, habe ihn fasziniert.

Kein Haus, kein Auto, kein Boot also? Nicht zwangsläufig, sagt der 23-Jährige. Minimalismus bedeute nicht, „dass man sich in irgendeine Lehmhütte setzt". Es könne minimalistisch sein, ein iPhone zu haben, schließlich ersetze es CDs, Fotoalben, Foto- und sogar Videokameras. Ein Computer mache DVD-Sammlungen und Bücherschränke überflüssig.

Rubenbauer hat viele Fotos von seiner Fest-

platte gelöscht. „Was wichtig ist, hat man im Kopf." Er empfiehlt, manches einfach wegzuwerfen oder zu spenden. Halbwegs wertvolle Dinge verkaufe man am besten – „es sei denn, man begreift ein volles Bankkonto als Belastung". Minimalistisch zu leben sei auch Übungssache. Mit anderen Worten: Die Vorteile einer Shoppingtour sind zwar unmittelbar greifbar, wogegen es eine Weile dauert, bis die Vorzüge eines minimalistischen Lebenswandels sichtbar werden. Dafür bleibt das gute Gefühl bei Letzterem auch, wenn das beim Hosenkauf empfundene Glück schon längst verflogen ist.

Der größte Vorteil des Minimalismus ist für Rubenbauer die Freiheit. „Man gewinnt die Kontrolle über sein Leben zurück, alles wird klarer, übersichtlicher, einfacher." Und manchmal hat Minimalismus auch ganz handfeste Vorzüge. Wenn er Besuch habe, sagt Rubenbauer, bekomme er oft zu hören: „Hier ist es aber schön ordentlich!" *

Die Aufgabe richtig verstehen und die Erörterung planen

1 Was verlangt die Aufgabe von euch? Notiert mit eigenen Worten ins Heft:
 – Welche Art von Text sollt ihr schreiben?
 – Wie lautet die Frage, zu der ihr eure Meinung äußern sollt?
 – Welche Punkte sollte euer Text beinhalten?

2 **a** Lest den Artikel genau und sucht Argumente, die für und die gegen einen minimalistischen Lebensstil sprechen. Ordnet sie stichwortartig in einer Tabelle:

PRO-Argumente für den minimalistischen Lebensstil	KONTRA-Argumente gegen den minimalistischen Lebensstil
– nichts lenkt von wichtigen Dingen wie Schreiben, Lesen oder Gesprächen mit Freunden ab (Z.17–19)	– …

 b Denkt über weitere Pro- und Kontra-Argumente nach und ergänzt sie in der Tabelle.
 c Bewertet die Überzeugungskraft der Argumente. Notiert hinter jedes Argument ++, + oder –.

3 Entscheidet, welche Meinung ihr vertretet. Formuliert sie in einem Satz:
Ich finde den im Artikel beschriebenen minimalistischen Lebensstil …

4 Übertragt den folgenden Schreibplan ins Heft und ergänzt ihn.
Entscheidet dabei, nach welchem Schema ihr die Argumente im Hauptteil anordnen wollt –
nach dem Sanduhr-Schema oder nach dem Ping-Pong-Schema?

> *Schreibplan: Erörterung zum Artikel „Minimalisten: Haste nix, biste was"*
>
> *Einleitung:*
> *– Thema: ...*
> *– Textvorlage (Titel, Autor, Textsorte): ...*
> *– strittige Frage: ...*
>
> *Hauptteil:*
> *– Meinung zur strittigen Frage: ...*
> *– Argumentation mit Argumenten für und gegen meine Meinung:*
> *   1. ...*
> *   ...*
>
> *Schluss:*
> *– Zusammenfassung der Meinung: ...*
> *– Wunsch für die Zukunft / Appell an die Leser: ...*

Die Erörterung schreiben und überarbeiten

5 Schreibt die vollständige Erörterung. Lasst dabei einen breiten Rand für die anschließende Korrektur.
  – Formuliert eine Einleitung mit Angaben zu Thema, Textvorlage und strittiger Frage.
  – Verfasst mit Hilfe eures Schreibplans von Aufgabe 4 den Hauptteil der Erörterung.
  – Schreibt einen Schluss. Fasst darin eure Meinung noch einmal zusammen und formuliert einen
    Wunsch für die Zukunft oder einen Appell an die Leser.

6 a Tauscht eure Erörterungen und prüft sie mit Hilfe der folgenden Checkliste.
    b Überarbeitet euren eigenen Text mit Hilfe der Korrekturen und Hinweise eures Lernpartners.

Checkliste

Eine textbasierte Erörterung schreiben

- **Einleitung:** – Habt ihr das **Thema** genannt und das **Interesse der Leser** ausreichend geweckt?
  – Habt ihr **Titel, Autor, Textsorte** angegeben und die **strittige Frage** wiederholt?
- **Hauptteil:** – Habt ihr deutlich eure **Meinung** zur strittigen Frage formuliert?
  – Habt ihr in einer **sinnvollen Struktur** die **Argumente** für und gegen eure
    Meinung angeführt und die **Gegenargumente** entkräftet?
  – Seid ihr auf wichtige **Argumente aus der Textvorlage** eingegangen?
  – Habt ihr die Argumente mit **Verknüpfungswörtern** eingeleitet?
- **Schluss:** – Habt ihr eure Meinung **zusammengefasst** und einen **Wunsch** oder
    einen **Appell** formuliert?

Schreibwörter				▶ S. 339
die Debatte	die Ressource	die Diät	konsumieren	zustimmen
der Appell	die Mentalität	der Minimalismus	kritisieren	widersprechen

3 Mein Traumjob!? –
Berufe erkunden und sich bewerben

1 Für welches Berufsfeld interessieren sich diese beiden zukünftigen Auszubildenden? Äußert eine Vermutung und gebt an, ob so ein Beruf auch euren Interessen entspräche.

2 **a** Notiert eure Berufswünsche auf einzelne Zettel und heftet sie an die Tafel.
b Sortiert die Zettel nach Berufs-
feldern und wertet das Klassen-
ergebnis aus. Welches Berufsfeld
ist am beliebtesten?

3 Berichtet von euren Erfahrungen,
die ihr während des Praktikums oder
eines Ferienjobs mit verschiedenen
Berufen sammeln konntet.

In diesem Kapitel …

– erstellt ihr euer eigenes Stärken-
und Schwächenprofil,
– informiert ihr euch über Berufe und
stellt sie in einem Referat vor,
– interviewt ihr Experten,
– verfasst ihr Tagesberichte, Bewerbungsschreiben und Lebensläufe,
– übt ihr Bewerbungsgespräche.

3.1 Was willst du werden? – Sich informieren und über Berufe referieren

Eigene Fähigkeiten beschreiben, Berufsfelder erkunden

1 Jeder Beruf verlangt grundlegende Kenntnisse und Fähigkeiten. Sie werden als Schlüsselqualifikationen bezeichnet.

a Lest nebenstehenden Auszug aus einer Stellenanzeige und erklärt mit eigenen Worten, welche Eigenschaften Bewerber für diese Stelle haben sollten.

b Für welchen Beruf könnten diese Eigenschaften notwendig sein? Äußert Vermutungen und begründet sie.

> **Wir suchen Sie!**
>
> Sie sind zuverlässig, besitzen Teamfähigkeit und eine ausgeprägte soziale Kompetenz, sind flexibel und leistungsbereit?

2 Überlegt zu zweit, was die Schlüsselqualifikationen im folgenden Kasten bedeuten. Schreibt die Begriffe untereinander ins Heft und notiert dazu jeweils eine Erklärung, z. B.:

– *Selbstständigkeit: Man braucht keine wiederholten Anweisungen, um eine Aufgabe auszuführen.*

> Selbstständigkeit • Teamfähigkeit • Zuverlässigkeit • Kommunikationsfähigkeit • Kritikfähigkeit • Konzentrationsfähigkeit • Leistungsbereitschaft • Lernbereitschaft • körperliche Belastbarkeit • Flexibilität • Organisationsfähigkeit • Ordnung und Sorgfalt • Kreativität • Empathie • Verantwortungsbewusstsein

3 Welche Schlüsselqualifikationen zeichnen euch aus?

a Legt eine Tabelle zu den Schlüsselqualifikationen von Aufgabe 2 an und füllt sie aus:

Meine Stärken und Schwächen			
Ich bin ...	Trifft voll zu	Trifft teilweise zu	Trifft nicht zu	Begründung oder Nachweis
(1) selbstständig	○	○	○	Ich bin gewohnt, allein ...
(2) teamfähig	○	○	○	Seit mehreren Jahren bin ich Mitglied ...
(3) ...	○	○	○	...

b Wählt drei Schlüsselqualifikationen, über die eure Lernpartnerin oder euer Lernpartner in besonderem Maße verfügt, und notiert sie jeweils mit einer Begründung, z. B.:

Du kannst dich besonders gut in andere Menschen einfühlen. Als zum Beispiel neulich ...

c Stellt euch gegenseitig eure Einschätzungen vor und überlegt gemeinsam, welche Berufe zu euch passen würden.

4 Ein Schüler hat Berufe, die zu seinen Stärken und Schwächen passen, in einem Baumdiagramm (▶ S. 337) geordnet.

a Beschreibt den Aufbau des Diagramms. Verwendet dabei die Wörter *Oberbegriff* und *Unterbegriff*.

b Legt mit Hilfe der Angaben in den folgenden zwei Kästen ein Baumdiagramm zum Berufsfeld „Gesundheit" an.

> **Berufsbereiche:**
> Rettungsdienst •
> Ernährung •
> Pflege •
> Medizin- und
> Rehatechnik •
> Sport und
> Bewegung

> **Berufe:**
> Hörakustiker/-in • Kinderpfleger/-in • Notfallsanitäter/-in •
> Diätassistent/-in • Assistent/-in für medizinische Gerätetechnik •
> Radiologieassistent/-in • Haus- und Familienpfleger/-in •
> Mechaniker/-in für Orthopädietechnik • Koch/Köchin •
> Chirurgiemechaniker/-in • Altenpfleger/-in •
> Fachangestellte/-r für Bäderbetriebe •
> Orthopädieschuhmacher/-in

c Setzt euch zu zweit zusammen und vergleicht eure Diagramme. Erklärt euch gegenseitig die Berufe, die ihr nicht kennt, oder recherchiert sie gemeinsam im Internet.

5 a Wählt aus folgenden Berufsfeldern eins aus, das euren Stärken und Interessen entspricht:

> **Berufsfelder:**
> Bau, Architektur, Vermessung • Elektro • Gesundheit • IT, Computer •
> Kunst, Kultur und Gestaltung • Natur, Umwelt, Landwirtschaft • Medien •
> Metall, Maschinenbau • Soziales, Pädagogik • Verkehr und Logistik •
> Wirtschaft, Verwaltung

b Recherchiert im Internet, welche Bereiche und welche einzelnen Berufe zu diesem Berufsfeld gehören. Ordnet die Informationen in einem Baumdiagramm (▶ S. 337).

c Markiert im Diagramm einen Beruf, der euch besonders interessiert. Überlegt und notiert stichwortartig, welche Schlüsselqualifikationen man für diesen Beruf vermutlich benötigt.

6 Formuliert einen kurzen Text, in dem ihr eure eigenen Stärken und Interessen oder die eurer Lernpartnerin oder eures Lernpartners zusammenhängend beschreibt.

Ein Interview untersuchen

Traumberuf Köchin oder Koch – ist das der richtige Beruf für mich?

Schülerinnen und Schüler befragen einen Auszubildenden

1 Ist es nicht langweilig, jeden Tag für andere Essen zu kochen?

Überhaupt nicht. Wie ihr haben viele die Vorstellung, dass ein Koch wie im Fernsehen nur kurz am Herd steht, und schon ist das Essen fertig. Aber zur Arbeit einer Köchin oder eines Kochs gehören viel mehr Tätigkeiten, zum Beispiel die Zusammenstellung der Speisekarte, die Kalkulation, Bestellung und Lagerung von Lebensmitteln oder die Festlegung der Preise für die einzelnen Gerichte. Aber tatsächlich macht mir das Kochen selbst am meisten Spaß.

2 Welche Tätigkeiten muss ein Azubi in der Küche ausführen? Was machst du gern?

Während der Ausbildung lernt man zuerst den Umgang mit Lebensmitteln und deren Verarbeitung kennen, beispielsweise die verschiedenen Schneidetechniken. Gleichzeitig übt man von Anfang an den höflichen Umgang mit Gästen. Im zweiten Lehrjahr durfte ich dann schon À-la-carte-Gerichte kochen und in der Patisserie mitarbeiten. Jetzt, im dritten Lehrjahr, arbeite ich beim Souschef im Saucier und darf in der Patisserie das Nachspeisenbuffet betreuen.

3 Wenn du noch einmal wählen müsstest, würdest du wieder Koch werden wollen?

Doch, auf jeden Fall. Auch wenn ich manchmal total gestresst bin, kenne ich keinen Beruf, der so vielseitig ist und besser zu mir passen würde.

4 Was gefällt dir denn vor allem an dem Beruf?

Am besten gefällt mir, wie gesagt, das Kochen, die Zubereitung der einzelnen Gerichte. Kochen ist eine sehr kreative Tätigkeit. Ich experimentiere oft mit verschiedenen Zutaten und entwickle neue Gerichte. Bei Familienfesten darf ich jetzt immer das Menü zusammenstellen und zubereiten. Wenn es allen gut schmeckt, ist das jedes Mal ein richtiger Erfolgskick.

Für das Nachspeisenbuffet im Hotel überlege ich mir immer wieder neue Varianten, wie ich die verschiedenen Desserts arrangiere. Schließlich isst das Auge ja mit. Mit einem Kollegen habe ich neulich zum ersten Mal bei einem Streetfood-Festival mitgemacht. Wir haben Sandwiches mit ungewöhnlichen Belägen angeboten, zum Beispiel mit Basilikum-Eiscreme. Als Koch hast du so viele Möglichkeiten! Du kannst überall in der Welt arbeiten und neue Ideen sammeln. Ich möchte zum Beispiel nach meiner Ausbildung nach Japan gehen und lernen, wie man dort diese verschiedenen traditionellen Nudelsorten wie Ramen, Soba oder Udon herstellt.

5 Aber du hast doch sicher auch etwas an deinem Beruf auszusetzen?

Das hat wohl jeder. In der Küche geht es oft hektisch zu, man steht die meiste Zeit, es ist heiß und man muss schwere Dinge heben. Gelingt mir eine Speise nicht, muss ich sie noch einmal machen. Anstrengend finde ich es auch, an den Wochenenden und Feiertagen zu arbeiten, wenn meine Freunde frei haben. Aber wir sind hier in der Küche ein gutes Team, da steckt man die Nachteile leichter weg.

6 Braucht man als Köchin oder Koch besondere Eigenschaften und Kenntnisse?

Man erwartet von dir, dass du fleißig, pünktlich und teamfähig bist. Das gilt aber vermutlich für viele Berufe. Wegen der Kalkulationen ist Mathematik besonders wichtig. Außerdem solltest du in der Lage sein, eine Speisekarte fehlerfrei zu schreiben. Der Umgang mit den Gästen sollte dir Spaß machen. Du musst höflich bleiben, auch wenn einer mal nicht mit dem Essen zufrieden ist.

Wir danken dir für das informative Gespräch.

1 Welche drei weiteren Fragen würdet ihr dem Azubi stellen? Stellt sie der Klasse vor.

2 Der Auszubildende verwendet in seinen Antworten viele Fachwörter aus seinem Beruf.
   a Sucht im Text Beispiele für Fachwörter und notiert sie. Schlagt ihre Herkunft und Bedeutung in einem Wörterbuch nach oder recherchiert sie im Internet und formuliert jeweils eine Worterklärung, z. B.: *das À-la-carte-Gericht (aus dem Französischen): Der Begriff bezeichnet das Essen, das man auf der Speisekarte wählen kann.*
   b Formuliert eine Vermutung dazu, warum viele Fachwörter in der Gastronomie aus dem Französischen stammen.

3 Die Art der Fragen beeinflusst, wie ausführlich und wie genau der Befragte antwortet.
   a Ordnet den Interviewfragen **1–6** mit Hilfe des Infokastens unten folgende Fragetypen zu:

   A die Informationsfrage,   **C** die Suggestivfrage,   **E** die Impulsfrage.
   B die Entscheidungsfrage,   **D** die Doppelfrage,

   b Überlegt, wie die einzelnen Fragetypen auf den Befragten wirken. Welche erscheinen euch für ein Experteninterview besonders geeignet, welche weniger?
   c Wählt drei Fragen, die im Interview ungünstig gestellt wurden. Formuliert sie als Informationsfragen: *Was / Wann / Wo / Wie / Warum / Welche …?*

4 **a** Notiert Fragen, die ihr einem Experten für euren Wunschberuf stellen würdet. Verwendet dafür geeignete Fragetypen.
   b Stellt euch eure Fragen gegenseitig vor und bewertet sie: Wirken sie offen, sachlich und neutral?

5 Köchin oder Koch – ein Traumberuf? Formuliert eine begründete Aussage dazu, ob ihr euch aufgrund der Informationen im Interview vorstellen könnt, diesen Beruf zu ergreifen.

Information   Fragetypen in Interviews

- In einem **Interview** ermittelt man durch **Fragen** gezielt **Informationen.**
- Die **Art der Fragen** beeinflusst, wie ausführlich und genau der Befragte antwortet. Man unterscheidet die folgenden **Fragetypen:**
  - Die **Informationsfrage** beginnt mit einem Fragewort *(Wer? Was? Wann? Wo? Wie? Warum?)* und verlangt eine genaue Information.
  - Die **Entscheidungsfrage** kann nur mit *Ja* oder *Nein* beantwortet werden. Sie engt den Gesprächspartner ein.
  - Die **Suggestivfrage** gibt dem Befragten bereits die gewünschte Antwort vor.
  - Bei einer **Doppelfrage** werden zwei Fragen gleichzeitig gestellt. Das kann den Gesprächspartner verunsichern, denn er weiß nicht, worauf er zuerst antworten soll.
  - Eine **Impulsfrage** kann der Befragte erst durch Nachdenken beantworten.
- In einem **Experteninterview** sollte man offene, sachliche **Informationsfragen** stellen.

Informationen sammeln und in einem Portfolio ordnen

Inhalt

1 Berufsorientierung
    1.1   Adressen, Literatur und Links rund um die Berufsorientierung
    1.2   Berufsfelder und zugehörige Berufe
    1.2.1 Berufsfeld Medien: Buchhändler/-in, Grafikdesigner/-in
    1.2.2 Berufsfeld Natur, Umwelt, Landwirtschaft: Florist/-in, Gärtner/-in

2 Selbsteinschätzung
    2.1   Meine Interessen, mein Stärken- und Schwächenprofil
    2.2   Mögliche Berufe für mich

3 Mein Traumberuf
    3.1   Allgemeine Informationen zum Beruf
    3.2   Ein Experteninterview
    3.3   Persönliche Beurteilung des Berufs

4 Bewerbung um einen Praktikumsplatz
    ...

5 Reflexion
    5.1   Welches Portfoliokapitel gefällt mir am besten?
    5.2   Wobei gab es Schwierigkeiten? Wie habe ich sie gelöst?
    5.3   Welche Arbeiten haben mir besonders viel Spaß gemacht?

1 **a** Beschreibt anhand des Inhaltsverzeichnisses den möglichen Aufbau und Inhalt eines Berufswahlportfolios. Erklärt die Nummerierung der einzelnen Inhaltspunkte.
    b Welche Unterpunkte könnten unter Punkt 4 stehen? Notiert Vorschläge mit Nummerierung.

2 Erstellt selbst ein Portfolio zu einem Berufsfeld eurer Wahl.

Methode	Ein Berufswahlportfolio erstellen

- Ein **Portfolio** ist eine **Mappe,** in der man **Materialien zu einem Thema,** z. B. zur Berufswahl, sammelt. Die Mappe wird nach und nach ergänzt.
- Ein **Berufswahlportfolio** sollte Folgendes enthalten:
  - ein **Deckblatt** mit Angaben zu Name, Klasse, Thema, Sammelzeitraum,
  - ein **Inhaltsverzeichnis,** das einen Überblick über alle Materialien gibt,
  - **Materialien** rund um das Thema „Berufswahl" wie Mitschriften, selbst geschriebene Texte, recherchierte und ausgedruckte Materialien (mit Quellenangaben),
  - eine **persönliche Einschätzung** der Arbeit am Portfolio (Reflexion).

Ein Referat über den Wunschberuf halten

Schritt 1: Informationen über den Beruf sammeln und ordnen

Ausbildung

Ausbildungsorte:
Ausbildungsbetrieb,
Berufsschule

Ausbildungsdauer:
3 Jahre

Verdienst:
 1. Lehrjahr: 830–930 €
 2. Lehrjahr: 910–980 €
 3. Lehrjahr: 980–1060 €

Anforderungen

Schulische Kenntnisse:
Mathematik, Deutsch,
Englisch, Informatik,
Physik, Technik

IT-System-
elektroniker/-in

Tätigkeiten

IT-Systeme entwerfen, installieren,
Software installieren,
Kunden beraten, Computer warten,
Fehlerursachen bestimmen,
Störungen beheben

Beschäftigungsbetriebe

Unternehmen der Informations- und
Telekommunikationstechnik, EDV-
Dienstleister, Elektroinstallationsbetriebe,
öffentliche Verwaltung

1 Eine Schülerin hat ihre Rechercheergebnisse über den Beruf der IT-Systemelektronikerin in einer Mindmap (▶ S. 337) geordnet.
 a Beschreibt den Aufbau der Mindmap. Verwendet dabei die Wörter *Oberbegriff* und *Unterbegriff*.
 b Welche Punkte sollten noch ergänzt werden? Gebt weitere Ober- und Unterbegriffe an.

2 a Formuliert die Frage, die das nebenstehende Diagramm beantwortet.
 b Fasst die Information im Diagramm in einigen Sätzen zusammen.
 c Gebt an, welchem Oberbegriff (▶ Aufg. 1) ihr diese Information zuordnen würdet.

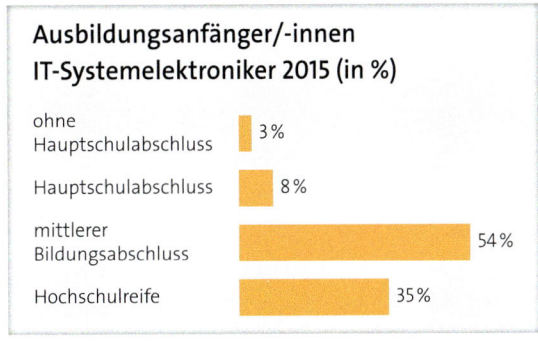

Ausbildungsanfänger/-innen IT-Systemelektroniker 2015 (in %)

ohne Hauptschulabschluss	3 %
Hauptschulabschluss	8 %
mittlerer Bildungsabschluss	54 %
Hochschulreife	35 %

3 Informationen über euren Wunschberuf könnt ihr durch Experteninterviews, im Berufsinformationszentrum (BIZ) und im Internet erhalten.
 a Beschreibt euch gegenseitig, wie ihr im Internet nach Informationen über einen bestimmten Beruf recherchiert. Welche Webseiten findet ihr hilfreich?
 b Sammelt Informationen über euren Wunschberuf und ordnet sie in einer Mindmap.

Schritt 2: Das Referat ausarbeiten

4 Stellt euren Wunschberuf in einem Referat vor. Erarbeitet zunächst den **Hauptteil:**

a Erstellt eine Gliederung. Übertragt dazu die Ober- und Unterbegriffe aus eurer Mindmap (▶ S. 59 Aufg. 3 b) auf einzelne Karteikarten. Ordnet die Karten anschließend in eine sinnvolle Reihenfolge und nummeriert die Ober- und Unterbegriffe.

b Ergänzt auf den einzelnen Karteikarten stichwortartig Informationen, die ihr vortragen wollt. Markiert Zusammenhänge zwischen den Stichworten durch Pfeile und Symbole, z. B.:

---

1. Ausbildung

   1.1 Ausbildungsorte:
      Ausbildungsbetrieb + Berufsschule
   1.2 Ausbildungsdauer:
      3 Jahre (= normale Ausbildungszeit)
   1.3 Verdienst:
      1. Lehrjahr: 830–930 €
      2. Lehrjahr: 910–980 €
      3. Lehrjahr: 980–1060 € ☺

---

2. Anforderungen

   2.1 Schulische Kenntnisse:
      gute Noten in Mathematik, Deutsch,
      Englisch, Physik, wenn möglich in
      Informatik und Technik
   2.2 Schlüsselqualifikationen:
      Interesse an IT +++
      Sorgfalt und Genauigkeit ++
      Kommunikationsfähigkeit ++ →
      Kundenkontakt!

---

5 Entwerft die **Einleitung** für euer Referat:

a Lest nebenstehende Karteikarte für eine Einleitung.
Wie wird hier versucht, das Interesse der Zuhörenden zu wecken?

b Überlegt, womit ihr die Aufmerksamkeit eurer Zuhörer wecken könnt – mit einem Foto, einem typischen Gegenstand aus dem Berufsalltag oder mit einer überraschenden Aussage oder Frage zum Beruf?

c Legt eine Karteikarte für die Einleitung an und notiert darauf eure Idee.

Einleitung

Ich hatte bis jetzt ein ganz falsches Bild davon, was ein IT-Systemelektroniker überhaupt macht. Ihr vielleicht auch? In meinem Referat möchte ich euch diesen Ausbildungsberuf vorstellen.
Hier seht ihr einen typischen Gegenstand, mit dem ein IT-Systemelektroniker arbeitet. Später erkläre ich, was damit gemacht wird. (Lötkolben zeigen!)

---

6 Überlegt euch einen **Schluss** für euer Referat:
Fasst darin noch einmal das Besondere an dem Beruf zusammen und äußert euch dazu, ob euch die Ausbildung in dem vorgestellten Beruf weiterhin interessiert.

7 Erstellt eine **Folienpräsentation** (▶ S. 338) für euer Referat:
Gestaltet zu jedem Unterpunkt eine Folie mit einer Zwischenüberschrift, einer anschaulichen Grafik, Tabelle oder einem Bild und mit Stichworten zu wichtigen Informationen.

8 Übt den **Vortrag des Referats** (▶ S. 297 f.) mit Hilfe der Karteikarten und der Folienpräsentation. Überlegt euch Formulierungen für die Überleitungen von einem Unterpunkt zum nächsten. Ihr könnt euch diese mit Bleistift auf die jeweilige Karteikarte schreiben.

Schritt 3: Das Referat halten und auswerten

3. Tätigkeiten
- IT-Systeme entwerfen, installieren
- Störungsmeldungen verstehen,
  Fehler beheben
- Kunden informieren und beraten

A Ich komme nun zu Punkt 3 meines Referats und berichte über die Tätigkeiten des IT-Systemelektronikers. Er muss IT-Systeme entwerfen und installieren und er muss möglichst gut Störungsmeldungen verstehen und Fehler im System finden und beheben. Und er muss Kunden informieren und beraten.

B Was genau macht nun ein IT-Systemelektroniker? Viele denken, dass seine Tätigkeiten denjenigen ähneln, die sie zu Hause am PC ausführen. Das ist aber ein Irrtum! Zur Arbeit des IT-Systemelektronikers gehört beispielsweise nicht nur die Installation von IT-Systemen, sondern auch deren sorgfältige Planung. Gibt es in einem Unternehmen ein Problem mit dem Internet, muss er die Ursache der Störung schnell finden und beheben, damit die Arbeit fortgesetzt werden kann. Dass man bei diesen Tätigkeiten gegenüber den Kunden freundlich und höflich auftreten muss, versteht sich von selbst.

9 a Lest die zwei Ausformulierungen **A** und **B** der Karteikarte 3 laut vor: Welche findet ihr besser gelungen? Beachtet nebenstehende Kriterien und begründet eure Bewertung.

> Überleitung • Vollständigkeit der Informationen • anschauliche Darstellung der Informationen • direkte Ansprache des Publikums • Formulierungen

b Entwerft mit Hilfe des Methodenkastens unten eine Checkliste für eure Referate.

10 Tragt eure Referate vor der Klasse vor. Die Zuhörenden notieren stichwortartig wichtige Informationen über den jeweiligen Beruf für ihr Berufswahl-Portfolio (▶ S. 58 Aufg. 2) und werten das Referat anschließend mit Hilfe ihrer Checkliste (▶ Aufg. 9) aus.

Methode	Referate vorbereiten und halten

- In einem **Referat** informiert man **sachlich, knapp** und **genau** über **ein Thema.**
- Wichtig sind eine **gründliche Recherche**, eine **nachvollziehbare Gliederung**, ein **abwechslungsreicher Vortrag** und eine **übersichtliche, anschauliche Präsentation.**
- **Einleitung:** – Weckt das **Interesse der Zuhörenden** und führt in das **Thema** ein.
- **Hauptteil:** – Trägt die **Informationen** in einer **sinnvollen Reihenfolge** vor.
  – Erklärt **Fachbegriffe,** die die Zuhörenden vielleicht nicht kennen.
  – Formuliert **Überleitungen** zwischen den Unterpunkten des Themas.
- **Schluss:** – **Fasst** wichtige Informationen noch einmal **zusammen.**
  – Formuliert eure abschließende **Meinung** zum Thema.
- Zeigt beim **Vortrag,** dass ihr das Thema beherrscht, indem ihr **frei** und mit **lebendiger Stimme** sprecht. Unterstreicht das Gesagte durch **Mimik und Gestik** und haltet **Blickkontakt** mit den Zuhörerinnen und Zuhörern.

Einen Tagesbericht verfassen

Euren Wunschberuf lernt ihr am besten während eines Praktikums kennen, zum Beispiel den Beruf eines Rechtsanwaltsfachangestellten in einer Rechtsanwaltskanzlei.

Praktikum in einer Rechtsanwaltskanzlei – Notizen für den Tagesbericht zu Do., 12.01.20..

8.15 Uhr Arbeitsbeginn, Begrüßung, Kaffee gekocht, Telefonanrufe entgegengenommen
9.00 Uhr Fahrt mit Frau Rechtsanwältin Wenzel zum Amtsgericht
9.30 Uhr Beginn der ersten Verhandlung: Nachbarschaftsstreit
→ Vertagung, da mehrere Zeugen nicht erschienen, kurzes Gespräch mit dem Richter und dem Staatsanwalt, Kaffeepause im Bistro
10.30 Uhr zweite Verhandlung: Beleidigung, Körperverletzung
→ Zeugenbefragung, Urteilsverkündung (Geldstrafe)
11.45 Uhr Rückfahrt zur Anwaltskanzlei, Post vom Gericht und von Mandanten eingescannt und in den jeweiligen elektronischen Akten abgelegt, Telefondienst
13.00 Uhr Mittagspause
13.30 Uhr diktierten Schriftsatz in den PC getippt, vorgelegt, korrigiert,
mit Hannah (Azubi) Termine mit Mandanten vereinbart, Terminkalender für morgen aktualisiert
15.15 Uhr alte Akten mit interessanten Fällen gelesen, Kaffeepause
16.15 Uhr Ende des Praktikumstags: Arbeit klappt gut und macht Spaß!

---

1   **a** Erläutert, welche Funktion Tagesberichte in der Praktikumsmappe haben.
       b Besprecht, welche Informationen Tagesberichte enthalten sollten und wie ihr diese während eures Praktikums zusammentragen könnt.

2   Schreibt mit Hilfe der Notizen oben einen vollständigen Tagesbericht:
     – Prüft, welche Informationen in den Bericht gehören und welche nicht.
     – Formuliert sachlich und verwendet das Präteritum. Folgende Satzanfänge könnt ihr verwenden:

Gleich zu Beginn meines Arbeitstags ... • Im Mittelpunkt des Arbeitstags stand(en) ... •
Eine weitere Aufgabe bestand darin, ... • Am Morgen ... • Zunächst ... • Anschließend ... •
Als Nächstes ... • Nachdem ... • Während ... • Kurze Zeit später ... • Im Anschluss an ... •
Zum Schluss ... • Insgesamt war es heute ... • Im Vergleich zu gestern verlief der Tag heute ...

---

3   Rechtsanwaltsfachangestellte/-r – ein Traumberuf? Formuliert eine begründete Aussage dazu, ob ihr euch aufgrund des Tagesberichts vorstellen könnt, diesen Beruf zu ergreifen.

Information   **Der Tagesbericht**

- Der **Tagesbericht** ist Bestandteil der **Praktikumsmappe.** Er informiert **sachlich**, in **zeitlich richtiger Reihenfolge** und mit **Fachbegriffen** über die Tätigkeiten an einem Praktikumstag.
- Der Bericht steht im **Präteritum** (▶ S. 321) und beantwortet die wichtigen **W-Fragen.**

Teste dich!

Sich über Berufe informieren

1 Ordne den folgenden Schlüsselqualifikationen A–E die passenden Erklärungen zu.

A die Belastbarkeit	1 die Fähigkeit, sich schnell an verschiedene Situationen und Aufgaben anpassen zu können
B die Kreativität	2 die Fähigkeit, sich in andere Menschen hineinzuversetzen und deren Gedanken und Gefühle verstehen zu können
C die Kritikfähigkeit	3 die Bereitschaft, sich geistig und körperlich anzustrengen
D die Flexibilität	4 die Fähigkeit, sachliche Hinweise anderer anzunehmen und aus Fehlern zu lernen
E die Empathie	5 der Ideenreichtum; die Fähigkeit, etwas zu gestalten

2 **a** Ordne den Fragen 1–4 den jeweils zutreffenden Fragentyp A–D zu.

A Informationsfrage	1 Wo kann man diesen Beruf erlernen, und wie viel verdient man während der Ausbildung?
B Entscheidungsfrage	2 Wo kann man mit dieser Ausbildung arbeiten?
C Suggestivfrage	3 Ist das Arbeitsklima im Betrieb gut?
D Doppelfrage	4 Ist es nicht schrecklich, auch samstags arbeiten zu müssen?

b Markiere im Heft die Fragen, die für ein Experteninterview ungünstig formuliert wurden. Notiere jeweils einen Vorschlag, wie man die Frage offener oder sachlicher formulieren könnte.

3 Lege eine Mindmap mit Informationen über den Beruf „Raumausstatter/-in" an.

Wunschberuf „Raumausstatter/-in"

Du räumst gern dein Zimmer um und du bewunderst jedes Mal die schön gestalteten Musterräume, wenn du ein Möbelhaus betrittst? Dann wäre vielleicht der Beruf „Raumausstatter/-in"
5 der passende für dich. Die dreijährige Ausbildung erfolgt in einem Betrieb und in der Berufsschule. Sie erfordert einen mittleren Bildungsabschluss sowie Kreativität, gestalterisches Talent, handwerkliches Geschick und Kommu-
10 nikationsfähigkeit. Man sollte gute Noten in Kunst, aber möglichst auch in Mathematik haben. Außerdem sollte man keine Hausstauballergie oder Rücken- und Gelenkprobleme haben.

Raumausstatter arbeiten beispielsweise in Geschäften, Polsterwerkstätten oder Dekorations-
15 abteilungen von Theatern und Fernsehanstalten. Sie gestalten Polstermöbel, Decken, Wände und Bodenbeläge oder ganze Räume. Darüber hinaus informieren und beraten sie Kunden und entwerfen und präsentieren Ausstattungs-
20 konzepte entsprechend deren Wünschen.

4 Vergleiche deine Ergebnisse der Aufgaben 1–3 mit einer Lernpartnerin oder einem Lernpartner.

3.2 Das bin ich und das kann ich! – Sich um eine Ausbildungsstelle bewerben

Das Bewerbungsschreiben gestalten

Fenja Richter, Birkenweg 5, 50123 Köln, Tel.: 0221/234567, E-Mail: f.richter@web.de

Die Brillengalerie
Herrn Mayrhofen
Leonorenstr. 155

50456 Köln

Köln, 14.03.20..

Bewerbung um eine Ausbildung zur Augenoptikerin

Sehr geehrter Herr Mayrhofen,

vielen Dank für das informative Telefongespräch. Gern bewerbe ich mich bei Ihnen um den Ausbildungsplatz zur Augenoptikerin zu August dieses Jahres.
Zurzeit besuche ich die 10. Klasse der Europa-Gesamtschule in Köln, die ich im Sommer mit
5   dem mittleren Schulabschluss verlassen werde.
Schon seit Langem möchte ich einen Beruf erlernen, in den ich meine besondere Fähigkeit, auf Menschen zuzugehen, einbringen kann. Den freundlichen Umgang mit Kunden bestätigte mir auch meine Betreuerin während des dreiwöchigen Betriebspraktikums im Architekturbüro Schönbau.
10 Den Beruf der Augenoptikerin finde ich besonders interessant, weil ich darin meine guten schulischen Kenntnisse in den Fächern Physik, Kunst und Technik anwenden kann.
Meine Ausbildung zur Augenoptikerin möchte ich gern in Ihrem Betrieb machen, weil Ihre ausführlichen Informationen meine Berufswahlentscheidung bestätigt haben. Außerdem gefällt mir immer wieder die künstlerische Gestaltung des Schaufensters Ihrer „Brillengalerie".
15 Über eine Einladung zu einem Vorstellungsgespräch freue ich mich sehr.

Mit freundlichen Grüßen
Fenja Richter

Anlagen: ...

1 Beschreibt den Aufbau des Bewerbungsschreibens. Erläutert die Funktion der einzelnen Teile.

2 Der Bewerbungstext wurde nach der ANDA-Methode verfasst:
Anknüpfung finden, **N**eugierde wecken, **D**u und deine Fähigkeiten, **A**ufforderung zum Handeln.
Ordnet einzelne Abschnitte oder Sätze des Schreibens den Elementen A, N, D, und A zu.

Fordern und fördern – Einen Bewerbungstext überarbeiten

Brühler Stadtanzeiger, 3. März 20..

Es macht dir Spaß, Gärten und Grünflächen zu gestalten?

Du arbeitest gern im Freien an immer neuen Arbeitsplätzen?

Du bist kreativ und hast einen grünen Daumen?

Dann bewirb dich jetzt bei uns um einen Ausbildungsplatz zum/zur

Gärtner/-in im Garten- und Landschaftsbau.

Wir freuen uns auf dich! Gärtnerei Max Busch

Sehr geehrter Herr Busch,

gestern habe ich Ihre Anzeige in der Zeitung entdeckt, in der Sie einen Ausbildungsplatz
zum Gärtner anbieten. Hiermit möchte ich mich auf diese Stelle bewerben.

Derzeit besuche ich die 10. Klasse der Erich-Kästner-Schule. Wenn alles gut geht, werde ich
5 sie im Juli 20.. mit dem mittleren Schulabschluss abschließen.

Die Tätigkeit als Gärtner ist super für mich, denn ich bin gern an der frischen Luft und
helfe meinen Eltern oft im Garten. Im letzten Jahr habe ich mit meinem Vater sogar einen
Gartenteich angelegt. Das hat mir total Spaß gemacht! Ich habe kein Problem damit,
mit anderen zusammen kräftig anzupacken. In der Schule liebe ich Biologie und Kunst.

10 Da habe ich echt gute Noten.

Dienstags habe ich nachmittags immer unterrichtsfrei. Wenn Sie Zeit haben, schaue ich
gern einmal bei Ihnen vorbei und stelle mich vor.

---

1 **a** Überprüft, ob das Bewerbungsschreiben nach der ANDA-Methode aufgebaut ist.
Ordnet einzelne Abschnitte oder Sätze des Schreibens den Elementen A, N, D, und A zu.

▷ Hilfe zu Aufgabe 1a Seite 66

b Notiert stichwortartig Informationen, die im Abschnitt
„Du und deine Fähigkeiten" ergänzt werden sollten. ▷ Hilfe zu Aufgabe 1b Seite 66

c Prüft, ob das Schreiben angemessen formuliert wurde.
Überarbeitet unpassende Formulierungen. ▷ Hilfe zu Aufgabe 1c Seite 66

2 Schreibt den vollständigen, überarbeiteten Bewerbungstext am Computer und ergänzt Briefkopf,
Betreffzeile, Grußformel und Unterschrift sowie einen Hinweis auf die Anlagen.
Wählt eine gut lesbare Schriftart (Schriftgröße 11 bis 12 Punkt) und lasst links 2,4 cm und rechts
mindestens 0,8 cm Rand.

Methode	Ein Bewerbungsschreiben formulieren

- Der **Aufbau** und die **äußere Form** eines Bewerbungsschreibens sind **festgelegt.**
  Der **Bewerbungstext** sollte aber **individuell** gestaltet und **auf die Firma zugeschnitten** sein.
- Stellt euch selbst **überzeugend** dar, ohne zu übertreiben oder Wichtiges wegzulassen.
- Baut den Text nach der **ANDA-Methode** auf: **A**nknüpfung finden, **N**eugierde wecken,
  Du und deine Fähigkeiten, **A**ufforderung zum Handeln.

●○○ **Aufgabe 1a mit Hilfen**

Überprüft, ob das Bewerbungsschreiben nach der ANDA-Methode aufgebaut ist.
Ordnet einzelne Abschnitte oder Sätze des Textes den Elementen A, N, D, und A zu:

Anknüpfung finden:
– Auf welche Ausbildungsstelle bewirbt sich der Bewerber?
– Wie hat er von der Stelle erfahren?

Neugierde wecken:
– Mit welcher Aussage macht der Bewerber auf sich aufmerksam?

Du und deine Fähigkeiten:
– Welche Eigenschaften und Interessen hat der Bewerber?
– Wie gut sind die schulischen Leistungen in den Fächern, die für den Beruf wichtig sind?
– Warum bewirbt er sich in diesem Betrieb?

Aufforderung zum Handeln:
– Was möchte der Bewerber mit dem Schreiben erreichen?

●○○ **Aufgabe 1b mit Hilfen**

Notiert stichwortartig Informationen, die im Abschnitt „Du und deine Fähigkeiten" ergänzt werden
sollten. Wählt aus den folgenden Vorschlägen passende aus:
– *Nachweis genauerer Kenntnisse des Berufs, z.B. durch ein Praktikum oder ein Informationsgespräch
  im Berufsinformationszentrum (BiZ)*
– *Angabe weiterer Hobbys oder AGs, die etwas mit dem Beruf zu tun haben*
– *Angabe der Schulfächer, in denen man weniger gute Noten hat*
– *Angabe der gelernten Fremdsprachen*
– *Aussage, warum dieser Ausbildungsbetrieb gewählt wurde*

●○○ **Aufgabe 1c mit Hilfen**

Prüft, ob das Schreiben angemessen formuliert wurde. Überarbeitet folgende Sätze:
1 Wenn alles gut geht, werde ich sie im Juli 20.. mit dem mittleren Schulabschluss abschließen.
   → *Voraussichtlich werde ich sie …*
2 Die Tätigkeit als Gärtner ist super für mich, denn ich bin gern an der frischen Luft und helfe
   meinen Eltern oft im Garten.
   → *Ich habe mich für den Beruf des Gärtners entschieden, weil …*
3 Im letzten Jahr habe ich mit meinem Vater sogar einen Gartenteich angelegt.
   Das hat mir total Spaß gemacht!
   → *Mit großer Freude habe ich beispielsweise …*
4 Ich habe kein Problem damit, mit anderen zusammen kräftig anzupacken.
   → *Ich bin körperlich belastbar und …*
5 In der Schule liebe ich Biologie und Kunst. Da habe ich echt gute Noten.
   → *Meine Lieblingsfächer in der Schule sind …*
6 Wenn Sie Zeit haben, schaue ich gern einmal bei Ihnen vorbei und stelle mich vor.
   → *Über eine Einladung zu … freue ich mich.*

Einen Lebenslauf erstellen

Lebenslauf

Persönliche Daten

Name:	Fenja Richter
Adresse:	Birkenweg 5
	50123 Köln
Telefon:	02 21 / 23 45 67
Mobil:	01 63 / 12 34 56 78
E-Mail:	f.richter@web.de
Geburtsdatum:	25. September 20..
Geburtsort:	Köln

Schullaufbahn

Schulabschluss:	voraussichtlich mittlerer Schulabschluss im Sommer 20..
seit 20..	Europa-Gesamtschule, Köln
20.. – 20..	Astrid-Lindgren-Grundschule, Köln

Berufliche Erfahrungen

Januar 20..	dreiwöchiges Betriebspraktikum Architekturbüro Schönbau:
	Teilnahme an Projektgesprächen, Baustellenbesuche,
	Erstellung von Modellentwürfen mit Architekturprogrammen

Besondere Kenntnisse und Interessen

Sprachkenntnisse:	Englisch (gute Kenntnisse in Wort und Schrift)
	Französisch (Grundkenntnisse)
	Niederländisch (Muttersprache)
Computerkenntnisse:	Microsoft Office (sehr gute Kenntnisse)
	Photoshop (Grundkenntnisse)
Hobbys:	Volleyball (Verein)
	Zeichnen und Malen (Kunst-AG)

Köln, 14.03.20..
Fenja Richter

1 a Beschreibt den Aufbau und die Gestaltung des Lebenslaufs.
   b Besprecht, welche Bedeutung der Lebenslauf für den Arbeitgeber hat.

2 a Verfasst einen eigenen Lebenslauf nach dem Muster oben.
   b Tauscht eure Lebensläufe. Korrigiert Rechtschreibfehler und gebt euch gegenseitig eine Rückmeldung zu Inhalt und Gestaltung. Wie wirkt der Lebenslauf auf zukünftige Arbeitgeber?

3 Recherchiert im Internet nach Möglichkeiten, den Lebenslauf zu gestalten. Stellt sie der Klasse vor.

Sich online bewerben

Betreff: Bewerbung Nico Roovers für die Ausbildung zum Kaufmann für Büromanagement

Sehr geehrte Frau Dento,
hiermit bewerbe ich mich für die von Ihnen in der Kölner Zeitung am 09. März 20..
ausgeschriebene Ausbildungsstelle zum Kaufmann für Büromanagement.
Im Anhang finden Sie das Anschreiben, meinen Lebenslauf, meine letzten zwei Schulzeugnisse
sowie Praktikumsnachweise.
Über eine Rückmeldung Ihrerseits freue ich mich sehr.

Mit freundlichen Grüßen
Nico Roovers

Nico Roovers
Bergstr. 17
50123 Köln

Tel.: 0221/234 56 78
Mobil: 0175/987 65 43 21
E-Mail: n.roovers@web.de

1
a Vergleicht Inhalt und Aufbau des E-Mail-Textes mit dem eines Bewerbungsschreibens (▶ S. 64).
Welche Gemeinsamkeiten und welche Unterschiede fallen euch auf?
b Notiert, welche Informationen eine E-Mail für eine Online-Bewerbung enthalten sollte.
c Listet die Unterlagen auf, die als PDF-Datei der Online-Bewerbung angehängt werden müssen.

2 Viele Unternehmen fordern eine Online-Bewerbung über Online-Formulare oder per E-Mail.
Besprecht, warum diese Form der Bewerbung von Unternehmen häufig bevorzugt wird.

3 Online-Bewerbungen kann man in kurzer Zeit an viele verschiedene Unternehmen schicken.
Dabei passieren jedoch schnell Fehler.
Formuliert Tipps, worauf man beim Versand von Online-Bewerbungen achten sollte, z. B.:
– *Achte darauf, dass in allen Schreiben der richtige Adressat angesprochen wird.*
– *Prüfe, ob auf allen anhängenden Unterlagen dasselbe Datum ...*

Information	**Die Online-Bewerbung**

- Bei der **Onlinebewerbung** werden in der Regel **das Bewerbungsschreiben, der Lebenslauf
und die Anlagen** (Zeugnisse, Bescheinigungen) als **PDF-Dateien im Anhang** der E-Mail
versendet.
- Im **E-Mail-Text** gibt man die Stellenausschreibung an und verweist auf die Anhänge.
- Für den Versand von Online-Bewerbungen sollte man eine **seriöse E-Mail-Adresse** nutzen.

3.3 Projekt „Nehmen Sie bitte Platz!" – Das Bewerbungsgespräch trainieren

Tipps für das Bewerbungsgespräch formulieren

1 Die Fotos A–C zeigen drei unterschiedliche Bewerbungssituationen.
  a Beschreibt jeweils Frisur, Kleidung und Körperhaltung der Bewerberin.
  b Für welchen Beruf bewirbt sich die Bewerberin jeweils? Äußert eine begründete Vermutung.

2 Berichtet von euren bisherigen Erfahrungen mit Bewerbungsgesprächen:
  – Wie habt ihr euch darauf vorbereitet?
  – Welche Frisur und Kleidung habt ihr getragen?
  – Wie verlief das Gespräch? Was würdet ihr beim nächsten Mal wieder so oder anders machen?

3 Überlegt gemeinsam, wie man sich zu einem Bewerbungsgespräch für euren Wunschberuf kleiden und wie man beim Gespräch auftreten sollte:
  a Besprecht folgende Fragen zu Frisur und Kleidung und macht euch Notizen:
    – Was sollte man zum Bewerbungsgespräch anziehen?
    – Worauf sollte man generell bei der Frisur und der Auswahl der Kleidung achten?
  b Setzt euch so hin, wie ihr bei dem Bewerbungsgespräch für euren Wunschberuf sitzen würdet, und gebt euch gegenseitig ein Feedback, z. B.:
    Deine Körperhaltung wirkt ängstlich / verkrampft / arrogant / müde / gelangweilt / desinteressiert / höflich / interessiert / aufgeschlossen.
  c Formuliert zu zweit Tipps für eine angemessene Frisur, Kleidung und Körperhaltung bei Bewerbungsgesprächen für eure Wunschberufe, z. B.:
    Bei einem Bewerbungsgespräch für die Ausbildung zur/zum … sollte/könnte/muss man …
    Bezüglich der Kleidung sollte man darauf achten, dass …

4 **a** Übt zu zweit die Begrüßung und Verabschiedung bei einem Bewerbungsgespräch.
  b Formuliert gemeinsam Tipps für eine angemessene Begrüßung und Verabschiedung, z. B.:
    Beim Eintreten in den Raum, in dem das Gespräch stattfindet, sollte man …

Sich inhaltlich auf das Bewerbungsgespräch vorbereiten

1 In einem Bewerbungsgespräch werden der Bewerberin oder dem Bewerber Fragen zu unterschiedlichen Themen gestellt.

a Ordnet die folgenden Fragen A–K den Themenbereichen 1–4 zu:

A Was wissen Sie über unsere Firma?

B Welche Vor- und Nachteile hat der Beruf in Ihren Augen?

C Was interessiert Sie an diesem Beruf?

D Warum haben Sie sich bei uns beworben?

E Was machen Sie in Ihrer Freizeit?

F Welche Interessen und Hobbys haben Sie?

G Welche Rolle übernehmen Sie im Team?

H Warum sollten wir gerade Sie einstellen?

I Worin sehen Sie Ihre größte Stärke?

J Was war Ihr größter Misserfolg?

K Wie stellen Sie sich Ihre berufliche Zukunft vor?

1 Interesse am Beruf und am Unternehmen

2 Stärken und Schwächen

3 Freizeit und Interessen

4 Motivation und Ziele

b Stellt euch die Fragen gegenseitig und beantwortet sie für euren Wunschberuf.

2 Nicht immer wird sofort deutlich, weshalb einzelne Fragen im Gespräch gestellt werden.

a Prüft und erklärt, was man mit folgenden Fragen über euch herausfinden möchte:

> **A** Was wissen Sie über unsere Firma?
>
> Mit der Frage möchte man herausfinden, …
>
> – ob ich mir Fragen zur Firma überlegt habe.
>
> – ob ich mich vor dem Gespräch gründlich über die Firma informiert habe.
>
> – ob ich mir Gedanken darüber gemacht habe, ob die Firma zu mir passt.

> **B** Welche Vor- und Nachteile hat der Beruf in Ihren Augen?
>
> Mit der Frage möchte man herausfinden, …
>
> – ob ich mich über die Firma erkundigt habe.
>
> – ob ich mich über den Beruf informiert habe.
>
> – ob ich mir Gedanken darüber gemacht habe, ob der Beruf zu mir passt.

b Prüft zu zweit die Fragen C–K von Aufgabe 1 und besprecht, was man mit diesen Fragen vermutlich über die Bewerberin oder den Bewerber erfahren möchte.

3 a Prüft, ob der Bewerber folgende zwei Fragen vollständig und angemessen beantwortet hat:

Was reizt Sie an dem Beruf „Kaufmann für Büromanagement"? Welche Fähigkeiten bringen Sie dafür mit?

Mich reizt an dem Beruf die Arbeit im Büro. Ich schreibe gern Briefe und sitze auch zu Hause oft am Computer. Außerdem telefoniere ich leidenschaftlich gern und kann gut mit Menschen umgehen, weshalb mir die Kundenbetreuung keine Probleme bereiten dürfte. Kundenrechnungen zu erstellen lerne ich sicher schnell, schließlich ist Mathe mein Lieblingsfach. Da hatte ich auf dem letzten Zeugnis eine Zwei.

b Stellt euch gegenseitig die gleichen Fragen zu euren Wunschberufen und beantwortet sie.

4 Vor einem Bewerbungsgespräch sollte man sich nicht nur Antworten auf mögliche Fragen des Arbeitgebers überlegen, sondern sich auch ausführlich über das Unternehmen informieren.

a Begründet, warum es sinnvoll ist, sich vor dem Gespräch über das Unternehmen zu informieren.

b Listet stichwortartig Möglichkeiten auf, Informationen über ein Unternehmen zu erhalten.

5 In einem Bewerbungsgespräch sollte man Fragen zur Ausbildung und zum Unternehmen stellen, um sich zu informieren und sein ehrliches Interesse zu zeigen.

a Prüft die Fragen A–I und bewertet sie: Welche erscheinen euch angemessen, welche nicht?

   A Wie groß ist das Unternehmen?

   B Wo liegen die Schwerpunkte meiner Ausbildung?

   C Haben Sie auch eine Homepage?

   D Wie sind bei Ihnen Arbeitszeit und Urlaub geregelt?

   E Wie stehen die Chancen bei Ihnen, nach der Ausbildung übernommen zu werden?

   F Benötige ich eine bestimmte Arbeitskleidung?

   G Bei wem kann ich mich beschweren, wenn etwas nicht gut läuft?

   H Was sollte ich tun, wenn ich nicht pünktlich bin?

   I Gibt es noch weitere Auszubildende in Ihrem Unternehmen?

b Notiert Fragen, die ihr beim Bewerbungsgespräch zu eurem Wunschberuf stellen würdet.

c Stellt eure Fragen einem Lernpartner vor und gebt euch gegenseitig Rückmeldungen:

   – Wie wirken die Fragen jeweils auf den Arbeitgeber?

   – Verdeutlichen die einzelnen Fragen ausreichend das Interesse an der Ausbildungsstelle?

6 In einem Bewerbungsgespräch fallen folgende Äußerungen:

A „Haben Sie den Weg zu uns gut gefunden?"
„Ich hatte Glück, beinahe wäre mir der Bus vor der Nase weggefahren."

B „Welche Stärken bringen Sie für den Beruf mit?"
„Mit Stress kann ich gut umgehen. Ich mache meine Arbeiten immer auf den letzten Drücker, das klappt!"

C „Vielen Dank für Ihren Besuch. Sie hören dann von uns."
„Wie lange muss ich denn warten? Ich habe mich nämlich auch noch woanders beworben und muss bald wissen, ob das mit der Stelle hier klappt."

a Lest die Äußerungen mit verteilten Rollen und besprecht, wie die Antworten jeweils auf den Arbeitgeber wirken. Welche Information vermitteln die Bewerber indirekt mit ihrer Antwort?

b Formuliert zu zweit angemessene Antworten auf die Fragen A–C und schreibt sie auf.

7 Wie regiert ihr im Bewerbungsgespräch, wenn …

A man euch zu Beginn des Gesprächs einen Kaffee anbietet?

B ihr eine Frage nicht verstanden habt?

C ihr nach einem Fach mit nicht so guten Noten gefragt werdet?

Formuliert zu zweit zu jeder Situation A–C einen Tipp mit Begründung.

Das Bewerbungsgespräch üben, Videofeedback geben

 **1** Übt das Bewerbungsgespräch für eine Ausbildungsstelle zu eurem Wunschberuf:

a Bildet Vierergruppen und plant die Bewerbungssituation:
- – Schüler A gibt seinen Wunschberuf und das Unternehmen an.
- – Schüler B und C übernehmen die Rollen des Personalleiters und des Assistenten.
- – Schüler D filmt die Begrüßung, den Gesprächsverlauf und die Verabschiedung.

b Bereitet das Bewerbungsgespräch inhaltlich vor:
- – Schüler A und D besprechen und notieren Fragen an den Personalleiter und Antworten auf dessen mögliche Fragen.
- – Schüler B und C notieren Fragen, die sie dem Bewerber stellen wollen, und sprechen sich über das Vorgehen bei der Begrüßung und der Verabschiedung ab.

c Spielt und filmt vier Bewerbungsgespräche (ca. 5–7 Minuten). Dabei sollte jeder einmal die Rolle A übernehmen und sich um eine Ausbildungsstelle zu seinem Wunschberuf bewerben.

2 a Legt vier Feedbackbögen nach dem folgenden Muster an:

Feedbackbogen	Notiert im Heft: + für *gut*, (+) für *recht gut*, (–) für *weniger gelungen* und – für *nicht gelungen*.	
1 Inhalt	**2 Sprache und Sprechweise**	**3 Mimik, Gestik, Körperhaltung**
▪ Begrüßung	▪ Verstehbarkeit (Lautstärke)	▪ erstes Auftreten
▪ erste Vorstellung	▪ Sprechtempo	▪ Sitzhaltung
▪ Antworten	▪ Sprechweise/Sprachstil	▪ Gesichtsausdruck
▪ eigene Fragen	▪ Satzbau	▪ Gestik
▪ Verabschiedung	▪ Höflichkeit	▪ Blickkontakt

b Seht euch die vier Filme an. Zuerst äußert A, was gut gelungen ist. Anschließend bewerten B, C und D jeweils einen Bereich des Feedbackbogens und geben A eine genaue Rückmeldung.

Checkliste

Ein Bewerbungsgespräch vorbereiten und durchführen
- ▪ **Informiert** euch **über** die **Firma** oder die **Einrichtung,** bei der ihr euch bewerben wollt.
- ▪ **Notiert Argumente,** die euch als beste Wahl für die Stelle auszeichnen, und eigene **Fragen.**
- ▪ **Übt das Gespräch** mit Eltern, Freunden, Freundinnen oder allein vor dem Spiegel.
- ▪ Plant sorgfältig eure Frisur und **Kleidung.** Ihr solltet gepflegt wirken und euch wohlfühlen.
- ▪ Erscheint **pünktlich** zu dem Gespräch. Meldet euch etwa fünf Minuten vor dem Termin an.
- ▪ Schaltet vor dem Gespräch das Handy aus und nehmt den Kaugummi aus dem Mund.
- ▪ Seid während des Gesprächs **freundlich, höflich, aufmerksam** und **schaut** eure Gesprächspartner **an.**
- ▪ **Hört** genau **zu, sprecht laut** und **deutlich** und zeigt durch **Fragen** euer Interesse.

Schreibwörter			▶ S. 339
die Teamfähigkeit	das Unternehmen	recherchieren	flexibel
das Verantwortungsbewusstsein	der Betrieb	interviewen	selbstständig

4 Den richtigen Ton finden –
Situationsgerecht sprechen und schreiben

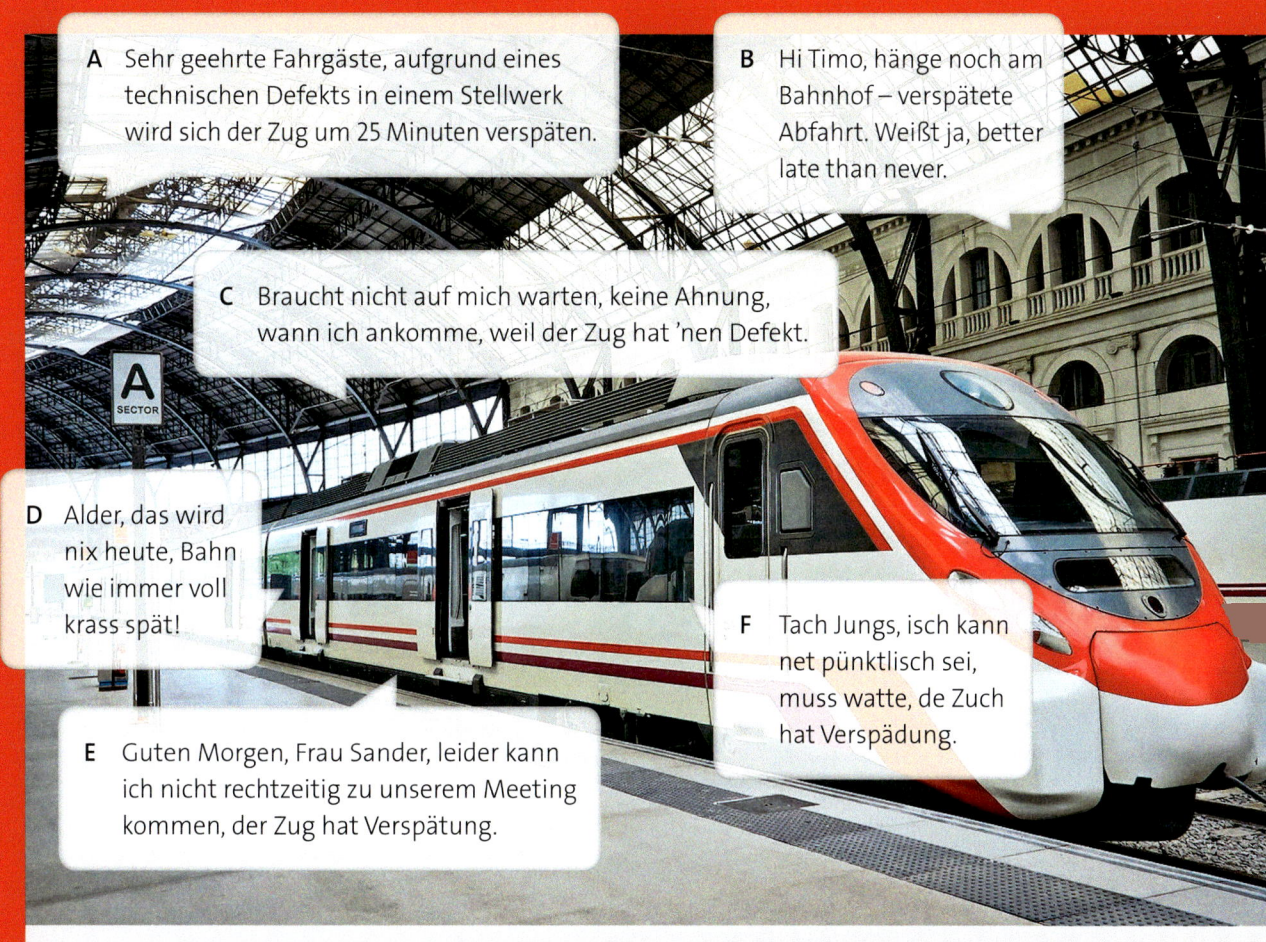

A Sehr geehrte Fahrgäste, aufgrund eines technischen Defekts in einem Stellwerk wird sich der Zug um 25 Minuten verspäten.

B Hi Timo, hänge noch am Bahnhof – verspätete Abfahrt. Weißt ja, better late than never.

C Braucht nicht auf mich warten, keine Ahnung, wann ich ankomme, weil der Zug hat 'nen Defekt.

D Alder, das wird nix heute, Bahn wie immer voll krass spät!

F Tach Jungs, isch kann net pünktlisch sei, muss watte, de Zuch hat Verspädung.

E Guten Morgen, Frau Sander, leider kann ich nicht rechtzeitig zu unserem Meeting kommen, der Zug hat Verspätung.

1
a Wer spricht vermutlich zu wem? Lest die Äußerungen A–F laut vor und begründet eure Vermutungen.
b Ordnet die Äußerungen den folgenden Sprachvarianten zu:

> Standardsprache •
> Jugendsprache •
> Umgangssprache • Dialekt

In diesem Kapitel ...

– vergleicht ihr Jugend- und Standardsprache sowie Dialekte,
– verfasst ihr Geschäftsbriefe,
– untersucht ihr verschiedene Bedeutungsebenen eines Wortes,
– untersucht ihr in einem Projekt die Verwendung von Anglizismen.

2 Berichtet, in welchen Situationen und mit wem ihr in Standardsprache oder in Jugendsprache sprecht.

4.1 Mit wem spreche ich wie? – Verschiedene Sprachebenen nutzen

Die Merkmale von Jugendsprache untersuchen

Wolfgang Herrndorf

Tschick (2010, Auszug)

Alle saßen auf ihren Stühlen wie festgetackert, weil, wenn einer ein autoritäres Arschloch ist, dann Wagenbach. Wobei Arschloch jetzt eine Übertreibung ist, eigentlich ist Wagenbach
5 ganz okay. Er macht okayen Unterricht und ist wenigstens nicht dumm, wie die meisten anderen, wie Wolkow zum Beispiel. Bei Wagenbach hat man keine Mühe, sich zu konzentrieren. Und man tut auch gut daran, weil,
10 Wagenbach kann Leute richtig auseinandernehmen. Das weiß jeder. Selbst die, die ihn noch nie hatten. Bevor ein Fünftklässler zum ersten Mal das Hagecius-Gymnasium betritt, weiß er schon: Wagenbach, Achtung! Da ist es
15 mucksmäuschenstill. Bei Schürmann klingelt immer mindestens fünf Mal in der Stunde ein Handy. Patrick hat es sogar mal geschafft, bei Schürmann seinen Klingelton neu einzustellen – sechs, sieben, acht Töne hintereinander,
bis Schürmann um ein wenig mehr Ruhe bat. 20 Und auch da hat er sich nicht getraut, Patrick scharf anzugucken. Wenn bei Wagenbach ein Handy klingelt, kann derjenige sicher sein, die große Pause nicht lebend zu erreichen. Es gibt sogar das Gerücht, dass Wagenbach früher mal 25 einen Hammer dabeihatte, um Handys zu zerkloppen. Ich weiß nicht, ob das stimmt. Wagenbach kam also rein in dem schlechten Anzug und mit der braunen Kacktasche unterm Arm wie immer, und hinter ihm her schleppte 30 sich dieser Junge, der wirkte, als wäre er kurz vorm Koma oder so. Wagenbach knallte seine Tasche aufs Pult und drehte sich um. Er wartete mit zusammengezogenen Augenbrauen, bis der Junge langsam herangeschlurft war, und 35 sagte dann: „Wir haben hier einen neuen Mitschüler. Sein Name ist Andrej –"

---

1 Wie wirkt die Sprache des Ich-Erzählers auf euch?
  a Sucht im Text Beispiele für jugendsprachliche Formulierungen. Notiert sie mit Zeilenangabe.
  b Wählt fünf Sätze mit jugendsprachlichen Ausdrücken und formuliert sie in Standarddeutsch: Wie würde man das höflich zu einem Erwachsenen sagen?

2 Der Autor des Romans „Tschick", Wolfgang Herrndorf, äußerte sich in einem Interview zu der im Roman verwendeten Sprache.
  a Erklärt das nebenstehende Zitat zur Sprache im Roman mit eigenen Worten.
  b Sucht Textbeispiele, in denen durch Satzbau eine umgangssprachliche Wirkung erzielt wird.

> Ich habe meinem Erzähler einfach zwei Wörter gegeben, die er endlos wiederholt, und den Rest über die Syntax[1] geregelt. Wenn man erst anfängt, mit Slang[2] um sich zu schmeißen, wird man doch schon im nächsten Jahr ausgelacht.
>
> *Wolfgang Herrndorf*

---

1 die Syntax: der Satzbau

2 der Slang: umgangssprachliche Ausdrücke einer bestimmten Gruppe

Wagenbach

Andrej, genannt Tschick, erzählt einem Freund, wie er die erste Unterrichts-
stunde in der neuen Schule erlebt hat:
Ich hab logisch gleich kapiert, dass ich für die ganz Klasse eh nur der Asi bin.
Hab mir deshalb gleich schon mal keinen Stress gemacht und mit schön freund-
5 *lich und so. Wobei, ich fand's irgendwie auch cool – Empfehlung fürs Gymna-*
sium für mich alten Loser! Und dann der Wagenbach, der Babo, lässt mich ein-
fach mal so rumstehen, voll unnötig. Ich wollte mich echt nur hinpflanzen, weil,
mir war das krass peinlich. Und wie die mich angeglotzt haben, diese Hasen-
hirne. Als wär ich 'n Alien oder so, voll lollig. Dann noch die Krönung, weil,
10 *hey Alter, ich sollte mich vorstellen, hatte absolut kP, was die von mir wollten.*

3 Ein Schüler hat einen Paralleltext zum Roman „Tschick" verfasst, in dem die erste Begegnung zwischen dem Ich-Erzähler und dem neuen Schüler Andrej aus der Perspektive von Andrej dargestellt wird. Erklärt anhand von Beispielen, wie der Schüler versucht hat, die Sprache des Romans zu übernehmen. Achtet auf einzelne Wörter und auf den Satzbau.

4 Untersucht die im Schülertext verwendeten jugendsprachlichen Wörter und Wendungen:

  a Legt im Heft eine Tabelle mit den Merkmalen von Jugend-sprache an und ordnet Beispiel-wörter aus dem Text ein.

  b Ergänzt Wörter in der Tabelle, die ihr im Gespräch mit Gleich-altrigen häufig verwendet.

englische Begriffe (Anglizismen)	*cool, …*
bildhafte Ausdrücke	*hinpflanzen, …*
Abkürzungen	…
Übertreibungen	…
Erfindung neuer Wörter (Neologismen)	…

5 Schreibt einen Dialog zweier Jugendlicher, die sich über einen Film, ein Buch oder ein Musikalbum unterhalten. Verwendet dabei aktuelle jugendsprachliche Wendungen.

Information   **Die Jugendsprache**

- Die **Jugendsprache** gilt als eine **besondere Form der Umgangssprache.**
  Sie setzt sich bewusst von der Sprache der Erwachsenen ab und **verändert sich ständig.**
- Jugendsprache unterscheidet sich von der Standardsprache sowohl durch bestimmte **Wörter und Wendungen** als auch durch den **Satzbau.**
- Sie verfügt über folgende Merkmale:
  - **Übernahme englischer Begriffe** (Anglizismen), z. B.: *chillen, flashen, Faker,*
  - **bildhafte Ausdrücke,** z. B.: *Zappelbunker für Disco,*
  - **Abkürzungen,** z. B.: *gummo für Guten Morgen!, Ellies für Eltern,*
  - **Übertreibungen,** z. B.: *megafett,*
  - **Erfindung neuer Wörter** (Neologismen), z. B.: *Alugurke für Fahrrad, Kieskneipe für Bank,*
  - **veränderter Satzbau,** z. B.: *Schau mal das Video, weil es ist voll krass.*

Kurzdeutsch untersuchen

1 **a** Übertragt die folgenden Aussagen A–C in Standarddeutsch:

A Kommst du mit Kino?   **B** Bist du schon Bahn?   **C** Treffen wir Bahnhof?

b Untersucht die Beispiele und erklärt, welche Merkmale Kurzdeutsch aufweist.

Kurzdeutsch als neuer Trend: „Ich lauf Bahnhof"

Es gibt immer mehr Menschen, die an Worten sparen wollen. Schnell soll's gehen und cool will man sein. Die Sprachwissenschaftlerin Diana Marossek hat dem Phänomen der unvollständigen Sätze einen Namen gegeben: Kurzdeutsch.
5 Damit beschreibt die Sprachwissenschaftlerin verkürzte Sätze im allgemeinen Sprachgebrauch. Beim Kurzdeutsch werden der Artikel oder die Kombination aus Präposition und Artikel weggelassen. Heraus kommen Sätze wie „Ich bin noch
10 Büro" oder „Er hat Tor geschossen". „Als Entstehungsfaktor für das Weglassen von Artikeln und Präpositionen sehen sprachwissenschaftliche Studien den Einfluss des Türkischen", erklärt Melanie Kunkel aus der Dudenredaktion. Im Tür-
15 kischen gibt es nämlich keine Artikel oder Präpositionen. Zudem kommt Kurzdeutsch hierzulande auch in regionalen Dialekten vor. Berliner sagen zum Beispiel durchaus: „Ich bin auf Arbeit." Darüber hinaus beeinflussen auch die sozialen
20 Medien die Sprache. „Wenn es auf Kürze ankommt, ist die Wahrscheinlichkeit groß, dass solche Strukturen eine Rolle spielen", erklärt Ludwig Eichinger, Direktor des Instituts für Deutsche Sprache. „Da sind Geschwindigkeit
25 und Zeichenzahl wichtig. Man lässt weg, was nicht unbedingt nötig ist – unabhängig davon, ob man mit Freunden oder der Mutter chattet." Kurzdeutsch verwenden laut Marossek längst nicht mehr nur Migranten, sondern Deutsche aus
30 allen sozialen Schichten. „Das liegt daran, dass solche Ausdrücke zitiert werden, wenn sich jemand jugendlich geben will", erklärt Eichinger. „Nicht bloß junge Leute mit Migrationshintergrund verwenden diese Sprachform, sondern
35 auch deutsche Muttersprachler, die jugendlich wirken wollen." Die Sprachforscherin Marossek hat Schüler und Lehrer an Berliner Schulen beobachtet – oder besser gesagt: belauscht. Ihr Fazit lautet: „Je verbreiteter diese vereinfachte
40 Art zu sprechen unter Jugendlichen ist, desto mehr Einfluss übt sie nach und nach auf Erwachsene ohne Migrationshintergrund aus, die beruflich oder anderweitig viel mit ihnen zu tun haben. Die Lehrer nehmen das mit nach Hause
45 und so kommt es zur Verbreitung."
Reden nun bald alle so? Verschiedene Szenarien sind möglich: Das Kurzdeutsch verschwindet wieder, es bleibt ein Phänomen einer Generation, oder zumindest Teile davon nisten sich dauer-
50 haft in der Umgangssprache ein. Vor allem Letzteres hält die Berlinerin für wahrscheinlich. *

2 Erklärt mit eigenen Worten, welche Gründe zur Entstehung und Verbreitung von „Kurzdeutsch" geführt haben. Wer verwendet laut Text heute diese Sprachform?

Information	**Das Kurzdeutsch**

„Kurzdeutsch" (oder auch „Kiezdeutsch") ist eine **umgangssprachliche Sprachform,** bei der die **Artikel** oder die **Kombination aus Präposition und Artikel weggelassen** werden.

Über geschlechtergerechte Sprache nachdenken

Liebe Gästinnen und Gäste!

Vor vielen, vielen Jahren war es noch einfach. Da gab es Ärzte, Lehrer, Bauern und Bäcker. Auch die meisten Frauen sprachen von ihrem Beruf in männlicher Form. Nur wenige verwendeten schon
5 damals die weibliche Variante und bezeichneten sich als Revolutionärin oder Sozialistin.

Männliche Sprachdominanz ist nicht schön. Und seit der Feminismus in der Sprache ein Machtinstrument erkannte, ist geboten, Frauen
10 in der Sprache nicht auszuschließen. Das haben die meisten Menschen längst verstanden. Wer sich aber immer korrekt ausdrücken will, kann sich arg quälen und schon mal leicht danebenhauen. Da gibt es zum einen die schlichte
15 Nennung beider Geschlechter, wenn also gleichermaßen „die Kolleginnen und die Kollegen" angesprochen werden. Weil das aber Zeit beim Reden und Platz auf dem Papier raubt und manchmal zu „Gästinnen und Gästen" führt,
20 gibt es das so genannte „Binnen-I". Das steht mitten im Wort und vereint beide Geschlechter. Nun kann man das Binnen-I zwar gut schreiben, aber nur schwer sprechen. Das klingt un-

gefähr so: „Gestern war ich mit meinen ‚Freund-
Innen' in der Schwimmhalle." Dazu wechseln 25 manche in die Gebärdensprache und malen zusätzlich Gänsefüßchen in die Luft. Oder sie betonen ausdrücklich, dass „BerlinerInnen mit großem I", also Frauen und Männer, gemeint sind. Doch wahre Sprachfetischisten haben längst er- 30 kannt, dass auch das „Binnen-I" nicht wirklich geschlechtsneutral ist. Es verschlimmbessert das Bemühen, sich korrekt auszudrücken. So entstehen: „Bewohner-Schrägstrich/-innen", „Kund-Sternchen*innen", „Sportler-Unterstrich_innen". 35 Da ist es fast schon wohltuend, Lernende und Lehrende, Teilnehmende und Zu-Fuß-Gehende auf einfache Weise benennen zu können. *

Simone Schmollack

Würdest du mir bitte die Salzstreuerin reichen.

1 Besprecht, auf welches Thema im Cartoon aufmerksam gemacht wird.
Worüber macht der Zeichner sich lustig?

2 **a** Nennt die im Text vorgestellten Möglichkeiten, geschlechtergerecht zu formulieren.
b Gebt die Argumente für und gegen geschlechtergerechtes Sprechen wieder.
c Welche Meinung vertritt die Autorin im Text? Fasst sie mit eigenen Worten zusammen.

Information **Geschlechtergerechte Sprache**

Geschlechtergerechte Sprache soll die **Gleichberechtigung der Geschlechter** zum Ausdruck bringen. Dafür gibt es folgende **zwei Möglichkeiten:**
- Man führt **alle Geschlechter** an, z. B. durch eine der folgenden Formen: *die Lehrerinnen und Lehrer, die LehrerInnen, die Lehrer/-innen, die Lehrer*innen, die Lehrer_innen.*
- Man verwendet **geschlechtsneutrale Formulierungen** wie *die Lehrenden, die Lehrkräfte.*

Geschäftsbriefe in Standarddeutsch verfassen

Echt der Hammer, die Lieferung ist komplett für die Tonne! Schaut euch mal die gelieferten Größen an. Das ist ja voll daneben, die haben alle 20 Bälle in Größe 5 geschickt!

Lesen können die Deppen auch nicht, alle Bälle mit Synthetik-Leder-Beschichtung! Bestellt haben wir doch mit Filzbeschichtung!

Oh nein, wir wollten doch 10 Bälle in Größe 4 und 10 Bälle in Größe 5 ...

Sport AG der Schule auf der Aue
Bachstraße 2
64807 Dieburg ①

Sport Grimm
Heinrichstraße 20
60598 Frankfurt ②

Dieburg, 27.10.20.. ③

Fehlerhafte Hallenfußball-Lieferung vom 25.10.20.. ④

Sehr geehrte Damen und Herren, ⑤

vielen Dank für die schnelle Lieferung der von uns am 19.10.20.. bestellten 20 Hallenfußbälle. Leider haben wir festgestellt, dass sowohl die Größe als auch die Beschichtung der Bälle nicht unserer Bestellung entsprechen. Bestellt hatten wir 10 Hallenfußbälle in der Größe 4 und 10 Hallenfußbälle in der Größe 5, jeweils mit Filzbeschichtung. Sie haben stattdessen 20 Bälle in der Größe 5 geliefert. Außerdem haben alle gelieferten Fußbälle statt der gewünschten Filzbeschichtung eine Synthetik-Leder-Beschichtung. ⑥
Wir senden Ihnen hiermit die fehlerhafte Lieferung zurück und bitten Sie um zügigen Ersatz bis zum 04.11.20.., denn in drei Wochen beginnt unsere Projektwoche zum Thema Hallenfußball. Sollten wir die Hallenfußbälle bis dahin nicht erhalten haben, werden wir von unserem Vertrag zurücktreten.

Mit freundlichen Grüßen ⑦
Svenja Schumacher ⑧

Anlage:
Kopie der Bestellung ⑨

1 Lest die Schüleräußerungen und den Geschäftsbrief und erklärt die Situation: Was ist passiert?

2 Untersucht den Aufbau des Geschäftsbriefs:
a Ordnet folgende Bestandteile den Punkten 1–9 zu und erklärt jeweils ihre Funktion.

> Betreffzeile • Auflistung der Anlagen • Datumsangabe • Unterschrift • Briefkopf •
> Anrede • Hauptteil • Grußformel

b Ordnet folgende Angaben den einzelnen Absätzen im Hauptteil des Briefes zu.

> Aufforderung • Bestätigung der Lieferung • eventuelle Konsequenzen •
> Angabe der Bestellbedingungen • Beschreibung der tatsächlichen Lieferung

3 a Vergleicht folgenden Bestellzettel mit der Lieferung und erklärt, was falsch geliefert wurde:

> SV der Goethe-Schule   Fashion Store
> Saarstraße 107   Sachsenring 12
> 50667 Köln   50123 Köln
>
> **Bestellauftrag vom 19. 02. 20..**
> 100 T-Shirts rot Größe S
> 100 T-Shirts blau Größe M
> alle T-Shirts mit Schulaufdruck

b Verfasst ein Reklamationsschreiben an den Lieferanten „Fashion Store".
c Tauscht eure Briefe und prüft sie mit Hilfe der Angaben im Methodenkasten unten.

4 Stellt euch vor, ihr arbeitet für das Sportgeschäft Grimm.
Formuliert ein angemessenes Antwortschreiben auf den Brief von Seite 78.

Methode	**Einen Geschäftsbrief verfassen**

- Ein Geschäftsbrief bezieht sich auf einen **geschäftlichen Vorgang** wie eine Bestellung, eine Anfrage oder eine Reklamation.
- Gebt im **Briefkopf** die Anschrift des Absenders und des Empfängers sowie Ort und Datum des Schreibens an.
- Formuliert in der **Betreffzeile** den Grund des Schreibens, z. B.: *Anfrage, Reklamation.*
- Beginnt den **Brieftext** mit einer höflichen **Anrede,** nach der ein Komma steht, z. B.: *Sehr geehrter Herr Ratz, / Sehr geehrte Frau Lühr,* oder *Sehr geehrte Damen und Herren, …*
- Gebt im **Hauptteil** zuerst an, worauf ihr euch bezieht, z. B. *die Bestellung oder den Wareneingang.* Beschreibt anschließend den Sachverhalt und fordert den Adressaten zum Schluss höflich zu etwas auf.
- Schließt mit einer **Grußformel** und eurer **Unterschrift,** z. B.: *Mit freundlichen Grüßen …*
- Gliedert den Brieftext in **Abschnitte** und formuliert **höflich und sachlich.**
- Achtet auf die Großschreibung der höflichen **Anredepronomen** *Sie, Ihnen, Ihr.*

Dialekte untersuchen und bewerten

De Fofftig Penns

Löppt

Moin moin, allens kloor – löppt
Wat is loos, sünd ji dor? – löppt
Also mi geiht dat wunnerbor – löppt

Goden Dag, wat is loos? – löppt
5 Ach wat, Minsch segg bloots – löppt
Holl di fuchtig, Matroos – löppt

Wi hebbt överhaupt nix to seggen – löppt
Worüm will dat keeneen cheggen? – löppt
Musst di mol 'n Wöörbook toleggen – löppt

10 Af un an löppt dat goot – goot
Mennigmol löppt dat slecht – slecht
Af un to deit dat Noot – Noot
Dat löppt sik trecht! *

BAP

Alles em Lot

All Froore sinn affjehook,
Et ess akzeptiert:
Mir hann uns verdonn, mir zwei,
Mir hann uns verirrt.
5 Wat ahnfing wie 'm Bilderbooch,
Jing dann doch Richtung Jroscheroman.
Ich hann ding Breef nie kapiert
Un ming Leeder kohme nie bei dir ahn.

MC Bruddaal

Du bisch mei Number One

So ... wir kennet uns jetzt scho a Weile
Aber es gibt da ebbes, was ich dir
scho immer sage wolld.

I bin der MC Bruddaal hallo ... und des isch
5 mei Liebessong, und der isch nur für dich
damit ich dir mal sage kann
wie cool du bisch
des hann i no nie für jemand gmacht
freusch du dich?

10 Du, du bisch mei Number One
und i will koi andre hann
noi i will koi andre hann
denn Baby du *

'Ne Hingerhoff-Romeo
10 Zwesche Traumtanz un Realität,
En rootlose Julia,
Die 'n sick Johre nur noch missversteht.
Nur selden wood zojehührt,
Noh un noh kaum noch jet jesaat,
15 Ahm Engk nur noch resigniert,
Verdrängk, Illusione jemaat. *

1 a Versucht die Songausschnitte laut vorzulesen. Was fällt euch dabei schwer?
b Ordnet die Texte den Dialekten im Kasten zu.

> Kölsch • Plattdeutsch • Schwäbisch

2 a Wählt einen Songtext und versucht zu zweit, ihn ins Hochdeutsche zu übertragen.
b Untersucht, welche Merkmale der Dialekt hat, indem ihr einzelne Wörter aus dem Text mit der Hochsprache vergleicht und die Unterschiede benennt.

3 Was haltet ihr von Dialekten? Wir wirken Dialektsprecher auf euch? Tauscht euch über eure Einstellung gegenüber Dialekten aus.

Wenn Kinder Dialekt sprechen: Hinterwäldler oder Sprachbegabte?

Lange Zeit galten Dialekte bei Eltern und Lehrern als Hindernis für einen guten Schulabschluss oder eine erfolgreiche Karriere. Man glaubte, dass dialektsprechende Kinder in ihrer Sprache regional gefangen seien. Deshalb sei es für die Tochter eines bayerischen Bauern beispielsweise unmöglich, Bankdirektorin in Berlin zu werden. Das war jedoch ein Irrtum, weil man davon ausging, dass Kinder nur die Mundart beherrschen. Tatsächlich aber wachsen Dialektsprecher meistens zweisprachig auf, denn sie lernen auch die Hochsprache. Auf diese Weise verfügen sie über einen größeren Wortschatz und kennen mehr Synonyme. Studien haben gezeigt, dass Schüler über eine größere Sprachkompetenz verfügen, wenn sie vor der Hochsprache einen Dialekt erlernen. Der Vorsitzende des Deutschen Philologenverbandes, Heinz-Peter Meidinger, vermutet folgenden Grund für dieses Phänomen: „Dialektsprecher lernen früh, zwischen verschiedenen Sprachebenen zu unterscheiden. Das trainiert die Auffassungsgabe und das abstrakte Denken." Dem stimmt Professor Wolfgang Schulze, Dialekt-Experte an der Münchner Uni, zu: „Wer das Hochdeutsche als Zweitsprache lernt, begreift eher, dass es sich um ein genormtes System handelt. Er spricht oft besseres Hochdeutsch, weil er differenziert: Wenn ich in öffentlichen Zusammenhängen rede, dann spreche ich die Hochsprache, sonst meinen Dialekt." Auch außerhalb der Schule hat die Wertschätzung für Mundarten wieder zugenommen. Wie sieht nun die Zukunft für die Dialekte aus? Germanistikprofessor Karl-Heinz Göttert glaubt nicht, dass Dialekte aus dem Sprachschatz verschwinden werden: „Die Mundarten bleiben uns erhalten – nicht zuletzt auch, weil wir uns in unserer globalisierten Welt nach ein bisschen Heimat und Zugehörigkeit sehnen."

4   a Gebt an, welche Meinung gegenüber Dialekten im Text vertreten wird.
     b Zeichnet zwei Sprechblasen und notiert darin Textaussagen, die euch besonders wichtig erscheinen.
     c Stellt die Aussagen vor und begründet, warum ihr sie ausgewählt habt.

5   Sollte der Dialekt eurer Region in der Schule vermittelt werden?
Sammelt Argumente dafür und dagegen und führt eine Debatte zu dieser Frage durch (▶ S. 296).

6   Überlegt, in welchen der folgenden Situationen Dialekt angemessen ist und in welchen Situationen man besser Hochdeutsch verwendet. Begründet eure Einschätzung.

> Bewerbungsgespräch • telefonische Anfrage • Vortrag eines Referats •
> Gespräch im Sportverein • Gespräch mit Austauschschülern • Familientreffen

---

Information   **Der Dialekt** (die Mundart)

- Dialekte sind **Sprachvarianten,** die man nur in einer bestimmten geografischen Region spricht. Sie unterscheiden sich von der **Standardsprache (Hochdeutsch)** in der **Lautung** und zum Teil auch im **Wortschatz.**
- Man unterteilt die deutschen Dialekte grob in das **Niederdeutsche** (in Norddeutschland), das **Mitteldeutsche** (in Mitteldeutschland) und das **Oberdeutsche** (in Süddeutschland).

Teste dich!

Sprachvarianten unterscheiden

A Teilnehmerinnen und Teilnehmer der Sport-AG melden sich bitte nach der Hofpause in der Turnhalle.	**B** Hab Bock auf Treffen.	**C** Find ich supercool, echt megageil!
	D Lass mal Stadt gehen!	**G** Julius Cäsar, der alte Babbsack, will des klaane gallische Kaff endgüldisch plattmache.
E Kenne mer nit, bruche mer net, fott domet.	**F** Es ist nicht bekannt, wer das Werk verfasst hat.	

1 Ordne die Aussagen A–G folgenden Sprachvarianten zu.
Manchmal sind mehrere Zuordnungen möglich.

> Standardsprache • Umgangssprache • Jugendsprache • Kurzdeutsch •
> geschlechtergerechte Sprache • Dialekt

SV der Goethe-Schule
Saarstraße 107
50667 Köln

Fashion Store
Sachsenring 12
50123 Köln

Pullis!   Köln, 23. 02. 30..

Hallo Frau Kreher,
besten Dank für das tolle Telefongespräch. Super, dass Sie uns kurzfristig mit den Kapuzen-
pullis beliefern werden. Aber es wäre noch besser, wenn Sie uns die Mindestbestellmenge
von 100 Pullis erlassen. Wir können echt nicht mehr als 50 Stück abnehmen. Und könnten Sie
am Preis noch was drehen? Manche kriegen einfach nicht so viel Taschengeld. Wir würden
uns echt freuen!
Tschüss!
Tina, Sprecherin der SV

---

2 Überarbeitet die Formulierungen im Geschäftsbrief und schreibt ihn vollständig ins Heft.

3 Vergleicht eure Ergebnisse mit einer Lernpartnerin oder einem Lernpartner.

4.2 Heimat – Über einen Begriff nachdenken

Die Bedeutungsebenen eines Begriffs untersuchen

Johannes Oerding

Heimat

Dein Gesicht
Es spiegelt sich in Regenpfützen
Ey, sogar Grau kannst du tragen
Wenn ich wieder mal nicht in deiner Nähe bin
5 Dann wartest du mit offenen Armen
In deinen Straßen kann ich mich so
wunderbar verlieren
Und was immer ich gerade such
Ich find' es hier

10 Oh Heimat, schön wie du mich anlachst
Du bist immer da
Wenn ich keinen zum Reden hab
Oh Heimat, wie du wieder aussiehst
Ich trag dich immer, immer bei mir
15 Wie'n Souvenir

Du und ich
Nachts allein im Neonlicht
Manchmal tanze ich mit dir
Komm tu nicht so
20 Ich kenn' dich in- und auswendig
Und du weißt viel zu viel von mir
Mal bist du laut, mal bist du leise
Mal müde, doch nie allein
Und wenn du willst, kannst du mich wärmen
25 Oder eiskalt sein *

Stefan Strumbel, Siebdruck, 2014

1 **a** Betrachtet zuerst das Bild und notiert die Gedanken, die euch dazu in den Sinn kommen.
b Überlegt, was der Gestalter des Bildes vermutlich mit dem Begriff „Heimat" verbindet.

2 **a** Beschreibt die Stimmung, die der Songtext zum Thema „Heimat" vermittelt.
Wie stellt ihr euch die Musik dazu vor?
b Was verbindet das lyrische Ich im Songtext mit „Heimat"?
Wählt einzelne Verse, in denen etwas über Heimat gesagt wird,
und erklärt sie mit eigenen Worten.

Definition: Heimat

Heimat ist der geografische Raum, mit dem sich der Mensch durch Geburt, Tradition und Lebensweise besonders verbunden fühlt.

> „Wir sichern uns die Heimat nicht durch den Ort, wo, sondern durch die Art, wie wir leben."
>
> Georg von Oertzen (1829–1910, deutscher Diplomat und Schriftsteller)

3 a Wie würdet ihr den Begriff „Heimat" in einem Satz erklären? Formuliert eine Aussage zur Bedeutung des Begriffs (Denotation) und vergleicht sie mit der Definition oben.

    b Wie erklärt ein Schriftsteller den Begriff „Heimat"? Untersucht das oben stehende Zitat.

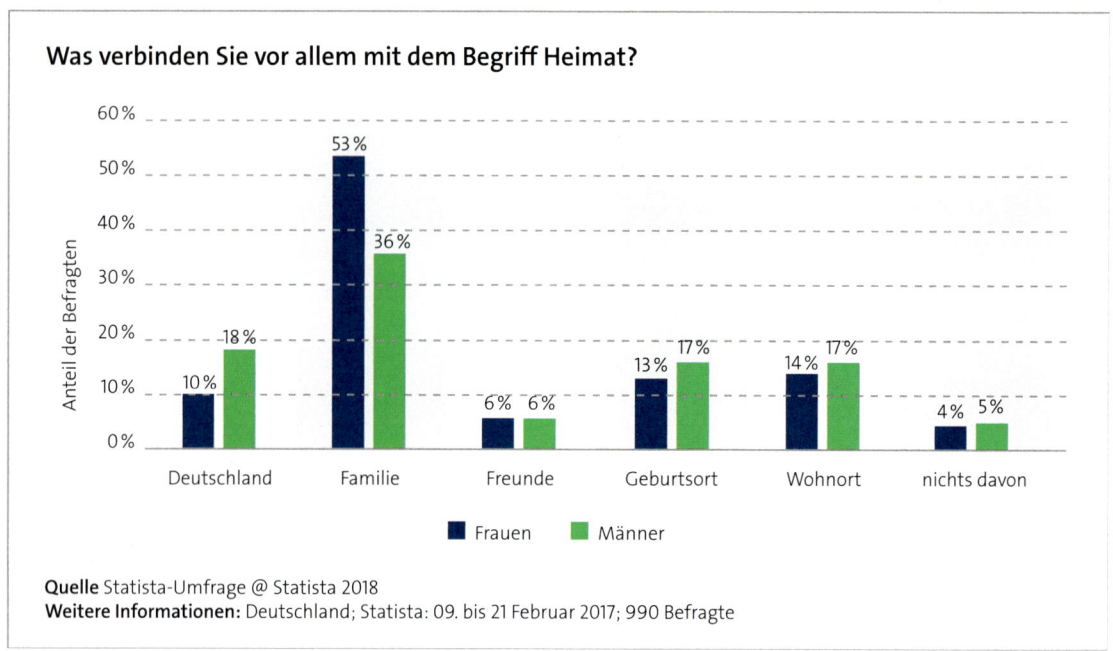

Was verbinden Sie vor allem mit dem Begriff Heimat?

Anteil der Befragten

- Deutschland: Frauen 10 %, Männer 18 %
- Familie: Frauen 53 %, Männer 36 %
- Freunde: Frauen 6 %, Männer 6 %
- Geburtsort: Frauen 13 %, Männer 17 %
- Wohnort: Frauen 14 %, Männer 17 %
- nichts davon: Frauen 4 %, Männer 5 %

■ Frauen ■ Männer

Quelle Statista-Umfrage @ Statista 2018
Weitere Informationen: Deutschland; Statista: 09. bis 21 Februar 2017; 990 Befragte

4 a Untersucht das Diagramm zu zweit:
      – Lest die Überschrift und alle weiteren Erklärungen.
      – Besprecht, was die Farben und die Zahlenangaben bedeuten.
      – Notiert stichwortartig, worüber das Diagramm informiert und welche Werte besonders auffallen.

    b Die Befragten verbinden mit dem Begriff „Heimat" unterschiedliche Vorstellungen. Welche Nebenbedeutungen (Konnotationen) des Begriffs werden am häufigsten genannt? Formuliert zu zweit eine Aussage dazu: *Für ... % der Befragten bedeutet der Begriff „Heimat" ... / Unter dem Begriff „Heimat" verstehen laut einer Umfrage die meisten Deutschen ...*

5 Was verbindet ihr mit dem Begriff „Heimat"?

    a Legt ein Cluster an: Schreibt den Begriff „Heimat" in die Mitte eines Blattes und notiert anschließend um diesen Begriff herum alles, was euch zu ihm einfällt.

    b Stellt eure Ergebnisse in einem *Gallery-Walk* (▶ S. 339) vor.

6 Fertigt ein „Heimatbild" wie auf Seite 83 an. Verbindet „Heimat" mit einem Gegenstand.

Denotation, Konnotation und Metapher unterscheiden

Leben im „Haus Europa": „Es wird ein europäisches Heimatgefühl geben"
Vision des EU-Parlamentariers Daniel Cohn-Bendit vom Zusammenleben auf dem Kontinent

ECHO: *Wo sehen Sie Ihre Heimat heute – in Frankreich, in Deutschland oder in Europa?*

Cohn-Bendit: Dort, wo ich mich wohlfühle: im Familien- und Freundeskreis in Frankfurt, in Südfrankreich, wo ich mit Freunden ein Haus habe. Ein heimatliches Gefühl – wenn Sie so wollen – habe ich aber auch im Europaparlament. Dank der vielen Freunde, die ich dort in den vergangenen 20 Jahren gefunden habe.

ECHO: *Trotz aller Vorbehalte: Ist Heimat für Sie ein politischer Begriff?*

Cohn-Bendit: Nein. Wenn Sie heute in Istanbul Türken treffen, die in Deutschland leben, stoßen Sie auf ein Heimatgefühl für Deutschland. Die sagen Ihnen, dass sie nach Hause fahren, wenn die Ferien vorbei sind. Darum geht es: Wo fühlt man sich aufgehoben? Wo hat man ein Gefühl der Sicherheit? Das ist Heimat – nicht mehr und nicht weniger.

ECHO: *Die Vereinigten Staaten von Europa, wie sie Ihnen vorschweben, werden einmal 600 Millionen oder mehr Menschen umfassen. Wie soll da Heimat entstehen?*

Cohn-Bendit: Heimatgefühle gibt es in erster Linie dort, wo die Menschen leben. Bayern entwickeln sie irgendwo in Bayern, Hessen irgendwo in Hessen.

ECHO: *Übertragen auf Europa hieße das …*

Cohn-Bendit: Meine Vision ist, dass jedes Jahr eine Million Europäer in einem anderen EU-Land studieren oder arbeiten. Das sollte die Europäische Union mitfinanzieren, um einen breiten Austausch zu gewährleisten. 20 bis 30 Prozent dieser Menschen werden sich in der neuen Umgebung verlieben. Beispiel: Eine Niederländerin geht für zwölf Monate nach Südfrankreich und verliebt sich dort in einen Maghrebiner. Aus der Beziehung geht ein Kind hervor. Ich frage Sie: Welche Nationalität hat es? Welches Heimatgefühl entwickelt es? Ich sage, ein vielschichtiges europäisches Heimatgefühl. Was soll es für einen Pass bekommen? Ich sage, einen europäischen Pass. Es wird auf Dauer immer mehr Menschen geben, die nicht nur Deutsche, Franzosen oder Italiener sind, sondern eben Europäer. *

1 Lest das Interview und formuliert anschließend Fragen, die ihr dem Politiker stellen würdet.

2 **a** Welche Vorstellungen verbindet der Politiker mit dem Begriff „Heimat"?
Gebt seine Konnotationen zum Begriff an.
b Wofür steht der Begriff „Haus" in der Überschrift? Bestimmt und erklärt das sprachliche Bild.

Information	Wortbedeutungen: die Denotation, die Konnotation, die Metapher

- **Denotation:** Die Denotation ist die klar definierte **Grundbedeutung** eines Wortes, die man im Wörterbuch oder im Lexikon findet.
- **Konnotation:** Die Konnotation bezeichnet die **Nebenbedeutung** eines Wortes, d. h. die Vorstellungen, Erfahrungen und Empfindungen, die man mit dem Wort verbindet.
- **Metapher:** In bestimmten Zusammenhängen haben Wörter manchmal auch eine **übertragene, bildliche Bedeutung.** Dann spricht man von einer Metapher.

Sprachwandel beobachten

Aus einem Herkunftswörterbuch

Heim: „Haus, Wohnort, Heimat", gotisch (12. Jh.) haims „Dorf". Während das Adverb „heim" ständig im lebendigen Gebrauch blieb, fehlt das Nomen „Heim" vom 16. Jh. bis zur Mitte des 18. Jh.s in den literarischen Belegen. Wohl unter dem Einfluss von *engl.* „home" wurde dann das Nomen neu belebt oder das Adverb „heim" nominalisiert. Mit dem Adverb „heim" sind einige Verben unfeste Zusammensetzungen eingegangen, z. B.: **heimfallen / der Heimfall:** „als Eigentum an den ursprünglichen Besitzer zurückfallen" (16. Jh.); **heimgehen / der Heimgang:** im übertragenen Sinne auch „sterben"; **heimleuchten** (16. Jh.): zunächst „jemanden mit einer Fackel oder dergleichen nach Hause geleiten", seit dem 18. Jh. „fortjagen, jemandem Beine machen"; **heimsuchen / die Heimsuchung:** „in freundlicher oder feindlicher Absicht aufsuchen, überfallen"; **heimzahlen / die Heimzahlung:** „rächen, zurückzahlen, belohnen". Eine alte Ableitung von „Heim" ist Heimat. Ableitung **heimisch** „zum Heim, zur Heimat gehörig, einheimisch, zahm, nicht wild wachsend".

1 In einem Herkunftswörterbuch kann man etwas über die Geschichte von Wörtern erfahren. Gebt an, welche der im Wörterbuchartikel genannten Zusammensetzungen mit „heim" oder „Heim" ihr noch heute verwendet. Stimmt die heutige Bedeutung mit der oben überein?

2 Verfolgt die Sprachgeschichte von „Heim" und seinen Zusammensetzungen genauer.
a Notiert die Denotation (Grundbedeutung) des Wortes.
b Prüft, bei welcher Zusammensetzung sich die Konnotation (Nebenbedeutung) „beschützen" ins Gegenteil gewandelt hat.
c Nehmt kurz Stellung zu nebenstehender Aussage.

> *Heim* bedeutet immer etwas Gutes. Auch in den Zusammensetzungen ist *heim* mit Vorstellungen von Schutz und Sicherheit verbunden.

3 Untersucht die Geschichte der Adjektive „heimlich" und „heimisch":
– Recherchiert die Wörter in einem Herkunftswörterbuch oder im Internet und notiert, mit welcher Bedeutung sie früher verwendet wurden.
– Formuliert zu jedem Adjektiv eine Worterklärung. Mit welcher Bedeutung verwendet ihr es heute?
– Erklärt, wie sich die Grundbedeutungen von „heimlich" und „heimisch" gewandelt haben.

4 Untersucht die Begriffe *Altenheim, Eigenheim, Flüchtlingsheim* und *Kinderheim*: Was bedeuten sie grundsätzlich? Welche Konnotationen könnten Menschen haben, die in einem dieser „Heime" leben?

Information	Die Herkunft von Wörtern

- Im Laufe der Zeit ändert sich nicht nur die **Aussprache** von Wörtern (Lautwandel), sondern auch deren **Bedeutung** (Bedeutungswandel).
- Wenn man wissen will, welche **ursprüngliche Bedeutung** ein Wort hat, schlägt man das Wort in einem **Herkunftswörterbuch** (etymologisches Wörterbuch) nach.

Sprachreise – wenn Wörter wandern

Wenn der Finne seine „kahvipaussi" macht, der Isländer seinen Nachbarn als „Besserwisser" beschimpft und der Amerikaner im „beergarden" etwas „kaffeeklatsching" betreibt, die Kinder in Dänemark gern auf die „rutsjebane" gehen – dann ist Deutsch in aller Munde. Nicht nur im Deutschen finden sich zahlreiche Einflüsse aus anderen Sprachen. Auch deutsche Begriffe schaffen es, sich in anderen Sprachen zu etablieren. Warum manche Germanismen – so lautet die korrekte Bezeichnung für ausgewanderte Wörter – es ins Englische, Finnische, Chinesische oder auch Africaans schaffen und andere nicht? Das kommt immer auf die jeweilige aufnehmende Sprache und Sprachlücken in dieser an. „Deutsche Wörter kommen über Politik und Medien, über deutsche Literatur, aber auch durch deutsche Auswanderer ins Ausland. Besonders in die USA, wo auch heute noch deutsche Lexik gern aufgegriffen wird", erklärt Dr. Armin Burkhardt, Professor für Germanistik. Er nennt Beispiele wie „Bratwurst", „Strudel", „Schadenfreude" und „Zeitgeist". Und: „Die Gründe dafür sind meist Lücken im eigenen Wortschatz, die Übernahme ausländischer Benennungen mit den entsprechenden Produkten oder Sachen oder auch die bloße Freude am Spiel mit dem Fremden", sagt Burkhardt. Wenn sich in einer Sprache also eine Sprachlücke auftut, kann es sein, dass sie mit einem entsprechenden ausländischen Wort aufgefüllt wird. Wir kennen dieses Phänomen aus dem deutschen Sprachgebrauch. Als neue Technologien wie E-Mail, Smartphone und Tablet-PC aufkamen, entstanden Wortlücken. Statt die Neuerungen „einzudeutschen", wurden die englischen Bezeichnungen übernommen. Daher sagen wir weiterhin „smartphone" statt „intelligentes Handy". […] Man unterscheidet dabei zwischen Fremdwörtern und Lehnwörtern. „Fremdwörter sind den Sprecherinnen und Sprechern einer Sprache zwar meistens durchaus geläufig, solange sie aber ihre fremdsprachliche Form beibehalten – Aussprache, Schreibung, Flexion – bleiben sie als eine Art Fremdkörper erkennbar", meint Burkhardt. Sobald Wörter grammatisch, lautlich oder grafisch angepasst werden, gelten sie als Lehnwörter. „In diesem Sinne ist ‚Spin-Doctor' im Deutschen ein Fremdwort, Streik – vom englischen ‚strike' – dagegen ein Lehnwort. Die Grenze ist jedoch fließend", erklärt der Professor. *   Deister- und Weserzeitung, Hameln

 5
a Lest euch den Text abwechselnd abschnittsweise vor.
b Erklärt euch gegenseitig den Unterschied zwischen Lehnwort und Fremdwort.
c Notiert die Gründe, warum ausländische Wörter in eine Sprache kommen.

6 Schlagt nach, aus welchen Sprachen folgende Wörter stammen: *der Tee, der Workshop, das Abonnement, der Bambus, der Flyer, die Litschi, das Budget.* Sind sie ein Fremdwort oder ein Lehnwort?

Information	Das Erbwort, das Fremdwort und das Lehnwort

- **Erbwörter** sind Wörter, die es schon **in alten Formen des Hochdeutschen** gab, z. B.: *sunna* für Sonne, *muoter* für Mutter im Althochdeutschen (ca. 750–1050 n. Chr.).
- **Fremdwörter** sind Wörter, die **aus anderen Sprachen** ins Deutsche übernommen wurden und ihre **Aussprache und Schreibung behalten** haben, z. B. *Café* aus dem Französischen.
- **Lehnwörter** sind Wörter, die **aus anderen Sprachen** ins Deutsche übernommen wurden und deren **Aussprache und Schreibung** an die deutsche Sprache **angepasst** wurden.

●●● Fordern und fördern – Über Begriffsbedeutungen nachdenken

Warum Sportler die Nationalhymne nicht singen müssen

Natürlich sind Sportler stolz darauf, für ihr Land an den Start zu gehen. Und keiner kann sich den Emotionen entziehen, die die Nationalhymne auslöst. Jeder Sportler wird mit stolzgeschwellter Brust dastehen, wenn sie erklingt. Aber in dieser Brust schlagen oft zwei Herzen. Gerade Sportler mit Migrationshintergrund haben Familie und Freunde in ihrer alten Heimat. Sie sind stolz auf ihre Herkunft. Warum sollen sie das leugnen? Die Sportler fühlen sich beiden Ländern verbunden.

Ihr Leben findet oft zwischen zwei Welten statt, Das heißt, viele Deutsch-Türken, Deutsch-Italiener oder Deutsch-Griechen leben diese doppelte Herkunft in ihrem Alltag problemlos. Auf die Frage, wer oder was sie sind, kommt oft die Antwort, „beide Länder im Herzen zu haben". Warum sollen sie also so tun, als gäbe es für sie nur die deutsche Seele, die deutsche Nationalhymne? Das wäre heuchlerisch. Und wollen wir Sportler, die nur zur Show die deutsche Hymne singen? Ist es nicht ehrlicher und besser, einen Jungen tunesischer Herkunft im Nationaltrikot zu haben, einen, der schwäbisch schwätzt und sich als Deutsch-Tunesier fühlt? Und für Deutschland spielt, weil er in Deutschland groß geworden ist. Niemand hat ihn je gezwungen, diese

Identität aufzugeben. Und ich weiß nicht, ob Sami Khedira die tunesische Hymne singen würde.

Warum muss man einen solchen Sportler in die Bredouille bringen und ihn zwingen, eine Hymne zu singen? Eine von zweien, die er hat. Aus Dankbarkeit? Muss Deutschland nicht dankbar sein, dass die Integration gelungen ist? Khedira steckt schon im Nationaltrikot, er bekennt sich zu einem Land, weil er sich als Sportler entscheiden muss. Im so genannten „normalen Leben" gibt es diese Trennung nicht. Da gibt es eine duale Identität. Und das ist okay in einem toleranten, demokratischen Land. Deutsche Nationalspieler heißen nicht mehr nur Fritz, Karl-Heinz oder Hansi, sondern Mesut, Sami und Jérôme. Deutschland sollte stolz auf diese Spieler sein. Denn sie beweisen, dass Deutschland eine tolerante Demokratie ist. *   *Martin Thiel*

---

1 Untersucht die sprachlichen Besonderheiten des Textes:

●●● **a** Was genau bedeuten die markierten Aussagen? Gebt sie mit eigenen Worten wieder.   ▷ Hilfe zu Aufgabe 1a Seite 89

b Was bedeutet der Begriff „heuchlerisch" (▶ Z. 20)? Formuliert eine Erklärung mit Hilfe von Synonymen.   ▷ Hilfe zu Aufgabe 1b Seite 89

2 **a** Untersucht den Ausdruck im Text „jemanden in die Bredouille bringen" (▶ Z. 31 f.):

●●●   − Bestimmt die Herkunft des Wortes „Bredouille". Handelt es sich um ein Lehnwort oder ein Fremdwort?

  − Formuliert eine Worterklärung zu diesem Ausdruck.   ▷ Hilfe zu Aufgabe 2a Seite 89

b Erläutert, warum manche Sportler in die Bredouille kommen, wenn sie die deutsche Nationalhymne singen sollen.   ▷ Hilfe zu Aufgabe 2b Seite 89

Aufgabe 1a mit Hilfen

Was genau bedeuten die im Text markierten Aussagen?
Setzt die folgenden Erklärungen fort:

A „Aber in dieser Brust schlagen oft zwei Herzen." (▸ Z. 6)	→ *Bei dieser Aussage handelt es sich um eine Metapher. Sie bedeutet, dass die Sportler ...*
B „Auf die Frage, wer oder was sie sind, kommt oft die Antwort, beide Länder im Herzen zu haben." (▸ Z. 15 ff.)	→ *Mit ihrer Antwort meinen die Sportler, dass sie sowohl ... als auch ...*
C „Im so genannten ‚normalen Leben' gibt es diese Trennung nicht. Da gibt es eine duale Identität." (▸ Z. 38 ff.)	→ *Mit „normalem Leben" ist ... gemeint. Der Begriff „duale Identität" beschreibt den Zustand, dass die Sportler gleichzeitig ...*

Aufgabe 1b mit Hilfen

Was bedeutet der Begriff „heuchlerisch" in Zeile 20? Formuliert eine Erklärung mit Hilfe von Synonymen. Wählt dafür zutreffende Synonyme aus dem Kasten aus.

unpraktisch • unehrlich • falsch • gemein • hinterlistig • verlogen • scheinheilig • aufrichtig • ehrlich

Aufgabe 2a mit Hilfen

– Bestimmt die Herkunft des Wortes „Bredouille". Handelt es sich um ein Lehnwort oder ein Fremdwort? Wählt die jeweils zutreffende Angabe und schreibt sie ins Heft.
Das Wort „Bredouille" kommt aus dem Englischen / Italienischen / Französischen.
Es handelt sich um ein Lehnwort / Fremdwort, denn es wurde aus einer anderen Sprache ins Deutsche übernommen und hat seine Aussprache und Schreibung behalten / denn es wurde aus einer anderen Sprache ins Deutsche übernommen, und die Aussprache und Schreibung wurden an die deutsche Sprache angepasst.

– Notiert die zutreffende Worterklärung zum Ausdruck „jemanden in die Bredouille bringen". Lest dazu noch einmal die ganze Textstelle und versucht, die Bedeutung aus dem Textzusammenhang zu erschließen.
   A jemanden in einer schwierigen Situation unterstützen
   B jemanden in Verlegenheit oder in Schwierigkeiten bringen
   C jemandem zum Erfolg verhelfen
   D jemanden zum Lügen zwingen

Aufgabe 2b mit Hilfen

Erläutert, warum manche Sportler in die Bredouille kommen, wenn sie die deutsche Nationalhymne singen sollen. Schreibt die zutreffende Aussage ab.
A Die Sportler wollen sich lieber auf das Spiel konzentrieren.
B Die Sportler fühlen sich mehreren Ländern gleichzeitig verbunden.
C Die Sportler möchten die Hymne nicht singen, weil sie sich nicht für ein Land entscheiden können.
D Die Sportler möchten nicht singen, weil sie das Gefühl haben, nicht gut singen zu können.

4.3 Projekt „Public Viewing" – Sprachtrends untersuchen

Über die Verwendung von Anglizismen nachdenken

Maxim Leo

Oldenburger Bacon, geslict

Gestern habe ich bei Rewe im Kühlfach eine Packung „Oldenburger Bacon geslict" gefunden. Das hat mich ein bisschen verstört. Ich meine, ich kann verstehen, wenn zum Beispiel
5 Jeans-Verkäufer den Cashflow in ihren Stores ein wenig pushen, indem sie englische Wörter benutzen, die sie cool und stylish erscheinen lassen. Aber ehrlich gesagt, zählte für mich der geschnittene Oldenburger Landschinken in
10 der 150-Gramm-Packung bislang zu den Dingen im Leben, die so etwas gar nicht nötig haben. Ich finde sogar, Oldenburger Landschinken, vor allem der geschnittene, sollte nicht cool sein. Er sollte seinen bodenständigen Cha-
15 rakter bewahren. Man würde ja auch nicht Filzpantoffeln, Wärmedecken oder Herpes-Creme als Lifestyle Equipment vermarkten. Das dachte ich zumindest, bis ich kürzlich vor dem Orthopädiegeschäft bei uns in der Straße stand
20 und die hautfarbenen Stützstrümpfe gegen Krampfadern im Schaufenster sah, die hier „Skin-colored Surgical Socks" hießen. Ich muss ja zugeben, das klingt besser als hautfarbene Stützstrümpfe, vor allem für Leute wie mich, die nicht so besonders gut Englisch sprechen.
25 Das ist übrigens interessant am Englischen, dass es umso cooler wirkt, je weniger man versteht. Selbst die hässlichsten und ekligsten Sachen sind dann gar nicht mehr schlimm. Die meisten Verkäufer können sich jetzt noch an
30 die deutschen Bezeichnungen ihrer Produkte erinnern. Aber wie lange wird das so sein? Und wie funktioniert das dann künftig mit dem Einkaufen? Was muss ich zum Beispiel sagen, wenn ich in zehn Jahren mal ein Päckchen
35 Hühneraugen-Pflaster erstehen möchte? „Einmal Chicken-Eye-Tapes bitte." Oder „eine Foot-Mushroom-Cream bitte", wenn ich, wovor Gott mich bewahren möge, eines Tages Fußpilz bekomme. Damit hier keine Missverständnisse
40 aufkommen, ich bin keiner von diesen aggressiven Sprachraumverteidigern. Ich habe überhaupt nichts dagegen, englische Wörter zu benutzen, es darf nur nicht allzu bescheuert sein. *

---

1 a Beschreibt euren ersten Leseeindruck. Wie wirkt der Artikel auf euch?
   b Gebt Textstellen an, an denen ihr beim Lesen schmunzeln musstet.
      Erklärt, wodurch diese Wirkung erreicht wird.

2 a Welche grundsätzliche Meinung vertritt der Autor? Fasst sie mit eigenen Worten zusammen.
   b Zeigt an zwei Beispielen, welche Anglizismen der Autor akzeptiert und welche er ablehnt.

3 Diskutiert über die folgenden Aussagen. Begründet eure Zustimmung oder Ablehnung.
   A Anglizismen wirken modern. Wer fortschrittlich sein will, sollte sie verwenden.
   B Neue Fachbegriffe stammen oft aus dem Englischen, denn dafür gibt es keine deutschen Entsprechungen.
   C Sprache verändert sich ständig. Mit Anglizismen bleibt auch das Deutsche lebendig.

Anglizismen untersuchen, übersetzen und bewerten

Führt in der Klasse ein Projekt zum Thema „Anglizismen im deutschen Sprachgebrauch" durch.

1
a Besprecht zu zweit, an welchen Orten oder in welchen Texten man die oben stehenden Anglizismen finden könnte.
b Versucht gemeinsam, die Anglizismen ins Deutsche zu übersetzen.

2 Im Englischen bedeutet „Public Viewing" nicht dasselbe wie im Deutschen.
Recherchiert den Begriff und seine Bedeutung im Internet oder in einem Wörterbuch.

Projektschritt 1: Themengruppen bilden

3
a Listet an der Tafel auf, in welchen Bereichen oder Fachgebieten euch Anglizismen in Texten, Werbeanzeigen oder auf Plakaten begegnen.
b Bildet zu jedem Bereich eine Themengruppe, z. B. Themengruppe „Sport" oder „Wirtschaft".

Projektschritt 2: Wortmaterial sammeln

4
a Recherchiert zu eurem Themenbereich und sucht Materialien, in denen Anglizismen verwendet werden.
b Listet die Anglizismen auf und notiert jeweils dahinter, aus welchem Material der Begriff stammt.
Tipp: Seid ihr unsicher, ob ein Begriff aus dem Englischen stammt? Dann prüft das in einem Herkunftswörterbuch.

Themenbereich „Sport"

das Team (aus Zeitungsbericht über Fußball-Nationalmannschaft)
der Topscorer (aus Zeitungsbericht über Eishockey)
der Chefscout (aus Zeitungsbericht über Fußball)
der Coach (aus Internetseite des Deutschen Basketball Bundes)
die Public Viewing Arena (aus Internetseite eines Stadions)

Projektschritt 3: Wortmaterial bewerten

 5 Bewertet die in den Materialien verwendeten Anglizismen wie im nebenstehenden Beispiel.

1 Kann man sie ersetzen, weil ...
- sie nur modern wirken sollen?
- es ein passendes deutsches Wort gibt?

2 Sollte man die in den Materialien verwendeten Anglizismen beibehalten weil, ...
- sie treffender sind?
- sie Teil einer Fachsprache sind?
- sie international verwendet und verstanden werden?

> **Der Topscorer** (der Torschützenkönig)
> Der Begriff bezeichnet im Sport einen Spieler, der in einer Mannschaft oder in einer Liga in einem Spiel oder in der kompletten Saison die meisten Punkte oder Tore erzielt hat.
> Er lässt sich problemlos durch das deutsche Wort „Torschützenkönig" ersetzen.
> Allerdings wirkt dieses weniger international und weniger modern.

Projektschritt 4: Plakate erstellen und präsentieren

 6 **a** Stellt auf einem Plakat (▶ S. 338) eure Begriffe, mögliche Übersetzungen und eure Bewertungen zusammen, z. B. zum Themenbereich „Wirtschaft":

Themenbereich Wirtschaft

Begriff	Bedeutung und Vorschlag für eine Übersetzung	Anglizismus akzeptabel?	Begründung
das Assessment Center	Der Begriff bezeichnet ein Gruppenauswahlverfahren für Bewerber. In ein bis drei Tagen absolvieren die Bewerber verschiedene Übungen wie z.B. eine Selbstpräsentation, eine Gruppendiskussion oder ein Rollenspiel. Mögliche Übersetzung: Bewerberauswahlverfahren	👍	Der Begriff wird international verwendet. Übersetzungen werden dem Begriff und der Bedeutung nicht gerecht.

b Präsentiert eure Plakate in der Klasse und erläutert euer Textmaterial.

7 Bewertet die Gestaltung der Plakate. Achtet dabei auf die Textmenge, Abbildungen und Symbole, Schriftgröße, Schriftart und auf die farbliche Gestaltung.

Schreibwörter ▶ S. 339

das Standarddeutsch	die Variante	das Fremdwort	der Anglizismus	reklamieren
das Plattdeutsch	die Metapher	das Lehnwort	das Synonym	übersetzen

1 Das Bild zeigt eine Szene aus dem Roman „Gilgi – eine von uns" der Autorin Irmgard Keun.
Äußert Vermutungen zum Inhalt des Romans:
   – Zu welcher Zeit und an welchem Ort könnte der Roman spielen?
   – Um welches Thema könnte es in
     dem Roman gehen?
   – Welche Figuren könnten darin eine
     Rolle spielen?

In diesem Kapitel ...

   – lernt ihr eine Autorin näher kennen,
   – erarbeitet ihr ein Autorenporträt und
     gestaltet eine Ausstellung,
2 Tauscht euch über eure Lieblings-   – untersucht ihr Texte von und über
autoren aus. Was ist das Besondere   Irmgard Keun,
an ihren Büchern?   – gestaltet und überarbeitet ihr
                                           selbst Texte.

5.1 Wer ist Irmgard Keun? – Eine Autorin in ihrer Zeit vorstellen

Eine Romanfigur von Irmgard Keun kennen lernen

Irmgard Keun

Gilgi – eine von uns (1931, Auszug)

Gilgi ist eine junge Frau, die als Stenotypistin in einem Büro arbeitet. Sie fährt jeden Morgen wie viele andere mit der Straßenbahn zur Arbeit.

Gilgi sitzt in der Straßenbahn. Eigentlich wollte sie zu Fuß gehen, hat aber keine Zeit mehr dazu. Neben ihr, vor ihr die Reihe der Angestellten. Müde Gesichter, verdrossene Gesich-
5 ter. Alle sehen einander ähnlich. Gleichheit des Tageslaufs und der Empfindungen hat ihnen den Serienstempel aufgedrückt. Jemand zugestiegen – sonst noch jemand ohne Fahrschein? Keiner tut gern, was er tut. Keiner ist
10 gern, was er ist. Kleine Blasse mit den hübschen Beinen, lägst du jetzt nicht lieber im Bett und schliefst dich aus? [...]
Sonst noch jemand ohne Fahrschein – sonst noch jemand ohne Fahrschein? Sie fahren ins
15 Geschäft. Tag für Tag ins Geschäft. Ein Tag gleicht dem andern. Klingelingling – man steigt aus, man steigt ein. Man fährt. Fährt und fährt. Achtstundentag, Schreibmaschine, Stenogrammblock, Gehaltskürzung, Ultimo – im-
20 mer dasselbe, immer dasselbe. Gestern, heute, morgen – und in zehn Jahren.
Ihr Jungen, ihr unter dreißig, habt auch ihr nur dieses hoffnungsarme Frühmorgengesicht? Morgen ist Sonntag. Werden da nicht am Nach-
25 mittag kleine Wunschbilder in euren Augen

brennen? Nicht wahr, junger Mann, man kauft sich nicht so eine schöne, strahlend gelbe Krawatte, wenn man nicht heimlich glaubt, eines Tages Chef mit Privatauto und ausländischem Bankguthaben zu sein? Braves Fräulein aus 30 guter Familie, nicht wahr, Sie würden die bunte Halskette nicht umbinden, wenn Sie nicht wünschten, dass einer kommt, der findet, dass sie Ihnen hübsch steht? [...] Auch Greta Garbo[1] ist einmal Verkäuferin gewesen. Fahrt ins Ge- 35 schäft. Tag für Tag. Wird etwas kommen, was das Gleichmaß der Tage unterbricht? Was? Der Douglas Fairbanks[2], der Lotteriegewinn, das Filmengagement, die märchenhafte Beförderung, der Sterntalerregen vom Himmel? Wird 40 das kommen? [...] Gilgi sieht aus dem Fenster. Die Trostlosen da im Wagen – nein, sie hat nichts mit ihnen gemein, sie gehört nicht zu ihnen, will nicht zu ihnen gehören.

---

1 Greta Garbo: US-amerikanische Schauspielerin (1905–1990), die berühmt war für ihre Schönheit
2 Douglas Fairbanks: besonders gut aussehender US-amerikanischer Schauspieler (1909–2000)

1 a Irmgard Keun schrieb den Roman 1931. An welchen Textstellen erkennt man das?
b Welche Beschreibungen würden auch auf die heutige Zeit zutreffen? Lest die Stellen laut vor.

2 a Erklärt, wovon die in dem Romanauszug beschriebenen Menschen vermutlich träumen.
b Vergleicht die Träume der Figuren im Roman mit denen, die Menschen heute haben.

Einen Text zur Zeitgeschichte erschließen

Das Leben in der Weimarer Republik (1918–1933)

Der schwere Weg in die Demokratie

Nach dem verlorenen 1. Weltkrieg (1914–1918) brach in Deutschland das Kaiserreich zusammen, und es kam zu einem bedeutenden gesellschaftlichen Umbau. Die Weimarer Republik wurde gegründet. Sie war die erste demokratische Republik in Deutschland und bestand bis 1933. Die Zeit der Weimarer Republik war eine sehr unruhige Zeit. Es gab viele politische Kämpfe und wirtschaftliche Krisen, wie die Inflation 1924 und die Weltwirtschaftskrise 1929, die eine Massenarbeitslosigkeit auslöste.

Die „Goldenen Zwanziger Jahre"

Die Jahre zwischen 1924 und 1929 werden jedoch als die „Goldenen Zwanziger Jahre" bezeichnet. Ab 1924 besserte sich die wirtschaftliche Lage in Deutschland. Unter den Menschen entwickelte sich ein neues Lebensgefühl. Nach Krieg und Krise atmeten sie auf. Sie wollten wieder normal leben und die neuen Freizeit- und Unterhaltungsangebote genießen. Neben Theater und Konzert gab es seit den 1920er Jahren auch das Kino. Hollywoodschauspieler wie Charlie Chaplin, Greta Garbo und Douglas Fairbanks waren die Idole dieser Zeit.

Musik und Tanz spielten ebenfalls eine große Rolle. Besonders in Berlin blühte das Nachtleben auf. Wer genug Geld hatte, besuchte die neuen Bars und Tanzpaläste. Diese neuen Vergnügungsorte waren – wie das Automobil – Zeichen der neuen Zeit. Sie kamen aus Amerika und vermittelten vor allem den Menschen in der Großstadt ein modernes, optimistisches Gefühl. Mit diesem neuen Lebensgefühl veränderten sich auch Kunst, Literatur und Sprache.

Die Weltwirtschaftskrise 1929

Die Weimarer Republik brachte für viele Menschen Verbesserungen, zum Beispiel die Verkürzung der Arbeitszeiten und das Wahlrecht für Frauen. Trotzdem waren viele Kräfte in der Politik und in der Wirtschaft gegen die neue Republik eingestellt. 1929 begann eine weltweite Wirtschaftskrise mit schlimmen Folgen auch für Deutschland. Deutschlands Schulden wuchsen, eine Massenarbeitslosigkeit setzte ein, die Kaufkraft der Menschen nahm ab. Die Zahl der Arbeitslosen stieg immer mehr an und erreichte in den Jahren 1931 bis 1933 mit über 6 Millionen Arbeitslosen ihren Höhepunkt. Die Menschen waren wieder arm, verzweifelt und hoffnungslos. Der Ruf nach einem starken Mann, der Besserung bringen sollte, wurde laut.

Hitlers Griff nach der Macht

Aufgrund der politischen und wirtschaftlichen
55 Probleme entwickelte sich in Deutschland ein
gesellschaftliches Klima, das das Aufkommen
des Nationalsozialismus begünstigte und Adolf
Hitler den Weg zur Macht ebnete. Am 30. Janu-
ar 1933 wurde Hitler Reichskanzler. Und dann
60 ging alles ganz schnell: Ab Juli 1933 durfte es
keine politische Partei außer der NSDAP (Natio-
nalsozialistische Deutsche Arbeiterpartei) mehr
geben. Bereits im Mai 1933 kam es zu Bü-
cherverbrennungen. Werke von „nichtarischen"
65 und politisch unerwünschten Autorinnen und

Autoren wurden an vielen deutschen Universi-
täten öffentlich verbrannt. Auch Irmgard Keuns
Bücher wurden verboten, beschlagnahmt und
vernichtet.

1 Der Text beschreibt die Zeit, die Irmgard Keuns Leben und Schreiben prägte.
Lest den Text still, schlagt anschließend das Buch zu und notiert:
– Was wusstet ihr bereits über die Zeit der Weimarer Republik (1918–1933)?
– Was habt ihr Neues über diese Zeit in Deutschland erfahren?
– Worüber wollt ihr mehr wissen?

2 Lest den Text noch einmal genau und erschließt alle Informationen, die er enthält.
Geht nach der Lesemethode vor, die im Kasten unten beschrieben wird.
Bei dieser Methode unterstützt ihr euch gegenseitig, den Text zu verstehen.

3 Beschreibt abwechselnd die drei Fotos zum Text und erklärt, wie sie einzelne Informationen aus
dem Text veranschaulichen.

4 Die Romane von Irmgard Keun spielen in der Zeit der Weimarer Republik und des Nationalsozialismus. Notiert Vermutungen dazu, worum es in den Romanen gehen könnte.

Methode   **Reziprokes Lesen** (wechselseitiges Lesen zu zweit)

- **Lest allein** jeder für sich **den ersten Textabschnitt.**
  Notiert dabei **Schlüsselwörter** und **unbekannte Ausdrücke.**
- **Klärt** in **Partnerarbeit** die **unbekannten Ausdrücke** aus dem Textzusammenhang.
  Prüft eure Erklärung anhand eines Wörterbuchs oder Lexikons und notiert die Bedeutung.
- **Partner A** gibt mit Hilfe seiner Notizen den **Textabschnitt wieder.**
  Partner B hört zu, fragt nach, berichtigt und kommentiert.
- **Rollentausch:** Nun gibt Partner B den Textabschnitt wieder.
  Partner A hört zu, berichtigt und kommentiert.
- **Wiederholt das Verfahren** für alle **folgenden Textabschnitte.**
- Fasst zum **Schluss den Inhalt des gesamten Textes** mit eigenen Worten zusammen und
  formuliert eine kurze Stellungnahme zum Text:
  In dem Text ... geht es darum, ... / Der Text zeigt sehr gut, wie ...

Bilder aus der Zeit beschreiben

In einem Mädchenpensionat (1885)

Zwei Damen und zwei Herren spielen Karten auf einer Wiese (um 1900)

1 Die Fotos A und B zeigen Frauen und Männer in Deutschland um 1900.
  a Beschreibt die Personen und die Umgebung, in der sie sich befinden.
  b Wir wirken die abgebildeten Personen auf euch? Erklärt, wodurch diese Wirkung entsteht.
  c Leitet von dem Erscheinungsbild der Frauen Aussagen über die Rolle der Frau um 1900 ab.

Damen in einer Hamburger Bar (um 1925)

In einer Berliner Jazzkneipe (1930)

2 Die Fotos C und D zeigen Frauen und Männer in Deutschland in den 1920er und 30er Jahren.
  a Beschreibt die Personen und ihre Umgebung und vergleicht sie mit den Personen
    auf den Bildern A und B.
  b Formuliert eine Aussage dazu, wie sich in den 20er Jahren die Rolle der Frau verändert hat.

3 a Wählt eine Person von einem Foto und versetzt euch in ihre Situation in der angegebenen Zeit.
    Formuliert eine Aussage über ihre Lebenssituation in der Ich-Form, z. B.:
    Ich bin … Jahre alt und lebe mit … in … / Ich verbringe meine Tage damit, … /
    Ich wünsche mir in meinem Leben … / Ich träume davon, …
  b Stellt euren Text einer Lernpartnerin oder einem Lernpartner vor. Haben eure Personen ähnliche
    Vorstellungen von ihrem Leben?

4 Wählt ein Foto oben aus und verfasst dazu eine Bildbeschreibung (▸ S. 303):
  Beschreibt den Aufbau des Bildes (Vordergrund, Mitte, Hintergrund) und geht in sinnvoller
  Reihenfolge auf das Hauptmotiv, weitere Einzelheiten und die Wirkung des Bildes ein.

Sich über eine Autorin informieren

Volker Weidermann

Material 1   Über Irmgard Keun

Es gibt nur zwei Bilder von Irmgard Keun (1905–1982), denke ich immer. Es gibt natürlich viel mehr. Aber ich kenne nur die zwei, will nur
5   die zwei kennen. Das eine mit den kurzen Locken, die ihr über die linke Stirnseite fallen, der weiße Schal, der
10 um den Hals herumfließt, die Augen, die schauen, als hätte sie sich soeben in den Fotografen verliebt, oder in die Welt. Eine Trauer ist darin
15 und eine Scheu und eine mädchenhafte Selbstsicherheit. So eine Ruhe vor allem. Der Mund lächelt nicht. Die Augen lächeln. Mit Sicherheit. Das Leben wird kommen. Ich weiß, es wird schön, es wird unendlich schön, weil ich schön
20 bin und weil ich schreibe, für mich, für die Männer, für die ganze Welt.

Da war sie einundzwanzig, als das Bild entstand, und von Köln längst nach Berlin geflohen. Oder sie war sechsundzwanzig. Man
25 wusste das lange nicht so genau, sie hat ihr Geburtsjahr 1905 ihrer ersten Romanheldin Gilgi angepasst – 1910. Irmgard Keun hatte immer ein dichterisches Verhältnis zur Wahrheit und zu ihrem Leben.

30 Ja, und das zweite Bild, das entstand so gegen Ende ihrer Zeit. Vielleicht Ende der Siebzigerjahre, vielleicht wieder in Köln. Die Haare sind nur geliehen, glatt und falsch, als Damenhaube auf dem Kopf, der Schal ist bunt und locker um
35 den Hals geworfen, der Mund versucht ein Lächeln, die Augen lächeln nicht.

Wie schnell kam der Ruhm ins Leben der Irmgard Keun. „Gilgi – eine von uns" erschien 1931 und war eine Sensation. Was für ein neuer Ton, was für
40 ein selbstbewusstes, halbkorrektes, neues Deutsch, was für eine neue, moderne, selbstbewusste Frau. Und kaum ein halbes Jahr später – wer lang-
45 sam schreibt, ist dumm – „Das kunstseidene Mädchen".

„Aber ich will schreiben wie Film, denn so ist mein Leben und wird noch mehr so sein",
50 sagt Doris im Roman. Und so war auch das Buch, so wie das Leben, so wie Film, schnell und oberflächlich und genau. […]

Dann brannten die Bücher, auch ihre Bücher.
55 Von den gehassten Frauen im neuen Land war sie die meistgehasste. Aber Keun blieb. Zunächst blieb sie. Ihr Mann, der 23 Jahre ältere Schriftsteller und Regisseur Johannes Tralow,
60 war dem Regime willkommen. Und dann hat sie den lustigsten, verwegensten, tollkühnsten Schritt unternommen von all denen, deren Bücher brannten. Sie sah sich das alles eine Weile an. […] Am 29. Oktober 1935 meldete sie beim Landgericht Berlin Schadenersatzansprüche
65 an: „Die Geheime Staatspolizei hat im Juli 1933 die gesamten Bestände meiner Bücher beschlagnahmt. Ein Gerichtsurteil, das diese Beschlagnahmung rechtfertigt, ist bislang nicht erfolgt und auch nicht angestrebt worden." Was
70 für ein schöner, wahnsinniger Mut. Da sie ja nun nichts mehr verdiene, beantragt sie für den bevorstehenden Prozess beim Amtsgericht, ihr Armenrecht zu gewähren. – Nein, eine Antwort hat sie darauf nicht bekommen. Oder doch. Sie
75 wurde verhaftet, verhört und wieder verhört,

über ihre Verbindungen zu Freunden im Ausland. Adressen, Kontakte, Aktivitäten. Ihr Vater, der Unternehmer war, hat sie da rausgeholt. Hat sie später gesagt. 200 000 Mark soll er gezahlt haben, habe ihre Mutter erzählt, erzählt Keun. Das könnten auch kleine Keun-Legenden sein. Jedenfalls kam sie frei. Und nicht nur aus der Untersuchungshaft, sondern auch aus dem Land. Sie entkam, ging nach Ostende und traf dort den Mann, den einzigen wohl in ihrem Leben, der ein bisschen diese Stimme hatte wie eine dunkelblaue Glocke, die ihr sagte: Hör auf mich, was ich sage, ist richtig, und in ihr war ein Herz, das ihr sagte, du kannst ihm vertrauen. Es war Joseph Roth[1], den sie traf, mit dem sie zwei Jahre lang im Exil getrunken hat, geschrieben, in Cafés, den ganzen Tag. Sie trieben sich im Schreiben gegenseitig an, in ihrem Hass auf Hitler, auf den Wahnsinn dieser Welt. Sie sind gereist zusammen, in die Teile der Welt, in die man noch reisen

konnte. Irgendwie sind sie wieder auseinandergeraten, Keun und Roth. […]

Sie ging nach Amerika, zu einem anderen Mann, kam wenig später nach Europa zurück, nach Frankreich, dann, 1940, kehrte sie mit gefälschten Papieren nach Köln zurück, zu ihren Eltern. Ihr Bruder fiel 1943 in Russland. Ihre Eltern hatten nur noch sie. Sie blieb bei ihnen. Im Nachkriegsdeutschland hat man Irmgard Keun schnell und gründlich vergessen. […] Endlich, mehr als dreißig Jahre nach Ende des Krieges, erinnerte sich das Land an sie. Der Claassen Verlag brachte ihre Werke neu heraus. Die Menschen lasen sie und liebten sie. […]

Sie wollte dann noch ein Buch schreiben, ein letztes Buch, in dem alles zusammengefasst sein sollte, was ihr im Leben zugestoßen war. Was für ein Buch wäre das geworden! Sie hat es nicht mehr geschrieben. *

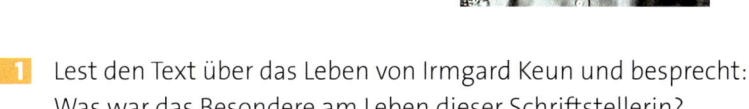

1 Joseph Roth (1894–1939): österreichischer Schriftsteller und Journalist

---

1 Lest den Text über das Leben von Irmgard Keun und besprecht:
Was war das Besondere am Leben dieser Schriftstellerin?

2 a Lest den Text noch einmal Abschnitt für Abschnitt genau und beantwortet zu zweit die folgenden Fragen:
   A Was meint der Verfasser des Textes mit der Aussage: „Irmgard Keun hatte immer ein dichterisches Verhältnis zur Wahrheit und zu ihrem Leben" (▸ Z. 27–29)?
   B Was ist das Neue und Besondere an Irmgard Keuns ersten beiden Romanen?
   C Welche mutige Tat beging Irmgard Keun 1935? Was war mutig daran?
   D Welche Bedeutung hatte Irmgard Keun als Schriftstellerin in der deutschen Nachkriegszeit?
   b Setzt euch mit einem anderen Lernpaar zusammen und vergleicht eure Ergebnisse.
   Lest noch einmal gemeinsam die jeweilige Textstelle, wenn eure Antworten abweichen.

3 Wie wird in dem Text die Beziehung von Irmgard Keun zu dem österreichischen Schriftsteller Joseph Roth beschrieben? Erklärt die Bedeutung der Textstelle Z. 85–102.

4 Der Verfasser des Textes schreibt sehr anschaulich über Irmgard Keun.
Sucht fünf Formulierungen im Text, die lebendig und anschaulich wirken.
Schreibt die Textstellen als Zitate ins Heft (▸ S. 329) und gebt die Zeilen an.

Material 2   Irmgard Keun als Verfasserin von Zeitromanen

Irmgard Keun war eine kritische Beobachterin ihrer Zeit. Sie verfasste so genannte „Zeitromane". In dieser Romanform versuchen Autorinnen und Autoren, die Lebensbedingungen in ihrer Zeit und deren Auswirkungen auf die Menschen zu untersuchen und zu beschreiben. Viele Autoren von Zeitromanen empfinden ihre Epoche als Krise oder Umbruch.

In ihren ersten beiden Romanen „Gilgi" (1931) und „Das kunstseidene Mädchen" (1932) beschreibt Irmgard Keun junge Mädchen aus dem Kleinbürgertum, die in die Großstadt flüchten. Dort bewundern sie zunächst die Großstadtwelt. Aber die Zeitumstände sind ungünstig und machen ihnen das Leben schwer.

5 a Erklärt mit eigenen Worten, was man unter einem „Zeitroman" versteht.
  b Formuliert Vermutungen, mit welchen Erwartungen die Figuren in Irmgard Keuns Romanen „Gilgi" und „Das kunstseidene Mädchen" in die Großstadt kommen.

Material 3   Hiltrud Häntzschel Irmgard Keuns Roman „Nach Mitternacht"

Im Exil verfasste Irmgard Keun ihren Anti-Nazi-Roman „Nach Mitternacht". Der Roman erschien 1937 in Amsterdam. „Nach Mitternacht" handelt vom Leben und Lieben, vom Anpassen, Widerstehen und Leiden in den ersten Jahren des „Dritten Reiches". Er erzählt vom Konkurrenzkampf der Zukurzgekommenen um ein Zipfelchen Teilhabe an der neuen Macht – um jeden Preis. Medium und Werkzeug der Mächtigen ist längst auch die physische Gewalt, aber im alltäglichen Leben und viel unauffälliger ist in erster Linie die Sprache: Verordnen, Befehlen, Verbieten, Verraten, Denunzieren, Lügen, Singen, Dichten, die *Todesstricke aus den Wörtern* sind gleichermaßen Thema des Romans. Auf kein Wort ist mehr Verlass, aber nie war ein Wort so mächtig. *

6 Erklärt, was in Keuns Roman „Nach Mitternacht" über das Leben im Dritten Reich ausgesagt wird.

Material 4   Irmgard Keun – Weitere Leseempfehlungen

„Das Mädchen, mit dem die Kinder nicht verkehren durften" (1936) Geschichten, die fast alle noch in Deutschland geschrieben wurden, mit kindlichen Beobachtungen und Erfahrungen aus den Jahren des Ersten Weltkriegs und aus der Nachkriegszeit.
„Kind aller Länder" (1938) An Keuns eigene Erfahrungen angelehnter Roman über das Leben in der Emigration; Bericht aus der Sicht eines Kindes, das mit seinen Eltern von Land zu Land zieht.
„Bilder und Gedichte aus der Emigration" (1947) Keuns einziger autobiografischer Text, in welchem die Autorin von sich selbst spricht; Gedanken über Aufgabe und Schwierigkeiten des Schreibens im Exil.

7 Recherchiert weitere Informationen zu einem der empfohlenen Romane von Irmgard Keun.

Informationen grafisch umsetzen

1 Zeitliche Daten kann man in einem Zeitstrahl darstellen.

a Legt euer Heft quer und zeichnet den folgenden Zeitstrahl zum Leben von Irmgard Keun ab.

1905 Geburt   *1931 erster Roman „Gilgi"*

b Sichtet die Materialien 1–4 (▶ S. 98–100) und tragt weitere Daten in den Zeitstrahl ein. Achtet darauf, dass ihr mit kleineren oder größeren Abständen kürzere oder längere Zeiträume darstellt.

2 Angaben zu verschiedenen Orten kann man in einer Karte veranschaulichen.

Skizziert die nebenstehende Deutschlandkarte im Heft und tragt Städte ein, in denen Irmgard Keun gelebt hat. Verwendet Material 1 (▶ S. 98 f.) sowie die biografischen Angaben im folgenden Kasten.

Tipp: Mit Pfeilen könnt ihr auf andere Länder verweisen, in denen sich Irmgard Keun aufgehalten hat.

> 1905–1913 Kindheit in Berlin •
> ab 1913 Schulbesuch in Köln •
> ab 1925 Schauspielschule in Köln •
> 1927 Theater-Engagement in Hamburg •
> 1928 Theater-Engagement in Greifswald •
> 1929 Rückkehr nach Köln, Arbeit als Schriftstellerin •
> 1936 Emigration nach Belgien und in die Niederlande

3 Informationen zu verschiedenen Bereichen eines Themas kann man in einer Mindmap geordnet zeigen. Entwerft eine Mindmap zu Irmgard Keuns Leben und Werk. Übertragt dafür folgende Mindmap in euer Heft und ergänzt stichwortartig Informationen aus den Materialien 1–4 (▶ S. 98–100).

Lebensstationen   *Wichtige Romane*

     – geboren 1905 in Berlin   *– 1931 „Gilgi"*

Irmgard Keun – Leben und Werk

Besonderheiten ihrer Zeit   *Besonderheiten ihrer Werke*

     – ...   *– ...*

Methode	**Informationen grafisch umsetzen**

- Informationen aus Texten kann man in **Zeitstrahlen, Karten, Mindmaps** oder **Diagrammen veranschaulichen** und somit **übersichtlicher** darstellen.
- In Präsentationen erleichtern Grafiken den Zuhörerinnen und Zuhörern das Verstehen.

Eine Ausstellung über eine Autorin gestalten

1 Gestaltet eine Ausstellung zu „Irmgard Keun – eine Autorin in ihrer Zeit".
Bildet dafür Gruppen und entscheidet euch in der Gruppe für ein Unterthema:

A Irmgard Keun in den 1920er Jahren	**B** Irmgard Keun in der Zeit des Nationalsozialismus	**C** Irmgard Keun in der deutschen Nachkriegszeit
D Wichtige literarische Werke von Irmgard Keun	**E** Die Besonderheiten der Werke von Irmgard Keun	**F** Leseproben aus den Werken von Irmgard Keun

2 a Recherchiert zu eurem Thema. Sichtet noch einmal die Materialien im Buch (▶ S. 98–100) und sucht nach weiteren Informationen im Internet, in Lexika oder in einer Bibliothek.
b Notiert wichtige Informationen stichwortartig und gebt an, aus welchem Material sie stammen.
c Tauscht euch in der Gruppe über die gesammelten Informationen aus und ordnet sie gemeinsam in einer Mindmap.
d Gestaltet ein Plakat zu eurem Thema. Beachtet dabei die folgenden Punkte:
  – Formuliert eine Überschrift und notiert sie in ausreichender Größe auf das Plakat.
  – Verfasst kurze Texte zum Thema und achtet ebenfalls auf eine ausreichende Schriftgröße.
  – Ergänzt passende Bilder mit Bildunterschriften.
  – Veranschaulicht Informationen mit Hilfe eines Zeitstrahls, einer Karte, einer Mindmap oder einer anderen Grafik.

3 Bereitet zu euren Plakaten einen Kurzvortrag (▶ S. 297 f.) für den Museumsgang vor.
Beschriftet Moderationskarten mit Stichworten zu folgenden Punkten als Gedächtnisstütze:
– Grund für euer Interesse an dem Thema,
– wichtige Informationen und Ergebnisse, Hinweise zu verwendeten Materialien,
– Grund, weshalb ihr diese Gestaltung für eurer Plakat gewählt habt.

4 Präsentiert eure Ergebnisse in einem Museumsgang. Geht wie unten beschrieben vor.

Methode   **Eine Autorin in einem Museumsgang *(Gallery Walk)* vorstellen**

■ In einem **Museumsgang** kann man die **Ergebnisse einer Gruppenarbeit** präsentieren:
  – Hängt die Plakate in einigem Abstand voneinander auf.
  – Bildet neue Gruppen, indem aus den Expertengruppen jeweils ein Mitglied in eine neue Gruppe geht. Es darf in jeder neuen Gruppe immer nur ein Mitglied aus der alten Gruppe sein.
  – Wandert in eurer neuen Gruppe von Plakat zu Plakat. Das Gruppenmitglied, das bei der Erstellung des jeweiligen Plakats beteiligt war, präsentiert den anderen die Informationen.
  – Die Zuhörenden stellen Fragen und fertigen Notizen an.
■ Ein **Autorenporträt** sollte Aussagen zu folgenden Aspekten enthalten:
Lebensdaten der Autorin oder des Autors – zeitgeschichtliche und familiäre Lebensumstände – beispielhafte Werke mit Titel und Erscheinungsjahr – Themen, die die Werke behandeln – Leseproben (als Kopie oder Abschrift) – Besonderheiten des Werks – Ehrungen und Preise.

Teste dich!

Was weißt du über Irmgard Keun, ihr Werk und ihre Zeit?

1 Prüfe die folgenden Aussagen über die Schriftstellerin Irmgard Keun.
Schreibe die richtigen Aussagen ab und korrigiere die falschen im Heft.

A Irmgard Keun schrieb Romane, Geschichten, Gedichte und autobiografische Schriften.

B Sie lebte bis 1936 in Deutschland und ging dann in die Emigration.

C Keun verließ Deutschland wegen ihrer großen Liebe Joseph Roth.

D Nach Beendigung des Zweiten Weltkriegs ging Keun zurück nach Deutschland.

E Irmgard Keun hatte bereits mit ihren ersten beiden Romanen großen Erfolg.

F Der Grund für ihren Erfolg lag in ihrem politischen Engagement.

G Nach dem Zweiten Weltkrieg geriet Keun bis zu den 1970er Jahren in Vergessenheit.

H Keun wird als Chronistin ihrer Zeit beschrieben, weil sie über das Alltagsleben von Menschen vor dem Hintergrund der Zeitumstände schrieb.

Die „Neue Frau" in den 1920er Jahren

Um 1900 war das Leben von Frauen dadurch bestimmt, dass sie heirateten, Kinder bekamen und sich um die Familie kümmerten.
5 Beruflich hatten die Frauen nicht viele Möglichkeiten. Zu Beginn des 20. Jahrhunderts begann sich die Situation der Frauen jedoch zu verändern. Folgende Erfindungen und Entwicklungen haben dazu
10 beigetragen:

Der Bau niedriger, auch für Frauen geeigneter Fahrräder machte die Frau mobiler.
Die Erfindung des Telefons führte dazu, dass ein
15 neuer Tätigkeitsbereich für Frauen entstand.

Plötzlich arbeiteten viele Frauen als Telefonistin in einer Telefon-Vermittlungsstelle.
Weiterhin wurden mit der wachsenden Wirtschaft und der Entwicklung
20 besserer Bürogeräte viele Tausend Stenotypistinnen gebraucht – Frauen, die in Büros gesprochene Texte an der Schreibmaschine verschriftlichten.
Schließlich trug auch der Erste Welt-
25 krieg bedeutend zur Veränderung der Situation von Frauen bei. Da die Frauen eine wichtige Rolle im Krieg gespielt hatten, konnte man ihnen nach dem Krieg Bürgerrechte wie das Wahlrecht nicht mehr vorenthalten.
30

2 a Worum geht es in dem Sachtext? Wähle die Aussage, die das Thema treffend benennt.

A Der Sachtext stellt wichtige Erfindungen zu Beginn des 20. Jahrhunderts vor.

B Der Sachtext erklärt, durch welche Entwicklungen sich die Situation der Frau seit Beginn des 20. Jahrhunderts verändert hat.

C Der Sachtext beschreibt das Leben der Frauen um 1900.

D Der Sachtext nennt Gründe dafür, warum Frauen in den 1920er Jahren in die Städte zogen.

b Formuliere eine Aussage dazu, über welche Art von Frauenfiguren Irmgard Keun schrieb.

3 Vergleiche deine Ergebnisse mit einer Lernpartnerin oder einem Lernpartner.

5.2 „Das kunstseidene Mädchen" – Zu Romanauszügen gestaltend schreiben

Deutungsthesen formulieren

Irmgard Keun

Das kunstseidene Mädchen (1932, Auszug 1)

Doris, die Hauptfigur des Romans, ist 18 Jahre alt und arbeitet im Büro eines Rechtsanwalts. Sie weiß, dass ihre Chancen für einen beruflichen Aufstieg im Büro nicht gut sind, denn sie ist nicht besonders gebildet und spricht keine Fremdsprachen. Stattdessen träumt sie von einer Karriere als Filmschauspielerin.

Das war gestern Abend so um zwölf, da fühlte ich, dass etwas Großartiges in mir vorging. Ich lag im Bett – eigentlich hatte ich mir noch die Füße waschen wollen, aber ich war zu müde
5 wegen dem Abend vorher. [...]
Ich bin also gleich nach Hause gegangen gestern Abend – und zu Bett ohne Füße waschen. Hals auch nicht. Und dann lag ich so und schlief schon am ganzen Körper, nur meine
10 Augen waren noch auf – der Mond schien mir ganz weiß auf den Kopf – ich dachte noch, das müsste sich gut machen auf meinem schwarzen Haar, und schade, dass Hubert mich nicht sehen kann, der doch schließlich und endlich
15 der Einzige ist, den ich wirklich geliebt habe. Da fühlt ich wie eine Vision Hubert um mich, und der Mond schien, und von nebenan drang ein Grammofon zu mir, und da ging etwas Großartiges in mir vor – wie auch früher
20 manchmal – aber da doch nie so sehr. Ich hatte ein Gefühl, ein Gedicht zu machen, aber dann hätte es sich womöglich reimen müssen, und dazu war ich zu müde. Aber ich erkannte, dass etwas Besonderes in mir ist, was auch Hubert
25 fand und Fräulein Vogelsang von der Mittelschule, der ich einen Erlkönig[1] hinlegte, dass alles starr war. Und ich bin ganz verschieden von Therese und den anderen Mädchen auf dem Büro und so, in denen nie Großartiges vorgeht. Und dann spreche ich fast ohne Dia-
30 lekt, was viel ausmacht und mir eine Note gibt, besonders da mein Vater und meine Mutter ein Dialekt sprechen, das mir geradezu beschämend ist.
Und ich denke, dass es gut ist, wenn ich al-
35 les beschreibe, weil ich ein ungewöhnlicher Mensch bin. Ich denke nicht an Tagebuch – das ist lächerlich für ein Mädchen von achtzehn und auch sonst auf der Höhe. Aber ich will schreiben wie Film, denn so ist mein Le-
40 ben und wird noch mehr so sein. Und ich sehe aus wie Colleen Moore[2], wenn sie Dauerwellen

---

1 Erlkönig: Ballade von Johann Wolfgang Goethe (1749–1832)

2 Colleen Moore: US-amerikanische Schauspielerin (1900– 1988), Star in der Stummfilmzeit

hätte und die Nase mehr schick ein bisschen nach oben. Und wenn ich später lese, ist alles wie Kino – ich sehe mich in Bildern. Und jetzt sitze ich in meinem Zimmer im Nachthemd, das mir über meine anerkannte Schulter ge-rutscht ist, und alles ist erstklassig an mir – nur mein linkes Bein ist dicker als mein rechtes. Aber kaum. Es ist sehr kalt, aber im Nachthemd ist schöner – sonst würde ich den Mantel anziehen.

1 Lest den Romananfang und beschreibt euren ersten Leseeindruck. Begründet, wodurch dieser Eindruck entsteht.

2 Wer erzählt das Geschehen in dem Roman?
a Bestimmt, welche Art von Erzähler (▶ S. 306) Irmgard Keun für diesen Roman gewählt hat. Welche Erzählform liegt vor?
b Untersucht die Sprache, mit der erzählt wird. Wählt zutreffende Merkmale aus dem Kasten und belegt sie mit Textbeispielen.

> umgangssprachliche Ausdrücke · jugendsprachliche Ausdrücke ·
> gehobene Ausdrucksweise · bildhafte Ausdrücke · altertümliche Ausdrücke ·
> unvollständige Sätze · Satzreihen mit *und*

c Besprecht, wie diese Art des Erzählens auf euch wirkt.

3 Was erfährt man zu Beginn des Romans über die Hauptfigur?
a Untersucht zu zweit, wie die Figur Doris sich selbst beschreibt:

A Partner A untersucht, was Doris direkt über sich aussagt, z. B.:
„Aber ich erkannte, dass etwas Besonderes in mir ist" (Z. 23–24) → Doris fühlt sich anders als andere junge Frauen.

B Partner B untersucht, was man indirekt über die Figur erfährt, z. B.:
„aber ich war zu müde wegen dem Abend vorher" (Z. 4–5) → Doris scheint abends oft auszugehen und spät nach Hause zu kommen.

b Tauscht euch über eure Ergebnisse aus.

4 Formuliert eine Deutungsthese zu diesem Romanauszug:
Verfasst eine kurze Aussage dazu, welchen Eindruck ihr von der Hauptfigur gewinnt.
Bei der Hauptfigur Doris handelt es sich vermutlich um ein … Mädchen, das von … träumt. / Doris arbeitet zusammen mit anderen Mädchen in einem Büro, aber … / Sie wirkt …

5 Die Figur Doris möchte über ihr Leben schreiben „wie Film" (▶ Z. 40). Gebt Textstellen an, in denen Doris wie durch eine Kamera auf sich selbst blickt.

Methode	**Deutungsthesen formulieren**

- Der Begriff *Deutungsthese* beinhaltet das Fremdwort *These* für *Behauptung*.
- Für eine **Deutungsthese** formuliert man in wenigen Sätzen, was die grundsätzliche Aussage eines Textes oder Textausschnitts sein könnte: *Ich deute den Text so: …*
- Deutungsthesen sind demnach erste **Leseeindrücke** oder **Vermutungen** zu einem Text, die durch eine anschließende Textuntersuchung bewiesen oder widerlegt werden.

Einen Paralleltext verfassen

Irmgard Keun

Das kunstseidene Mädchen (1932, Auszug 2)

Doris gibt ihre Bürotätigkeit auf und kommt kurz beim Theater unter, wo sie eine kleine Rolle spielen darf. Nach einer Theatervorstellung fällt ihr Blick in der Garderobe auf einen Pelzmantel, einen so genannten „Feh". Kurzentschlossen tauscht sie ihren abgetragenen Regenmantel gegen den Feh aus. Sie fühlt sich in ihrem Heimatort nicht mehr sicher und flieht mit dem gestohlenen Feh nach Berlin. Ihre Freundin Therese unterstützt sie dabei mit etwas Geld.

Ich bin in Berlin. Seit ein paar Tagen. Mit einer Nachtfahrt und noch neunzig Mark übrig. Damit muss ich leben, bis sich mir Geldquellen bieten. Ich habe Maßloses erlebt. Berlin senkte
5 sich auf mich wie eine Steppdecke mit feurigen Blumen. Der Westen ist vornehm mit hochprozentigem Licht – wie fabelhafte Steine ganz teuer und mit so gestempelter Einfassung. Wir haben hier ganz übermäßige Licht-
10 reklame. Um mich war ein Gefunkel. Und ich mit dem Feh. Und schicke Männer wie Mädchenhändler, ohne dass sie gerade mit Mädchen handeln, was es ja nicht mehr gibt – aber sie sehen danach aus, weil sie es tun würden,
15 wenn was bei rauskäme. Sehr viel glänzende schwarze Haare und Nachtaugen so tief im Kopf. Aufregend. Auf dem Kurfürstendamm sind viele Frauen. Die gehen nur. Sie haben gleiche Gesichter und viel Maulwurfpelze –
20 also nicht ganz erste Klasse – aber doch schick – so mit hochmütigen Beinen und viel Hauch um sich. Es gibt eine Untergrundbahn, die ist wie ein beleuchteter Sarg auf Schienen – unter der Erde und muffig, und man wird
25 gequetscht. Damit fahre ich. Es ist sehr interessant und geht schnell.
Und ich wohne bei Tilli Scherer in der Münzstraße, das ist beim Alexanderplatz, da sind nur Arbeitslose ohne Hemd und furchtbar viele. Aber wir haben zwei Zimmer, und Tilli hat
30 Haare aus gefärbtem Gold und einen verreisten Mann, der arbeitet bei Essen Straßenbahnschienen[1]. Und sie filmt. Aber sie kriegt keine Rollen, und es geht auf der Börse ungerecht zu. Tilli ist weich und rund wie ein Plümo[2] und
35 hat Augen wie blankgeputzte blaue Glasmurmeln. Manchmal weint sie, weil sie gern getröstet wird. Ich auch. Ohne sie hätt ich kein Dach. Ich bin ihr dankbar, und wir haben dieselbe Art und machen uns keine böse Luft.
40 Wenn ich ihr Gesicht sehe, wenn es schläft, habe ich gute Gedanken um sie. Und darauf kommt es an, wie man zu einem steht, wenn er schläft und keinen Einfluss auf einen nimmt. Es gibt auch Omnibusse – sehr hoch – wie
45 Aussichtstürme, die rennen. Damit fahr ich auch manchmal. Zu Hause waren auch viele Straßen, aber die waren wie verwandt zusammen. Hier sind noch viel mehr Straßen und so viele, dass sie sich gegenseitig nicht kennen.
50 Es ist eine fabelhafte Stadt.

---

1 bei Essen Straßenbahnschienen: Ausbau des Straßenbahn-
netzes in der Stadt Essen
2 Plümo: altes Wort für Bettdecke

1 Was nimmt die Hauptfigur bei ihrer Ankunft in Berlin wahr?

a Gebt an, was die Figur in der Stadt sieht, hört, riecht und spürt.

b Beschreibt, was sie dabei empfindet. Verwendet passende Wörter aus den zwei Kästen:
Beim Laufen durch die Straßen / Beim Anblick von … ist / fühlt sich die Figur …

beeindruckt • aufgeregt • atemlos • fröhlich • heiter • aufgewühlt • überwältigt • mutig • sicher • ruhig • entspannt	ängstlich • beunruhigt • einsam • erschöpft • nervös • angespannt • mutlos • bedrückt • hilflos • verwirrt • orientierungslos • unsicher

2 Untersucht zu zweit, mit welchen sprachlichen Mitteln die Figur die Stadt beschreibt:

a Notiert zutreffende Angaben ins Heft und ergänzt dazu jeweils ein Beispiel aus dem Text:

A Reihenfolge	**B Satzbau**	**C Sprachwahl**
– zeitlich richtige Reihenfolge – sprunghaft, keine nachvollziehbare Reihenfolge	– unvollständige Sätze – viele Satzreihen mit *und* – lange, komplexe Sätze	– Umgangssprache – Jugendsprache – Standardsprache

b Die Erzählerin verwendet in ihrer Beschreibung auch viele Vergleiche.
Sucht Beispiele im Text und erklärt, was sie damit jeweils zum Ausdruck bringt, z. B.:
„Berlin senkte sich auf mich wie eine Steppdecke mit feurigen Blumen." (▶ Z. 4–6)
→ *Durch den Vergleich der Stadt mit einer Decke drückt Doris aus, dass sie sich von der Stadt umfangen fühlt. Die feurigen Blumen deuten darauf hin, dass …*

c Tauscht euch mit einem anderen Lernpaar über eure Ergebnisse aus und besprecht, wie die Reihenfolge, der Satzbau, die Sprachwahl und die Vergleiche auf die Leser wirken.

3 Verfasst einen Paralleltext zu dem Romanauszug: Beschreibt die Wahrnehmung einer Stadt aus eurer Sicht. Die Darstellungsweise und die Sprache sollen der Textvorlage entsprechen.

a Stellt euch die Ankunft in einer fremden Großstadt vor und notiert Ideen:
 – Zu welcher Zeit und an welchem Ort soll euer Text spielen?
 – Auf welche Beobachtungen wollt ihr euch konzentrieren?
 – Welche Gefühle wollt ihr zum Ausdruck bringen?
 – Verfasst den Paralleltext zu eurer Stadtwahrnehmung. So könnt ihr beginnen:
  Ich bin in … Seit ein paar Tagen / Stunden / Minuten. Alles hier erscheint mir so … Ich sehe die …

b Tauscht eure Texte und prüft: Stimmen Reihenfolge, Satzbau und Sprachwahl mit der Textvorlage überein? Enthält der Text Vergleiche, die die Eindrücke veranschaulichen?

Methode	**Einen Paralleltext verfassen**

■ Beim **gestaltenden Schreiben** setzt ihr euch mit einem Text auseinander, indem ihr ihn verändert.

■ Ein **Paralleltext** ist ein Text, der sich an dem Inhalt, dem Aufbau und der Sprache einer Textvorlage orientiert. Aber einige Aspekte dieser Textvorlage werden verändert, z. B.: die **Zeit,** in der die Handlung spielt, der **Ort** der Handlung oder die **Figuren.**

Ein Interview mit einer literarischen Figur führen

Irmgard Keun

Das kunstseidene Mädchen (1932, Auszug 3)

*Doris führt in Berlin ein ruheloses Leben. Sie si-
chert sich das Lebensnotwendige durch Bekanntschaften mit unterschiedlichen Männern. Dabei
setzt sie bewusst ihre Jugend und ihre Schönheit
ein. Aber die Bekanntschaften sind nie von langer
Dauer.*

Ich – mein Feh – der ist bei mir – meine Haut
zieht sich zusammen vor Wollen, dass mich in
dem Feh einer schön findet, den ich auch
schön finde. Ich bin in einem Kaffee – da ist
5 Geigenmusik, die weht weinerliche Wolken in
mein Gehirn – etwas weint in mir – ich habe
eine Lust, mein Gesicht in meine Hände zu
tauchen, damit es nicht zu traurig ist. Es muss
sich so viel Mühe geben, weil ich ein Glanz
10 werden will. Es strengt sich ungeheuer an –
und überall sitzen Frauen, von denen die Gesichter sich anstrengen.
Aber es ist gut, dass ich unglücklich bin, denn
wenn man glücklich ist, kommt man nicht
15 weiter. [...]
Und es gibt Hermeline[1] und Frauen mit Pariser Gedufte[2] und Autos und Geschäfte mit
Nachthemden von über hundert Mark und
Theater mit Samt, da sitzen sie drin – und alles
20 neigt sich, und sie atmen Kronen aus sich heraus. Verkäufer fallen hin vor Aufregung, wenn
sie kommen und doch nichts kaufen. Und sie
lächeln Fremdworte richtig, wenn sie welche
falsch aussprechen. Die Servietten von Kell-
nern hängen bis auf die Erde, wenn sie aus 25
einem Lokal gehen. Und sie können teure
Rumpsteaks und à la Meyers mit Stangenspar-
gel halb stehen lassen ohne eine Ahnung und
heimliches Bedauern und den Wunsch, es ein-
zupacken und mitzunehmen. Und sie geben 30
einer Klosettfrau dreißig Pfennig, ohne ihr Gesicht anzusehen und nachzudenken, ob man
durch ihre Art Lust hat, mehr zu geben als nötig. Und sie sind ihre eigene Umgebung und
knipsen sich an wie elektrische Birnen, nie- 35
mand kann ran an sie durch die Strahlen.

---

1 der Hermelin: kostbarer Pelzmantel aus weißem Hermelinfell

2 Pariser Gedufte: Parfüm aus Frankreich

---

1 In dem Textauszug geht es vor allem um die innere Handlung der Hauptfigur Doris.
   a Gebt mit eigenen Worten wieder, was Doris in den einzelnen Abschnitten durch den Kopf geht.
   b Formuliert die Wünsche der Figur, die man aus diesen Gedanken ableiten kann.
   c Äußert eure Vermutungen dazu, was Doris unter „ein Glanz werden" (▶ Z. 9–10) versteht.

2 Diskutiert: Für wie wahrscheinlich hält Doris es, dass ihre Wünsche in Erfüllungen gehen?
   Für wie wahrscheinlich haltet ihr es? Führt Textstellen an und begründet eure Einschätzung.

Irmgard Keun

Das kunstseidene Mädchen (1932, Auszug 4)

Alle sollten nach Berlin. So schön. Aus einem offenen Schaufenster kriegt man Reibkuchen. Und sind doch die Ruhrbeins meine Verwandten, die immer Reibkuchen aßen – und war der
5 Paul, der mein Vetter[1] ist, arbeitslos und trug Anzüge auf von seinem jüngeren Bruder, der verdiente, und er fand nichts und saß da. Und stützt auf den Tisch in der Küche seine Arme, da sagt meine Tante: „Ich bitte dich Paul, nicht
10 die Arme zu stützen, um den Anzug zu schonen, denn du hast ihn ja nicht verdient." Sie haben ihn wohl immer getröstet, wenn er mal verzweifelte und weinte, und haben ihm immer sehr übel genommen, wenn er mal eine
15 gute Laune hat.
Ich gehe und gehe durch Friedrichstraßen und gehe und sehe und glänzende Autos und Menschen, und mein Herz blüht schwer.
Und wir saßen da mal zu vielen bei Ruhr-
20 beins – und ich sehe jetzt eben in einen Kranz, das gibt Freude – und saßen bei den Ruhrbeins, und Paul ist ganz fröhlich durch unsere Stimmung, und da sagt er: „Holen wir doch eine Flasche Wein, Mutter!"
25 Da sieht sie ihn an und macht eine zischende

Stimme ganz voll Böse: „Wenn du's selber wieder mal verdienst, kannst du ja auch deinen Freunden Wein spendieren."
Da wurden wir alle rot, es wurde eine Stille im Zimmer. Und Paul ist fortgegangen und hat 30 sich das Leben genommen im Wasser an demselben Abend. Und die Ruhrbeins weinten ganz furchtbar und waren ein Leid und sagten: „Er war doch der Beste von unseren Kindern, und wie konnte er uns es antun, wo wir immer 35 gut zu ihm waren."
So ist es immer mit uns Kindern von ärmeren Leuten. Ich liebe ja meine Mutter mit einer Sehnsucht und bin doch so froh, dass ich fort bin in Berlin, und es ist eine Freiheit, ich werde 40 ein Glanz. Ich gehe abends und morgens – es ist eine volle Stadt mit so viel Blumen und Läden und Licht und Lokalen, mit Türen und filzigem Gehänge dahinter – ich male es mir aus, was drinnen ist – und wieder raus. Und wo es 45 am interessantesten ist, da bleibe ich dann manchmal. Ich habe auch schon mal in Berlin Spargelsalat gegessen.

1 der Vetter: der Cousin

3 Während Doris durch Berlin läuft, erinnert sie sich an ein Ereignis aus der Vergangenheit. Gebt das Ereignis mit eigenen Worten wieder.

4 Untersucht, wie das vergangene Ereignis in Doris' Erzählung eingebunden wird: Wodurch wurde die Erinnerung ausgelöst? Wie denkt Doris inzwischen über das Ereignis?

5 Stellt euch vor, ihr führt in den 1930er Jahren Interviews mit jungen Leuten über ihr Leben in Berlin und sprecht dabei auch mit Doris. Verfasst das Interview:
– Notiert Fragen, die ihr Doris stellen würdet (persönliche Fragen und Fragen zum Stadtleben).
– Versetzt euch in die Figur Doris und formuliert ihre möglichen Antworten auf eure Fragen.

Methode	Ein Interview mit einer literarischen Figur führen

Bei einem **literarischen Interview** formuliert man **Fragen** (▶ S. 298) **an eine literarische Figur.** Anschließend versetzt man sich in die Figur und notiert deren mögliche Antworten. Auf diese Weise setzt man sich mit dem **Charakter,** den **Ansichten** und **Zielen der Figur** auseinander.

● ● ● Fordern und fördern – Einen Brief aus der Sicht einer Figur verfassen und Schreibentscheidungen begründen

Irmgard Keun

Das kunstseidene Mädchen (1932, Auszug 5)

Doris lebt schließlich auf der Straße, bis sie den Werbezeichner Ernst trifft. Dieser leidet darunter, dass seine Frau Hanne ihn verlassen hat, und nimmt Doris aus Einsamkeit bei sich auf. Doris gewöhnt sich an den geregelten Alltag und beginnt Ernst zu lieben.

Ich sitze auf dem Bahnhof Friedrichstraße. Hier bin ich mal angekommen vor langem [...] und jetzt höre ich hier auf – verdammt nein, ich denke ja nicht dran. Für
5 drei Tage bin ich noch satt gegessen. [...]
Heute Abend um sieben, da hat er mich geküsst – so ganz vorsichtig meinen Arm – so mit einer Art von Liebe, die gar nicht mal mehr sinnlich ist. Mir wurde gleich ganz zum Be-
10 ten – danke, lieber Gott, danke – bin ich es denn? – so froh – „Du Liebes" – und in mir Angst – küsst man mich denn so? – das ist wohl etwa ein Versehen – „Hanne" – sagt er – „Hanne" – mir wurde ganz schwer erstarrt, ich
15 ließ mir nichts anmerken. Ich hatte eine Liebe und eine Wut und Hass, die machten aus Stein mein Gesicht. Da weint er – ich befasse sein Haar und mache: nana. Da macht einen doch einer in Minuten zu hundert Jahr
20 alt. Er liebt sie so. Da kann man nichts machen. Ich kann es doch auch verstehen, dass er mich vergisst – ich hätte ja auch jeden um ihn vergessen. Mein Schmerz war ganz groß, da konnte er nicht
25 mehr weh tun, und alles Hellgelbe habe ich da verloren. [...]
Ich sagte: einen Moment. Ich nehme heimlich meinen Koffer und tat ihn vor die Tür. Ich habe ein paar meiner Sachen verges-
30 sen, das kann ich mir eigentlich nicht leisten. Aber alle Gefühle konnte ich mir eigentlich nicht leisten. Und jetzt ist eine Nacht. [...]
Nie mehr werden wir spazieren, nie mehr werde ich ihm Nieren braten – und ich wollte ja
35 kein großes Getue machen, ich muss aber einmal seine Hand küssen: Du hast mir die schönste Zeit von meinem Leben gemacht. Ich kann ja wohl sehr gemein werden, aber manchmal muss ich doch eine Anständigkeit sein.
40 Wenn es ja auch glatte Dummheit ist. Ich hätte mich ja selber in Stücke zerschnitten, wenn du mich dann lieben würdest, ich – ach Gott. Ich sehe dich nie mehr.

1 Worum geht es in diesem Textauszug? Wählt die zutreffende Aussage.
A Doris denkt daran zurück, wie sie vor einiger Zeit am Bahnhof Friedrichstraße in Berlin angekommen ist.
B Doris erinnert sich an den Moment, der ihre Trennung von Ernst ausgelöst hat.
C Doris bedauert, dass sie ihren Liebhaber Ernst verlassen hat.
D Doris ist schockiert darüber, dass Ernst gewagt hat, sie zu küssen.

2 a Fasst die äußere Handlung zusammen, die sich an dem Abend der Trennung abgespielt hat.
b Beschreibt, welche Gefühle Doris in der beschriebenen Situation hatte, z. B.:
  Doris war im ersten Moment sehr glücklich, weil … Sie konnte kaum glauben, dass …
c Erklärt, warum Doris Ernst verlassen hat und was sie nun vorhat.

3 Stellt euch vor, Doris schreibt nach der Trennung von Ernst einen Brief an ihre Freundin Therese in der Heimat. In diesem Brief schildert sie ihr Leben in Berlin und ihre Begegnung mit Ernst. Sie bringt ihre Gefühle zum Ausdruck und bittet Therese um Rat. Geht so vor:

a Macht euch Notizen zum Inhalt des Briefs:
  – Was könnte Doris über ihr Leben in Berlin schreiben?
  – Was würde Doris über ihre Begegnung mit Ernst berichten?
  – Wie fühlt sich Doris nach der Trennung von Ernst?

> *Gefühle nach der Trennung:*
> *– einsam*
> *– ...*

> *Mein Leben in Berlin:*
> *– seit einigen Monaten in Berlin*
> *– aufregende Stadt, tolles Nachtleben*
> *– aber Leben ist nicht immer leicht ...*

> *Meine Begegnung mit Ernst:*
> *– netten Mann getroffen*
> *– bei ihm eingezogen*
> *– ...*

▷ Hilfe zu Aufgabe 3 a auf Seite 112

b Schreibt den Brief an Therese. So könnt ihr beginnen:
Liebe Therese,
nun bin ich schon einige Monate in Berlin und finde immer noch, dass Berlin eine aufregende Stadt ist.
So lebendig mit den unendlich vielen Geschäften und Lokalen, in denen man alle möglichen Leute trifft.
Und erst das Nachtleben! ...

▷ Hilfe zu Aufgabe 3 b auf Seite 112

4 Begründet eure Schreibentscheidungen, nachdem ihr den Brief verfasst habt:

a Benennt zwei Aspekte, die ihr in eurem Brief besonders hervorgehoben habt, z. B.:
  – die Situation in Berlin
  – die Trennung von Ernst
  – Überlegungen, wie es weitergehen könnte
  – Gefühle beim Leben in Berlin
  – Gefühle beim Zusammenleben mit Ernst
  – Gefühle nach der Trennung

▷ Hilfe zu Aufgabe 4 a auf Seite 112

b Erklärt, worauf ihr beim Formulieren des Briefs geachtet habt, und begründet euer Vorgehen.

▷ Hilfe zu Aufgabe 4 b auf Seite 112

5 Wie könnte Doris' Leben nach der Trennung von Ernst weiter verlaufen?
Formuliert Vermutungen zum Ausgang des Romans.

Methode	**Einen Brief aus der Sicht einer Figur verfassen und begründen**

- Einen Brief aus der Sicht einer Figur zu verfassen dient dazu, sich und anderen das eigene **Textverständnis** zu verdeutlichen.
- Bevor man den Brief schreibt, muss man der Textvorlage die **Handlung** sowie die **Gedanken und Gefühle der Figur** entnehmen.
- In dem Brief erklärt man dann die **Handlung aus Sicht der Figur** und **formuliert direkt ihre Gedanken und Gefühle** dazu.
- Die **Sprache im Brief** sollte zu der Figur passen, ausdrucksstark und anschaulich sein.
- Nach der Fertigstellung des Briefs **begründet** man in einem weiteren Schritt die eigenen **Schreibentscheidungen.** So gewinnt man wieder **Abstand zum Text** und kann die Vorlage mit den gewonnenen Einsichten **deuten.**

Aufgabe 3 a mit Hilfen

Macht euch Notizen zum Inhalt des Briefs. Wählt aus folgenden Stichwortzetteln Angaben aus:

Mein Leben in Berlin:
- *seit einigen Monaten in Berlin*
- *sehr aufregende Stadt*
- *tolles Nachtleben*
- *elegante Leute in Lokalen und Geschäften*
- *aber Leben ist nicht immer leicht*
- *man braucht Geld, um am schönen Leben teilzunehmen*

Meine Begegnung mit Ernst:
- *netten Mann getroffen*
- *bei ihm eingezogen*
- *Leben als anständige Hausfrau*
- *einziges Problem: Ernst vermisst seine Frau Hanne*
- *Ernst nennt beim Küssen Hannes Namen*
- *heimliche Flucht*

Gefühle nach der Trennung:
- *fühlt sich einsam*
- *verletzt*
- *enttäuscht*
- *ernüchtert*
- *Traum ist zerplatzt*

Aufgabe 3 b mit Hilfen

Schreibt den Brief an Therese. Ergänzt dazu folgenden Brieftext und schreibt ihn zu Ende.

Liebe Therese,
nun bin ich schon einige Monate in Berlin und finde immer noch, dass Berlin eine `?` *Stadt ist.*
So `?` *mit den unendlich vielen Geschäften und Lokalen, in denen man alle möglichen Leute trifft.*
Und erst das Nachtleben! Überall sieht man `?` *. Und man kann* `?` *.*
Stell dir vor, nach einigen kurzen Männerbekanntschaften hatte ich endlich eine wunderbare Begegnung
mit `?` *. Er heißt Ernst, und er hat mich von Anfang an ganz anders behandelt als* `?` *.*
Er hat mir sogar angeboten, `?` *. Vielleicht hat er das aus* `?` *getan. Vielleicht brauchte er aber auch*
nur jemanden `?` *. Ich glaube, dass er sich* `?` *gefühlt hat, denn seine Frau Hanne* `?` *.*
Ich habe mich bei ihm `?` *gefühlt und nach einer Weile* `?` *. Ich war so* `?` *!*
Aber dann passierte vor ein paar Tagen etwas Furchtbares: …

Aufgabe 4 a mit Hilfen

Benennt zwei Aspekte, die ihr in eurem Brief besonders hervorgehoben habt.
Folgende Formulierungen könnt ihr verwenden:
- *Mir war bei der Gestaltung meines Textes besonders wichtig, auf … einzugehen. Aus diesem Grund habe ich im ersten Teil des Briefs …*
- *Ich wollte vor allem Doris' Gefühle gegenüber/nach … zum Ausdruck bringen. Deshalb habe ich …*
- *Da Doris in meinen Augen eine … ist, habe ich besonders ausführlich über ihre Gedanken zu … geschrieben.*

Aufgabe 4 b mit Hilfen

Erklärt, worauf ihr beim Formulieren des Briefs geachtet habt, und begründet euer Vorgehen.
Folgende Formulierungen könnt ihr verwenden:
- *Mir war bei der Gestaltung meines Textes besonders wichtig, dass …*
- *Da es sich um einen persönlichen Brief von einer jungen Frau handelt, die sehr aufgewühlt ist, habe ich besonderen Wert darauf gelegt, den Brief … zu formulieren.*
- *Um das Leben in Berlin anschaulich zu beschreiben, habe ich … verwendet.*

5.3 Fit in ...! – Zu einem Romanauszug einen Brief verfassen

Stellt euch vor, ihr bekommt in der nächsten Klassenarbeit folgende Aufgabe gestellt:

Aufgabe
1. Schreibe zu folgendem Romanauszug einen Brief aus der Sicht der Erzählerin Doris an ihre Mutter. Versetze dich dazu in die Situation der Erzählerin und schildere in diesem Brief deine Lebensumstände, deine Erfahrungen in Berlin und deine Gefühle.
2. Begründe deine Schreibentscheidungen am Beispiel zweier Briefstellen.
   Nimm Bezug auf die Textvorlage. Es soll deutlich werden, wie du sie verstehst.

Irmgard Keun

Das kunstseidene Mädchen (1932, Auszug 6)

Nachdem Doris bei Ernst ausgezogen ist, lebt sie wieder auf der Straße. Im Wartesaal des Bahnhofs hatte sie vor ihrer Bekanntschaft mit Ernst den arbeitslosen Maschinenschlosser Karl kennen gelernt. Karl wohnt in einer Laubenkolonie und hält sich mit dem Verkauf von Gemüse und selbst gemachtem Spielzeug über Wasser. Er hatte Doris angeboten, bei ihm zu wohnen, doch sie hatte das Angebot damals nicht angenommen. Nun denkt sie wieder an Karl.

Ich will zum Wartesaal Zoo – vielleicht kommt der Karl. [...]
Ich werde mich ja nie mehr gewöhnen an einen ohne Bildung, zu dem ich eigentlich
5 doch gehöre – und einer mit Bildung wird sich an mich nicht gewöhnen. [...] Vielleicht gehe ich auch nicht zum Wartesaal Zoo – und in eine dunkle Bar, wo man nicht sieht, dass meine Augen totgeweint sind – und
10 lasse mich einladen von einem und nichts sonst – und tanze und trinke und tanze. [...] Und werde jetzt doch erst losfahren, den Karl suchen, er wollte mich ja immer – und werde ihm sagen: Karl, wir wollen zusam-
15 menarbeiten, ich will deine Ziege melken und Augen in deine klei- nen Puppen nähen, ich will mich ge-

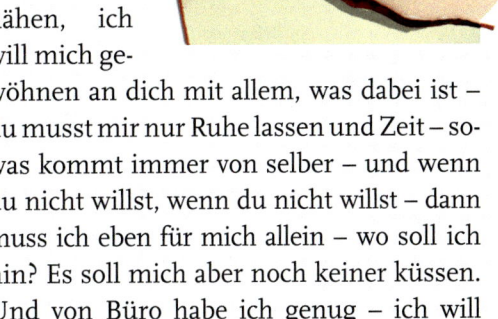

20 wöhnen an dich mit allem, was dabei ist – du musst mir nur Ruhe lassen und Zeit – sowas kommt immer von selber – und wenn du nicht willst, wenn du nicht willst – dann muss ich eben für mich allein – wo soll ich
25 hin? Es soll mich aber noch keiner küssen. Und von Büro habe ich genug – ich will nicht mehr, was ich mal hatte, weil es nicht gut war. Ich will nicht arbeiten, aber ich habe Korke in meinem Bauch, die lassen
30 mich doch nicht untergehen?
Lieber Ernst, meine Gedanken schenken dir einen blauen Himmel, ich hab dich lieb. Ich will – will – ich weiß nicht – ich will zu Karl. Ich will alles mit ihm zusammen tun.
35 Wenn er mich nicht will – arbeiten tu ich nicht, dann geh ich lieber auf die Tauentzien[1] und werde ein Glanz. Aber [...] auf den Glanz kommt es nämlich vielleicht gar
40 nicht furchtbar so an.

1 die Tauentzien: Prachtstraße in Berlin

Die Aufgabe richtig verstehen und planen

1 Was verlangt die Aufgabe von euch? Erklärt euch gegenseitig, was zu tun ist.

2 a Lest den Romanauszug gründlich und macht euch Notizen zu folgenden Punkten:
Situation der Erzählerin, Gefühle der Erzählerin, Sprache der Erzählerin.

   b Überlegt, mit welchen Vergleichen oder Metaphern ihr die Gefühle der Erzählerin veranschaulichen könnt, z. B.: *Ich fühle mich einsam wie … / Das Leben kommt mir vor wie … / Diese Stadt ist ein/e …*

Schreiben und überarbeiten

3 Versetzt euch in Doris und verfasst mit Hilfe des folgenden Schreibplans den Brief:

(1) Anrede	*Liebste Mutter,*
	ich bin nun schon so lange in Berlin und habe mich sehr bemüht, es
(2) Grundsätzliche	*hier zu etwas zu bringen. Doch ich muss zugeben, dass das Leben*
Situation in Berlin	*in Berlin viel schwerer ist, als ich es mir vorgestellt hatte. …*
(3) Aktuelle Situation	*Dann schien sich alles zu wenden, denn ich traf …*
(4) Gefühle in der Situation	*Ich fühle mich sehr einsam und weiß eigentlich gar nicht mehr, …*
(5) Einsicht und Plan	*Aber eines habe ich schon begriffen: … Und da es so, wie ich es mir*
	erträumt hatte, nicht funktioniert, …
(6) Grußformel	

4 Begründet eure Schreibentscheidungen am Beispiel zweier Briefstellen, z. B.:
   – *Ich habe im … Absatz Doris' Gefühle sehr direkt geschildert, weil es ihrem Charakter entspricht, …*
   – *Im … habe ich Vergleiche aus dem Bereich … gewählt, um Doris' Gefühle zu beschreiben, denn …*

5 Überarbeitet eure Briefe in Partnerarbeit. Nutzt dafür die folgende Checkliste:

Checkliste

Einen Brief aus der Sicht einer Figur verfassen und begründen
- Habt ihr zu Beginn eine passende **Anrede** und zum Schluss eine **Grußformel** verwendet?
- Habt ihr berücksichtigt, was den **Adressaten** interessieren könnte?
- Kann der **Adressat** verstehen und **nachvollziehen,** was ihr geschrieben habt?
- Sind eure **Gefühle** deutlich geworden? Ist die **Bildsprache** passend gewählt?
- Habt ihr euch **sprachlich** nicht zu weit von der **Textvorlage** entfernt?
- Habt ihr in eurer **Begründung** Textstellen eures Briefes schlüssig erläutert?

Schreibwörter			▶ S. 339
die Weimarer Republik	die Wirtschaftskrise	die Emigration	der Umstand
die 1920er Jahre	die Arbeitslosigkeit	das Exil	die Situation

Mit- und Nebeneinander –
Kurzgeschichten interpretieren

1 Das Bild zeigt eine Situation aus der Geschichte „Supersonic Me" (▶ S. 116).
 a Beschreibt das Bild und formuliert eine Vermutung, worum es in der Geschichte gehen könnte.
 b Erzählt eine eigene kurze Geschichte zu dem Bild. Beginnt so:
 Ich sah sie/ihn von Weitem am Rand
 des Schwimmbeckens entlanggehen …

2 Welche Kurzgeschichten kennt ihr?
 a Erzählt Geschichten nach, die von
 Menschen und ihren Beziehungen
 zueinander handeln.
 b Gebt an, welche Merkmale typisch
 für Kurzgeschichten sind.

In diesem Kapitel …

 – lest ihr moderne und klassische
 Kurzgeschichten,
 – vertieft ihr eurer Wissen über
 Kurzgeschichten und ihre typischen
 Merkmale,
 – schreibt ihr eine eigene Kurzgeschichte,
 – untersucht ihr, wie Figuren in
 Geschichten kommunizieren.

6.1 Besondere Begegnungen – Kurze Geschichten lesen und verstehen

Figuren und ihre Beziehungen zueinander beschreiben

Andrea Behrens

Supersonic Me (2015)

Wir waren im Schwimmbad. Jonas und Macke hatten uns Plätze an den Startblöcken freigehalten. Von da hatte man einen guten Überblick und musste nicht erst über die Wiese, die
5 hauptsächlich aus Wespen, Zigarettenkippen und matschigen Pommes bestand. Und man war mit einem Sprung im Wasser: Arschbombe, Köpper, zweifacher Salto, Handstandsprung mit Schraube linksrum oder rechts-
10 rum. Im vorherigen Sommer hatten wir es mit unseren Sprüngen zu einiger Berühmtheit gebracht. Doch dieses Jahr sprangen wir nicht. Wir waren cool. Wir trugen Sonnenbrillen. Wir lauerten.
15 Natürlich hatte ich schon früher mal Mädchen ins Wasser geschubst. Um sie zu ärgern oder weil sie mir im Weg waren. Dieses Mal schien es auf etwas anderes anzukommen und ich rätselte insgeheim darüber, was es war. Klar wuss-
20 te ich über die Neuigkeiten Bescheid. Mädchen schminkten sich. Sie bekamen Brüste und ihre Tage, ihre Mütter schrieben ihnen Entschuldigungen für den Sportunterricht. Doch was das Ganze mit mir zu tun haben sollte, war mir
25 schleierhaft. Ich kam mir einigermaßen bescheuert vor. Trotzdem blieb ich in der Deckung meiner verspiegelten Sonnenbrille am Beckenrand hocken und wartete ab. Schon nach kurzer Zeit näherte sich das saugende
30 Schlapp-Schlapp der Flip-Flops. Macke sprang auf, wir auch. Es war keine große Sache. Wir rempelten sie an und zerrten sie ins Wasser. Die Mädchen kreischten und krallten sich mit ihren Kratznägeln an uns fest, um nach weni-

gen Sekunden doch mitsamt ihrem Kokosduft, 35 ihrem Klimperschmuck und ihren Flip-Flops abzusaufen. Nur Rakete, die nicht.
Sie war mir vorher nie aufgefallen. Zog immer im Kielwasser von zwei beachtlich großen Blondinen herum. Gegen die war sie klein, ma- 40 ger und eckig. Ihr in tausend rattenschwanzdünne Zöpfe geflochtenes Haar zerrte an ihrem Gesicht und ließ Nase und Kinn spitz aussehen. Im linken Nasenflügel klemmte ein winziger, blauer Stein. Ich bekam Gelegenheit, 45 ihn gründlich zu betrachten, denn anstatt halbherzig herumzufuchteln und zu kratzen, fixierte Rakete mich mit ihren Husky-Augen, stemmte ihre Beine in den Boden und rang mit mir. Sie war stark. Obwohl sie mir nur bis 50 zum Kinn reichte, dauerte es eine ganze Weile, bis ich sie an der Beckenkante hatte. Genau in diesem Augenblick, in dem ich ihr den entscheidenden Stoß versetzte, mitten im freien Fall über dem Wasser, schnellte ihre Hand 55 hoch und schnappte sich meine Haifischzahnkette. Ich hatte keine Chance.
Wir zischten runter wie Tornados, glatt durch eine gewaltige Wolke prickelnder Blubberblasen, hinab auf den stillen, glasigen Grund. 60
Hoch über uns trieben träge Schlieren aus

blauem Licht, ab und zu aufgerührt von zuckenden, geisterbleichen, kopflosen Körpern. Rakete hielt meine Kette so fest, dass sie in meinen Nacken schnitt. Ihr Gesicht war ganz nah, so nah, dass die silbrigen Perlenschnüre ihres Atems meine Nase kitzelten. Glitzersplitter funkelten in ihren Augenbrauen. Blaue Schatten spielten mit den Sommersprossen auf ihrer bleichen Haut. Ihr Haar wurde lebendig und wand sich wie Tentakel um ihren Kopf. Es gab keine Welt mehr, keine Zeit. Jemand hielt die STOP-Taste gedrückt, während wir schwerelos im Raum festhingen wie Zwillingsplaneten in einer anderen Dimension. Mein Herzschlag wurde langsamer. Stille sickerte in mich rein, Tropfen für Tropfen. Um uns herum funkelten Galaxien aus Luftblasen, Lichtstrahlen und winzigen Schwebeteilchen. Und wir, Rakete und ich, waren mitten drin. Rakete schaute mich an.

Als wir wieder auftauchten, vielleicht Sekunden, vielleicht auch Jahre später, traf mich die gleißende, laute Welt wie ein Schlag auf den Kopf. Benommen paddelte ich zum Beckenrand, hievte mich rauf. Rakete war schon oben, zog Wasser und Rotz hoch und fasste sich dabei an die Nase. Sie erstarrte, ging in die Knie und strich mit der Hand über die Betonplatten. Plötzlich drehte sie ihr Gesicht zu mir. „Piercing-Stecker ..." Sie hielt mir Daumen und Zeigefinger nah beieinander vor die Nase. „... mit einem blauen Stein." Ihre Stimme passte zu ihr, klein und irgendwie eckig. Ich musste mich zusammenreißen, um sie nicht blöde anzugrinsen. Ihr schien die Sache richtig nahezugehen. Ein schmaler Streifen flüssiger Wimperntusche rann aus ihren weit aufgerissenen Augen und einer ihrer Eckzähne bohrte sich in ihre Unterlippe. Sie tastete weiter den Boden ab. Jonas, Macke und ich standen dabei wie die Zirkusbären, linkisch und ratlos.

Wer weiß, was passiert wäre, wenn Jonny-the-Walker Kretschmar, Bademeister und Hobby-DJ, nicht plötzlich aus einer Laune heraus die Musikanlage auf volle Pulle gedreht hätte? *Don't stop me now!* ist schon immer einer meiner Lieblingssongs gewesen. Und nach dem, was dann passierte, hat er gute Chancen, es für immer zu bleiben. Die ersten Töne rauschten aus den Boxen: *Tonight I'm gonna have myself a real good time.* Sie spülten wie eine heiße Brandung über mich hinweg. *I feel alive and the world is turning inside out – Yeah!* Dann erfüllte der Rhythmus meinen Kopf. *I'm floating around in ecstasy, so don't stop me now, don't stop me ...*
Ich atmete tief ein, denn jetzt wusste ich genau, was zu tun war. Ich habe später oft versucht auszurechnen, wie wahrscheinlich es ist, in einem Dreihunderttausend-Liter-Becken einen Nasenstecker von der Größe eines Reiskorns zu finden. Tatsache ist: Ich habe ihn gefunden. Meine Lungen platzten fast und meine Ohren knackten, doch ich folgte meinem Instinkt. Ich folgte der Musik, die in meinem Kopf weiterbrüllte: *... so don't stop me now, don't stop me, 'cause I'm having a good time, having a good time ...* Wie ein Kompass in meinem Kopf.
Als ich tropfend vor ihr stand, das kleine blaue Wunder in der ausgestreckten Hand, guckte sie zu mir hoch wie ein Kind zum Weihnachtsmann. Sie lachte, wischte mit dem Handrücken die Maskaraspur quer über ihr Gesicht, so dass es aussah, als habe jemand versucht, es durchzustreichen. Dann machte sie einen Schritt auf mich zu, zog mein Gesicht zu sich herunter und presste ihre Lippen sanft auf meine. Ich hatte gerade noch Zeit zu denken: „Das passiert jetzt wirklich, jetzt, in diesem Moment", bevor die Musik wieder loslegte: *I'm gonna go, go, go, there's no stopping me. I'm burning through the sky – Yeah! Two hundred degrees, that's why they call me Mister Fahrenheit. I'm trav'ling at the speed of light. I wanna make a supersonic man out of you!* *

---

1 a Was ist im Schwimmbad passiert? Fasst die Handlung mit eigenen Worten zusammen.
   b Gebt an, in welcher Lebenssituation sich der Ich-Erzähler befindet.

2 Charakterisiert die zwei Hauptfiguren der
Geschichte – den Ich-Erzähler und Rakete:

a Setzt euch zu zweit zusammen, wählt jeweils
   eine Figur und legt eine Figurenkarte an.
   Notiert darauf stichwortartig alle
   Informationen zur Figur.
b Beschreibt euch eure Figuren gegenseitig
   mit Hilfe eurer Figurenkarten. Gebt an, wie
   die Figuren jeweils auf euch wirken.

> *Figur: Ich-Erzähler*
> *Geschlecht: männlich*
> *Alter: etwa 14 Jahre alt*
> *Aussehen: ...*
> *Verhalten: ...*
> *Eigenschaften: ...*
> *Gedanken und Gefühle:*
> *Beziehung zu anderen Figuren: ...*

3 a Überlegt zu zweit, welche der folgenden Figurenskizzen zu den Figuren in der Geschichte passen:

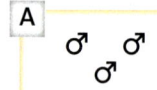  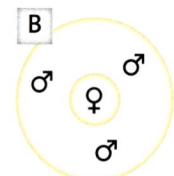 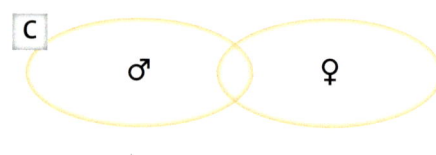

b Übertragt eine passende Figurenskizze in euer Heft.
   Beschriftet sie mit Namen, Symbolen wie Blitz, Herz, Pfeil und einzelnen Stichworten.
c Beschreibt, was eure Figurenskizze darstellt, und begründet, warum ihr diese gewählt habt.

4 Die Szene unter Wasser (▶ Z. 58–81) wird sehr anschaulich dargestellt. Sucht in diesem
Textabschnitt drei sprachliche Bilder (Vergleich oder Metapher) und beschreibt ihre Wirkung.

5 Das Erleben des Ich-Erzählers wird nicht nur anschaulich erzählt, sondern durch Zitate von
Songtexten auch „vertont". Besprecht, welche Funktion die Songs im Text haben.

6 a Was wäre wenn ...? Wählt eine Handlungsalternative und ändert den Lauf der Geschichte:
   A Der Ich-Erzähler findet den Nasenstecker nicht.
   B Rakete ohrfeigt den Erzähler.
b Stellt euch eure Texte gegenseitig vor und beschreibt, wie diese Handlungsalternativen im
   Vergleich zum Original wirken.

Methode	Die Figurenkonstellation untersuchen

- Mit **Figurenkonstellation** bezeichnet man die **Beziehungen der Figuren** in einem Text
  untereinander. Diese Beziehungen sind wichtig für den Verlauf der Handlung.
- Wenn ihr über folgende **Fragen** nachdenkt, versteht ihr den Text besser:
  – Woher kennen sich die Figuren?
  – Was denken die Figuren übereinander und was wollen sie voneinander?
  – Wodurch ist ihre Beziehung geprägt: durch Nähe, Distanz, Liebe, Konkurrenz, Neid ...?
- Figurenkonstellationen kann man in **Figurenskizzen** veranschaulichen.
  Dabei notiert man die Namen der Figuren und stellt ihre Beziehung mit Hilfe von Pfeilen,
  grafischen Symbolen und Stichworten dar.

Die äußere und die innere Handlung untersuchen

Margret Steenfatt

Im Spiegel (1984)

„Du kannst nichts", sagten sie, „du machst nichts", „aus dir wird nichts". Nichts. Nichts. Nichts.
Was war das für ein NICHTS, von dem sie re-
5 deten und vor dem sie offensichtlich Angst hatten, fragte sich Achim, unter Decken und Kissen vergraben.
Mit lautem Knall schlug die Tür hinter ihnen zu. Achim schob sich halb aus dem Bett. Fünf
10 nach eins. Wieder mal zu spät. Er starrte gegen die Zimmerdecke. – Weiß. Nichts. Ein unbeschriebenes Blatt Papier, ein ungemaltes Bild, eine tonlose Melodie, ein ungesagtes Wort, ungelebtes Leben.
15 Eine halbe Körperdrehung nach rechts, ein Fingerdruck auf den Einschaltknopf seiner Anlage. Manchmal brachte Musik ihn hoch. Er robbte zur Wand, zu dem großen Spiegel, der beim Fenster aufgestellt war, kniete sich davor
20 und betrachtete sich: lang, knochig, graue Augen im blassen Gesicht, hellbraune Haare, glanzlos. „Dead Kennedys" sangen: „Weil sie dich verplant haben, kannst du nichts anderes tun als aussteigen und nachdenken."
25 Achim wandte sich ab, erhob sich, ging zum Fenster und schaute hinaus. Straßen, Häuser, Läden, Autos, Passanten, immer dasselbe. Zurück zum Spiegel, näher heran, so nahe, dass er glaubte, das Glas zwischen sich und seinem
30 Spiegelbild durchdringen zu können.
Er legte seine Handflächen gegen sein Gesicht im Spiegel, ließ seine Finger sanft über Wangen, Augen, Stirn und Schläfen kreisen, streichelte, fühlte nichts als Glätte und Kälte.
35 Ihm fiel ein, dass in dem Holzkasten, wo er seinen Kram aufbewahrte, noch Schminke herumliegen musste. Er fasste unters Bett, wühlte in den Sachen im Kasten herum und zog die Pappschachtel heraus, in der sich einige zer-

drückte Tuben fanden. Von der schwarzen Far- 40
be war noch ein Rest vorhanden. Achim baute sich vor dem Spiegel auf und malte zwei dicke Striche auf das Glas, genau dahin, wo sich seine Augenbrauen im Spiegel zeigten. Weiß besaß er reichlich. Er drückte eine Tube aus, fing 45
die weiche ölige Masse in seinen Händen auf, verteilte sie auf dem Spiegel über Kinn, Wangen und Nase und begann, sie langsam und sorgfältig zu verstreichen. Dabei durfte er sich nicht bewegen, sonst verschob sich seine Male- 50
rei. Schwarz und Weiß sehen gut aus, dachte er, fehlt noch Blau.
Achim grinste seinem Bild zu, holte sich das Blau aus dem Kasten und färbte noch die Spiegelstellen über Stirn und Augenlidern. 55
Eine Weile verharrte er vor dem bunten Gesicht, dann rückte er ein Stück zur Seite, und wie ein Spuk tauchte sein farbloses Gesicht im Spiegel wieder auf, daneben eine aufgemalte Spiegelmaske. 60
Er trat einen Schritt zurück, holte mit dem Arm weit aus und ließ seine Faust in die Spiegelscheibe krachen. Glasteile fielen herunter, Splitter verletzten ihn, seine Hand fing an zu

65 bluten. Warm rann ihm das Blut über den Arm und tröpfelte zu Boden. Achim legte seinen Mund auf die Wunden und leckte das Blut ab. Dabei wurde sein Gesicht rot verschmiert.

Der Spiegel war kaputt. Achim suchte sein Zeug zusammen und kleidete sich an. Er wollte runtergehen und irgendwo seine Leute treffen. 70

1 Wie gefällt euch die Geschichte? Tauscht euch über euren ersten Leseeindruck aus.

2 Bestimmt Ort und Zeit der Handlung sowie die Figuren in der Geschichte.
Wer ist mit „sie" im ersten Textabschnitt (▶ Z. 1–7) gemeint?

3 Untersucht die äußere Handlung der Geschichte:
a Faltet ein Blatt Papier und notiert stichwortartig auf der linken Seite die Handlungsschritte der äußeren Handlung: Was kann man sehen oder hören, wenn man in das Zimmer schaut?
 1 Achim liegt im Bett (Z. 1–7)
 2 jemand schlägt Zimmertür zu (Z. 8–9)
 3 Achim schiebt sich ... (Z. ...)
b Beschreibt, was die Figur Achim auf den Spiegel malt.
c Was tut Achim, als er sich mit der Spiegelmaske sieht? Nennt mögliche Gründe für seine Reaktion.

4 Untersucht die innere Handlung der Geschichte:
Schreibt auf die rechte Seite des Blattes (▶ Aufg. 3 a) mit eigenen Worten, was Achim während der einzelnen Handlungsschritte denkt oder fühlt, z. B.:
 – *Achim versteht nicht, was sie meinen. (Z. 1–7)*
 – *Er ärgert sich darüber, dass ...*
 – *Beim Starren auf die Zimmerdecke fühlt er sich ...*

5 a Was wäre, wenn Achim nach dem Türknall sein Zimmer verlassen und mit seinen Eltern sprechen würde? Ändert den Lauf der Geschichte.
b Stellt euch eure Texte gegenseitig vor und beschreibt, wie diese Handlungsalternativen im Vergleich zum Original wirken.

6 Untersucht, welche Rolle Farben in dieser Geschichte spielen.
Notiert Textstellen, in denen Farben vorkommen, und formuliert Aussagen dazu, wie diese Farben wirken und wofür sie stehen.

| **Information** | **Äußere und innere Handlung** |

- In erzählenden Texten unterscheidet man zwischen **zwei Handlungsebenen:** der äußeren und der inneren Handlung.
- Zur **äußeren Handlung** gehören alle **sichtbaren und hörbaren Ereignisse,** z. B.: *„Mit lautem Knall schlug die Tür hinter ihnen zu."* (▶ Z. 8–9).
- Die **innere Handlung** beschreibt die Innensicht der Figuren, ihre **Gedanken, Gefühle, Ängste oder Wünsche,** z. B.: *„Schwarz und Weiß sehen gut aus, dachte er"* (▶ Z. 51–52).
- Die innere Handlung muss man manchmal aus der äußeren Handlung erschließen.

Die Merkmale von Kurzgeschichten analysieren

Siegfried Lenz

Nacht im Hotel (1949)

Der Nachtportier strich mit seinen abgebissenen Fingerkuppen über eine Kladde[1], hob bedauernd die Schultern und drehte seinen Körper zur linken Seite, wobei sich der Stoff seiner Uniform gefährlich unter dem Arm spannte. „Das ist die einzige Möglichkeit", sagte er. „Zu so später Stunde werden Sie nirgendwo ein Einzelzimmer bekommen. Es steht Ihnen natürlich frei, in anderen Hotels nachzufragen. Aber ich kann Ihnen schon jetzt sagen, daß wir, wenn Sie ergebnislos zurückkommen, nicht mehr in der Lage sein werden, Ihnen zu dienen. Denn das freie Bett in dem Doppelzimmer, das Sie – ich weiß nicht aus welchen Gründen – nicht nehmen wollen, wird dann auch einen Müden gefunden haben."
„Gut", sagte Schwamm, „ich werde das Bett nehmen. Nur, wie Sie vielleicht verstehen werden, möchte ich wissen, mit wem ich das Zimmer zu teilen habe; nicht aus Vorsicht, gewiß nicht, denn ich habe nichts zu fürchten. Ist mein Partner – Leute, mit denen man eine Nacht verbringt, könnte man doch fast Partner nennen – schon da?"
„Ja, er ist da und schläft."
„Er schläft", wiederholte Schwamm, ließ sich die Anmeldeformulare geben, füllte sie aus und reichte sie dem Nachtportier zurück; dann ging er hinauf. Unwillkürlich verlangsamte Schwamm, als er die Zimmertür mit der ihm genannten Zahl erblickte, seine Schritte, hielt den Atem an, in der Hoffnung, Geräusche, die der Fremde verursachen könnte, zu hören, und beugte sich dann zum Schlüsselloch hinab. Das Zimmer war dunkel. In diesem Augenblick hörte er jemanden die Treppe heraufkommen, und jetzt mußte er handeln. Er konnte fortgehen, selbstverständlich, und so tun, als ob er sich im Korridor[2] geirrt habe. Eine andere Möglichkeit bestand darin, in das Zimmer zu treten, in welches er rechtmäßig eingewiesen worden war und in dessen einem Bett bereits ein Mann schlief.
Schwamm drückte die Klinke herab. Er schloß die Tür wieder und tastete mit flacher Hand nach dem Lichtschalter. Da hielt er plötzlich inne: neben ihm – und er schloß sofort, daß da die Betten stehen müßten – sagte jemand mit einer dunklen, aber auch energischen Stimme: „Halt! Bitte machen Sie kein Licht. Sie würden

---

1 die Kladde: das Notizbuch

2 der Korridor: der Flur

mir einen Gefallen tun, wenn Sie das Zimmer dunkel ließen."

„Haben Sie auf mich gewartet?", fragte Schwamm erschrocken; doch er erhielt keine
55 Antwort.

Stattdessen sagte der Fremde: „Stolpern Sie nicht über meine Krücken, und seien Sie vorsichtig, daß Sie nicht über meinen Koffer fallen, der ungefähr in der Mitte des Zimmers
60 steht. Ich werde Sie sicher zu Ihrem Bett dirigieren: Gehen Sie drei Schritte an der Wand entlang, und dann wenden Sie sich nach links, und wenn Sie wiederum drei Schritte getan haben, werden Sie den Bettpfosten berühren
65 können."

Schwamm gehorchte; er erreichte sein Bett, entkleidete sich und schlüpfte unter die Decke. Er hörte die Atemzüge des anderen und spürte, daß er vorerst nicht würde einschlafen kön-
70 nen. „Übrigens", sagte er zögernd nach einer Weile, „mein Name ist Schwamm."

„So", sagte der andere.

„Ja."

„Sind Sie zu einem Kongreß hierhergekom-
75 men?"

„Nein. Und Sie?"

„Nein."

„Geschäftlich?"

„Nein, das kann man nicht sagen."
80 „Wahrscheinlich habe ich den merkwürdigsten Grund, den je ein Mensch hatte, um in die Stadt zu fahren", sagte Schwamm.

Auf dem nahen Bahnhof rangierte ein Zug. Die Erde zitterte und die Betten, in denen die
85 Männer lagen, vibrierten.

„Wollen Sie in der Stadt Selbstmord begehen?", fragte der andere.

„Nein", sagte Schwamm, „sehe ich so aus?"

„Ich weiß nicht, wie Sie aussehen", sagte der
90 andere, „es ist dunkel."

Schwamm erklärte mit banger Fröhlichkeit in der Stimme: „Gott bewahre, nein. Ich habe einen Sohn, Herr (der andere nannte nicht seinen Namen), einen kleinen Lausejungen, und
95 seinetwegen bin ich hierher gefahren."

„Ist er im Krankenhaus?

„Wieso denn? Er ist gesund, ein wenig bleich zwar, das mag sein, aber sonst sehr gesund. Ich wollte Ihnen sagen, warum ich hier bin, hier bei Ihnen, in diesem Zimmer. Wie ich schon sag-
100 te, hängt das mit meinem Jungen zusammen. Er ist äußerst sensibel, mimosenhaft[3], er reagiert bereits, wenn ein Schatten auf ihn fällt."

„Also ist er doch im Krankenhaus."

„Nein", rief Schwamm, „ich sagte schon, dass
105 er gesund ist, in jeder Hinsicht. Aber er ist gefährdet, dieser kleine Bengel hat eine Glasseele, und darum ist er bedroht."

„Warum begeht er nicht Selbstmord?", fragte der andere.
110 „Aber hören Sie, ein Kind wie er, ungereift, in solch einem Alter! Warum sagen Sie das? Nein: mein Junge ist aus folgendem Grunde gefährdet: Jeden Morgen, wenn er zur Schule geht – er geht übrigens immer allein – jeden Morgen
115 muß er vor einer Schranke stehenbleiben und warten, bis der Frühzug vorbei ist. Er steht dann da, der kleine Kerl, und winkt, winkt heftig und freundlich und verzweifelt."

„Ja und?"
120 „Dann", sagte Schwamm, „dann geht er in die Schule, und wenn er nach Hause kommt, ist er verstört und benommen, und manchmal heult er auch. Er ist nicht imstande, seine Schularbeiten zu machen, er mag nicht spielen und
125 nicht sprechen: das geht nun schon seit Monaten so, jeden lieben Tag. Der Junge geht mir kaputt dabei!"

„Was veranlaßt ihn denn zu solchem Verhalten?"
130 „Sehen Sie", sagte Schwamm, „das ist merkwürdig: Der Junge winkt, und – wie er traurig sieht – es winkt ihm keiner der Reisenden zurück. Und das nimmt er sich so zu Herzen, daß wir – meine Frau und ich – die größten
135 Befürchtungen haben. Er winkt, und keiner winkt zurück, man kann die Reisenden natürlich nicht dazu zwingen, und es wäre absurd

---

3 mimosenhaft: sehr empfindlich

und lächerlich, eine diesbezügliche Vorschrift
140 zu erlassen, aber ..."

„Und Sie, Herr Schwamm, wollen nun das
Elend Ihres Jungen aufsaugen, indem Sie morgen den Frühzug nehmen, um dem Kleinen zu
winken?"

145 „Ja", sagte Schwamm, „ja."

„Mich", sagte der Fremde, „gehen Kinder
nichts an. Ich hasse sie und weiche ihnen aus,
denn ihretwegen habe ich – wenn man's genau
nimmt – meine Frau verloren. Sie starb bei der
150 ersten Geburt."

„Das tut mir leid", sagte Schwamm und stützte
sich im Bett auf. Eine angenehme Wärme floß
durch seinen Körper; er spürte, daß er jetzt
würde einschlafen können.

155 Der andere fragte: „Sie fahren nach Kurzbach,
nicht wahr?"

„Ja."

„Und Ihnen kommen keine Bedenken bei Ihrem Vorhaben? Offener gesagt: Sie schämen
160 sich nicht, Ihren Jungen zu betrügen? Denn,
was Sie vorhaben, Sie müssen es zugeben, ist
doch ein glatter Betrug, eine Hintergehung."

Schwamm sagte aufgebracht: „Was erlauben
Sie sich, ich bitte Sie, wie kommen Sie dazu!"
Er ließ sich fallen, zog die Decke über den 165
Kopf, lag eine Weile überlegend da und schlief
dann ein.

Als er am nächsten Morgen erwachte, stellte er
fest, daß er allein im Zimmer war. Er blickte
auf die Uhr und erschrak: bis zum Morgenzug 170
blieben ihm noch fünf Minuten, es war ausge-
schlossen, daß er ihn noch erreichte.

Am Nachmittag – er konnte es sich nicht leisten, noch eine Nacht in der Stadt zu bleiben –
kam er niedergeschlagen und enttäuscht zu 175
Hause an. Sein Junge öffnete ihm die Tür,
glücklich, außer sich vor Freude. Er warf sich
ihm entgegen und hämmerte mit den Fäusten
gegen seinen Schenkel und rief: „Einer hat gewinkt, einer hat ganz lange gewinkt." 180

„Mit einer Krücke?", fragte Schwamm.

„Ja, mit einem Stock. Und zuletzt hat er sein
Taschentuch an den Stock gebunden und es
lange aus dem Fenster gehalten, bis ich es
nicht mehr sehen konnte." [R] 185

---

1 Tauscht euch zu zweit über den Inhalt der Kurzgeschichte aus. Geht so vor:
  a Formuliert jeweils drei Fragen an den Text und schreibt sie ins Heft.
    Lest euch gegenseitig eure Fragen vor und versucht gemeinsam, sie zu beantworten.
  b Erklärt mit eigenen Worten, warum Herr Schwamm eine Nacht im Hotel verbringt.

2 **a** Notiert die wichtigen Handlungsschritte der Geschichte in einem Flussdiagramm (▶ S. 337):

> *1 Schwamm fragt in einem Hotel nach einem Einzelzimmer und erhält nur ein Bett in einem Doppelzimmer. (Z. 1–16)*
>
> ⬇
>
> *2 Schwamm akzeptiert das Doppelzimmer und fragt ... (Z. ....)*

  b Fasst die Handlung der Geschichte mit Hilfe des Flussdiagramms mündlich zusammen.

3 Untersucht die drei Hauptfiguren in der Geschichte – Vater, Fremder und Sohn:
  a Notiert stichwortartig Informationen zu Alter, Aussehen, Verhalten und Eigenschaften.
  b Der Vater sagt über seinen Sohn: „dieser kleine Bengel hat eine Glasseele" (▶ Z. 107 f.).
    Erklärt, was er damit meint.
  c Wertet ihr das Vorhaben des Vaters als Betrug? Äußert eure Meinung und begründet sie.

Siegfried Lenz (1926–2014)
Der deutsche Schriftsteller **Siegfried Lenz** wurde in Ostpreußen geboren und starb in Hamburg. Er zählt zu den bekanntesten deutschsprachigen Erzählern der Nachkriegs- und Gegenwartsliteratur. In vielen seiner Romane, Erzählungen und Kurzgeschichten thematisiert Siegfried Lenz die Einsamkeit des modernen Menschen in seinem sozialen und politischen Umfeld.

4 Lest das Autorenporträt zu Siegfried Lenz und stellt einen Bezug zwischen den Aussagen darin und der Geschichte „Nacht im Hotel" her.

5 a Weist zu zweit nach, dass es sich bei der Geschichte „Nacht im Hotel" um eine typische Kurzgeschichte handelt.
Beantwortet die Fragen A–F in ganzen Sätzen. Begründet eure Antworten mit Textstellen.

A Über welches **alltägliche Geschehen** wird in der Geschichte erzählt?

B Handelt es sich bei den **Figuren** in der Geschichte um „Alltagsmenschen"?

C Wie ist der **Anfang der Geschichte** gestaltet: Werden Ort, Zeit und Figuren vorgestellt oder springt sie mitten hinein ins Geschehen?

D Welches **Leitmotiv** enthält die Geschichte: 1 die Nacht, 2 die Einsamkeit, 3 das Hotel oder 4 den Zug?

E An welcher Stelle erfährt die Handlung eine überraschende **Wendung?**

F Wie ist der **Schluss** gestaltet: offen oder geschlossen?

b Setzt euch mit einem weiteren Lernteam zusammen und vergleicht eure Antworten.

6 Nehmt Stellung zu der folgenden Aussage zum Text „Nacht im Hotel":
„Die Figuren verändern sich im Handlungsverlauf. So gelingt es beispielsweise dem Fremden, durch eine selbstlose Tat seine eigene Verzweiflung zu überwinden."

Information	Die Kurzgeschichte

Bei Kurzgeschichten (engl. *short story*) handelt es sich um knappe, moderne Erzählungen mit folgenden Merkmalen:
- Sie erzählen einen aussagekräftigen Abschnitt aus dem **Alltagsleben einer Figur.**
- Die handelnden **Figuren** stellen meist **„Alltagsmenschen"** dar.
- Der **Anfang ist unvermittelt:** Die Geschichte springt mitten hinein ins Geschehen.
- Die **Handlung** erfährt eine **Wendung,** die oftmals **überraschend** erfolgt.
- Der **Schluss ist offen.** Leser sollen selbst über ein Ende oder eine Lösung nachdenken.
- Kurzgeschichten sind oft in **Alltagssprache** mit kurzen, einfachen Sätzen und **umgangssprachlichen Elementen** verfasst.
- **Leitmotive** können **wiederholt** vorkommen und erhalten so eine **besondere Bedeutung.**

Eine Kurzgeschichte schreiben

1

a Lest nebenstehende Ausschreibung und gebt mit eigenen Worten wieder, wer um Teilnahme an welchem Wettbewerb wirbt.

b Erklärt die Teilnahmebedingungen.

2

Betrachtet die Schreibanleitung unten und beschreibt euch gegenseitig, wie man beim Verfassen einer Kurzgeschichte vorgehen kann.

3

a Verfasst mit Hilfe der Schreibanleitung eine Kurzgeschichte für den Wettbewerb.

b Überarbeitet eure Texte in einer Schreibkonferenz (▶ S. 339).

Kurzgeschichten-Wettbewerb der Schülerzeitung

Borchert-Schule sucht den Geschichten-Star!

Alle Geschichten werden veröffentlicht – auch deine!

Teilnahmebedingungen:

– Der eingereichte Text umfasst maximal eine getippte DIN-A4-Seite.

– Die Kurzgeschichte erzählt von einem Ereignis im Alltag.

– Ein Konflikt wird dargestellt, der eine überraschende Wendung erfährt.

– Die Kurzgeschichte hat einen Einstieg, der neugierig macht, und einen Schluss, der offen endet.

Vor dem Schreiben	Während des Schreibens	Nach dem Schreiben
Thema wählen → alltagsbezogen, interessant, z.B.: *Freundschaft, Langeweile*	**Einstieg gestalten** → unmittelbar, anregend, z.B.: *Ständig vibrierte mein Handy in der Hosentasche …*	Teilnahmebedingungen noch einmal lesen und richtige Umsetzung prüfen
Figuren wählen → ein bis zwei Hauptfiguren (Geschlecht, Alter, Lebenssituation festlegen), z.B.: *Sie, 16, doppelte Identität im Netz / Er, 17, Anführer einer Clique*	**Konflikt darstellen** → ausschnitthaft, z.B.: *Figur strebt nach Anerkennung im Internet, ist im wahren Leben unsicher und einsam*	Kurzgeschichte überarbeiten
Erzähler wählen → Ich-Erzähler / Er-/Sie-Erzähler, z.B.: *Ich hatte schon viel zu lange telefoniert … / Sie überschütteten ihn mit Fragen …*	**Schluss gestalten** → überraschend, offen, z.B.: *zufälliges Treffen der Figur mit der Internetbekanntschaft im wahren Leben → es ist Klassenkamerad*	Text am Computer abschreiben und ausdrucken
		Kurzgeschichte einreichen

125

Teste dich!

Merkmale von Kurzgeschichten kennen

1 Notiere die richtigen Aussagen ins Heft. Die Buchstaben vor den richtigen Ergänzungen ergeben rückwärts gelesen ein Lösungswort.

1 Kurzgeschichten ...

2 Kurzgeschichten beschreiben ...

3 Die Handlung von Kurzgeschichten umfasst ...

4 Kurzgeschichten ...

5 Der Schluss einer Kurzgeschichte ...

6 Kurzgeschichten ...

7 Die Sprache in Kurzgeschichten ...

AU	haben eine ausführliche Einleitung.
EN	setzen unvermittelt ein.
SD	Höhepunkte im Leben der Figuren.
EB	Erlebnisse aus dem Alltag.
ES	oft eine kurze Zeitspanne.
RU	immer eine lange Zeitspanne.
CKS	enden immer mit einer Moral.
GN	regen die Leser zum Nachdenken an.
UL	ist offen.
MI	hat stets ein Happy End.
DN	haben häufig eine überraschende Wendung.
TT	sind in ihrem Verlauf vorhersehbar.
AH	ist an die Alltagssprache angelehnt.
EL	ist an Fachsprachen angelehnt.

Marie Luise Kaschnitz

Ein ruhiges Haus (1973)

Ein ruhiges Haus, sagen Sie? Ja, jetzt ist es ein ruhiges Haus. Aber noch vor Kurzem war es die Hölle. Über uns und unter uns Familien mit kleinen Kindern, stellen Sie sich das vor.
5 Das Geheul und Geschrei, die Streitereien, das Trampeln und Scharren der kleinen zornigen Füße.
Zuerst haben wir nur den Besenstiel gegen den Fußboden und gegen die Decke gestoßen. Als
10 das nichts half, hat mein Mann telefoniert. Ja, entschuldigen Sie, haben die Eltern gesagt, die Kleine zahnt, oder die Zwillinge lernen gerade laufen. Natürlich haben wir uns mit solchen Ausreden nicht zufriedengegeben. Mein Mann
15 hat sich beim Hauswirt beschwert, jede Woche einmal, dann war das Maß voll. Der Hauswirt hat den Leuten oben und den Leuten unten Briefe geschrieben und ihnen mit der fristlosen Kündigung gedroht. Danach ist es gleich besser geworden. Die Wohnungen hier sind 20 nicht allzu teuer und diese jungen Ehepaare haben nicht das Geld, umzuziehen. Wie sie die Kinder zum Schweigen gebracht haben? Ja, genau weiß ich das nicht. Ich glaube, sie binden sie jetzt an den Bettpfosten fest, so dass sie nur 25 kriechen können. Das macht weniger Lärm. Wahrscheinlich bekommen sie starke Beruhigungsmittel. Sie schreien und juchzen nicht mehr, sondern plappern nur noch vor sich hin, ganz leise, wie im Schlaf. Jetzt grüßen wir die 30 Eltern wieder, wenn wir ihnen auf der Treppe begegnen. Wie geht es den Kindern, fragen wir sogar. Gut, sagen die Eltern. Warum sie dabei Tränen in den Augen haben, weiß ich nicht.

2 **a** Bestimme mit Hilfe der Aufgabe 1, ob es sich bei dem Text um eine Kurzgeschichte handelt.
b Vergleiche deine Lösung mit einer Lernpartnerin oder einem Lernpartner.

6.2 Zwischenmenschliches – Die Kommunikation zwischen Figuren untersuchen

Marlene Röder

Schwarzfahren für Anfänger (2011, Teil 1)

Die gelben Halteschlaufen der S-Bahn schwingen hin und her. An manchen Schlaufen hängen Menschen und halten sich fest. Josefine sieht aus dem Fenster: Draußen ist finsterste
5 Nacht.
Sie hat gesagt: Ich rufe dich an. Dann die ausgetretenen Treppen runter, zweiter Stock, erster Stock, Erdgeschoss, raus. Kein Blick hoch zu seinem Fenster. Vorbei am Bäcker, bei dem
10 er neulich Brötchen geholt hat, Stefans Eltern waren nicht da, und der Honig ist aufs Bettlaken getropft. Die Rosenstraße lang, dann rechts. Der Eingang zum S-Bahnhof, Stufen hoch, Gleis 1, die nächstbeste S-Bahn.
15 Jetzt ist Josefine wieder dort, denn die S-Bahn fährt im Kreis. Sie blinzelt, bis Gleis 1 zwischen ihren Wimpern verschwimmt. Wie gerne wäre sie jetzt woanders, in einer Stadt, die sie nicht kennt. Endlich fährt die S-Bahn wei-
20 ter. Ein paar Leute sind zugestiegen, auch eine Frau um die vierzig. Sie trägt normale Kleidung, aber dann holt sie ein Klemmbrett aus der Tasche und sagt: „Fahrgastbefragung".
Drinnen Neonlicht, draußen Schwärze. Josefi-
25 ne ist eine Schwarzfahrerin. Normalerweise erkennt sie Kontrolleure schon aus zwanzig Metern Entfernung und verdrückt sich rechtzeitig. Aber heute war sie wohl abgelenkt, wegen der Sache mit Stefan. Stefan gehört zu den Leuten, die immer ein Ticket haben und auch 30 sonst alles richtig machen.
In der spiegelnden Scheibe beobachtet Josefine, wie die Frau in ihre Richtung läuft. Neben ihrem Sitz bleibt sie stehen. Josefine muss wohl oder übel zu ihr aufschauen. 35
„Hallo. Kann ich dir ein paar Fragen stellen?"
Josefine nickt so halb und starrt auf die polierten Schuhe der Frau. Die zückt ihren Stift. „Alter?"
„Sechzehn", murmelt Josefine. 40
„Wo bist du eingestiegen?"
Da, wo Stefan wohnt. Josefine wünscht sich dorthin zurück, ihren Kopf zurück in Stefans Schoß. Sie haben Musik gehört und Gummibärchen gegessen. Vor einer Stunde war noch 45 alles okay.
„Rosenstraße", antwortet Josefine.
Die Frau kritzelt etwas auf ihr Klemmbrett. „Und wo willst du hin?", fragt sie, ohne den Blick zu heben. 50

Wo will man hin, wenn man mit der S-Bahn im Kreis fährt? Die Frage ist wohl eher, wo man nicht hinwill.

Das ungeduldige Klicken des Kulis reißt Josefine aus den Gedanken. „Wo willst du aussteigen?"

„Keine Ahnung", stammelt Josefine. „Ich … ich mach das manchmal gerne, einfach so rumfahren." Warum hat sie nicht irgendeine blöde Haltestelle genannt? Aber da ist der Satz schon raus. Die Frau sagt „Aha" und mustert Josefine abschätzig.

Josefine ist gerade ziemlich neben der Spur. Aber das ist doch noch lange kein Grund, sie so anzusehen. Schließlich hat es genau so angefangen mit Stefan und ihr. Mit dem Rumfahren. Manchmal hat Josefine keinen Bock auf ihre Mutter, keinen Bock auf zu Hause. Dann fährt sie rum und schaut raus auf ihre Stadt. Oder sie guckt sich die Leute in der S-Bahn an und malt sich aus, wie diese Leute wohl leben. So war es auch an dem Tag, an dem sie Stefan zum ersten Mal traf. Da wusste Josefine natürlich noch nicht, dass er Stefan heißt, da war er nur irgend so ein Typ für sie, der sich auf den Sitz gegenüber fallen ließ. Ungefähr in ihrem Alter, obwohl das nicht leicht zu erkennen war, weil er die Kapuze seines Pullis tief ins Gesicht gezogen hatte. Außerdem hielt er irgendwas in der Hand. Josefine versuchte zu erkennen, was es war. Vielleicht eine Handtasche, die er einer Omi entrissen hatte …

„Willst du eins?", fragte der Typ, der vielleicht ein Handtaschenräuber war.

„Was?", fragte sie.

„Ob du ein Gummibärchen willst. Weil du dauernd auf die Packung starrst, dachte ich …"

„Oh. 'tschuldigung … Darf ich wirklich?"

„Klar. Welche Farbe?"

„Egal, Hauptsache kein rotes."

„Die meisten mögen die roten am liebsten."

„Mir schmecken die nicht. Ich wette, die Leute nehmen sie nur wegen der Farbe. Rot wie rote Rosen, wie Liebe … Das ganze Herz-Schmerz-Zeug. Nee, danke. Ich bin kuriert von roten Gummibärchen."

So haben Josefine und Stefan sich kennen gelernt. Sie haben die Gummibärchenfrage ausdiskutiert, und nachdem sie zweimal im Kreis gefahren waren, haben sie Handynummern ausgetauscht. Danach haben sie sich noch oft getroffen, nicht nur in der S-Bahn. Aber jetzt … Josefine merkt plötzlich, dass ihr etwas das Gesicht runterläuft, und dreht sich zum Fenster. Die Frau mit dem Klemmbrett starrt sie an, das spürt sie. Kann die nicht endlich abhauen?

Sie wünscht sich eine Stunde zurück, ihren Kopf wieder in Stefans Schoß, seine streichelnden Finger in ihrem kurzen, stacheligen Haar. „Erinnerst du dich noch an den Tag, an dem wir uns kennen gelernt haben?", hat er gefragt. „Ich musste eigentlich zum Basketballtraining. Aber als die Haltestelle kam, bin ich einfach weitergefahren."

„Warum das denn?", hat sie gefragt und sich im nächsten Moment gewünscht, sie könnte die Worte wieder zurück in ihren Mund stopfen und sie könnten einfach liegen bleiben und Musik hören.

Doch es war zu spät, Stefan nahm ihr Gesicht in seine Hände und küsste Josefine auf den Mund. Er schmeckte nach roten Gummibärchen und jeder Menge Herz-Schmerz-Zeug. „Darum", sagte er. „Ich … ich glaub, ich bin in dich verliebt."

So was hatte er noch nie zu ihr gesagt, so was sagten sie nicht zueinander, das machte alles kaputt!

Josefine rückte von Stefan ab, wischte sich über den Mund, aber das Gefühl an ihren Lippen ging nicht weg und ihr Herz hämmerte, hämmerte. So wie eine S-Bahn, die zu schnell fährt, eine S-Bahn, die gleich entgleist. Sein warmer Atem auf ihrer Haut. Sein fragender Blick.

Josefine dachte daran, wie sie einmal nachts S-Bahn gefahren waren. Sie waren die Letzten im Abteil gewesen und hatten auf die Lichter draußen geschaut. Und es war so ein Gefühl, als würde die Stadt ihnen ganz allein gehören. Als ob alles möglich wäre. Doch dann musste Josefine an ihre Mutter denken, die sich auf den Boden geworfen hatte, als Papa wegging, einfach auf den Boden, und geschluchzt hatte: Es tut so weh, so weh …

„Sag was, Fine", bat Stefan.

Aber Josefine sagte nichts. Sie war stumm vor Wut. Wie konnte Stefan sich so sicher sein? Was ist das eigentlich, Liebe? Und woher weiß man, dass man sie hat? Woher weiß man, dass es kein schrecklicher Irrtum ist? Josefine sagte nichts. Und dann: Ich muss jetzt los. Ich … ich ruf dich an.

Danach ging sie. Zweiter Stock, erster Stock, Erdgeschoss, raus. Kein Blick hoch zu seinem Fenster. Nächstbeste S-Bahn. Und jetzt sitzt sie hier. Fühlt sich irgendwie beschissen.

Von Stefan. Von der Bahn. Vom Leben. Von sich selbst.

„Mädchen, ich weiß ja nicht, was mit dir los ist, aber ich würde gerne mal deinen Fahrschein sehen", fordert die Frau.

Josefine zuckt die Achseln. „Hab keinen Fahrschein", murmelt sie, zu erschöpft, um zu lügen.

Anscheinend ist sie sogar zu blöd zum Schwarzfahren.

Die Frau presst die Lippen zusammen. „Dann hätte ich jetzt gerne deinen Personalausweis."

Josefine kramt nach ihrem Portmonee, den Kopf gesenkt, sodass sie die Kontrolleurin nicht ansehen muss, sondern nur ihre polierten Schuhe. Plötzlich gerät ein Paar Turnschuhe in Josefines Blickfeld. Nicht irgendwelche Turnschuhe – die da kennt sie!

---

1 a Tauscht euch mit einer Lernpartnerin oder einem Lernpartner über den Inhalt der Geschichte aus. Stellt euch dafür gegenseitig Fragen zum Text und beantwortet sie.
  b Gebt eine Textstelle an, die euch besonders auffällt. Begründet eure Auswahl.
  c Die Geschichte ist noch nicht zu Ende erzählt. Vermutet, wie sie weitergehen könnte.

2 In der Geschichte wird nicht alles in der Reihenfolge erzählt, in der sich die Dinge ereignen.
  a Untersucht die Zeitgestaltung: Legt euer Heft quer, zeichnet einen Zeitstrahl und tragt die Ereignisse ein, von denen erzählt wird. Gebt zu den Ereignissen die Textstellen an.

Trennung der Eltern, Z.141–145   Josefine lernt Stefan in der S-Bahn kennen, Z.65–66, …   …   …

  b Erklärt, welche Funktion die Rückblenden in dieser Geschichte haben.

3 Charakterisiert die Hauptfiguren Josefine und Stefan:
  a Notiert Textstellen, in denen etwas über Aussehen, Verhalten oder Eigenschaften der Figuren gesagt wird, und leitet jeweils Aussagen zur Figur ab.
  b Beschreibt, in welcher Beziehung die beiden Figuren zueinander stehen.
  c Erklärt, warum Josefine in der S-Bahn sitzt und sich „irgendwie beschissen" (▶ Z.157) fühlt. Belegt eure Aussagen am Text.

Information	Die Zeitgestaltung in einer Erzählung

- Der **Erzähler** kann sich streng an die **zeitliche Reihenfolge** der Ereignisse halten, also **chronologisch** erzählen.
- Er kann aber auch eine **Handlung unterbrechen** und in **Rückblenden** von vergangenen Ereignissen erzählen oder in **Vorausdeutungen** Ereignisse vorwegnehmen.

4 In Gesprächen werden Informationen nicht nur durch Worte (verbal) vermittelt, sondern gleichzeitig auch durch Mimik und Gestik (nonverbal) sowie durch den Tonfall (paraverbal).

a Untersucht die folgenden drei Äußerungen der Figuren und gebt an, welche Informationen verbal, nonverbal oder paraverbal vermittelt werden.

A Josefine nickt so halb und starrt auf die polierten Schuhe der Frau. (▶ Z. 37 f.)

→ *nonverbale Information: Josefine stimmt zu, aber weist das Gespräch mit der Frau ab.*

B „Sechzehn", murmelt Josefine. (▶ Z. 40)

→ *verbale Information: Josefine ist 16 Jahre alt. / paraverbale Information: …*

C „Und wo willst du hin?", fragt sie, ohne den Blick zu heben. (▶ Z. 49 f.)

→ *verbale Information: … / nonverbale Information: …*

b Gebt weitere Textstellen an, in denen Figuren verbal, nonverbal oder paraverbal Informationen vermitteln. Deutet die Äußerungen jeweils.

5 Bei der Wiedergabe des ersten Gesprächs zwischen Josefine und Stefan (▶ Z. 83–96) werden keine Hinweise auf ihr Gesprächsverhalten (Mimik, Gestik, Tonfall) gegeben.

a Schreibt das Gespräch ab und ergänzt Regieanweisungen zum nonverbalen oder paraverbalen Verhalten, z. B.: *Stefan (leise, sieht ihr dabei direkt in die Augen): Willst du eins?*

b Spielt den Dialog zwischen Josefine und Stefan entsprechend eurer Regieanweisungen.

6 In Gesprächen werden nicht nur sachliche Informationen ausgetauscht (Sachebene). Beim Sprechen teilt man auch immer etwas über die Gefühle gegenüber der Zuhörerin oder dem Zuhörer mit (Beziehungsebene).

a Untersucht, welche Sachinformationen und welche Beziehungsinformationen in dem Gespräch zwischen Josefine und Stefan (▶ Z. 83–96) ausgetauscht werden, z. B.:

Äußerung	Sachebene	Beziehungsebene
Stefan: „Willst du eins?" (Z. 83)	→ Er bietet ihr ein Gummibärchen an.	→ Er hat sie gesehen. Sie ist ihm aufgefallen.

b Untersucht weitere Gespräche im Text auf der Sachebene und der Beziehungsebene.

Information **Die Kommunikation zwischen Figuren**

- In der **Kommunikation** werden verschiedene **Signale übermittelt.** Dies kann auf unterschiedlichen Wegen geschehen: **verbal** (mit Worten), **nonverbal** (ohne Worte, durch Mimik und Gestik) oder **paraverbal** (durch die Art und Weise, wie gesprochen wird: Lautstärke, Sprechtempo, Betonungen, Pausen).
- Dabei werden sowohl **Sachinformationen** als auch **Gedanken** und **Gefühle** mitgeteilt. So unterscheidet man bei Äußerungen die Sach- und die Beziehungsebene, z. B.: *„Willst du mit mir ins Kino gehen?"*
  → Mitteilung auf der **Sachebene:** *Ich möchte mit dir ins Kino gehen.*
  → Mitteilung auf der **Beziehungsebene:** *Ich verbringe gern Zeit mit dir, ich mag dich.*
- Die **nonverbalen und paraverbalen Ausdrucksmittel** entscheiden oft darüber, wie eine Nachricht verstanden wird. Werden sie falsch gedeutet, misslingt die Kommunikation.

••• Fordern und fördern – Die Kommunikation untersuchen

Marlene Röder

Schwarzfahren für Anfänger (2011, Teil 2)

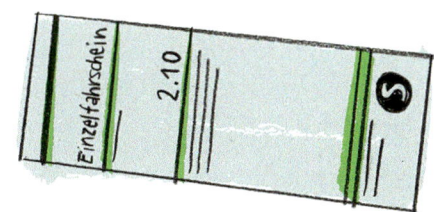

„Da haben Sie ihren Fahrschein", sagt Stefan. Dann hält er der Frau ein Ticket unter die Nase. Sie prüft es sorgfältig auf Gültigkeit und nickt dann.

5 „Könnte ich bitte auch deinen Fahrschein sehen, junger Mann?"

„Ich hab keinen", entgegnet Stefan und schaut der Kontrolleurin gelassen in die Augen. Ihre Lippen verziehen sich zu einem kurzen

10 Lächeln. Aber vielleicht hat Josefine sich das auch nur eingebildet. Anschließend stellt die Kontrolleurin Stefan einen Bußgeldbescheid aus. Die ganze Zeit über muss Josefine ihn anstarren wie ein Wunder.

15 „Was machst du denn hier?", platzt es aus ihr raus, kaum dass die Kontrolleurin gegangen ist.

„War klar, dass du in die nächste S-Bahn steigst", antwortet Stefan und lässt sich auf den

20 Sitz neben ihr fallen. „Ich musste einfach nur am Bahnsteig stehen bleiben und warten, bis du irgendwann vorbeigefahren kommst. War Glück, dass ich dich gesehen hab."

Dann schweigen sie und trauen sich beide nicht, sich richtig anzusehen. Josefine weiß 25 nicht, was sie sagen soll. Also sagt sie: „Mit dem Schwarzfahren, das hast du irgendwie noch nicht so richtig drauf."

„Dann musst du wohl noch ganz viel mit mir üben", antwortet Stefan und grinst sie an. Ge- 30 meinsam betrachten sie die Halteschlaufen, die in den Kurven hin und her schwingen. Stefan fragt leise: „Hast du Angst, Fine?" „Ja", flüstert sie. „Ein bisschen." Sie fahren durch die schwarze Nacht, Josefine und ihr Schwarz- 35 fahrer, da nimmt er ihre Hand. Seine Hand ist warm.

1 Entspricht das Ende der Geschichte euren Vermutungen (▶ S. 129 Aufg. 1c)? Benennt Gemeinsamkeiten oder Unterschiede.

2 Untersucht die Kommunikation zwischen den Figuren in dem Schlussteil der Geschichte:
••• a Schreibt Textstellen ab, in denen die Figuren Informationen verbal, nonverbal oder paraverbal vermitteln. Formuliert dazu jeweils eine Deutung, z. B.:
   „Ich hab keinen", entgegnet Stefan und schaut der Kontrolleurin gelassen in die Augen. (Z. 7 f.)
   → *verbale Information: Stefan hat keinen Fahrschein.*
   → *nonverbale Information: Es macht ihm nichts aus, er fühlt sich sicher.*
                                                                    ▷ Hilfe zu Aufgabe 2 a Seite 132
   b Untersucht in der markierten Textstelle (▶ Z. 33 f.), welche Sachinformation und welche Beziehungsinformation Josefine und Stefan austauschen, z. B.:
   Auf der Sachebene möchte Stefan wissen, ob Josefine Angst hat. Auf der Beziehungsebene zeigt diese Frage,
   dass ...   ▷ Hilfe zu Aufgabe 2 b Seite 132

3 Formuliert Antworten zu den folgenden zwei Fragen:
   A Welche doppelte Bedeutung steckt im Titel der Kurzgeschichte „Schwarzfahren für Anfänger"?
   B Welche Bedeutung kommt dem „Im-Kreis-Fahren" der S-Bahn in der Geschichte zu?

●○○ **Aufgabe 2 a mit Hilfen**

Schreibt die sechs Textstellen ab, in denen die Figuren Informationen verbal, nonverbal oder para-verbal vermitteln. Ordnet ihnen jeweils eine der folgenden Deutungen A–F zu:

1 „Da haben Sie ihren Fahr-schein", sagt Stefan. Dann hält er der Frau ein Ticket unter die Nase. (▶ Z. 1 f.)

A → *verbale Information: Josefine will wissen, was Stefan in der S-Bahn macht.*
→ *paraverbale Information: Sie ist überrascht.*

2 Ihre Lippen verziehen sich zu einem kurzen Lächeln. (▶ Z. 9 f.)

B → *verbale Information: Stefan hat den Fahrschein für Josefine.*
→ *nonverbale Information: Er bekräftigt seine Aussage.*

3 „Was machst du denn hier?", platzt es aus ihr raus. (▶ Z. 15 f.)

C → *verbale Information: Josefine soll mit Stefan Schwarzfahren üben.*
→ *nonverbale Information: Er macht einen Spaß und will mit ihr zusammen sein.*

4 „War klar, dass du in die nächs-te S-Bahn steigst", antwortet Stefan und lässt sich auf den Sitz neben ihr fallen. (▶ Z. 18–20)

D → *verbale Information: Stefan will wissen, ob Josefine Angst hat.*
→ *paraverbale Information: Er ist unsicher und traut sich kaum, sie zu fragen.*

5 „Dann musst du wohl noch ganz viel mit mir üben", ant-wortet Stefan und grinst sie an. (▶ Z. 29 f.)

E → *verbale Information: Stefan hat vermutet, dass Josefine wieder mit der Bahn im Kreis fährt.*
→ *nonverbale Information: Er will locker wirken.*

6 Stefan fragt leise: „Hast du Angst, Fine?" (▶ Z. 33)

F → *nonverbale Information: Die Kontrolleurin ist nicht ärgerlich. Sie versteht, dass Stefan versucht, Josefine zu helfen.*

●○○ **Aufgabe 2 b mit Hilfen**

Untersucht in der markierten Textstelle (▶ Z. 33 f.), welche Sachinformation und welche Beziehungs-information Josefine und Stefan austauschen.
Schreibt die Aussage unten ab und setzt passende Angaben aus dem Kasten ein.

> Beziehungsebene • Sachebene • Sorgen • Angst • Mut • über sie ärgert • um sie sorgt • ein wenig ängstigt • sehr ärgert • vertraut • nicht vertraut • ihre Beziehung • ihre Freundschaft • Unsicherheit • Vertrauen und Zuneigung

> Auf der Sachebene möchte Stefan wissen, ob Josefine ❓ hat. Auf der ❓ zeigt er ihr mit dieser Frage, dass er sich ❓. Daraufhin bestätigt Josefine Stefan auf der ❓, dass sie sich ❓. Auf der ❓ vermittelt sie ihm dabei, dass sie ihm ❓. In diesem kurzen Dialog zwischen Stefan und Josefine wird deutlich, dass ❓ durch ❓ bestimmt ist.

6.3 Fit in …! – Eine Kurzgeschichte untersuchen

Stellt euch vor, ihr bekommt in der nächsten Klassenarbeit die folgende Aufgabe gestellt:

Aufgabe

1. Analysiere und interpretiere Thomas Hürlimanns Kurzgeschichte „Der Filialleiter":
   - Fasse den Inhalt zusammen.
   - Untersuche die Figuren und ihre Beziehung zueinander. Beachte dabei besonders, wie sie verbal und nonverbal miteinander kommunizieren und was dieses Verhalten über ihre Beziehung aussagt.
2. Weise nach, dass es sich um eine Kurzgeschichte handelt.

Thomas Hürlimann

Der Filialleiter (1994)

Als der Filialleiter des Supermarktes auf dem Fernsehschirm seine Frau erblickte, erschrak er zu Tode. Nein, er täuschte sich nicht – das erste Programm zeigte Maria-

5 Lisa, seine eigene Frau. Im schicken Blauen saß sie in einer größeren Runde, und gerade jetzt, da der Filialleiter seinen Schock überwunden glaubte, wurde Maria-Lisa von der Moderatorin gefragt, was sie für ihren

10 Ehemann empfinde.

„Nichts", sagte Maria-Lisa.

„Maria-Lisa!", entfuhr es dem Filialleiter, und mit zittriger Hand suchte er den Unterarm seiner Frau. Wie jeden Abend saßen sie

15 nebeneinander vor dem Fernseher, und beide hatten ihre Füße in rote Plastikeimerchen gestellt, in ein lauwarmes Kamillenbad – das stundenlange Stehen im Supermarkt machte ihnen zu schaffen.

20 Die Bildschirm-Maria-Lisa lächelte. Dann erklärte sie, über den Hass, ehrlich gesagt, sei sie schon hinaus. Der Filialleiter hielt immer noch Maria-Lisas Arm. Er schnaufte, krallte seine Finger in ihr Fleisch und

25 stierte in den Kasten. Hier, fand er, war sie flacher als im Leben. Sie hatte ihr Was-darf's-denn-sein-Gesicht aufgesetzt und be-

merkte leise, aber dezidiert[1]: „Mein Willy ekelt mich an."

Und das in Großaufnahme!

30 Nun sprach eine blonde Schönheit über die Gefahren der Affekteverkümmerung[2] und der Filialleiter, dem es endlich gelang, die Augen vom Apparat zu lösen, versuchte sei-

35 ne Umgebung unauffällig zu überprüfen.

---

1 dezidiert: energisch, bestimmt

2 die Affekteverkümmerung: die zunehmende Unfähigkeit, Gefühle zu zeigen

Jedes Ding war an seinem Platz. In der Ecke stand der Gummibaum, an der Wand tickte die Kuckucksuhr, und neben ihm saß die Frau, mit der er verheiratet war. Kein Spuk – Wirklichkeit! Maria-Lisa war auf dem Bildschirm, und gleichzeitig griff sie zur Thermosflasche, um in die beiden Plastikeimer heißes Wasser nachzugießen.

Sein Fußbad erfüllte Willy auch an diesem Abend mit Behagen. Dann rief er sich in Erinnerung, was ablief. Ungeheuerlich! Auf dem Schirm wurde das emotionale Defizit eines Ehemanns behandelt, und dieser Ehemann war er selbst, der Filialleiter Willy P.! Er griff zum Glas und hatte Mühe, das Bier zu schlucken. Hinter seinem Rücken war Maria-Lisa zu den Fernsehleuten gegangen. Warum? Willy hatte keine Ahnung. Willy wusste nur das eine: Vor seinen Augen wurde sein Supermarkt zerstört.

Maria-Lisa reichte ihm das Frotteetuch, aber der Filialleiter stieg noch nicht aus dem Eimer. Er hielt das Tuch in der Hand, und so stand er nun, nur mit Unterhemd und Unterhose bekleidet, minutenlang im Kamillenbad – ein totes Paar Füße, im Supermarkt plattgelatscht.

„Das Wasser wird kalt", sagte Maria-Lisa.

Der Filialleiter rieb sich die Füße trocken, dann gab er Maria-Lisa das Tuch. Als die Spätausgabe der „Tagesschau" begann, saßen sie wieder auf dem Kanapee³. Maria-Lisa und der Filialleiter, Seite an Seite, er trank sein Bier und sie knabberte Salzstangen.

3 das Kanapee: das Sofa

Die Aufgabe richtig verstehen

1 Was verlangt die Aufgabe von euch?
Notiert im Heft die Buchstaben der richtigen Aussagen. Sie ergeben ein Lösungswort.

Wir sollen ...
EIT ... uns eine Vorgeschichte zu der Geschichte ausdenken.
VER ... den wesentlichen Inhalt der Geschichte zusammenfassen.
IGK ... ausführlich nacherzählen, was in der Kurzgeschichte passiert.
AEN ... die Beziehung der Figuren zueinander untersuchen.
LOS ... Leerstellen der Geschichte mit Inhalt füllen.
DER ... auch nonverbale Ausdrucksmittel in der Kommunikation der Figuren beachten.
ACH ... eine Bewertung der Kurzgeschichte schreiben.
UNG ... die Merkmale einer Kurzgeschichte nachweisen.
SPR ... einen Vergleich mit einer anderen Kurzgeschichte vornehmen.

Planen

2 Lest die Geschichte und notiert stichwortartig Antworten auf die folgenden W-Fragen:
– **Wer** sind die handelnden Figuren?
– **Wo** spielt die Handlung (Handlungsort)?
– **Wann** spielt die Geschichte? Welche Zeitspanne wird dargestellt?
– **Was** ist das Thema der Geschichte?

3 Bestimmt die Handlungsschritte in der Geschichte und bereitet die Zusammenfassung vor:

a Teilt den Text in Sinnabschnitte. Schreibt die Zeilenangaben untereinander und lasst dazwischen jeweils mehrere Zeilen frei.

b Notiert zu jedem Abschnitt stichwortartig die wichtigen Handlungsschritte, z. B.:

1. Abschnitt (Z.1–10):   – Filialleiter sieht seine Frau im Fernsehen
*   – Frau wird von Moderatorin nach Gefühlen für Ehemann gefragt*

c Markiert Handlungsschritte im Wohnzimmer und in der Fernsehsendung mit unterschiedlichen Farben.

4 Untersucht die zwei Hauptfiguren in der Geschichte:

a Notiert zu jeder Figur stichwortartig die Informationen, die im Text gegeben werden.

b Deutet folgende Textstellen und ergänzt eure Notizen: Was sagen sie über die Figuren aus?

A „ein lauwarmes Kamillenbad – das stundenlange Stehen im Supermarkt machte ihnen zu schaffen" (▶ Z.17–19)

B „Willy wusste nur das eine: Vor seinen Augen wurde sein Supermarkt zerstört." (▶ Z.53–55)

C „ein totes Paar Füße, im Supermarkt plattgelatscht" (▶ Z.61f.)

5 Untersucht die Kommunikation der zwei Hauptfiguren:

a Notiert untereinander Textstellen, in denen die Figuren Informationen verbal oder nonverbal übermitteln, z. B.:

1 „Maria-Lisa!", entfuhr es dem Filialleiter, und mit zittriger Hand suchte er den Unterarm seiner Frau. (Z.12–14)

2 Der Filialleiter hielt immer noch Maria-Lisas Arm. Er schnaufte, krallte seine Finger in ihr Fleisch und stierte in den Kasten. (Z.22–25)

b Formuliert zu jeder Textstelle eine Deutung, z. B.:

zu 1 → nonverbale Information: Der Filialleiter bekommt Angst und will sich an seiner Frau festhalten.
zu 2 → nonverbale Information: …

c Was kann man anhand dieser Informationen über die Beziehung des Ehepaars sagen? Fasst euer Untersuchungsergebnis in einigen Sätzen zusammen.

6 Prüft, welche Merkmale von Kurzgeschichten auf die Geschichte „Der Filialleiter" zutreffen:

a Übertragt zutreffende Merkmale ins Heft und ergänzt jeweils eine Begründung.

A Es handelt sich um eine knappe, moderne Erzählung.
   → Die Erzählung spielt …

B Die handelnden Figuren sind Alltagsmenschen.
   → Dieses Merkmal trifft zu / trifft nicht zu, denn …

C Es wird ein aussagekräftiger Abschnitt aus dem Alltagsleben einer Figur erzählt.
   → So werden die beiden Hauptfiguren beim … gezeigt.

D Die Geschichte springt mitten hinein ins Geschehen.
   → Sie beginnt damit, dass …

E Die Handlung erfährt eine überraschende Wendung.
   → Es überrascht die Leser, dass …

F Der Schluss ist offen.
   → Die Leser erfahren nicht, …

b Welche Aussagen kann man mit Textzitaten belegen? Notiert passende Textstellen.

135

Schreiben

7 Formuliert einen Einleitungssatz. Gebt darin Textart, Titel, Autor, Erscheinungsjahr und Thema an:
In der Kurzgeschichte „...“ von ... aus dem Jahr ... geht es um ...

8 Fasst mit Hilfe eurer Notizen zu den Aufgaben 2 und 3 die Handlung des Textes zusammen. Schreibt im Präsens und achtet auf abwechslungsreiche Satzanfänge:
Ein Filialleiter und seine Frau sitzen auf dem Sofa und sehen fern. Der Filialleiter sieht ...
Dann ... / Anschließend ... / Später ... / Schließlich ... / Am Ende ...

9 Beschreibt mit Hilfe eurer Notizen zu den Aufgaben 4 und 5 die zwei Hauptfiguren und ihre Kommunikation. Leitet anschließend eine Aussage zu ihrer Beziehung ab.
Folgende Satzanfänge könnt ihr verwenden:
– *Der Filialleiter und seine Frau sprechen nur wenige Worte miteinander. Bereits daran erkennt man, dass ...*
– *Durch seine nonverbalen Reaktionen auf die Fernsehsendung wird deutlich, dass der Filialleiter ...*
– *Die Ehefrau reagiert ... Dieses Verhalten zeigt ...*
– *Das nonverbale Verhalten des Mannes / der Frau zeigt / macht deutlich / lässt erkennen, dass ...*
– *Das Verhältnis der beiden Figuren wird bestimmt durch ...*

10 Formuliert mit Hilfe eurer Notizen zu Aufgabe 6 eine zusammenhängende Begründung, warum es sich bei dem Text um eine Kurzgeschichte handelt:
Bei dem Text „Der Filialleiter“ handelt es sich um eine Kurzgeschichte, denn ...

Überarbeiten

11 **a** Tauscht eure Texte. Prüft den Text eures Lernpartners mit Hilfe der Checkliste unten und notiert Vorschläge zur Überarbeitung:
Du solltest darauf achten, dass ... / Es fehlt ... / Ich verstehe beim Lesen nicht, warum ...
b Überarbeitet euren eigenen Text mit Hilfe der Hinweise eures Lernpartners.

Checkliste

Eine Kurzgeschichte analysieren
- Habt ihr eine **Einleitung** mit Angaben zu Textart, Autor/-in, Titel, Erscheinungsjahr und Thema formuliert?
- Habt ihr in der **Zusammenfassung** kurz und sachlich die Handlung wiedergegeben?
- Habt ihr die **Kommunikation der Figuren** untersucht und ihre **Beziehung** beschrieben?
- Habt ihr auch **nonverbale und paraverbale Ausdruckmittel** mit einbezogen?
- Habt ihr die **Merkmale einer Kurzgeschichte** am Text nachgewiesen?
- Habt ihr alle eure Aussagen zur Geschichte mit **geeigneten Textstellen** belegt?

Schreibwörter				▶ S. 339
der Abschnitt	die Beziehung	die Kommunikation	kommunizieren	verbal
der Absatz	die Konstellation	die Analyse	analysieren	nonverbal

7 Himmelsfreud oder Höllenleid? –
Liebesgedichte erschließen

Edvard Munch: Vampir
(Öl auf Leinwand, 1893/94)

1 Betrachtet das Gemälde von Edvard Munch. Wie wirkt es auf euch?
Welchen Titel würdet ihr diesem Bild geben?

2 Die Überschrift des Kapitels bezieht sich auf folgende Verse von Heinrich Heine (1797–1856):

Die Engel, die nennen es Himmelsfreud,
Die Teufel, die nennen es Höllenleid,
Die Menschen, die nennen es – Liebe!

a Was fällt euch ein, wenn ihr an Liebesgedichte denkt? Tauscht euch aus.
b Nennt Songs zum Thema „Liebe",
die ihr kennt. Beschreiben sie eher
das Hochgefühl oder eher die
unglücklichen Seiten der Liebe?

In diesem Kapitel ...

– vergleicht ihr Songs und Gedichte zum
Thema „Liebe" aus unterschiedlichen
Zeiten,
– tragt ihr ein Gedicht wirkungsvoll vor,
– untersucht ihr die inhaltliche und die
sprachliche Gestaltung von Gedichten,
– schreibt ihr eine ausführliche
Gedichtanalyse.

137

7.1 Liebesglück und Liebesleid – Sprache in Gedichten untersuchen

Einen Songtext deuten

Inga Humpe, Thomas Eckart, David Jost, Robin Grubert

Ein neues Gefühl (2013)

Am Himmel waren keine Sterne
Ich wollte gerade gehen
Auf einmal trifft's mich wie ein Urknall
Ich denk, hey bleib mal stehen

5 Du bringst hier alles durcheinander
Auf jeden Fall mich
Ich seh dich jetzt als Wellenform
Und nur noch dich

Die ganze Nacht lang Sonne
10 Und ich spür keine Zeit
Alles dreht sich um uns rum
Und zwei sind eins, zwei sind eins
Ein neues Gefühl
Du und ich und jetzt und hier
15 Ein neues Gefühl
Du und ich und irgendwas mit Liebe

Was ist das für ein Zauber
Ich kenn doch sonst jeden Trick
Überall schöne Mädchen
20 Und schöne Mädchen bringen Glück

Die ganze Nacht lang Sonne
Und ich spür keine Zeit
Alles dreht sich um uns rum
Und zwei sind eins, zwei sind eins
25 Ein neues Gefühl
Du und ich und jetzt und hier
Ein neues Gefühl
Du und ich

Du bringst hier alles durcheinander
30 Dreh mich um dich dich dich
Dreh dich um mich
Dreh mich um dich dich dich
Dreh dich um mich
Du und ich und jetzt und hier
35 Irgendwas mit Liebe
Energieform jetzt und wir
Das gefällt mir *

138

1 a Welche Stimmung vermittelt der Songtext? Beschreibt sie mit treffenden Adjektiven.

    b Wie stellt ihr euch die Musik zu dem Text vor? Äußert euch zu Tempo, Instrumenten oder Rhythmus.

2 Untersucht den Aufbau des Songs:

    a Beschreibt die äußere Form. Verwendet dabei die Begriffe *Strophe, Vers, Reim, Refrain*. Würdet ihr die letzten neun Verse als Strophe oder als Refrain bezeichnen?

    b Gebt die Wiederholungen im Text an. Wie wirken sie auf die Leser oder Zuhörer?

    c Der Songtext enthält keine Satzzeichen. Hinter welche Verse würdet ihr ein Fragezeichen setzen, hinter welche ein Ausrufezeichen? Begründet.

3 Beschreibt das lyrische Ich des Songs:

    a Formuliert eine Aussage dazu, wie ihr euch das lyrische Ich (▶ S. 310) vorstellt:

      Als lyrisches Ich stelle ich mir ein etwa …-jähriges Mädchen / einen etwa …-jährigen Jungen vor, denn in den Versen … heißt es: „…“. Vielleicht befindet sich das lyrische Ich gerade auf/bei/in …
Das lyrische Ich ist scheinbar …, denn in den Versen … steht: „…“.

    b Welcher Aussage zum lyrischen Ich würdet ihr zustimmen? Begründet mit Textstellen.

> **A** Das lyrische Ich ist noch unsicher, was es für seine neue Bekanntschaft fühlt.

> **B** Das lyrische Ich will sich dem neuen Gefühl ganz hingeben, ohne nachzudenken.

> **C** Das lyrische Ich erlebt das Durcheinander der neuen Gefühle als stressig.

4 Das lyrische Ich spricht im Song von „Himmel" (▶ V. 1), „Sternen" (▶ V. 1), „Urknall" (▶ V. 3), „Wellenform" (▶ V. 7), „Nacht" (▶ V. 9, 21), „Sonne" (▶ V. 9, 21) und „Energieform" (▶ V. 36).

    a Erklärt, was ihr mit diesen Begriffen verbindet und wofür sie im Song jeweils stehen.

    b Erläutert den Zusammenhang zwischen diesen Begriffen und dem Gefühl der Liebe.

5 Deutet die Aussage des lyrischen Ichs „Du bringst hier alles durcheinander" (▶ V. 5, 29). Wie bewertet das lyrische Ich dieses Durcheinander? Belegt eure Deutung mit Textstellen.

6 Verfasst einen Tagebucheintrag des lyrischen Ichs, in dem es die nächtliche Begegnung beschreibt. Welche Hoffnungen und welche Befürchtungen bewegen das lyrische Ich?

Information **Die äußere Gedichtform: der Vers, die Strophe, der Reim, der Refrain**

- Ein **Vers** bezeichnet die **einzelne Zeile** in einem Gedicht oder Song.
- Eine **Strophe** besteht aus **mehreren Versen,** die eine Gruppe bilden.
- Wörter bilden einen **Reim,** wenn der letzte betonte Vokal und die folgenden Laute gleich klingen, z. B.: *gehen – stehen*. Typische Reimschemata sind **Paarreim** (a a b b), **Kreuzreim** (a b a b), **umarmender Reim** (a b b a). Wenn Silben nicht gleich, aber ähnlich klingen, nennt man dies einen **unreinen Reim,** z. B.: *Trick – Glück.*
- Als **Refrain** bezeichnet man einen oder mehrere **Verse zwischen einzelnen Strophen,** zu Beginn oder am Schluss einer Strophe, die **regelmäßig wiederkehren.**

Ein literarisches Motiv untersuchen

Dietmar von Eist

Slafest du, friedel ziere (um 1170)

‚Slâfest du, friedel ziere?
man weckt uns leider schiere:
ein vogellîn sô wol getân
daz ist der linden an daz zwî gegân.‘

5 ‚Ich was vil sanfte entslâfen:
nu rüefstu kint wâfen.
liep âne leit mac niht gesîn.
swaz du gebiutst, daz leiste ich,
   fruindîn mîn.‘

10 Diu frouwe begunde weinen.
‚du rîtst und lâst mich eine.
wenne wilt du wider her zuo mir?
owê du füerst mîn fröide sament dir!‘

Dietmar von Eist, Übertragung: Max Wehrli

Schläfst du, mein schöner Liebster?

„Schläfst du, mein schöner Liebster?
Bald wird man uns leider wecken.
Ein Vögelchen, ein wohlgestaltes,
ist auf der Linde Zweig gekommen.“

5 „Ich war sanft eingeschlafen:
nun rufst du, Kind, mich auf!
Lieb ohne Leid, das kann nicht sein.
Was immer du befiehlst, das tu ich,
   meine Freundin.“

10 Die Frau begann zu weinen.
„Du reitest und lässt mich allein.
Wann willst du wieder her zu mir?
O weh, du nimmst mein Glück zugleich mit dir!“

1
a Lest den Titel des Gedichts und den der Übertragung rechts daneben und tauscht euch über eure Vermutungen zum Inhalt des Gedichts aus.
b Versucht abwechselnd, einzelne Strophen des mittelhochdeutschen Gedichttextes laut vorzulesen. Welche Wörter und Wendungen könnt ihr verstehen?
c Lest die Übertragung des Gedichts und prüft eure Vermutungen zum Inhalt.

2 Bei dem Gedicht handelt es sich um ein mittelalterliches „Tagelied", das die Situation eines heimlichen Liebespaars nach einer gemeinsamen Nacht beschreibt.
a Lest abwechselnd jeweils eine Strophe der Übertragung vor und äußert mit eigenen Worten:
  – Wer spricht in der Strophe?
  – Was genau sagt die Figur?
  Der Lernpartner prüft und ergänzt jeweils die Äußerung.
b Formuliert gemeinsam eine Aussage dazu, welcher Konflikt zwischen den Liebenden im Gedicht beschrieben wird. Was möchte die Frau, was der Mann?
c Notiert eine Vermutung, warum die beiden Liebenden nicht beieinanderbleiben.

3 Das Motiv „Liebesglück und Liebesleid" findet man in vielen literarischen Texten zum Thema „Liebe".
a Überlegt zu zweit, wie ihr die Aussage im Gedicht „Lieb ohne Leid, das kann nicht sein" (▶ V. 7) versteht. Welcher Deutung A–D würdet ihr zustimmen?
  A Wenn du jemanden liebst, hat die geliebte Person die Macht, dir wehzutun.
  B Konflikte und Schmerz gibt es in jeder Liebesbeziehung.
  C Erst bei Streit oder Trennung fühlt man, wie sehr man jemanden liebt.
  D Das Gegenteil von Liebe ist Gleichgültigkeit, deshalb tut Liebe immer auch weh.
b Formuliert eure eigene Meinung zur Aussage von Vers 7. Kann es Liebe ohne Leid geben?

4
a Vergleicht die Sprache im mittelhochdeutschen Text mit der Übertragung und notiert:
  – Welche Wörter haben sich kaum verändert?
  – Welche Abweichungen bei den Vokalen *(a, e, i, o, u)* oder Schreibweisen fallen euch auf?
b Recherchiert, welche Frauen man im Mittelalter mit dem Wort „frouwe" (▶ V. 10) bezeichnete. Tauscht euch anschließend über eure Ergebnisse aus.
c Anders als bei der Frau erfährt man in dem Gedicht nichts über die soziale Stellung des Mannes. Welche Gründe vermutet ihr?

5 Verfasst vier Verse für ein modernes „Tagelied". Verwendet dabei das Reimschema wie im Tagelied von Dietmar von Eist.

Information | **Das literarische Motiv**

- In der **Literatur** bezeichnet man mit *Motiv* ein **inhaltliches Element,** das in literarischen Texten aus unterschiedlichen Zeiten immer wieder vorkommt, beispielsweise in Texten zum Thema „Liebe" das Motiv der Eifersucht oder das Motiv der Sehnsucht.
- Manchmal werden Motive **bildhaft dargestellt durch Metaphern oder Symbole.**
  So kann z. B. eine Rose mit Dornen für den Schmerz stehen, den Liebe verursachen kann.
- Beim Lesen literarischer Texte kann man untersuchen, wie ein Motiv zu unterschiedlichen Zeiten verstanden und dargestellt wurde.

Daniel Czepko von Reigersfeld

An die Augen der Gegen über stehenden Göttin. Allezeit lichte bey dieser Sonnen. (1634)

Ihr könnt mir Himmel und zugleich auch Hölle seyn:
Ihr schönen Augen ihr durch euern Glantz und Schein,
Schaut ihr mich gnädig an, seh ich den Himmel offen,
Schaut ihr mich zornig an, hab ich die Höll antroffen.
Hier Pein[1], und dort ist Lust, doch will mit euch in Pein
Ich lieber als ohn euch in Lust und Freude seyn.

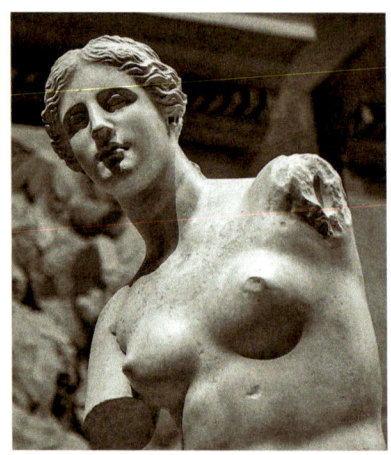

———
1 die Pein: der Schmerz

1 a Beschreibt, was ihr beim Lesen der Verse vor eurem inneren Auge seht.
   b Formuliert euren ersten Leseeindruck von dem Gedicht.

2 a Beantwortet zu zweit die folgenden Fragen zum Inhalt des Gedichts:
   – Wen spricht das lyrische Ich an?
   – Wie erlebt das lyrische Ich die Beziehung zu dieser Person?
   – Welche Gefühle bringt das lyrische Ich in dem Gedicht zum Ausdruck?
   b Übertragt die Verse 5 und 6 gemeinsam in heutiges Deutsch. Wie würdet ihr das ausdrücken?

3 Prüft die folgenden Deutungen der Überschrift und tauscht euch mit eurem Lernpartner darüber aus. Welcher Aussage stimmt ihr zu?

> **A** Das lyrische Ich spricht eine Art Gebet zu der Statue einer Göttin.

> **B** Die Tatsache, dass das lyrische Ich nur die Augen anspricht, zeigt seine Schüchternheit.

> **C** Das lyrische Ich spricht nur die Augen der Geliebten an, da sie nicht mit ihm spricht, sondern es nur durch ihre Blicke quält oder glücklich macht.

> **D** Die Bezeichnung als Göttin macht deutlich, wie sehr das lyrische Ich die Frau verehrt.

4 Im Gedicht wird das Motiv „Liebesglück und Liebesleid" als „Himmel und Hölle" dargestellt.
   a Tauscht euch darüber aus, was ihr mit den Begriffen „Himmel" und „Hölle" verbindet. Notiert eure Ideen in zwei Clustern:

   b Formuliert gemeinsam eine Deutung der Begriffe „Himmel" und „Hölle" im Gedicht. Belegt eure Aussagen mit Textstellen.

Johann Wolfgang Goethe

Klärchens Lied (1788)

Freudvoll
Und leidvoll,
Gedankenvoll sein,
Langen[1]
5 Und bangen[2]
In schwebender Pein,
Himmelhoch jauchzend,
Zum Tode betrübt –
Glücklich allein[3]
10 Ist die Seele, die liebt.

1 langen: ersehnen, verlangen

2 bangen: ängstlich warten

3 allein: *hier:* nur, ausschließlich

Franziska zu Reventlow (um 1891)

Lass uns, o lass uns nicht wieder scheiden

Lass uns, o lass uns nicht wieder scheiden[1],
halte mich fest, noch bin ich ja dein.
Lass uns zusammen jauchzen und leiden,
lass mich, o lass mich nicht wieder allein.

Ehe das Leben, das grausame Leben,
eisig uns trennt mit bitterem Weh[2],
gib mir den Tod in glühenden Küssen,
lass mich in deiner Liebe vergehn[3].

1 scheiden: sich trennen

2 das Weh: der Schmerz

3 vergehn: verschwinden, sich auflösen

5 Beschreibt die Stimmung in den beiden Gedichten „Klärchens Lied" und „Lass uns".
Welche passt besser zu eurer Vorstellung von einem Liebesgedicht?

6 a In dem Gedicht „Klärchens Lied" gibt es kein lyrisches Ich und kein Du.
In welcher Situation und zu wem spricht Klärchen diese Verse? Formuliert eine Vermutung,
b Was wünscht sich das lyrische Ich in dem Gedicht von Franziska zu Reventlow?
Gebt den Wunsch mit eigenen Worten wieder.
c Übertragt folgende Verse aus den Gedichten in heutiges Deutsch. Wie würdet ihr das sagen?
A „Glücklich allein / Ist die Seele, die liebt." (▶ V. 9–10)
B „Lass uns zusammen jauchzen und leiden" (▶ V. 3)

7 Vergleicht die Darstellung des Motivs „Liebesglück und Liebesleid" in den drei Gedichten auf dieser
Doppelseite. Geht so vor:
a Notiert in einer Tabelle, mit welchen Wörtern oder sprachlichen Bildern das Motiv in den
einzelnen Gedichten beschrieben wird:

Gedicht	Darstellung des „Liebesglücks"	Darstellung des „Liebesleids"
1 Daniel Czepko von Reigersfeld (1634)	*„Himmel offen" (Vers 3)*	…
2 Johann Wolfgang Goethe (1788)	…	…
3 Franziska zu Reventlow (um 1891)	…	*„das grausame Leben" (Vers 5)* *„eisig", „mit bitterem Weh" (Vers 6)*

b Formuliert eine Aussage dazu, was euch beim Vergleich der Darstellung auffällt.

143

Sprachliche Bilder verstehen

Friedrich Gottlieb Klopstock

Das Rosenband (1762)

Im Frühlingsschatten fand ich sie;
Da band ich sie mit Rosenbändern:
Sie fühlt' es nicht, und schlummerte.

Ich sah sie an; mein Leben hing
5 Mit diesem Blick an ihrem Leben:
Ich fühlt' es wohl, und wuss't es nicht.

Doch lispelt'[1] ich ihr sprachlos zu
Und rauschte mit den Rosenbändern:
Da wachte sie vom Schlummer auf.

10 Sie sah mich an; ihr Leben hing
Mit diesem Blick an meinem Leben,
Und um uns ward's Elysium[2].

1 lispeln: flüstern

2 das Elysium: Insel der Glücklichen und Unsterblichen

1 Wie fühlt sich das lyrische Ich? Beschreibt die Stimmung im Gedicht mit eigenen Worten.

2 a Untersucht zu zweit den Aufbau des Gedichts und macht euch Notizen zu Auffälligkeiten. Achtet besonders auf Folgendes:

> Wiederholungen • Personalpronomen • paralleler Aufbau • Steigerungen

b Tauscht euch mit einem anderen Lernpaar über eure Ergebnisse aus.

3 Untersucht in der Gruppe das sprachliche Bild der „Rosenbänder" (▸ V. 2, 8):
a Notiert in einem Cluster alle Eigenschaften, die ihr mit Rosen verbindet, z. B.: *Rosen duften.*
b Formuliert gemeinsam eine Deutung, wie ihr den Begriff „Rosenbänder" im Gedicht versteht.

4 Untersucht die Bedeutung der „Blicke" im Gedicht:
a Schreibt alle Textstellen ab, in denen Blicke oder (fehlende) Blickkontakte eine Rolle spielen, z. B.: *„ich fand" (Vers 1), „sie schlummerte" (Vers 3)*. Was fällt euch auf?
b Formuliert gemeinsam eine Aussage zur Bedeutung der Blicke im Gedicht oder stellt euer Untersuchungsergebnis in einer Grafik dar.

5 Prüft die folgende Aussage zum Gedicht und begründet eure Zustimmung oder Ablehnung anhand einer Textstelle: „Das lyrische Ich hat im Gedicht zunächst ein unbestimmtes Gefühl, das später zu einer Gewissheit wird."

Reiner Kunze

Die Liebe (1963)

Die liebe
ist eine wilde rose in uns
Sie schlägt ihre wurzeln
in den augen,
5 wenn sie dem blick des geliebten begegnen
Sie schlägt ihre wurzeln
in den wangen,
wenn sie den hauch des geliebten spüren
Sie schlägt ihre wurzeln
10 in der haut des armes,
wenn ihn die hand des geliebten berührt
Sie schlägt ihre wurzeln,
wächst wuchert
und eines abends
15 oder eines morgens
fühlen wir nur:
sie verlangt
raum in uns

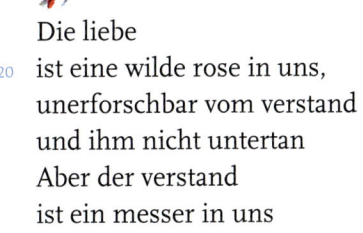

Die liebe
20 ist eine wilde rose in uns,
unerforschbar vom verstand
und ihm nicht untertan
Aber der verstand
ist ein messer in uns

25 Der verstand
ist ein messer in uns,
zu schneiden der rose
durch hundert zweige
einen himmel

6 Besprecht, was euch beim Lesen des Gedichts „Die Liebe" auffällt. Wie wirkt es auf euch?

7 a Zeichnet eine Skizze zum Inhalt des Gedichts und beschriftet sie mit Wörtern, die ihr wichtig findet.
 b Vergleicht eure Skizzen und besprecht Gemeinsamkeiten und Unterschiede in der Darstellung.

8 Die Rose wird im Gedicht als Metapher für die Liebe verwendet.
 a Welche Eigenschaften der Rose werden im Gedicht der Liebe zugeschrieben?
 Schreibt einzelne Verse ab und formuliert dazu jeweils eine Deutung, z. B.:
 „Sie schlägt ihre wurzeln/in den augen," (V. 3–4) → *Die Liebe setzt sich in einem Menschen fest wie die Wurzeln der Rose im Boden. Dies geschieht, wenn man die Geliebte oder den Geliebten sieht.*
 b Sucht eine weitere Metapher im Gedicht und formuliert eine Deutung dazu.

Information   Sprachliche Bilder

- Bei einer **Metapher** wird ein Wort nicht wörtlich, sondern **in übertragener Weise bildhaft** verwendet, um etwas zu veranschaulichen, z. B.: *das Feuer der Gefühle.*
- Eine besondere Form der Metapher ist die **Personifikation,** bei der Gegenstände, Bestandteile der Natur oder Begriffe vermenschlicht werden.
- Bei einem **Vergleich** wird durch das Vergleichswort *wie* ein direkter Zusammenhang zwischen dem Bezugswort und einem Bild hergestellt, z. B.: *Sie ist schön wie die Sonne.*
- **Symbole** sind oft Gegenstände, die über sich hinaus auf etwas Allgemeines verweisen, z. B.: Rosen als Symbol für die Liebe. Sie gelten meist nur innerhalb einer bestimmten Kultur.

Das Metrum untersuchen und ein Gedicht vortragen

Matthias Politycki

Fast eine Romanze (2009)

Nie werd' ich wissen, wie du wirklich heißt,
wie du wohl lächeln würdest, wenn ich sagte,
dass ich mich schier nicht mehr zu regen wagte,
als du den Raum betratst, ich saß wie hingeschweißt,

5 sah, wie du rauchst und trinkst, das Haar wegstreichst
und eine SMS schreibst, schließlich gehst
und neben meinem Tisch dann plötzlich stehst
und dort erst deine Rechnung schnell begleichst

und wie dein Blick, ganz ohne innre Glut,
10 sich jäh verhakt und kurz in meinem ruht –
schon seh ich dich von hinten, seh den Hut

aus Stroh, das Sommerkleid, darum ein Band
in Dunkelblau, ein letztes Unterpfand[1]
von dir, tief in den Nachmittag gebrannt.

1 das Unterpfand: Beweis, Zeichen für etwas

1 a Lest nur den Titel des Gedichts. Welche Erwartungen löst er bei euch aus?
b Lest das Gedicht und beurteilt, ob der Titel treffend gewählt wurde. Begründet mit Textstellen.

2 Welche sprachlichen Bilder entdeckt ihr in den Versen 4, 9 und 14?
Erklärt ihre Bedeutung und ihre Wirkung auf die Leser.

3 a Bereitet zu zweit den Vortrag des Gedichts vor. Geht dabei so vor:
– Untersucht den Satzbau. Tragt auf einer Textkopie ein, ob ihr an den Versenden eine Pause
  machen solltet oder ob der Satz im nächsten Vers weitergeht (Enjambement).
– Zeichnet ein, ob die Stimme an den Versenden gehoben oder gesenkt werden sollte.
– Markiert Wörter, die ihr besonders betonen solltet (nicht mehr als zwei Wörter pro Vers).
– Überlegt, in welchem Tempo ihr das Gedicht sprechen solltet. Wäre ein Tempowechsel im
  Gedicht sinnvoll?
– Übt den Vortrag des Gedichts ein. Lest es euch gegenseitig mehrmals halblaut vor und
  beachtet dabei eure Einträge auf der Textkopie. Der Zuhörende gibt Verbesserungshinweise.
b Tragt das Gedicht der Klasse vor. Steht dabei aufrecht, damit eure Stimme weit trägt.

Information	Das Enjambement

Wenn ein Satz über einen Vers hinaus auf den nächsten Vers läuft, nennt man das
Enjambement oder Zeilensprung. Hier sollte man am Versende keine Sprechpause machen.

Philipp Poisel

Ich will nur (2012)

```
  –   x   –   x  –  x   –   x  –
```
Versteck mich, wo du mich nicht findest
```
  –   x  –   x  –   x   –   x
```
Damit auch du mich mal vermisst
```
  –   x   –   x  –   x  –  x  –
```
Hab mich seit Wochen nicht gemeldet
```
  –   x   –   x  –   x  –  x
```
Und frag mich ständig, wo du bist

5 Ich will nur, dass du weißt:
Ich hab dich immer noch lieb
Und dass es am Ende auch keine andere gibt
Die mich so vollendet
Die mich so bewegt

10 Ich zeig' dir, dass ich dich nicht brauche
Und dass ich gehn kann, wann ich will.
Weißt du eigentlich, wie viel ich rauche,
                    seitdem du weg bist?
Und wenn du fragst, dann bin ich still.

14 Ich will nur, dass du weißt,
Ich hab dich immer noch lieb
Und dass es am Ende auch keine andere gibt
Die mich so vollendet
Die mich so bewegt *

1 a Lest den Songtext „Ich will nur" und formuliert euren ersten Eindruck.
    b Benennt das Thema des Songs. In welcher Situation befindet sich das lyrische Ich?

2 Untersucht des Metrum in der ersten Strophe des Songtextes:
    a Lest die Strophe laut vor und betont die mit *x* markierten Silben.
      Welche einsilbigen Wörter werden durch dieses Metrum besonders hervorgehoben?
    b In den Sätzen in Vers 1 und 3 fehlt jeweils ein Wort. Ergänzt es und beobachtet die Auswirkung
      auf das Metrum.

3 a Bestimmt das Metrum im Refrain und in der zweiten Strophe des Songs:
      – Schreibt den Refrain und die zweite Strophe ab und lasst über jedem Vers eine Zeile frei.
      – Prüft in jedem Vers zuerst die mehrsilbigen Wörter und zeichnet ein, welche Silben betont (x)
        und welche unbetont (–) sind.
      – Beziet in einem zweiten Schritt die Betonung der einsilbigen Wörter mit ein.
    b Formuliert eine Aussage zum Metrum im Refrain und in der zweiten Strophe.

4 Wie könnte das lyrische Du auf den Song antworten? Dichtet eine Strophe.

Information   **Das Metrum (das Versmaß)**

- Wenn die **Abfolge von betonten und unbetonten Silben** einem **regelmäßigen Muster** folgt,
nennt man dies **Metrum** (Versmaß).
- Wenn mehrere einsilbige Wörter aufeinander folgen, verleiht das Metrum einigen von ihnen
mehr Nachdruck. Dies kann sich auf die Deutung des Inhalts auswirken.
- Man unterscheidet folgende Versmaße:
Trochäus (x –): *Vater, Tiefe, Dichter,*   **Jambus (– x):** *Betrug, Gewinn, Gedicht,*
Daktylus (x – –): *Winterzeit, Daktylus,*   **Anapäst (– – x):** *Harmonie, Elefant, Anapäst.*

Eine Lyrik-Anthologie anlegen und gestalten

Vorwort

In diesem Buch habe ich Gedichte aufgeschrieben, die mir erklären, was ich oft nur verschwommen fühle, ohne dafür eigene Worte zu haben.
Es sind Gedichte und Songs, die meine Sprache sprechen, die aus meiner Zeit stammen und mich deswegen direkt ansprechen. Gedichtbücher mit Goethe gibt es genug!

Michael Lentz
am ende des ganges die tür (2010)

du stehst gegen die wand und wartest
auf wen? durch die tür musst du selbst
geh aufrichtig wende den blick nicht ab
deine schritte seien sicher und ruhig
hast du die tür erreicht öffne sie
dann endlich sage folgende Worte:
ich liebe dich
merkst du dass es keinen boden gibt?
und der gang nimmt kein ende

Safiye Can
Normal (2017)

Ist man verliebt
gießt man wie
selbstverständlich
die Plastikblumen
im Wohnzimmer
das ist normal, doch
dann blühen sie.

1 a Betrachtet die zwei Möglichkeiten, Gedichte zu sammeln. Welche Vorteile haben sie jeweils?
 b Recherchiert im Internet und in der Bibliothek nach Gedichtsammlungen, so genannten Anthologien, und untersucht: Wer hat sie zu welchem Zweck angelegt? Wie sind sie gestaltet?

2 Lest das Vorwort in dem Gedichtbüchlein oben. Gebt die Kriterien an, nach denen die Gedichte darin ausgesucht wurden.

3 Legt eine eigene Gedichtsammlung an:
 a Formuliert drei Kriterien, nach denen ihr Gedichte für eure Sammlung auswählen möchtet.
 b Sucht nach Gedichten für eure Sammlung in diesem Schulbuch, im Internet, in der Bibliothek. Fragt Freunde oder Familienmitglieder nach ihren Lieblingsgedichten oder Songtexten.
 c Bestimmt, ob eure Sammlung ganz privat sein soll oder ob auch andere sie lesen dürfen. Legt anschließend fest, wie ihr die Anthologie gestalten möchtet:
  – Entscheidet euch für ein Medium: Heft oder Buch, Smartphone, Webseite im Internet.
  – Überlegt, ob die Wirkung der Gedichte durch Bilder oder eine besondere grafische Gestaltung unterstützt werden soll.
  – Bei der Veröffentlichung von Gedichten im Internet müsst ihr euch an Urheberrechtsregeln halten. Recherchiert, welche Regeln für die Texte zeitgenössischer Autoren gelten.
 d Verfasst ein Vorwort, in dem ihr erklärt, warum ihr euch für diese Gedichte entschieden habt.

Information	**Die Anthologie**

- Eine **Anthologie** (griechisch: „Blütensammlung") ist eine persönliche **Sammlung von Gedichten oder anderen literarischen Texten** verschiedener Autorinnen oder Autoren.
- Lyrikanthologien gibt es schon seit der Antike. Bis heute werden solche Textsammlungen von Verlagen oder von Privatleuten in Buchform oder auf Internetseiten veröffentlicht.

Teste dich!

Heinrich Heine

Ein Jüngling liebt ein Mädchen (1822)

Ein Jüngling liebt ein Mädchen,
Die hat einen andern erwählt;
Der andre liebt eine andre
Und hat sich mit dieser vermählt.

5 Das Mädchen heiratet aus Ärger
Den ersten besten Mann,
Der ihr in den Weg gelaufen;
Der Jüngling ist übel dran.

Es ist eine alte Geschichte,
10 Doch bleibt sie immer neu;
Und wem sie just¹ passieret,
Dem bricht das Herz entzwei.

----

1 just: gerade, jetzt

Edvard Munch: Zwei Menschen. Die Einsamen
(Öl auf Leinwand, 1905)

1 Prüfe, welche der folgenden Aussagen zum Gedicht zutreffen.
Die Buchstaben vor den richtigen Aussagen ergeben rückwärts gelesen ein Lösungswort.

Inhalt des Gedichts	TA	In dem Gedicht wird Liebeskummer als ein harmloses Problem dargestellt.
	Z	Das Gedicht beschreibt die Wege der Liebe, die manchmal kompliziert sind.
	RE	Das Gedicht stellt in den ersten beiden Strophen die Ereignisse sehr distanziert dar und geht erst in der dritten Strophe auf die damit verbundenen Gefühle ein.
	N	Im Gedicht werden die unterschiedlichen Gefühle bei Trennungen beschrieben.
Form des Gedichts	MH	Obwohl sich in jeder Strophe nur zwei Verse reimen, ist das Reimschema regelmäßig.
	FE	Das Gedicht besteht durchgängig aus Kreuzreimen.
	CS	Das Metrum des Gedichts wechselt zwischen Jambus und Anapäst.
Sprachliche Gestaltung	ZR	Durch die unbestimmten Artikel wird die allgemeingültige Aussage des Gedichts betont.
	UL	Die „alte Geschichte" in Vers 9 verweist auf den Zusammenhang zu einem Märchen.
	EH	Im letzten Vers verwendet der Autor ein Sprachbild, das den großen Schmerz verdeutlicht.

7.2 Vom Verstehen zum Schreiben – Eine Gedichtanalyse verfassen

Ulla Hahn

Nie mehr (1988)

Das hab ich nie mehr gewollt
um das Telefon streichen am Fenster stehn
keinen Schritt aus dem Haus gehn Gespenster sehn
Das hab ich nie mehr gewollt

5 Das hab ich nie mehr gewollt
Briefe die triefen schreiben zerreißen
mich linksseitig quälen bis zu den Nägeln
Das hab ich nie mehr gewollt

Das hab ich nie mehr gewollt
10 Soll dich der Teufel holen.
Herbringen. Schnell.
Mehr hab ich das nie gewollt.

Erste Ideen zum Gedicht entwickeln

1 **a** Lest zuerst nur den Titel des Gedichts und notiert, welche Erwartungen er bei euch auslöst. Worum könnte es in diesem Gedicht gehen?

b Lest nun das ganze Gedicht und prüft, ob ihr richtig vermutet habt.

2 **a** Wie ist euer erster Eindruck von dem Gedicht? Macht euch Notizen zu folgenden Fragen:

> **A** Woran denkt ihr, wenn ihr das Gedicht lest?
> **B** Welche Fragen kommen euch in den Sinn?
> **C** Welche Stimmung weckt das Gedicht in euch?

b Tauscht euch mit einem Lernpartner über eure Gedanken und Fragen zum Gedicht aus. Welche Gemeinsamkeiten und welche Unterschiede in eurer Wahrnehmung entdeckt ihr?

Den Inhalt des Gedichts erschließen

3 Bestimmt die Sprecherin oder den Sprecher im Gedicht: Ist ein lyrisches Ich erkennbar? Wenn ja, welche Haltung hat das lyrische Ich? Zu wem spricht es?

4 a Fasst den Inhalt der einzelnen Strophen jeweils mit eigenen Worten zusammen:
- *In der ersten Strophe äußert/beschreibt das lyrische Ich …*
- *In der zweiten Strophe beklagt es / bringt es zum Ausdruck, …*
- *In der dritten Strophe verflucht es …*

b Überlegt, ob in dem Gedicht typische Verhaltensweisen beschrieben werden oder ob es um eine besondere Situation geht.

5 Bestimmt das Thema des Gedichts. Schreibt die zutreffende Aussage ins Heft:

> **A** Das Gedicht beschreibt den Gefühlszustand eines lyrischen Ichs, das sich aus einer Liebesbeziehung lösen will.
>
> **B** Im Gedicht wird die Sehnsucht eines lyrischen Ichs nach der geliebten Person beschrieben.

6 Macht euch Notizen dazu, was der Titel des Gedichts bedeutet. Welchen Bezug hat er zum Inhalt?

Form und Sprache des Gedichts untersuchen

7 Betrachtet die folgenden Markierungen und Randbemerkungen im Gedicht „Nie mehr". Welche Aspekte wurden mit welcher Farbe markiert und kommentiert?

Titel: trauriger Eindruck – Ist die Liebe vorbei?

Ulla Hahn

Nie mehr (1988)

Das lyrische Ich will sein Verhalten ändern.

Das hab ich nie mehr gewollt
um das Telefon streichen am Fenster stehn
keinen Schritt aus dem Haus gehn Gespenster sehn
Das hab ich nie mehr gewollt

3 Strophen, umarmender Reim? Wiederholungen

Das hab ich nie mehr gewollt
Briefe die triefen schreiben zerreißen
mich linksseitig quälen bis zu den Nägeln
Das hab ich nie mehr gewollt

linksseitig? → Herz? Nägel abgekaut?

ähnliche Vokale!

Das hab ich nie mehr gewollt
Soll dich der Teufel holen.
Herbringen. Schnell.
Mehr hab ich das nie gewollt.

Das lyrische Ich ist in der Hölle.

Satzstellung ist anders!?

---

8 **a** Fertigt eine Kopie des Gedichttextes an und untersucht die äußere Gedichtform. Markiert Auffälligkeiten und macht euch am Rand Notizen:

A Notiert die Anzahl der Strophen und der Verse. Gibt es Auffälligkeiten im Aufbau?

B Markiert Versenden, die sich reimen, mit denselben Buchstaben. Liegt ein bestimmtes Reimschema (▶ S. 139) vor?

C Kennzeichnet betonte (x) und unbetonte (–) Silben. Ist ein regelmäßiges Metrum erkennbar?

D Prüft die Sätze in den Strophen. Gibt es Sätze, die über einen Vers hinauslaufen (Enjambement)? Wurden einzelne Sätze im Gedicht bewusst umgestellt?

E Markiert lautlich ähnliche Wörter innerhalb eines Verses oder einer Strophe.

b Vergleicht eure Markierungen und Notizen mit einem Lernpartner und ergänzt sie.

9 **a** Untersucht mit Hilfe der folgenden Fragen die sprachliche Gestaltung des Gedichts. Markiert auf der Textkopie Auffälligkeiten mit unterschiedlichen Farben und notiert Stichworte zur Wirkung.

A Welche sprachlichen Bilder (Metaphern) enthält das Gedicht?

C Welche Redewendung kommt in dem Gedicht vor?

B Welche einzelnen Wörter (Nomen, Adjektive oder Verben) fallen auf oder wirken besonders anschaulich?

D Welche Wiederholungen enthält das Gedicht?

E Welche sprachliche Übereinstimmung besteht zwischen dem Titel des Gedichts und dem Gedichttext?

b Tauscht euch über eure Ergebnisse aus und vervollständigt eure Notizen auf der Kopie.

Eine Stoffsammlung anlegen

10 Legt eine Stoffsammlung für die schriftliche Gedichtanalyse an. Ordnet dazu eure Untersuchungsergebnisse aus den Aufgaben 2–9 und fasst sie stichwortartig zusammen.

Stoffsammlung zur Gedichtanalyse „Nie mehr" von Ulla Hahn

1 Sprecher/-in / Inhalt / Thema:
- *Sprecher/-in: ...*
- *Inhalt: 1. Strophe: ...*
- *Thema: ...*
- *Bezug zwischen Titel und Thema: ...*

2 Formaler Aufbau:
- *... Strophen mit ... Versen*
- *Reimschema: regelmäßig, ...*
- *Metrum: ...*

3 Sprachliche Mittel:
- *sprachliche Bilder: ... → Wirkung: ...*
- *veränderte Redewendung: ... → Wirkung: ...*
- *Wiederholungen: ... → Wirkung: ...*

4 Gesamtwirkung:
- *Stimmung: ...*
- *Wirkung auf mich: ...*

Fordern und fördern – Eine Gedichtanalyse schreiben

1 Verfasst mit Hilfe eurer Stoffsammlung (▶ S. 152, Aufg. 10) eine vollständige Gedichtanalyse.

a Formuliert eine Einleitung. Gebt darin die Textart, die Autorin, den Titel und das Entstehungsjahr an und formuliert eine Aussage zum Thema des Gedichts.

▷ Hilfe zu Aufgabe 1a auf Seite 154

b Stellt im Hauptteil die Ergebnisse eurer Gedichtanalyse dar.
Geht dabei auf das lyrische Ich und den Inhalt, auf die äußere Gedichtform und auf die sprachliche Gestaltung ein. Beschreibt jeweils, wie die Gestaltung auf die Leser wirkt. Belegt eure Aussagen und Deutungen mit Zitaten aus dem Gedicht

▷ Hilfe zu Aufgabe 1b auf Seite 154

c Formuliert einen Schluss, in dem ihr eure Ergebnisse zusammenfasst und die Gesamtwirkung des Gedichts beschreibt.

▷ Hilfe zu Aufgabe 1c auf Seite 154

2 a Tauscht eure Texte und gebt euch mit Hilfe des Methodenkastens unten eine Rückmeldung:
  – Formuliert Hinweise dazu, was inhaltlich überarbeitet werden sollte.
  – Markiert im Text Grammatik- und Rechtschreibfehler sowie unverständliche oder unangemessene Formulierungen.

b Überarbeitet euren eigenen Text mit Hilfe der Hinweise und Korrekturen des Lernpartners.

3 Verfasst einen Brief an das lyrische Ich: Teilt eure Gedanken zur beschriebenen Situation mit. Stellt Fragen an das lyrische Ich und formuliert einen Rat oder Trost.

Methode	Eine Gedichtanalyse schreiben
■ **Einleitung:**	– Gebt die **Textart** (Gedicht), den **Titel,** die **Autorin** oder den **Autor** und das **Entstehungsjahr** des Textes an. – Formuliert eine knappe Aussage zum **Thema** des Gedichts: Worum geht es – um welches Ereignis oder um welche Gedanken oder Gefühle?
■ **Hauptteil:**	– Formuliert eine Aussage zum **lyrischen Ich.** – Fasst den **Inhalt des Gedichts** strophenweise zusammen. – Beschreibt die **äußere Gedichtform** (Strophen, Verse, Reimschema, Metrum) und ihre Wirkung. Benennt und deutet Auffälligkeiten. – Erläutert die **sprachlichen Gestaltungsmittel** (z. B. sprachliche Bilder, Wiederholungen, auffällige Wörter, Satzbau). Geht dabei jeweils auf ihre Bedeutung im Gedicht und auf ihre Wirkung ein.
■ **Schluss:**	– **Fasst** die Ergebnisse eurer Textuntersuchung **zusammen.** – Beschreibt, welche **Gesamtwirkung** das Gedicht auf euch hat.
■ **Textstellen zitieren:**	– **Belegt** alle Aussagen zum Text mit Textstellen. – Kennzeichnet wortwörtliche Übernahmen durch **Anführungszeichen** und gebt die Fundstelle durch **Nennung der Verse** an, z. B.: *Im Gedicht werden typische Verhaltensweisen nach einer Trennung beschrieben, wie „um das Telefon streichen" (Vers 2).* – Kennzeichnet **Auslassungen** durch eckige Klammern [...].

●○○   **Aufgabe 1a mit Hilfen**

Formuliert eine Einleitung. Gebt darin die Textart, die Autorin, den Titel und das Entstehungsjahr an und formuliert eine Aussage zum Thema des Gedichts.

Vervollständigt dafür folgende Sätze:

In dem Gedicht „...“ von ... aus dem Jahr ... geht es um ...

Das Gedicht beschreibt ...

●○○   **Aufgabe 1b mit Hilfen**

Stellt im Hauptteil die Ergebnisse eurer Gedichtanalyse dar.

Geht dabei auf das lyrische Ich und den Inhalt, auf die äußere Gedichtform und auf die sprachliche Gestaltung ein. Beschreibt jeweils, wie die Gestaltung auf die Leser wirkt.

Belegt eure Aussagen und Deutungen mit Zitaten aus dem Gedicht.

Folgende Formulierungen könnt ihr verwenden:

Lyrisches Ich	– *In dem Gedicht spricht ein lyrisches Ich über ...* – *An einer Stelle im Gedicht wendet sich das lyrische Ich an ...*
Inhalt und Bezug zum Titel	– *In der ersten Strophe äußert/beschreibt das lyrische Ich ...* – *Dies wird in der zweiten Strophe fortgesetzt. Dort beklagt es/bringt es zum Ausdruck, ...* – *In der dritten Strophe verflucht es ...* – *Anders als in den ersten beiden Strophen ...* – *Der Titel des Gedichts bezieht sich auf ...*
Äußere Gedichtform und ihre Wirkung	– *Das Gedicht besteht aus ... Strophen mit jeweils ... Versen.* – *Das Gedicht ist (un)regelmäßig aufgebaut. Dieser Aufbau wirkt ...* – *Das Reimschema ist in jeder Strophe ...* – *Das (un-)regelmäßige Metrum unterstreicht ...* – *Auffällig ist, dass ...*
Sprachliche Gestaltung und ihre Wirkung	– *Als Erstes fallen in dem Gedicht ... auf. Diese wirken ...* – *Vers ... enthält besonders anschauliche Formulierungen: „...“. Diese bedeuten/verdeutlichen ...* – *Das sprachliche Bild „...“ in Vers ... bringt zum Ausdruck, ... Es betont/verdeutlicht/hebt hervor, dass ...* – *Durch ... kann man sich vorstellen, ...* – *Weiterhin fallen im Gedicht ... auf. Diese verdeutlichen/veranschaulichen/ unterstreichen/betonen/wirken ... /heben ... hervor.*

●○○   **Aufgabe 1c mit Hilfen**

Formuliert einen Schluss, in dem ihr eure Ergebnisse zusammenfasst und die Gesamtwirkung des Gedichts beschreibt. Verwendet folgende Formulierungen:

– *Zusammenfassend kann man sagen, dass das Gedicht ...*

– *Insgesamt wirkt das Gedicht ...*

– *Durch die sprachliche Gestaltung spürt man beim Lesen des Gedichts ...*

– *Man fragt sich beim Lesen des Gedichts, ...*

7.3 Fit in …! – Ein Gedicht analysieren

Stellt euch vor, ihr bekommt in der nächsten Klassenarbeit die folgende Aufgabe gestellt:

Aufgabe
Analysiere und interpretiere das Gedicht „Es ist Nacht". Berücksichtige folgende Fragen:
– Was ist das Thema dieses Gedichts?
– Wie ist die äußere Form des Gedichts gestaltet?
– Welche sprachlichen Bilder kommen in dem Gedicht vor? Wie wirken sie?
– Welche Vorstellung von der Liebe hat das lyrische Ich?

Christian Morgenstern

Es ist Nacht (1908)

Es ist Nacht,
und mein Herz kommt zu dir,
hält's nicht aus,
hält's nicht aus mehr bei mir.

5 Legt sich dir auf die Brust,
wie ein Stein,
sinkt hinein,
zu dem deinen hinein.

Dort erst,
10 dort erst kommt es zur Ruh,
liegt am Grund
seines ewigen Du.

Die Aufgabe richtig verstehen und planen

1 Entscheidet, was die Aufgabe von euch verlangt.
Tipp: Rückwärts gelesen ergeben die richtigen Lösungsbuchstaben ein Lösungswort.

N Ich nenne in der Einleitung Autor, Textart, Titel und das Entstehungsjahr.
T Ich stelle Vermutungen darüber an, was den Autor zu diesem Gedicht bewegt hat.
E Ich gebe den Inhalt des Gedichts mit meinen eigenen Worten knapp wieder.
Z Ich untersuche den Aufbau, das Reimschema und das Metrum des Gedichts.
R Ich untersuche, ob auffällige Abweichungen beim Reimschema und Metrum vorliegen.
A Ich suche beispielhaft ein sprachliches Bild im Text.
E Ich untersuche die Wortwahl und erläutere ihre Wirkung auf die Leser.
H Ich fasse die wichtigsten Ergebnisse im Schlussteil knapp zusammen.
K Ich beurteile abschließend, ob dem Autor das Gedicht gelungen ist.

2 Überlegt, worum es in dem Gedicht geht. Beantwortet dazu folgende Fragen: Welche Situation schildert das Gedicht? Welche Stimmung vermittelt das Gedicht beim ersten Lesen?

3 a Untersucht das Gedicht genauer. Markiert auf einer Textkopie Auffälligkeiten und notiert stichwortartig Informationen zu den Fragen der Aufgabenstellung.

b Legt eine Stoffsammlung für die Gedichtanalyse an. Ordnet eure Notizen nach: **1** Inhalt, **2** äußerer Form, **3** sprachlicher Gestaltung und **4** Vorstellung von der Liebe.

Schreiben und überarbeiten

4 Formuliert mit Hilfe eurer Stoffsammlung die Gedichtanalyse:

a Schreibt die Einleitung: *In dem Gedicht „...." von ... aus dem Jahr ... spricht ein lyrisches Ich über ...*

b Verfasst den Hauptteil. Folgende Formulierungen könnt ihr verwenden:

Inhalt:	– *Das lyrische Ich spricht ein ihm nahestehendes Du an und beschreibt ...* – *Sein Herz bewegt sich ...*
Äußere Gedichtform	– *Das Gedicht besteht aus ... Strophen mit jeweils ... Versen. Das Reimschema ...* – *Das Metrum verändert sich auffällig. In Strophe 1 und 2 ...*
Sprachliche Gestaltung	– *Der Titel wiederholt sich im ersten Vers und unterstreicht ...* – *Das Herz wird in dem Gedicht personifiziert: „...." (Vers ...). Dadurch ...* – *Die Personalpronomen ... verdeutlichen die intime Situation.* – *Die auffälligen Wiederholungen am Versanfang oder Versende betonen ...*

c Fasst im Schlussteil wichtige Ergebnisse zusammen und geht noch einmal auf die Vorstellung des lyrischen Ichs von der Liebe ein:
Obwohl im Gedicht nicht das Wort Liebe verwendet wird, ... Insgesamt wird deutlich, dass ...

5 Überarbeitet eure Gedichtanalyse mit Hilfe der folgenden Checkliste.

Checkliste

Eine Gedichtanalyse schreiben
- Habt ihr eine **Einleitung** formuliert (Textart, Titel, Autor/-in, Entstehungsjahr, Thema)?
- Habt ihr eine Aussage zum **lyrischen Ich** gemacht und den **Gedichtinhalt** wiedergegeben?
- Habt ihr die **äußere Gedichtform** (Strophen, Verse, Reimschema, Metrum) und ihre **Wirkung** beschrieben und mit dem Inhalt in Beziehung gesetzt?
- Habt ihr die **sprachliche Gestaltung** und ihre **Wirkung** erläutert?
- Habt ihr wichtige Aussagen mit **Textstellen** belegt und dabei richtig zitiert?
- Habt ihr euren Text deutlich **gegliedert** und **leserlich** geschrieben?

Schreibwörter				▶ S. 339
die Strophe	das Thema	die Stimmung	das lyrische Ich	äußern
der Vers	das Motiv	die Metapher	die Wiederholung	darstellen

8 „Andorra" –
Ein Drama untersuchen

1 Eine Schülertheatergruppe führt das Drama „Andorra" auf.

a Betrachtet das Foto und beschreibt:
- Welche Mimik und Gestik zeigen die einzelnen Schauspielerinnen und Schauspieler?
- Welche Position nehmen sie auf der Bühne und gegenüber dem Publikum ein?
- Welche Kostüme und Requisiten werden verwendet?
- Wie wird das Licht auf der Bühne eingesetzt?

b Tauscht euch über die Wirkung des Bühnenbilds aus.

2 Stellt Vermutungen darüber an, wovon das Stück handeln könnte.

In diesem Kapitel ...

- lernt ihr ein modernes Drama kennen,
- untersucht ihr dessen Figuren und Handlung,
- setzt ihr euch mit dem Inhalt auseinander,
- schreibt ihr eine Theaterkritik,
- verfasst ihr Szenenanalysen.

8.1 Das Bild der andern – Szenen verstehen

Den Handlungsort und die Figuren untersuchen

Max Frisch

Andorra – Erstes Bild (1961, Auszug 1)

Der 20-jährige Andri lebt in einem Staat namens
„Andorra" als Pflegekind im Haus des Dorflehrers
Can. Angeblich hat der Lehrer ihn einst vor den
judenfeindlichen „Schwarzen" im Nachbardorf
5 *gerettet. Andri gilt deshalb als Jude und wird*
zum Außenseiter. Er ist mit Barblin, der Toch-
ter des Lehrers, heimlich verlobt. Aber auch der
Soldat Peider hat ein Auge auf Barblin geworfen.
Als Barblin das Haus für einen Festtag weiß
10 *streicht, belästigt Peider sie.*

BARBLIN: Wenn du nicht die ganze Zeit auf
meine Waden gaffst, dann kannst du ja sehen,
was ich mache. Ich weißle. Weil morgen Sanktgeorgstag[1] ist, falls du das vergessen hast. Ich
15 weißle das Haus meines Vaters. Und was
macht ihr Soldaten? Ihr lungert in allen Gas-
sen herum, eure Daumen im Gurt, und schielt
uns in die Bluse, wenn eine sich bückt.
Der Soldat lacht.
20 Ich bin verlobt.
SOLDAT: Verlobt!
BARBLIN: Lach nicht immer wie ein Michelin-
Männchen[2].
SOLDAT: Hat er eine Hühnerbrust?
25 BARBLIN: Wieso?
SOLDAT: Daß du ihn nicht zeigen kannst.
BARBLIN: Laß mich in Ruh!
SOLDAT: Oder Plattfüße?
BARBLIN: Wieso soll er Plattfüße haben?
30 SOLDAT: Jedenfalls tanzt er nicht mit dir.
Barblin weißelt. Vielleicht ein Engel!
Der Soldat lacht.
Daß ich ihn noch nie gesehen hab.
BARBLIN: Ich bin verlobt!
35 SOLDAT: Von Ringlein seh ich aber nichts.

BARBLIN: Ich bin verlobt,
Barblin taucht den Pinsel in den Eimer.
und überhaupt – dich mag ich nicht. [...]
SOLDAT: *Der Soldat lacht.*
Also du magst mich nicht. 40
BARBLIN: Nein.
SOLDAT: Das hat schon manch eine gesagt, aber
bekommen hab ich sie doch, wenn mir ihre
Waden gefallen und ihr Haar.
Barblin streckt ihm die Zunge heraus. 45
Und ihre rote Zunge dazu!
Der Soldat nimmt sich eine Zigarette und blickt
am Haus hinauf.

---

1 Sanktgeorgstag: Der heilige Georg gilt als Drachentöter;
   in Andorra eine Art Nationalfeiertag.

2 Michelin-Männchen: Reklamefigur der Reifenfirma Michelin,
   besteht aus vielen übereinandergestapelten Reifen.

Wo hast du deine Kammer?

50 *Auftritt ein Pater, der ein Fahrrad schiebt.*

PATER: So gefällt es mir Barblin, so gefällt es mir aber. Wir werden ein weißes Andorra haben, ihr Jungfraun, ein schneeweißes Andorra, wenn bloß kein Platzregen kommt über Nacht.

55 *Der Soldat lacht.*

Ist Vater nicht zu Hause?

SOLDAT: Wenn bloß kein Platzregen kommt über Nacht! Nämlich seine Kirche ist nicht so weiß, wie sie tut, das hat sich herausgestellt, 60 nämlich seine Kirche ist auch nur aus Erde gemacht, und die Erde ist rot, und wenn ein Platzregen kommt, das saut euch jedesmal die Tünche[3] herab, als hätte man eine Sau drauf geschlachtet, eure schneeweiße Tünche von 65 eurer schneeweißen Kirche.

Der Soldat streckt die Hand nach Regen aus.
Wenn bloß kein Platzregen kommt über Nacht!
Der Soldat lacht und verzieht sich.

PATER: Was hat der hier zu suchen?

70 BARBLIN: Ist's wahr, Hochwürden, was die Leut sagen? Sie werden uns überfallen, die Schwarzen[4] da drüben, weil sie neidisch sind auf unsere weißen Häuser. Eines Morgens, früh um vier, werden sie kommen mit tausend schwar-75 zen Panzern, die kreuz und quer durch unsere Äcker rollen, und mit Fallschirmen wie graue Heuschrecken vom Himmel herab.

PATER: Wer sagt das?

BARBLIN: Peider, der Soldat.

80 *Barblin taucht den Pinsel in den Eimer.*
Vater ist nicht zu Haus.

PATER: Ich hätt es mir denken können.
Pause. Warum trinkt er soviel in letzter Zeit? Und dann beschimpft er alle Welt. Er vergißt, 85 wer er ist. Warum redet er immer solches Zeug?

BARBLIN: Ich weiß nicht, was Vater in der Pinte[5] redet.

PATER: Er sieht Gespenster. Haben sich hierzu-90 land nicht alle entrüstet über die Schwarzen da drüben, als sie es trieben wie beim Kindermord zu Bethlehem[6], und Kleider gesammelt für die Flüchtlinge damals? Er sagt, wir sind nicht besser als die Schwarzen da drüben. Warum sagt er das die ganze Zeit? Die Leute nehmen es 95 ihm übel, das wundert mich nicht. Ein Lehrer sollte nicht so reden. Und warum glaubt er jedes Gerücht, das in die Pinte kommt? *Pause* Kein Mensch verfolgt euren Andri –

Barblin hält inne und horcht 100

– noch hat man eurem Andri kein Haar gekrümmt.

Barblin weißelt weiter.
Ich sehe, du nimmst es genau, du bist kein Kind mehr, du arbeitest wie ein erwachsenes 105 Mädchen.

BARBLIN: Ich bin ja neunzehn.

PATER: Und noch nicht verlobt?

Barblin schweigt. Ich hoffe, dieser Peider hat kein Glück bei dir. 110

BARBLIN: Nein.

PATER: Der hat schmutzige Augen. *Pause*
Hat er dir Angst gemacht? Um wichtig zu tun. Warum sollen sie uns überfallen? Unsere Täler sind eng, unsere Äcker sind steinig und steil, 115 unsere Oliven werden auch nicht saftiger als anderswo. Was sollen die wollen von uns? Wer unsern Roggen will, der muß ihn mit der Sichel holen und muß sich bücken Schritt für Schritt. Andorra ist ein schönes Land, aber ein 120 armes Land. Ein friedliches Land, ein schwaches Land – ein frommes Land, so wir Gott fürchten, und das tun wir, mein Kind, nicht wahr?

Barblin weißelt. Nicht wahr? 125

BARBLIN: Und wenn sie trotzdem kommen?

Eine Vesperglocke[7], kurz und monoton.

PATER: Wir sehen uns morgen Barblin, sag deinem Vater, Sankt Georg möchte ihn nicht betrunken sehn. *Der Pater steigt auf sein Rad.* 130 Oder sag lieber nichts, sonst tobt er nur, aber hab acht auf ihn. *Der Pater fährt lautlos davon.*

R

---

3 Tünche: Farbe

4 Schwarze: ein Nachbarvolk

5 Pinte: Kneipe, Gaststätte

6 Kindermord zu Bethlehem: Herodes (um 73–4 v. Chr.), Herrscher über den jüdischen Staat, ließ der biblischen Geschichte zufolge alle Kinder Bethlehems töten.

7 Vesperglocke: Kirchenglocke, die abends läutet

1 Besprecht, welchen ersten Eindruck ihr von „Andorra" und seinen Bewohnern habt.

2 Bei dem Staat „Andorra" handelt es sich nicht um den wirklich existierenden Kleinstaat in Europa, sondern um einen erfundenen Ort.
Welche Informationen vermittelt die Exposition des Dramas über diesen Handlungsort?
a Lest Textstellen vor, die den Ort näher beschreiben.
b Stellt Vermutungen darüber an, warum die Handlung in einem erfundenen Land spielt.

3 Was erfährt man in der Exposition über die handelnden Figuren?
a Legt zu folgenden Figuren jeweils eine Karteikarte an und notiert stichwortartig Informationen, die der Text direkt oder indirekt über die Figur vermittelt.

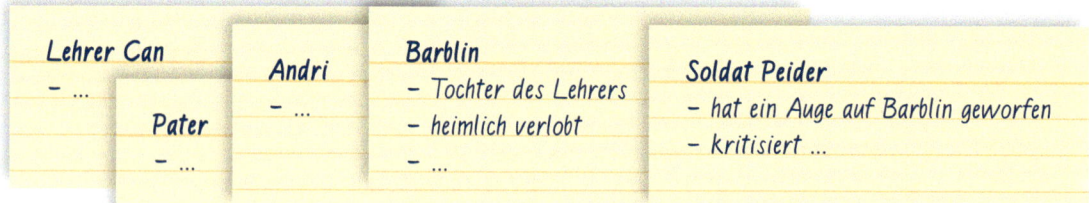

b Lest Textstellen vor, in denen etwas über die „Schwarzen" gesagt wird.
Besprecht, welche Einstellung der Andorraner gegenüber ihrem Nachbarstaat deutlich wird.

4 a Fasst den Inhalt der Exposition mit eigenen Worten zusammen:
Die Exposition des Dramas „Andorra" (1961) von Max Frisch beginnt damit, dass …
b Welche Probleme und Konflikte werden in der Exposition angedeutet?
Gebt Textstellen an und äußert eure Vermutungen zum weiteren Handlungsverlauf.

5 Welche Gedanken macht sich Barblin nach der Szene? Schreibt einen inneren Monolog.

Information   Der Handlungsverlauf in einem Drama

- In Dramen wird die **Handlung** durch **Gespräche** zwischen den Figuren (Dialoge) oder **Selbstgespräche** der Figuren (Monologe) vermittelt.
- Die **Exposition** informiert zu Beginn des Dramas über den **Ort** und die **Zeit** des Geschehens und stellt die **Hauptfiguren** vor. Der **zentrale Konflikt** wird angekündigt.
- Im weiteren Handlungsverlauf steigt die **Spannung** bis zur **entscheidenden Wende.** Die Spannung erreicht ihren **Höhepunkt** und es entscheidet sich, wie der Konflikt gelöst wird.

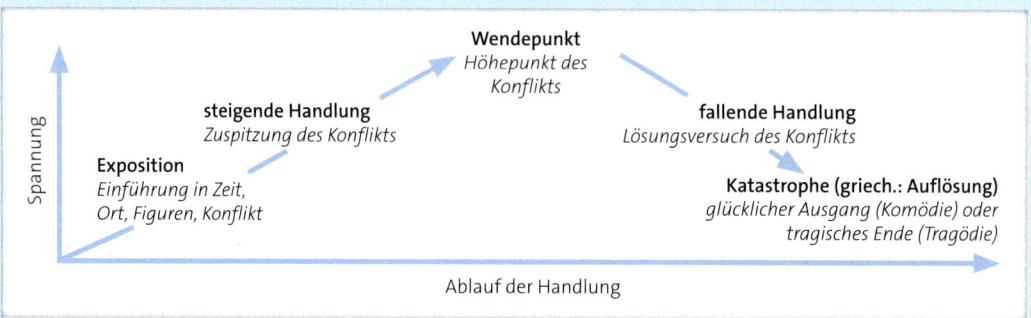

Eine Rollenbiografie verfassen

Max Frisch

Andorra – Erstes Bild (1961, Auszug 2)

Auftritt Andri, der seine Jacke anzieht.
SOLDAT: Wo ist sie?
ANDRI: Wer?
SOLDAT: Deine Schwester.
5 **ANDRI:** Ich habe keine Schwester.
SOLDAT: Wo ist die Barblin?
ANDRI: Warum?
SOLDAT: Ich hab Urlaub und ein Aug auf sie …
Andri hat seine Jacke angezogen und will weiterge-
10 *hen, der Soldat stellt ihm das Bein, so daß Andri*
stürzt, und lacht. Ein Soldat ist keine Vogel-
scheuche. Verstanden? Einfach vorbeilaufen.
Ich bin Soldat, das steht fest, und du bist Jud.
Andri erhebt sich wortlos.
15 Oder bist du vielleicht kein Jud?
Andri schweigt.
Aber du hast Glück, ein sozusagen verfluchtes
Glück, nicht jeder Jud hat Glück so wie du,
nämlich du kannst dich beliebt machen.
20 *Andri wischt seine Hosen ab.*
Ich sage: beliebt machen!
ANDRI: Bei wem?
SOLDAT: Bei der Armee.
ANDRI: Du stinkst ja nach Trester[1].
25 **SOLDAT:** Was sagst du?
ANDRI: Nichts.
SOLDAT: Ich stinke?
ANDRI: Auf sieben Schritt und gegen den Wind.

SOLDAT: Paß auf, was du sagst.
Der Soldat versucht den eigenen Atem zu riechen. 30
Ich riech nichts. *Andri lacht.*
’s ist nicht zum Lachen, wenn einer Jud ist,
’s ist nicht zum Lachen, du, nämlich ein Jud
muß sich beliebt machen.
ANDRI: Warum? 35
SOLDAT *grölt:* „Wenn einer seine Liebe hat und
einer ist Soldat, Soldat, das heißt Soldatenle-
ben, und auf den Bock und ab den Rock –“ Gaff
nicht so wie ein Herr! „Wenn einer seine Liebe
hat und einer ist Soldat, Soldat.“ 40
ANDRI: Kann ich jetzt gehen?
SOLDAT: Mein Herr!
ANDRI: Ich bin kein Herr.
SOLDAT: Dann halt Küchenjunge.
ANDRI: Gewesen. 45
SOLDAT: So einer wird ja nicht einmal Soldat.
ANDRI: Weißt du, was das ist?
SOLDAT: Geld?
ANDRI: Mein Lohn. Ich werde Tischler jetzt.
SOLDAT: Pfui Teufel! 50
ANDRI: Wieso?
SOLDAT: Ich sage: Pfui Teufel! *Der Soldat schlägt*
ihm das Geld aus der Hand und lacht. Da!
Andri starrt den Soldaten an.
So’n Jud denkt alleweil nur ans Geld. 55
Andri beherrscht sich mit Mühe, dann bückt er
sich und sammelt die Münzen auf dem Pflaster.
Also du willst dich nicht beliebt machen?
ANDRI: Nein.
SOLDAT: Das steht fest? 60
ANDRI: Ja.
SOLDAT: Und für deinesgleichen sollen wir
kämpfen? Bis zum letzten Mann, weißt du,
was das heißt, ein Bataillon[2] gegen zwölf Ba-

1 Trester: Schnaps
2 Bataillon: militärischer Truppenverband

65 taillone, das ist ausgerechnet, lieber tot als Untertan, das steht fest, aber nicht für dich!

ANDRI: Was steht fest?

SOLDAT: Ein Andorraner ist nicht feig. Sollen sie kommen mit ihren Fallschirmen wie die
70 Heuschrecken vom Himmel herab, da kommen sie nicht durch, so wahr ich Peider heiße, bei mir nicht. Das steht fest. Bei mir nicht. Man wird ein blaues Wunder erleben!

ANDRI: Wer wird ein blaues Wunder erleben?

75 SOLDAT: Bei mir nicht.

Hinzu tritt ein Idiot, der nur grinsen und nicken kann. Der Soldat spricht nicht zu ihm, sondern zu einer vermeintlichen Menge. Habt ihr das wieder gehört? Er meint, wir haben Angst. Weil er sel-
80 ber Angst hat! Wir kämpfen nicht, sagt er, bis zum letzten Mann, wir sterben nicht vonwegen ihrer Übermacht, wir ziehen den Schwanz ein, wir scheißen in die Hosen, daß es zu den Stiefeln heraufkommt, das wagt er zu sagen:
85 mir ins Gesicht, der Armee ins Gesicht!

ANDRI: Ich habe kein Wort gesagt.

SOLDAT: Ich frage: Habt ihr's gehört?

Idiot nickt und grinst.

Ein Andorraner hat keine Angst!

90 ANDRI: Das sagtest du schon.

SOLDAT: Aber du hast Angst! *Andri schweigt.* Weil du feig bist.

ANDRI: Wieso bin ich feig?

SOLDAT: Weil du Jud bist.

Idiot grinst und nickt. 95

So, und jetzt geh ich …

ANDRI: Aber nicht zu Barblin!

SOLDAT: Wie er rote Ohren hat!

ANDRI: Barblin ist meine Braut.

Soldat lacht. Das ist wahr. 100

SOLDAT *grölt:* „Und mit dem Bock und in den Rock und ab den Rock und mit dem Bock und mit dem Bock –"

ANDRI: Geh nur!

SOLDAT: Braut! hat er gesagt. 105

ANDRI: Barblin wird dir den Rücken drehn.

SOLDAT: Dann nehm ich sie von hinten!

ANDRI: – du bist ein Vieh.

SOLDAT: Was sagst du?

ANDRI: Ein Vieh. 110

SOLDAT: Sag das noch einmal. Wie er zittert! Sag das noch einmal. Aber laut, daß der ganze Platz es hört. Sag das noch einmal. *Andri geht.* Was hat er da gesagt? *Idiot grinst und nickt.* Ein Vieh? Ich bin ein Vieh? *Idiot nickt und grinst.* 115 Der macht sich nicht beliebt bei mir. R

---

1 Lest die Szene mit verteilten Rollen vor und formuliert anschließend Fragen, die euch beim Lesen oder Zuhören in den Sinn gekommen sind.

2 Wie denkt der Soldat Peider über Juden? Und wie sieht er die Andorraner?
Untersucht, welche Vorurteile in der Szene deutlich werden:
a Zitiert Textstellen, in denen sich Peider über Juden und Andorraner äußert.
b Fasst die Vorurteile der Figur in einigen Sätzen zusammen:
Der Soldat Peider bezeichnet Juden als „…" (Z. …). Seiner Ansicht nach …
Die Andorraner beschreibt er dagegen als „…" (Z. …), denn …

3 Untersucht zu zweit das Verhalten der beiden Figuren Peider und Andri in der Szene.
Wie spricht Peider Andri an, und wie reagiert Andri darauf?
a Wählt jeweils eine Figur aus und beschreibt ihr Verhalten in einigen Sätzen, z. B.:

Peider:
Zu Beginn spricht Peider Andri direkt ohne eine Begrüßung an. …

Andri:
Als Andri von Peider angesprochen wird, versteht er nicht, um wen es geht. …

b Lest euch gegenseitig eure Beschreibungen vor und überlegt gemeinsam:
– Welche Gründe könnten die Figuren für ihr jeweiliges Verhalten haben?
– Warum greift Peider Andri an? Und warum reagiert Andri zurückhaltend auf die Beleidigungen?

4 Verfasst zu einer der Figuren – Peider oder Andri – eine Rollenbiografie:

a Notiert stichwortartig Informationen über die Figur aus den abgedruckten Dramenszenen (▶ S. 158–162). Ihr könnt eure Karteikarten von S. 160, Aufgabe 3 a nutzen und vervollständigen.

b Ordnet die Informationen zu eurer Figur in einer Mindmap und ergänzt Notizen zu Mimik, Gestik und Sprechweise der Figur, z. B.:

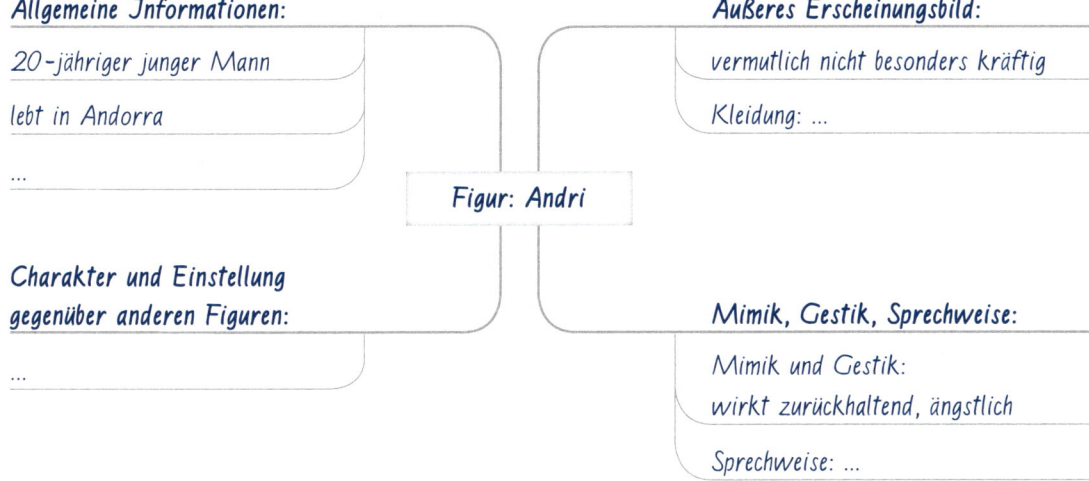

Allgemeine Jnformationen:

20-jähriger junger Mann

lebt in Andorra

...

Äußeres Erscheinungsbild:

vermutlich nicht besonders kräftig

Kleidung: ...

Figur: Andri

Charakter und Einstellung gegenüber anderen Figuren:

...

Mimik, Gestik, Sprechweise:

Mimik und Gestik:
wirkt zurückhaltend, ängstlich

Sprechweise: ...

c Formuliert die Rollenbiografie als zusammenhängenden Text. Schreibt in der Ich-Form, z. B.:
Jch heiße Andri und lebe in Andorra. Eigentlich komme ich aus dem Dorf der „Schwarzen", aber ...

5 a Setzt euch mit eurem Lernpartner zusammen und tragt euch eure Rollenbiografien gegenseitig vor. Wählt dabei eine zur Figur passende Sprechweise, Mimik und Gestik.

b Gebt euch gegenseitig eine Rückmeldung zum Vortrag:
- Enthält die Rollenbiografie alle wichtigen Informationen zur Figur?
- Habt ihr die Figur durch passende Mimik, Gestik und Sprechweise überzeugend dargestellt?

Methode   Eine Rollenbiografie verfassen und vortragen

■ Rollenbiografien dienen dazu, sich von einer **Figur** ein möglichst **genaues und lebendiges Bild** zu machen, um sie anschließend **überzeugend spielen** zu können.

■ Notiert stichwortartig **Informationen über die Figur** aus den einzelnen Dramenszenen.

■ Macht euch auch Notizen dazu, welche **Mimik und Gestik** zur Figur passen und wie die Figur spricht, z. B.: *selbstbewusst, schüchtern, hektisch.*

■ Schlüpft in die Rolle der Figur und schreibt eine **Selbstvorstellung in der Ich-Form.** Äußert euch darin zu den folgenden Punkten:

1 allgemeine Informationen, z. B.: *Name, Geschlecht, Alter, Herkunft, Familie, Beruf,*

2 äußeres Erscheinungsbild, z. B.: *Größe, Statur, Kleidung, weitere auffällige Merkmale,*

3 Charakter der Figur, z. B.:
- *Welche Eigenschaften hat sie?*
- *Welche Einstellung zum Leben hat sie?*
- *Was hält sie für richtig, was für falsch?*
- *Welche Ziele verfolgt sie?*
- *Welche Ängste oder Sorgen plagen sie?*
- *Was mag sie und was mag sie nicht?*
- *Wie denkt sie über die anderen Figuren?*

■ Trag die Rollenbiografie mit zur Figur passender **Mimik, Gestik und Sprechweise** vor.

Ein Standbild bauen und versprachlichen

Max Frisch

Andorra – Zweites Bild (1961, Auszug)

Andri und Barblin auf der Schwelle vor der Kammer der Barblin

ANDRI: Findest du, sie haben recht?
BARBLIN: Fang jetzt nicht wieder an!
5 **ANDRI:** Vielleicht haben sie recht.
Barblin beschäftigt sich mit ihrem Haar. […]
BARBLIN: Küß mich.
Andri lacht
Worüber lachst du?
10 **ANDRI:** Ich muß ja dankbar sein!
BARBLIN: Ich weiß nicht, wovon du redest.
ANDRI: Von deinem Vater. Er hat mich gerettet, er fände es sehr undankbar von mir, wenn ich seine Tochter verführte. Ich lache, aber es ist nicht zum Lachen, wenn man den Menschen 15 immerfort dankbar sein muß, daß man lebt.
Pause
Vielleicht bin ich drum nicht lustig.
Barblin küßt ihn
Bist du ganz sicher, Barblin, daß du mich 20 willst?
BARBLIN: Warum fragst du das immer.
ANDRI: Die andern sind lustiger.
BARBLIN: Die andern!
ANDRI: Vielleicht haben sie recht. Vielleicht bin 25 ich feig, sonst würde ich endlich zu deinem Alten gehen und sagen, daß wir verlobt sind. Findest du mich feig?
Man hört Grölen in der Ferne. [R]

---

1 Lest die Szene mit verteilten Rollen und beantwortet in der Gruppe folgende Fragen:
A Wer ist mit „sie" (▶ Z. 3, 5, 25) und mit „die andern" (▶ Z. 23, 24) gemeint?
B Warum behauptet Andri, er sei „nicht lustig" (▶ Z. 18)? Welche Sorgen deutet er an?

2 a Übt ein versprachlichtes Standbild zu der Szene ein:
– Zwei Schüler stellen in einem Standbild die Figuren Barblin und Andri dar und verdeutlichen die Situation, ihre Gefühle und ihre Beziehung zueinander durch Mimik und Gestik.
– Zwei weitere Schüler treten wie Schatten hinter die Figuren und sprechen stellvertretend die Gedanken und Gefühle der Figuren in dieser Situation aus.
– Alle anderen bilden ein Regieteam und prüfen und korrigieren die Darstellung.
b Stellt euch eure versprachlichten Standbilder gegenseitig vor und besprecht anschließend: Welche neuen Erkenntnisse habt ihr über Andri und Barblin und ihre Beziehung gewonnen?

3 Was kündigt das „Grölen in der Ferne" (▶ Z. 29) an? Notiert Vermutungen zum weiteren Handlungsverlauf.

| **Methode** | *Shadowing* – Ein Standbild bauen und versprachlichen |

- Mit Hilfe eines **Standbilds** kann man literarische **Figuren** und ihre **Beziehung zueinander** darstellen. Dabei erstarren die Darsteller für einige Sekunden und drücken die Situation, ihre jeweiligen Gedanken und Gefühle sowie ihre Beziehung zueinander nur durch **Mimik** (Gesichtsausdruck) und **Gestik** (Körperhaltung) aus.
- Beim *Shadowing* **(versprachlichten Standbild)** treten weitere Darsteller hinter die Figuren und versprachlichen deren Gedanken und Gefühle in der dargestellten Situation aus.

Sich mit dem Inhalt des Dramas auseinandersetzen

Max Frisch

Andorra – Drittes Bild (1961, Auszug)

Andri und der Geselle Fedri fertigen in der Tischlerei Stühle an und unterhalten sich dabei. Fedri verspricht Andri, ihn in die Fußballmannschaft aufzunehmen und ihm alte Fußballschuhe zu verkaufen.

ANDRI: Das ist toll, Fedri, wenn das klappt.
GESELLE: Warum soll's nicht?
ANDRI: Das ist toll.
GESELLE: Ich bin Käpten, und du bist mein
5 Freund.
ANDRI: Ich werde trainieren.
GESELLE: Aber reib nicht immer die Hände, sonst lacht die ganze Tribüne.
Andri steckt die Hände in die Hosentaschen.
10 Hast du Zigaretten? So gib schon. Mich bellt er nicht an! Sonst erschrickt er nämlich über sein Echo. Oder hast du je gehört, daß er mich anbellt?
Der Geselle steckt sich eine Zigarette an.
15 **ANDRI:** Das ist toll, Fedri, daß du mein Freund bist.
GESELLE: Dein erster Stuhl?
ANDRI: Wie findest du ihn?
Der Geselle nimmt den Stuhl von Andri und ver-
20 *sucht ein Stuhlbein herauszureißen, Andri lacht.* Die sind nicht zum Ausreißen!
GESELLE: So macht er's nämlich.
ANDRI: Versuch's nur!
Der Geselle versucht es vergeblich. Er kommt.
25 **GESELLE:** Du hast Glück.
ANDRI: Jeder rechte Stuhl ist verzapft[1]. Wieso Glück? Nur was geleimt ist, geht aus dem Leim.
Auftritt der Tischler.
TISCHLER: ... schreiben Sie diesen Herrschaf-
30 ten, ich heiße Prader. Ein Stuhl von Prader bricht nicht zusammen, das weiß jedes Kind, ein Stuhl von Prader ist ein Stuhl von Prader. Und überhaupt: bezahlt ist bezahlt. Mit einem Wort: Ich feilsche nicht.

Zu den beiden: Habt ihr Ferien? *Der Geselle ver-* 35
zieht sich flink. Wer hat hier wieder geraucht?
Andri schweigt. Ich riech es ja. *Andri schweigt.*
Wenn du wenigstens den Schneid[2] hättest –
ANDRI: Heut ist Sonnabend.
TISCHLER: Was hat das damit zu tun? 40
ANDRI: Wegen meiner Lehrlingsprobe. Sie haben gesagt: Am letzten Sonnabend in diesem Monat. Hier ist mein erster Stuhl.
Der Tischler nimmt einen Stuhl.
Nicht dieser, Meister, der andere! 45

---

1 verzapfen: etwas mit Stiften oder Zapfen verbinden; Zapfen: meist eine Art Holzstöpsel

2 Schneid: Mut

TISCHLER: Tischler werden ist nicht einfach, wenn's einer nicht im Blut hat. Nicht einfach. Woher sollst du's im Blut haben. Das hab ich deinem Vater aber gleich gesagt. Warum gehst
50 du nicht in den Verkauf? Wenn einer nicht aufgewachsen ist mit dem Holz, siehst du, mit unserem Holz – lobpreiset eure Zedern vom Libanon[3], aber hierzuland wird in andorranischer Eiche gearbeitet, mein Junge.

55 **ANDRI:** Das ist Buche.

TISCHLER: Meinst du, du mußt mich belehren?

ANDRI: Sie wollen mich prüfen, meinte ich.

Tischler versucht ein Stuhlbein auszureißen.
60 Meister, das ist aber nicht meiner!

TISCHLER: Da – *Der Tischler reißt ein erstes Stuhlbein aus.* Was hab ich gesagt?

Der Tischler reißt die anderen drei Stuhlbeine aus.
– wie die Froschbeine, wie die Froschbeine.
65 Und so ein Humbug[4] soll in den Verkauf. Ein Stuhl von Prader, weißt du, was das heißt? – da. *Der Tischler wirft ihm die Trümmer vor die Füße.* Schau's dir an!

ANDRI: Sie irren sich.

70 **TISCHLER:** Hier – das ist ein Stuhl!

Der Tischler setzt sich auf den andern Stuhl.
Hundert Kilo, Gott sei's geklagt, hundert Kilo hab ich am Leib, aber was ein rechter Stuhl ist, das ächzt nicht, wenn ein rechter Mann sich
75 draufsetzt, und das wackelt nicht. Ächzt das?

ANDRI: Nein.

TISCHLER: Wackelt das?

ANDRI: Nein.

TISCHLER: Also!

80 **ANDRI:** Das ist meiner.

TISCHLER: – und wer soll diesen Humbug gemacht haben?

ANDRI: Ich hab es Ihnen aber gleich gesagt.

TISCHLER: Fedri! Fedri! *Die Fräse verstummt.*
85 Nichts als Ärger hat man mit dir, das ist der Dank, wenn man deinesgleichen in die Bude nimmt, ich hab's ja geahnt.

Auftritt der Geselle.
Fedri, bist du ein Gesell oder was bist du?

90 **GESELLE:** Ich –

TISCHLER: Wie lang arbeitest du bei Prader & Sohn?

GESELLE: Fünf Jahre.

TISCHLER: Welchen Stuhl hast du gemacht?
Schau sie dir an. Diesen oder diesen? Und ant- 95
worte. *Der Geselle mustert die Trümmer.*
Antworte frank und blank.

GESELLE: – ich ...

TISCHLER: Hast du verzapft oder nicht?

GESELLE: – jeder rechte Stuhl ist verzapft ... 100

TISCHLER: Hörst du's?

GESELLE: – Nur was geleimt ist, geht aus dem Leim ...

TISCHLER: Du kannst gehen. *Geselle erschrickt.*
In die Werkstatt, meine ich. 105

Der Geselle geht rasch.
Das laß dir eine Lehre sein. Aber ich hab's ja gewußt, du gehörst nicht in eine Werkstatt.

Der Tischler sitzt und stopft sich eine Pfeife.
Schad ums Holz. 110

Andri schweigt.
Nimm das zum Heizen.

ANDRI: Nein. *Tischler zündet sich die Pfeife an.*
Das ist eine Gemeinheit!

Tischler zündet sich die Pfeife an. 115

... ich nehm's nicht zurück, was ich gesagt habe. Sie sitzen auf meinem Stuhl, ich sag es Ihnen, Sie lügen, wie's Ihnen grad paßt, und zünden sich die Pfeife an. Sie, ja, Sie! Ich hab Angst vor euch, ja, ich zittere. Wieso hab ich 120 kein Recht vor euch? Ich bin jung, ich hab gedacht: Ich muß bescheiden sein. Es hat keinen Zweck, Sie machen sich nichts aus Beweisen. Sie sitzen auf meinem Stuhl. Das kümmert Sie aber nicht? Ich kann tun, was ich will, ihr dreht 125 es immer gegen mich, und der Hohn nimmt kein Ende. [...] – *Der Tischler hat endlich die Pfeife angezündet.* Sie haben keine Scham –.

TISCHLER: Schnorr nicht soviel.[5]

---

3 Zedern vom Libanon: Baumart; Anspielung auf Andris angebliche Herkunft aus dem Nahen Osten (Israel)

4 Humbug: Betrug, Schwindel, Fälschung

5 Schnorr nicht ...: *hier:* Rede nicht so viel!

130 ANDRI: Sie sehen aus wie eine Kröte!

TISCHLER: Erstens ist hier keine Klagemauer[6]. *Der Geselle und zwei andere verraten sich durch Kichern.* Soll ich eure ganze Fußballmannschaft entlassen?

135 *Der Geselle und die andern verschwinden.*

Erstens ist hier keine Klagemauer, zweitens habe ich kein Wort davon gesagt, daß ich dich deswegen entlasse. Kein Wort. Ich habe eine andere Arbeit für dich. Ziehe deine Schürze aus!

140 Ich zeige dir, wie man Bestellungen schreibt. Hörst du zu, wenn dein Meister spricht? Für jede Bestellung, die du hereinbringst mit deiner Schnorrerei, verdienst du ein halbes Pfund.

Sagen wir: ein ganzes Pfund für drei Bestellungen. Ein ganzes Pfund! Das ist's, was deinesgleichen im Blut hat, glaub mir, und jedermann soll tun, was er im Blut hat. Du kannst Geld verdienen Andri, Geld, viel Geld … 145 *Andri reglos.*

Abgemacht? *Der Tischler erhebt sich und klopft Andri auf die Schulter.* Ich mein's gut mit dir. 150 *Der Tischler geht, man hört die Fräse wieder.*

ANDRI: Ich wollte aber Tischler werden …

☐R☐

---

6 Klagemauer: Gebetsstätte der Juden, Mauer an der Westseite des Tempelbergs in Jerusalem

---

1 Lest die Szene mit verteilten Rollen und besprecht anschließend den Inhalt der Szene:
– In welchen Konflikt gerät die Hauptfigur Andri?
– Welche Ziele verfolgen die Figuren Andri, der Geselle Fedri und der Tischlermeister jeweils?

2 Auch in dieser Szene äußern Figuren Vorurteile gegenüber Andri, der als Jude gilt.
a Zitiert Textstellen, in denen Vorurteile gegenüber Juden geäußert werden.
Welche Vorurteile aus dem Ersten Bild (▶ S. 161–162) werden wiederholt?
b Beschreibt, wie die Figur Andri in dieser Szene auf die Vorurteile reagiert.

Max Frisch (1911–1991)

Max Frisch war ein Schweizer Schriftsteller und Architekt, der vor allem durch seine Theaterstücke, Romane und Tagebücher bekannt wurde. Er zählt heute zu den modernen Klassikern der deutschsprachigen Literatur.

Ein wichtiges Thema in Frischs Werk ist die Wirkung von Vorurteilen. In seinen Texten untersucht er, wie die ständige Einwirkung von Vorurteilen den betroffenen Menschen prägen. Angelehnt an die 10 Gebote in der Bibel lässt Frisch den Pater im Drama „Andorra" sagen: „Du sollst dir kein Bildnis machen von Gott, deinem Herrn, und nicht von den Menschen, die seine Geschöpfe sind."

3 Lest das Autorenporträt zu Max Frisch und erläutert, was der Ausdruck „sich ein Bildnis von jemandem machen" genau bedeutet. Was fordert die Figur des Paters mit dieser Aussage?

4 Untersucht anhand der Dramenauszüge im Buch (▶ S. 158–167), wie die Figur Andri von den Vorurteilen der anderen Figuren geprägt wird:

a Übertragt das folgende Schema ins Heft und notiert stichwortartig, welche Eigenschaften und Verhaltensweisen die anderen Figuren Andri, dem angeblichen Juden, zuschreiben.

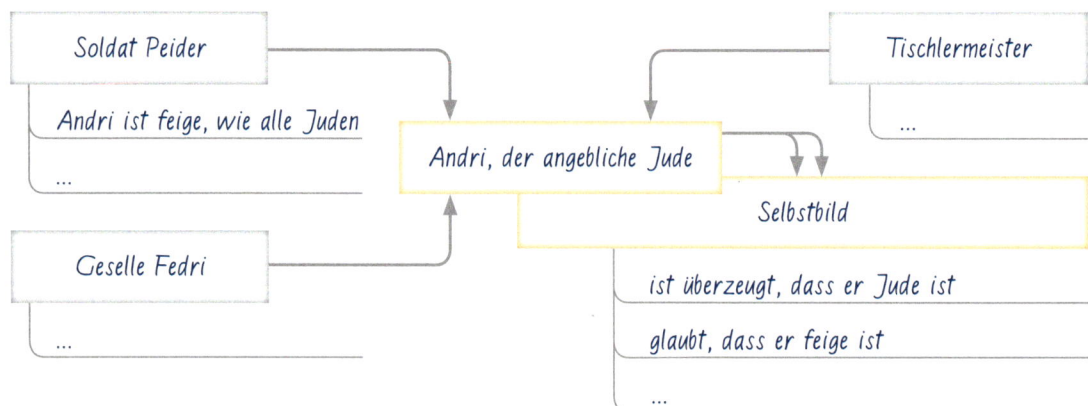

b Ergänzt in dem Schema, wie Andri sich selbst sieht.
Welche Auswirkungen haben die Vorurteile der anderen auf sein Selbstbild?

5 Recherchiert den Begriff „selbst erfüllende Prophezeiung" *(self-fulfilling prophecy)* und stellt euren Mitschülerinnen und Mitschülern die Bedeutung mit Bezug zur Figur Andri vor.

Die weitere Handlung des Dramas „Andorra"

Andri glaubt bis zum Ende, Jude zu sein. Ein Gespräch mit dem Pater, der ihm sagt, wie wertvoll es sei, „anders" zu sein, ermutigt ihn kaum. Bei einem Essen mit seinen Adoptiveltern hält Andri um die Hand seiner Adoptivschwester Barblin an. Die Mutter ist erfreut, doch der Vater, Lehrer Can, lehnt die Beziehung der beiden ab. Daraufhin glaubt Andri, dass auch sein Adoptivvater Vorurteile gegenüber Juden hat, und läuft davon.

5 Tatsächlich weiß Lehrer Can, dass Andri kein Jude ist. Er hat jahrelang verschwiegen, dass Andri sein leiblicher Sohn ist. Andris Mutter, die Senora, gehört zu den „Schwarzen", dem Nachbarvolk, das Juden verfolgt und ermordet. Bei einem Gespräch zwischen Vater und Sohn versucht Can, Andri die Wahrheit zu sagen, doch Andri glaubt ihm nicht mehr.

10 Währenddessen kommt die Senora nach Andorra, um nach Andri zu suchen. Als die Senora ermordet wird, glauben alle, Andri, der angebliche Jude, hätte diese Tat begangen.

Am Ende des Dramas marschieren die „Schwarzen" in Andorra ein und veranstalten eine „Judenschau". Andri wird von den „Schwarzen" verschleppt und getötet, und Barblin wird als „Judenbraut" kahl rasiert und gedemütigt. Der Lehrer Can begeht Selbstmord.

---

6 Das Drama „Andorra" endet in einer Katastrophe. Diskutiert folgende Fragen in Gruppen:

A Welche Figuren tragen die Schuld an Andris Tod?

B Durch welche Handlungsalternativen hätte man die Katastrophe am Ende verhindern können?

7 Wie würde Andris Anklage am Ende des Dramas lauten? Formuliert einen Brief aus Andris Perspektive an seinen Vater, den Soldaten Peider, den Gesellen Fedri oder den Tischlermeister.

Eine Theaterkritik zu einer Aufführung schreiben

Ein weißes Andorra?

Das Drama „Andorra" von Max Frisch wurde am letzten Samstag im Solinger Schauspielhaus von der Bergischen Theatergruppe aufgeführt. Der Protagonist Andri lebt im weißen Andorra bei seinem Pflegevater Can, zusammen mit dessen Frau und ihrer gemeinsamen Tochter Barblin. Im Dorf gibt es judenfeindliche Tendenzen und gleichzeitig Gerüchte, dass die ebenfalls judenfeindlichen Bewohner des Nachbardorfs, die „Schwarzen", Andorra überfallen wollen. Nach dem Mord an einer Senora, die sich später als Andris leibliche Mutter herausstellt, bestimmen Vorurteile immer stärker das Leben im Dorf. Es kommt zur Katastrophe, die Andri und seinen Vater das Leben kostet und auch Barblins Leben für immer verändern wird.

Die Aufführung des Dramas im Schauspielhaus wirkte auf den ersten Blick ungewohnt, da das Bühnenbild nur aus einem grünen Hintergrund und einem großen Holzgerüst bestand. Insgesamt unterstrich diese Bühnengestaltung jedoch geschickt die Haltung der Figuren. Durch das Gerüst konnten sie ihre Nähe oder Distanz, Überlegenheit oder Unterlegenheit verdeutlichen. Auch die sparsam eingesetzte Musik unterstützte die jeweilige Atmosphäre.

Die Schauspieler überzeugten mit ihren Leistungen. Kevin Hofer als Soldat Peider zeigte durch sein böse-herablassendes Auftreten, wie wenig er von dem angeblichen Juden Andri, dem „Anderen", hält. Der junge Fabian Hertz entwickelte sich im Laufe des Abends als Andri vom schüchternen Jungen zur willensstarken Persönlichkeit. Und Sybille Kraus als Barblin strahlte so süß ins Publikum, dass ihr die Herzen der Zuschauer aller Altersklassen zuflogen. Insgesamt durchlebte das Publikum während der Aufführung ein wahres Gefühlschaos, es wurde gelacht, nachgedacht und mitgelitten.

Das Drama „Andorra" hat bis heute nichts von seiner Aktualität eingebüßt. Die Konsequenzen von Vorurteilen und Diskriminierung wurden in der Aufführung sehr gut dargestellt. Die Tatsache, dass Andri zum Juden wird und sich somit eine fremde Identität aneignet, weil ihn alle nur als Juden sehen, wurde beeindruckend vorgeführt. Der Besuch der Aufführung lohnt sich für alle, die dieses eindrucksvolle Drama Frischs einmal live erleben wollen.

1 Würdet ihr die Aufführung nach dem Lesen der Theaterkritik besuchen? Begründet.

2 Gebt beispielhaft Textstellen in der Theaterkritik an, die ...
  A über die Aufführung informieren,   B die Aufführung bewerten.

3 Auf welche Aspekte wird in der Theaterkritik eingegangen? Untersucht den Textaufbau:
  – Gliedert den Text in Abschnitte. Notiert die Zeilenangaben untereinander.
  – Notiert anschließend zu jedem Abschnitt, auf welche Aspekte der Aufführung eingegangen wird,
    z. B.: *Inhalt des Theaterstücks, Bühnenbild, Musik, Leistungen der Schauspieler/-innen.*

4 Wie werden die verschiedenen Aspekte der Aufführung bewertet?
  a Schreibt wertende Aussagen aus dem Text heraus. Gebt dahinter in Klammern an, auf welchen
    Aspekt sich die Bewertung jeweils bezieht.
  b Fasst in einem Satz zusammen, wie die Aufführung in der Theaterkritik bewertet wird.

5 Bereitet eine Vorlage zum Verfassen einer eigenen Theaterkritik vor.
Übertragt dafür folgende Vorlage ins Heft und ergänzt passende Formulierungen aus der
Theaterkritik von Seite 169:

Einleitung: Vorstellung der Aufführung – Autor und Titel des Theaterstücks – Datum, Ort und Theatergruppe – Aussage zum Inhalt des Theaterstücks (Handlungsort, Hauptfiguren, zentraler Konflikt)	*– Das Drama „..." von Max Frisch wurde am ...* *in ... von ... aufgeführt.* *– ...*
Hauptteil: Bewertung der Aufführung – inhaltliche Gestaltung, Nähe zur Text- vorlage – Bühnenbild und Kostüme – Einsatz von Musik – Leistungen einzelner Schauspieler/-innen	*– Die Aufführung des Dramas wirkte auf den* *ersten Blick ...* *– Insgesamt unterstrich diese Bühnengestaltung ...* *– ...*
Schluss: Gesamteindruck und Empfehlung – begründete Aussage zum Gesamteindruck – Empfehlung	*– Insgesamt durchlebte das Publikum während* *der Aufführung ...* *– Das Drama „..." hat bis heute ...* *– ...*

6 a Schaut euch eine Aufführung des Dramas „Andorra" im Theater oder auf DVD an.
Macht euch dabei Notizen zu einzelnen Aspekten der Aufführung.
b Verfasst mit Hilfe der Vorlage oben eine eigene Theaterkritik.

Methode   **Eine Theaterkritik (Rezension) verfassen**

- In einer **Theaterkritik** wird die **Aufführung eines Theaterstücks** bewertet.
- Das **Ziel der Kritik** ist, anderen eine **Empfehlung** zu geben, ob sie die Aufführung ansehen
sollten oder nicht.
- **Einleitung:** – Nennt **Autor** und **Titel** des Theaterstücks sowie **Datum, Ort** und **Theater-gruppe** der Aufführung.
  – Formuliert eine kurze Aussage zum **Inhalt des Theaterstücks** (Handlungsort, Hauptfiguren, zentraler Konflikt).
- **Hauptteil:** – Formuliert im Hauptteil eine **Bewertung** der Aufführung.
  Geht darin auf folgende Aspekte ein:
  inhaltliche Gestaltung (Nähe zur Textvorlage), **Bühnenbild** und **Kostüme,**
  Einsatz von **Musik,** Leistungen einzelner **Schauspieler/-innen.**
- **Schluss:** – Formuliert eine begründete Aussage zum **Gesamteindruck** der Aufführung.
  – Sprecht eine **Empfehlung** für oder gegen den Besuch der Aufführung aus.
  Dabei könnt ihr auch angeben, für wen die Aufführung besonders geeignet
  erscheint und für wen eher weniger.

Teste dich!

Eine Dramenszene inhaltlich erschließen

Max Frisch

Andorra – Viertes Bild (1961, Auszug 1)

DOKTOR: [...] *Der Doktor schaut Andri nochmals in den Hals, dann nimmt er den Löffel heraus.* Ein bißchen entzündet.
ANDRI: Ich?
5 **DOKTOR:** Kopfweh? [...] Schlaflosigkeit?
ANDRI: Manchmal. [...]
Der Doktor steckt ihm nochmals den Löffel in den Hals.
ANDRI: Aaaaaaaa-Aaaaaaaaaaaaaaaandorra.
10 **DOKTOR:** So ist's gut, mein Freund, so muß es tönen, daß jeder Jud in den Boden versinkt, wenn er den Namen unseres Vaterlandes hört. *Andri zuckt.* Verschluck den Löffel nicht!
MUTTER: Andri ... *Andri ist aufgestanden.* [...]
15 **ANDRI:** Wieso – soll der Jud – versinken im Boden?
DOKTOR: Wo habe ich sie bloß. *Der Doktor kramt in seinem Köfferchen.* Das fragst du, mein junger Freund, weil du noch nie in der Welt
20 gewesen bist. Ich kenne den Jud. Wo man hin-kommt, da hockt er schon, der alles besser weiß, und du, ein schlichter Andorraner, kannst einpacken. So ist es doch. Das Schlimme am Jud ist sein Ehrgeiz. In allen Ländern der Welt hocken sie auf allen Lehrstühlen, ich hab's er-25 fahren, und unsereinem bleibt nichts anderes übrig als die Heimat. Dabei habe ich nichts ge-gen den Jud. Ich bin nicht für Greuel. Auch ich habe Juden gerettet, obschon ich sie nicht rie-chen kann. Und was ist der Dank? Sie sind nicht 30 zu ändern. Sie hocken auf allen Lehrstühlen der Welt. Sie sind nicht zu ändern. *Der Doktor reicht die Pillen.* Hier deine Pillen! *Andri nimmt sie nicht, sondern geht.* Was hat er denn plötzlich?
MUTTER: Andri! Andri! 35
DOKTOR: Einfach rechtsumkehrt und davon ...
MUTTER: Das hätten sie vorhin nicht sagen sol-len, Professor, das mit dem Jud.
DOKTOR: Warum denn nicht?
MUTTER: Andri ist Jud. R 40

1 **a** Welche der folgenden Aussagen sind richtig?
Schreibe sie ins Heft ab und lass darunter jeweils zwei Schreibzeilen frei.

> **A** Der Arzt weiß nicht, dass Andri Jude ist.
> **B** Andri fühlt sich durch die Aussagen des Arztes über Juden gekränkt.
> **C** Andri tut so, als ob er den Arzt nicht verstehen kann.
> **D** Als der Arzt hört, dass Andri Jude ist, nimmt er ihm die Medikamente wieder ab.
> **E** Andris Mutter teilt die Meinung des Arztes.
> **F** Andris Mutter ist empört über die Aussagen des Arztes über Juden.

b Zitiere unter den richtigen Aussagen jeweils eine Textstelle als Beleg.

2 „Der Arzt macht die Juden für sein Scheitern im Ausland verantwortlich."
Begründe diese Aussage zur Szene oben anhand einer Textstelle.

3 Vergleiche deine Ergebnisse der Aufgaben 1 und 2 mit einer Lernpartnerin oder einem Lernpartner.

8.2 Wie konnte es so weit kommen? – Dramenszenen schriftlich analysieren

Eine schriftliche Szenenanalyse vorbereiten

Max Frisch

Andorra – Viertes Bild (1961, Auszug 2)

Lehrer, Mutter, Barblin und Andri sitzen am Mittagstisch. Lehrer schneidet das Brot. [...] Mutter schöpft die Suppe.

ANDRI: Vielleicht wißt ihr es aber schon. Nichts
ist geschehn. Ihr braucht nicht immer zu erschrecken. Ich weiß nicht, wie man so etwas sagt: – Ich werde einundzwanzig, und Barblin ist neunzehn ...

LEHRER: Und?

ANDRI: Wir möchten heiraten.

Lehrer läßt das Brot fallen.

Ja, ich bin gekommen, um zu fragen – ich wollte es tun, wenn ich die Tischlerprobe bestanden habe, aber daraus wird ja nichts – Wir wollen uns jetzt verloben, damit die andern es wissen und der Barblin nicht überall nachlaufen.

LEHRER: – – – heiraten?

ANDRI: Ich bitte dich, Vater, um die Hand deiner Tochter.

Lehrer erhebt sich wie ein Verurteilter.

MUTTER: Ich hab das kommen sehen, Can.

LEHRER: Schweig!

MUTTER: Deswegen brauchst du das Brot nicht fallen zu lassen. *Die Mutter nimmt das Brot vom Boden.* Sie lieben einander.

LEHRER: Schweig! *Schweigen.*

ANDRI: Es ist aber so, Vater, wir lieben einander. Davon zu reden ist schwierig. Seit der grünen Kammer, als wir Kinder waren, reden wir vom Heiraten. In der Schule schämten wir uns, weil alle uns auslachten: Das geht ja nicht, sagten sie, weil wir Bruder und Schwester sind! Einmal wollten wir uns vergiften, weil wir Bruder und Schwester sind, mit Tollkirschen, aber es

war Winter, es gab keine Tollkirschen. Und wir haben geweint, bis Mutter es gemerkt hat – bis du gekommen bist, Mutter, du hast uns getröstet und gesagt, daß wir gar nicht Bruder und Schwester sind. Und diese ganze Geschichte, wie Vater mich über die Grenze gerettet hat, weil ich Jud bin. Da war ich froh drum und sagte es ihnen in der Schule und überall. Seither schlafen wir nicht mehr in der gleichen Kammer, wir sind ja keine Kinder mehr.

Der Lehrer schweigt wie versteinert.

Es ist Zeit, Vater, daß wir heiraten.

LEHRER: Andri, das geht nicht.

MUTTER: Wieso nicht?

LEHRER: Weil es nicht geht!

MUTTER: Schrei nicht!

LEHRER: Nein – Nein – Nein ...

Barblin bricht in Schluchzen aus.

MUTTER: Und du heul nicht gleich!

BARBLIN: Dann bring ich mich um.

MUTTER: Und red keinen Unfug!

BARBLIN: Oder ich geh zu den Soldaten, jawohl.

MUTTER: Dann straf dich Gott!

BARBLIN: Soll er.

ANDRI: Barblin? *Barblin läuft hinaus.*

LEHRER: Sie ist ein Huhn. Laß sie! Du findest noch Mädchen genug.

Andri reißt sich von ihm los. Andri –!

ANDRI: Sie ist wahnsinnig.

LEHRER: Du bleibst. *Andri bleibt.*

Es ist das erste Nein, Andri, das ich dir sagen muß. *Der Lehrer hält sich beide Hände vors Gesicht.* Nein!

MUTTER: Ich versteh dich nicht, Can, ich versteh dich nicht. Bist du eifersüchtig? Barblin ist

neunzehn, und einer wird kommen. Warum nicht Andri, wo wir ihn kennen? Das ist der Lauf der Welt. Was starrst du vor dich hin und schüttelst den Kopf, wo's ein großes Glück ist,
75 und willst deine Tochter nicht geben? Du schweigst. Willst du sie heiraten? Du schweigst in dich hinein, weil du eifersüchtig bist, Can, auf die Jungen und auf das Leben überhaupt und daß es jetzt weitergeht ohne dich.
80 **LEHRER:** Was weißt denn du!
MUTTER: Ich frag ja nur.
LEHRER: Barblin ist ein Kind –
MUTTER: Das sagen alle Väter. Ein Kind! – für dich, Can, aber nicht für den Andri.
85 *Lehrer schweigt.* Warum sagst du nein? *Lehrer schweigt.*
ANDRI: Weil ich Jud bin.
LEHRER: Andri –
ANDRI: So sagt es doch.
90 **LEHRER:** Jud! Jud!

ANDRI: Das ist es doch.
LEHRER: Jud! Jedes dritte Wort, kein Tag vergeht, jedes zweite Wort, kein Tag ohne Jud, keine Nacht ohne Jud, ich höre Jud, wenn einer schnarcht, Jud, Jud, kein Witz ohne Jud, kein
95 Geschäft ohne Jud, kein Fluch ohne Jud, ich höre Jud, wo keiner ist, Jud und Jud und nochmals Jud, die Kinder spielen Jud, wenn ich den Rücken drehe, jeder plappert's nach, die Pferde wiehern in den Gassen: Juuuud, Juud, Jud ...
100
MUTTER: Du übertreibst.
LEHRER: Gibt es denn keine andern Gründe mehr?!
MUTTER: Dann sag sie. *Lehrer schweigt, dann nimmt er seinen Hut.* Wohin?
105
LEHRER: Wo ich meine Ruh hab.
Er geht und knallt die Tür zu.
MUTTER: Jetzt trinkt er wieder bis Mitternacht.
Andri geht langsam nach der andern Seite.
Andri? – Jetzt sind alle auseinander. [R] 110

1 a Lest die Szene still. Formuliert anschließend einige Sätze zu eurem ersten Leseeindruck, z. B.:
– *Beim ersten Lesen der Szene fällt mir auf, dass ...*
– *Ich frage mich, ... / Ich verstehe nicht, ...*
– *In der Szene wird deutlich, dass ...*

b Notiert hinter jeder Aussage beispielhaft eine Textstelle, die diesen Eindruck bewirkt hat.

2 Fasst den Inhalt der Szene mit eigenen Worten zusammen. Gliedert die Szene dafür in einzelne Handlungsschritte und formuliert zu jedem Schritt einen zusammenfassenden Satz:
Zu Beginn der Szene sitzen Andri, Barblin und ihre Eltern am Mittagstisch. Andri kündigt an, ...

3 Was ist zuvor geschehen? Ordnet die Szene in den Handlungsverlauf des Dramas ein:
a Veranschaulicht die Vorgeschichte bis zum vierten Bild als Flussdiagramm (▶ S. 337), z. B.:
<u>Erstes Bild (1. Auszug):</u> *Barblin streicht eine Mauer für einen Feiertag weiß. Dabei wird sie von dem Soldaten Peider belästigt. Sie gesteht dem Pater ihre Angst vor den „Schwarzen".*
↓
<u>Erstes Bild (2. Auszug):</u> *Andri steht vor einer Kneipe, als ...*
b Notiert eine Aussage dazu, welcher Stelle des Handlungsverlaufs in einem Drama (▶ S. 160) ihr die Szene zuordnen würdet – der Exposition, der Hinführung zum Wendepunkt, dem Wendepunkt oder der Hinführung zur Katastrophe?

4 Untersucht das Gespräch der Figuren und ihr Verhalten in der Szene genauer.
Macht euch zu den Fragen A–C Notizen und fertigt zu D eine Figurenskizze (▶ S. 307) an:
A In welcher Situation und aus welchem Grund findet das Gespräch statt?
B Wie verläuft das Gespräch?
C Wie verhalten sich die vier Figuren jeweils während des Gesprächs?
D Welche Beziehungen der Figuren werden in dem Gespräch deutlich?

5 Bereitet für die schriftliche Analyse der Dramenszene einen Schreibplan vor:

a Übertragt den folgenden Schreibplan in euer Heft und ergänzt ihn stichwortartig.

A Einleitung
- Autor/-in: Max Frisch
- Titel (Uraufführung):   Andorra (1961)
- Textsorte: Drama, viertes Bild
- Thema des Dramas: Vorurteile und ihre ...
- erster Leseeindruck: ...

B Hauptteil
1 Einordnung der Szene in den
  Handlungsverlauf: Konflikt, steigende Spannung, ...
2 Inhalt der Szene: Heiratswunsch Andris, Vater ist ...
3 Genaue Analyse
- **des Gesprächsverlaufs**
  → Vater: anfangs erschrocken, später wütend
  → Andri: anfangs freudig entschlossen, später ...
  → Mutter: anfangs ..., später ...
- **des Figurenverhaltens**
  → Vater: ablehnend, verschlossen, ...
  → Andri: ...
  → Mutter: ...
- **der Figurenbeziehung**
  → Vater ↔ Andri: Konfrontation, Streit
  → Mutter ↔ Andri: ...
  → Vater ↔ Mutter: ...

C Schluss
Zusammenfassung der Ergebnisse:
- Gesprächsverlauf → von familiärer, harmonischer Situation zu ...
- Figurenverhalten/-beziehung → Andri fühlt sich ..., der Vater ..., die Mutter ...
Fazit/Schlusswort: ...

---

b Notiert Zitate (mit Zeilenangaben), mit denen ihr eure Aussagen in der Analyse belegen könnt, z. B.:
- „Ich weiß nicht, wie man so etwas sagt:" (Z. 6–7) → Andri wirkt nervös
- „Lehrer läßt das Brot fallen." (Z. 11) → Vater ...

c Vergleicht euren Schreibplan mit einer Lernpartnerin oder einem Lernpartner. Besprecht die Unterschiede und ergänzt oder korrigiert eure Angaben.

6 a Formuliert zu zweit auf der Grundlage eurer Schreibpläne eine vollständige Analyse der Dramenszene. Beginnt mit folgendem Einleitungssatz:
In Max Frischs Drama „Andorra" (1961) geht es um einen jungen Mann namens Andri, der ...

b Setzt euch mit einem anderen Lernteam zusammen. Lest euch gegenseitig eure Analysen vor und gebt euch jeweils eine Rückmeldung zum Inhalt und zum Ausdruck:
Was ist gut gelungen, was sollte überarbeitet werden?

Fordern und fördern – Eine Szenenanalyse verfassen

Max Frisch

Andorra – Siebtes Bild (1961, Auszug)

PATER: Andri, wir wollen sprechen miteinander. Deine Pflegemutter wünscht es. Sie macht sich große Sorge um dich. ... Nimm Platz! [...]

5 **ANDRI:** Stimmt das, Hochwürden, daß ich anders bin als alle? *Pause.*

PATER: Andri, ich will dir etwas sagen.

ANDRI: – ich bin vorlaut, ich weiß.

PATER: Ich verstehe deine Not. Aber du sollst

10 wissen, daß wir dich gern haben, Andri, so wie du bist. Hat dein Pflegevater nicht alles getan für dich? Ich höre, er hat Land verkauft, damit du Tischler wirst.

ANDRI: Ich werde aber nicht Tischler.

15 **PATER:** Wieso nicht?

ANDRI: Meinesgleichen denkt alleweil nur ans Geld, heißt es, und drum gehöre ich nicht in die Werkstatt, sagt der Tischler, sondern in den Verkauf. Ich werde Verkäufer, Hochwürden.

20 **PATER:** Nun gut.

ANDRI: Ich wollte aber Tischler werden.

PATER: Warum setzest du dich nicht?

ANDRI: Hochwürden irren sich, glaub ich. Niemand mag mich. Der Wirt sagt, ich bin vorlaut,

25 und der Tischler findet das auch, glaub ich. Und der Doktor sagt, ich bin ehrgeizig, und meinesgleichen hat kein Gemüt.

PATER: Setz dich!

ANDRI: Stimmt das, Hochwürden, daß ich kein

30 Gemüt habe?

PATER: Mag sein, Andri, du hast etwas Gehetztes.

ANDRI: Und Peider sagt, ich bin feig.

PATER: Wieso feig?

35 **ANDRI:** Weil ich Jud bin.

PATER: Was kümmerst du dich um Peider?

Andri schweigt.

Andri, ich will dir etwas sagen.

ANDRI: Man soll nicht immer an sich selbst denken, ich weiß. Aber ich kann nicht anders, 40 Hochwürden, es ist so. Immer muß ich denken, ob's wahr ist, was die andern von mir sagen: daß ich nicht bin wie sie, nicht fröhlich, nicht gemütlich, nicht einfach so. Und Hochwürden finden ja auch, ich hab etwas Gehetz- 45 tes. Ich versteh schon, daß niemand mich mag. Ich mag mich selbst nicht, wenn ich an mich selbst denke.

Der Pater erhebt sich.

Kann ich jetzt gehen? 50

---

1 Lest die Szene mit verteilten Rollen und besprecht anschließend:
– Welche Vorurteile aus bisherigen Szenen werden von der Figur Andri wiederholt?
– Von welchen weiteren Vorurteilen berichtet Andri?

2 Untersucht die Dramenszene genauer und bereitet eine schriftliche Analyse vor:

a Macht euch für die Einleitung Notizen zu den folgenden Punkten:
   Autor, Titel des Dramas, Jahr der Erstaufführung, Thema, erster Leseeindruck.

b Legt für den Hauptteil Stichwortzettel zu den folgenden fünf Punkten an.
   Notiert darauf eure Untersuchungsergebnisse und zitiert Textstellen,
   mit denen ihr eure Ergebnisse belegen könnt.

1 Einordnung der Szene in den
  Handlungsverlauf
  – Was ist vor der Szene geschehen?
  – Welcher Stelle des Handlungsverlaufs
    im Drama kann man die Szene zu-
    ordnen?

2 Inhalt der Szene
  – Was genau passiert in der Szene?

3 Gesprächssituation und Gesprächsverlauf
  – In welcher Situation findet das Gespräch statt?
  – Aus welchem Grund?
  – Wie verläuft das Gespräch?

4 Verhalten der Figuren
  – Wie verhalten sich die Figuren
    während des Gesprächs?

5 Beziehung der Figuren
  – Welche Beziehung haben die Figuren
    zueinander?

c Notiert für den Schluss stichwortartig: Wie deutet ihr diese Szene insgesamt?

3 Verfasst mit Hilfe eurer Stichwortzettel (▶ Aufgabe 2) eine vollständige Analyse der Szene:

●●● a Formuliert eine Einleitung mit Angaben zu Autor, Titel, Jahr der Erstaufführung, Thema und zum
   ersten Leseeindruck.   ▷ Hilfe zu Aufgabe 3 a auf Seite 177

b Stellt im Hauptteil die Ergebnisse eurer Analyse dar. Geht auf die in Aufgabe 2 b untersuchten
   Punkte ein.   ▷ Hilfe zu Aufgabe 3 b auf Seite 177

c Formuliert zum Schluss eine Zusammenfassung eurer Untersuchungsergebnisse und ein abschließendes Fazit.   ▷ Hilfe zu Aufgabe 3 c auf Seite 177

4 Was denken der Pater und Andri nach dieser Szene? Zeichnet zwei Gedankenblasen ins Heft und
   formuliert ihre jeweiligen Gedanken in einigen Sätzen.

Methode	Eine Dramenszene schriftlich analysieren
■ **Einleitung:**	– Nennt **Autor, Titel** und **Jahr der Erstaufführung** des Dramas und gebt das **Thema** des Dramas an.
	– Formuliert eine kurze Aussage zum **ersten Eindruck** von der Szene.
■ **Hauptteil:**	– Ordnet die Szene in den **Handlungsverlauf** des Gesamtdramas ein.
	– Fasst den **Inhalt** der Szene zusammen.
	– Beschreibt die **Gesprächssituation** und den **Gesprächsverlauf.**
	– Beschreibt und deutet das **Verhalten** der Figuren und ihre **Beziehung** zueinander.
	– Belegt eure Aussagen mit **Textstellen** (Zitate oder indirekte Rede ▶ S. 302, 329).
■ **Schluss:**	– Fasst eure **Untersuchungsergebnisse** noch einmal kurz zusammen.
	– Formuliert ein abschließendes **Fazit.**

Aufgabe 3 a mit Hilfen

Formuliert eine Einleitung mit Angaben zu Autor, Titel, Jahr der Erstaufführung, Thema und zum ersten Leseeindruck. Wählt eine der folgenden Formulierungen und setzt sie fort:

> *In der Dramenszene aus „Andorra" (1961) von Max Frisch geht es um einen jungen Mann namens Andri, der von den Bewohnern Andorras als „der Jude" ausgegrenzt wird / der gegen viele Vorurteile kämpfen muss / der als angeblicher Jude unter Andorranern leben muss. Beim ersten Lesen ...*

Aufgabe 3 b mit Hilfen

Stellt im Hauptteil die Ergebnisse eurer Analyse dar. Geht auf die folgenden fünf Punkte ein und nutzt die Formulierungshilfen:

1 Einordnung der Szene in den Handlungsverlauf	— Die Szene spielt vor/nach dem Wendepunkt des Dramas. — Vor der Szene hatte Andri ...
2 Inhalt der Szene	— Die Szene beginnt damit, dass ... — Andri fühlt sich ... Der Pater soll ihm helfen, aber ... — Die Szene endet damit, dass ...
3 Gesprächssituation und Gesprächsverlauf	— Der Pater hat Andri scheinbar zu einem vertraulichen Gespräch gebeten, weil ... — Der Pater hat die Absicht, ... — Zu Beginn des Gesprächs ist der Pater zuversichtlich • liebevoll • geduldig • verständnisvoll ... — Der Pater bittet Andri ... und versucht ihm zu erklären, dass ... — Andri wirkt anfangs aufgeregt • trotzig • unsicher • niedergeschlagen • unruhig • frustriert • traurig ... — Statt dem Pater zuzuhören, fragt Andri, ... — Im Laufe des Gesprächs ...
4 Verhalten der Figuren	— Der Pater verhält sich Andri gegenüber ruhig • freundlich • belehrend • ... — Er versucht Andri davon zu überzeugen, dass ... — Als Andri das hört, reagiert er wütend • aufbrausend • verzweifelt • enttäuscht • verbittert • ... — Er macht dem Pater klar, dass ...
5 Beziehung der Figuren	— In dem Gespräch der Figuren wird deutlich, dass ...

Aufgabe 3 c mit Hilfen

Formuliert zum Schluss eine kurze Zusammenfassung eurer Untersuchungsergebnisse und ein abschließendes Fazit. Verwendet einen der folgenden Satzanfänge:
- *Zusammenfassend lässt sich sagen, dass Andri in dieser Szene ...*
- *Im Verlauf der Szene wird deutlich, wie ... / dass ...*
- *Man erkennt in dieser Szene, dass Andri die Vorurteile ...*

8.3 Fit in …! – Eine Dramenszene analysieren und interpretieren

Stellt euch vor, ihr bekommt in der nächsten Klassenarbeit die folgende Aufgabe gestellt:

Aufgabe
Verfasse eine Dramenanalyse zur folgenden Szene aus dem Drama „Andorra" von Max Frisch:
– Formuliere eine passende Einleitung.
– Ordne die Szene in den Handlungsverlauf des Dramas ein.
– Untersuche und beschreibe das Verhalten Andris gegenüber dem Pater.

Andorra – Neuntes Bild (1961, Auszug)

PATER: Andri – [...]
ANDRI: Ich höre.
PATER: Auch ich, Andri, habe nichts davon gewußt, als wir das letzte Mal miteinander redeten. Er habe ein Judenkind gerettet, so hieß es seit Jahr und Tag, eine christliche Tat, wieso sollte ich nicht dran glauben! Aber nun, Andri, ist deine Mutter gekommen –
ANDRI: Wer ist gekommen?
PATER: Die Senora. *Andri springt auf.* Andri – du bist kein Jud. *Schweigen.* Du glaubst nicht, was ich dir sage?
ANDRI: Nein.
PATER: Also glaubst du, ich lüge?
ANDRI: Hochwürden, das fühlt man.
PATER: Was fühlt man?
ANDRI: Ob man Jud ist oder nicht.
Der Pater erhebt sich und nähert sich Andri. Rühren Sie mich nicht an. Eure Hände! Ich will das nicht mehr.
PATER: Hörst du nicht, was ich dir sage?
Andri schweigt.
PATER: Du bist sein Sohn.
Andri lacht.
PATER: Andri, das ist die Wahrheit.
ANDRI: Wie viele Wahrheiten habt ihr? *Andri nimmt sich eine Zigarette, die er dann vergißt.* Das könnt ihr nicht machen mit mir …
PATER: Warum glaubst du uns nicht?
ANDRI: Euch habe ich ausgeglaubt.
PATER: Ich sage und schwöre beim Heil meiner Seele, Andri: Du bist sein Sohn, unser Sohn, und von Jud kann nicht die Rede sein.
ANDRI: 's war aber viel die Rede davon … [...] Seit ich höre, hat man mir gesagt, ich sei anders, und ich habe geachtet drauf, ob es so ist, wie sie sagen. Und es ist so, Hochwürden: Ich bin anders. Man hat mir gesagt, wie meinesgleichen sich bewege, nämlich so und so, und ich bin vor den Spiegel getreten fast jeden Abend. Sie haben recht: Ich bewege mich so und so. Ich kann nicht anders. Und ich habe geachtet auch darauf, ob's wahr ist, daß ich alleweil denke ans Geld, wenn die Andorraner mich beobachten und denken, jetzt denke ich ans Geld, und sie haben abermals recht: Ich denke alleweil ans Geld. Es ist so. Und ich habe kein Gemüt, ich hab's versucht, aber vergeblich: Ich habe kein Gemüt, sondern Angst. Und man hat mir gesagt, meinesgleichen ist feig. Auch darauf habe ich geachtet. Viele sind feig, aber ich weiß es, wenn ich feig bin. Ich wollte es nicht wahrhaben, was sie mir sagten, aber es ist so. Sie haben mich mit Stiefeln getreten, und es ist so, wie sie sagen: Ich fühle nicht wie sie. Und ich habe keine Heimat. Hochwürden haben gesagt, man muß das annehmen, und ich hab's angenommen. Jetzt ist es an Euch, Hochwürden, Euren Jud anzunehmen.
PATER: Andri – R

Die Aufgabe richtig verstehen

1 a Besprecht in Partnerarbeit, was die Aufgabe auf S. 178 von euch verlangt.

   b Schreibt die Buchstaben der richtigen Aussagen in euer Heft.

   Tipp: Rückwärtsgelesen ergeben die richtigen Buchstaben ein Lösungswort.

> Die Aufgabe verlangt von mir ...
>
> **R** eine Einleitung zu formulieren.
>
> **I** die Szene möglichst genau in allen Einzelheiten nachzuerzählen.
>
> **E** das Verhalten der Figuren zu beschreiben.
>
> **T** meine Aussagen mit Zitaten oder Textstellen in der indirekten Rede zu belegen.
>
> **R** meine Meinung zu Andris Verhalten zu erörtern.
>
> **A** die Szene in das Gesamtdrama einzuordnen.
>
> **N** die Szene weiterzuschreiben.
>
> **P** am Schluss meine Ergebnisse zusammenzufassen.

Planen

2 Lest die Szene mehrmals genau und unterteilt sie in Sinnabschnitte.
Setzt dazu im Heft das Flussdiagramm fort.

> *Der Pater spricht mit Andri über seine Herkunft.*
> ↓
> *Er erklärt Andri, dass die Senora ...*
> ↓
> *Doch Andri ...*
> ↓
> ...

3 Entwickelt im Heft einen Schreibplan für eine vollständige
Dramenanalyse (▶ S. 174), z. B.:

> **A Einleitung**
>   *Autor/-in, Titel, Erscheinungsjahr, Textsorte, Thema*
>
> **B Hauptteil**
>   *1 Einordnung der Szene in ...*
>   *2 Inhalt ...*
>   *3 Genaue Analyse des Gesprächs, des ... und ...*
>
> **C Schluss**
>   *...*

Schreiben und überarbeiten

4 Verfasst einen Einleitungssatz (Autor/-in, Titel, Textsorte, Thema des Dramas).
Max Frischs … „…" (1961) handelt von …

5 Ordnet die Szene in den Handlungsverlauf des Dramas ein und fasst sie zusammen.
Tipp: Schreibt im Präsens (▶ S. 321).
– *Die Szene befindet sich … Vor der Szene / Davor … Nach der Szene / Danach …*
– *Die Szene beginnt mit … Im weiteren Verlauf … Nachdem … Anschließend …*

6 Welche Aussagen A–E über Andris Verhalten dem Pater gegenüber treffen zu?
Schreibt sie heraus und belegt sie jeweils mit einem Zitat.
A Andri ist dem Pater gegenüber misstrauisch und glaubt nicht, was er berichtet.
B Andri möchte vom Pater in den Arm genommen und getröstet werden.
C Andri erwartet vom Pater, dass er ihn so akzeptiert, wie er sich selbst sieht.
D Andri akzeptiert nun, ein Jude zu sein.
E Andri ist tief verletzt und vertraut keinem mehr.

7 Analysiert die folgende Aussage Andris: „Euch habe ich ausgeglaubt" (▶ Z. 30):
– Erklärt, wie ihr diese Aussage versteht.
– Was wird daran über Andris Verhalten gegenüber dem Pater deutlich?

8 Formuliert einen Schlusssatz, der eure Ergebnisse zusammenfasst.
Zusammenfassend lässt sich sagen, dass …

9 Prüft in Partnerarbeit eure Texte mit Hilfe der folgenden Checkliste.

Checkliste

Eine Dramenszene schriftlich analysieren
- Habt ihr in der **Einleitung** **Autor/-in, Titel** und das **Thema des Dramas** angegeben?
- Habt ihr im **Hauptteil** die Szene in den **Handlungsverlauf** des Gesamtdramas eingeordnet und den **Inhalt** der Szene zusammengefasst?
- Habt ihr die **Gesprächssituation** und den **Gesprächsverlauf** beschrieben?
- Habt ihr das **Verhalten** der Figuren und ihre **Beziehung** zueinander beschrieben und gedeutet?
- Habt ihr eure Aussagen mit **Textstellen** (Zitate oder indirekte Rede) belegt?
- Habt ihr im **Schlussteil** eure **Ergebnisse** zusammengefasst und ein **Fazit** formuliert?
- Habt ihr eure Analyse im **Präsens** verfasst?

Schreibwörter				▶ S. 339
das Drama	der Konflikt	die Beziehung	beginnen	diskriminieren
die Szene	das Vorurteil	die Kritik	verlaufen	misstrauen

9 Kommunikation in den Medien –
Sachtexte untersuchen

1 Der Begriff „Kommunikation" stammt von dem lateinischen Wort *communicatio* ab, das „Mitteilung" bedeutet. Man bezeichnet damit den Austausch von Informationen.
  a Betrachtet das Foto und beschreibt, wie die Jugendlichen kommunizieren. Welche Informationen tauschen sie vermutlich auf welche Art und Weise aus?
  b Tragt zusammen, mit wem ihr auf welche Art und Weise kommuniziert.

2 Klärt den Begriff „Medien":
  a Woran denkt ihr, wenn ihr den Begriff hört? Führt ein Brainstorming durch und notiert Stichworte.
  b Formuliert eine mögliche Worterklärung für „die Medien".

3 **a** Listet auf, in welchen Medien ihr Sachtexte findet.
  b Notiert, welche Arten von Sachtexten ihr kennt.

In diesem Kapitel ...

– trainiert ihr, Sachtexte zu erschließen,
– bestimmt ihr unterschiedliche Absichten von Sachtexten,
– untersucht ihr Inhalt, Aufbau und sprachliche Gestaltung von Sachtexten,
– informiert ihr euch über Möglichkeiten der Informationsvermittlung und der Meinungsbildung in verschiedenen Medien.

9.1 Immer online – Sachtextformate untersuchen

Informierende und meinungsbildende Texte verstehen

Philipp Sickmann

Immer online, nie mehr allein

Smartphone, Facebook, WhatsApp – die Technik ist zum ständigen Begleiter der Pubertät geworden.

Die heutige Jugend ist die erste Generation, die mit mobilem Internet und in sozialen Netzwerken aufwächst. „Bis auf ein paar Leute ist eigentlich jeder bei Facebook", sagt Moritz Lang. Der 15-Jährige besucht die neunte Klasse der Leibniz-Oberschule in Berlin Kreuzberg. Wie viele seiner Klassenkameraden nutzt er das soziale Netzwerk. Etwa 300 Freunde hat er dort. „So etwas vereint uns, weil einfach alle das haben." Fast jeder seiner Mitschüler besitzt zudem ein Smartphone. Er selbst hat seit der vierten Klasse ein Handy, dazu einen internetfähigen iPod, Facebook-App und WhatsApp inklusive. Das gehört mittlerweile zur Basisausstattung deutscher Teenager. Laut der Jugendmedienstudie JIM hatte 2013 über die Hälfte der Zwölf- bis Dreizehnjährigen schon ein Smartphone, bei Jugendlichen bis 19 Jahre waren es über 70 Prozent. Das Alter, in dem Kinder das erste Handy bekommen, ist in den vergangenen Jahren stetig gesunken, die mobile Internetnutzung nahm währenddessen rasant zu.

Für Jugendliche wird das Online-Verhalten zur Prüfung in Sachen Selbstbeherrschung. Beim Frühstück und Abendessen mit der Familie lege er seinen iPod aus der Hand, sagt Moritz Lang. Ein paar wenige seiner Mitschüler haben sich von Facebook abgemeldet, manche wegen des NSA-Skandals, andere, weil es einfach zu viel Zeit gefressen hat. Das Ablenkungspotenzial durch die Medien ist enorm. „Einerseits macht es natürlich Spaß, und man erhält über Facebook ständig Neuigkeiten von Seiten, die man gelikt hat", so der Schüler. Andererseits vergesse man das Gelesene im flüchtigen Nachrichtenstream schnell wieder. „Ich persönlich verfange mich da manchmal auch drin."

Das Internet spielt im Alltag von Jugendlichen laut Jugendmedienstudie 2013 eine wichtige Rolle. Im Durchschnitt sind 12- bis 19-Jährige in Deutschland 179 Minuten täglich online. Der Großteil dieser Zeit wird für den Bereich Kommunikation verwendet, vor allem die Nutzung von Online-Communitys spielt eine zentrale Rolle. Weitere Internetangebote, die besonders häufig genutzt werden, sind Suchmaschinen wie Google und Videoportale wie YouTube. Nach eigenen Angaben nutzen Schüler zwischen 12 und 19 Jahren Computer und Internet durchschnittlich 48 Minuten pro Tag, um zu Hause etwas für die Schule zu machen. 73 Prozent der Internetnutzer haben in den 14 Tagen vor der Befragung das Internet über Smartphone genutzt, eine deutliche Steigerung gegenüber dem Vorjahr. *

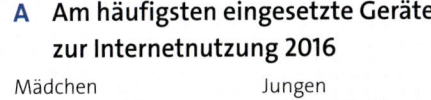

A Am häufigsten eingesetzte Geräte zur Internetnutzung 2016

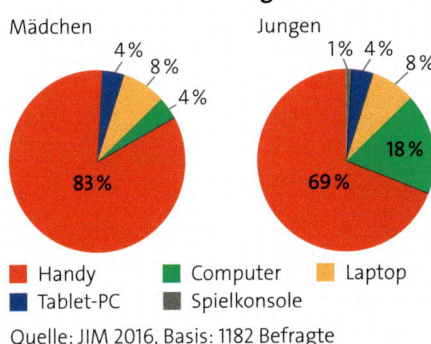

Mädchen

4 %
8 %
4 %
83 %

Jungen

1 % 4 %
8 %
18 %
69 %

■ Handy ■ Computer ■ Laptop
■ Tablet-PC ■ Spielkonsole

Quelle: JIM 2016, Basis: 1182 Befragte

B Gerätebesitz 2016

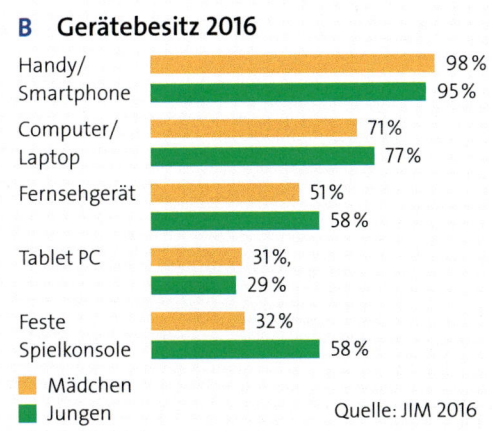

	Mädchen	Jungen
Handy/Smartphone	98 %	95 %
Computer/Laptop	71 %	77 %
Fernsehgerät	51 %	58 %
Tablet PC	31 %,	29 %
Feste Spielkonsole	32 %	58 %

■ Mädchen
■ Jungen

Quelle: JIM 2016

1 a Äußert vor dem Lesen Vermutungen zum Inhalt des Artikels „Immer online, nie mehr allein" (▶ S. 182).
   b Überfliegt den Text und prüft eure Vermutungen. Worum geht es in dem Artikel?

2 Lest den Artikel „Immer online, nie mehr allein" (▶ S. 182) noch einmal genau:
   a Prüft, welche der Absichten A–D der Autor des Artikels verfolgt.

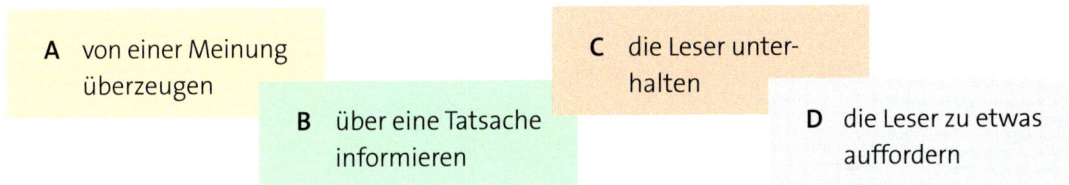

A von einer Meinung überzeugen

B über eine Tatsache informieren

C die Leser unterhalten

D die Leser zu etwas auffordern

   b Notiert im Heft beispielhaft fünf Informationen, die der Text vermittelt.
Verwendet dabei möglichst eigene Wörter, z. B.: *1. In einer Studie fand man 2013 heraus, dass mehr als die Hälfte der Zwölf- bis Dreizehnjährigen ein eigenes Smartphone haben. (Z. 18–20)*
   c Begründet, warum es sich bei diesem Artikel um einen Sachtext handelt.
Nutzt dafür zutreffende Begriffe aus folgendem Kasten:

sachlich • spannend • unterhalten • informieren • Tatsachen • ausgedachte Ereignisse

3 Untersucht die Diagramme A und B auf der Seite oben.
   a Gebt an, um welche Diagrammarten (▶ S. 336) es sich handelt.
   b Formuliert zu jedem Diagramm einen kurzen Text: Was wird darin dargestellt?

4 Welche Geräte besitzt ihr, und mit welchen Geräten geht ihr ins Internet?
Führt eine Klassenumfrage durch, notiert die Ergebnisse und veranschaulicht sie in Diagrammen.
Kommt ihr zu ähnlichen Ergebnissen wie in den Diagrammen A und B?

5 Welche Vorteile und welche Nachteile hat die Nutzung digitaler Netzwerke aus eurer Sicht?
Welche Gefahren birgt die intensive Nutzung von Online-Angeboten privater Unternehmen?
Diskutiert in der Klasse.

Bettina Weiguny: **Macht WhatsApp unsere Kinder doof?**

Ein Smartphone zählt unter Teenies mehr als der Porsche von Papa oder die richtigen Markenklamotten. Wer das neueste iPhone hat, ist der König. WhatsApp (oder Ähnliches) zu verbieten ist schier unmöglich – auch wenn es rechtliche Bedenken bei der Nutzung unter 16 Jahren gibt und vor Datenmissbrauch und Sicherheitslücken gewarnt wird. Das spielt auf dem Schulhof keine Rolle. Voller Stolz zeigen die Schüler sich, wie viele Follower sie bei Instagram um sich scharen. Wie viele ihre Bilder bei Snapchat anschauen. In wie vielen WhatsApp-Gruppen sie sich austoben. Und hinter den vielen „Hihis" und „Hahas", den endlosen Herzchen und Smileys steht stets die Frage: Wie beliebt bin ich?

Darum ging es früher auch immer, klar. Aber ohne digitalen Müll! Was da zusammenkommt, ist unfassbar: 50 Milliarden Nachrichten, Fotos und Sprachmemos werden am Tag über WhatsApp hin- und hergeschickt – genauso viele wie E-Mails. Auf 450 Millionen Nutzer bringt es das Unternehmen weltweit, 30 Millionen davon allein in Deutschland.

Für jedes einzelne Kind bedeutet das Dauerbefeuerung, am konkreten Beispiel einer 14-jährigen Schülerin: Seit einem halben Jahr nutzt sie WhatsApp, in der Zeit hat sie exakt 33 442 Nachrichten gesendet und 51 012 Nachrichten erhalten. Das sind 184 Mitteilungen, die sie jeden Tag absetzt, und 280, die sie erhält. Jeden einzelnen Tag.

„Die Entscheidungs- und Bindungsunfähigkeit junger Menschen wird durch digitale Plattformen gefördert", diagnostiziert der Sozialpsychologe Oevermann. Da bei WhatsApp immer klar ersichtlich ist, wer wann online ist, wächst unter den Jugendlichen der Druck, ständig zu antworten. Schweigen ist unhöflich, birgt Konflikte („Was ist los? Magst du mich nicht?").

Also flüchtet man sich ins Unverbindliche – in vielleicht, eigentlich gerne, aber mal sehen …

Mal sehen was? Dass das Leben vorbeikommt? Der Traumtyp vorbeischaut? Das Jobangebot hereinschneit? Zum Glück muss die Jugend noch keine wichtigen Entscheidungen treffen. Man mag sich nicht vorstellen, wie das später funktionieren soll. Schaffen sie doch jetzt schon bei Kleinigkeiten keine klaren Ansagen. Zum Beispiel, wo und wann sie abends abzuholen sind. „Da schick ich euch dann noch 'ne WhatsApp." Wenn es denn eine wäre! Da kommen mindestens zehn, und hinterher weiß man immer noch nicht, wo wann wie viele Kinder aufzugabeln sind oder ob sie nicht doch erst noch woanders hingehen.

Wer diesen Schwarm lenkt, ist nicht erkennbar. Früher hat die Gruppe freitags in der großen Pause gemeinsam beschlossen, dass man sich abends um 20 Uhr beim Bernd trifft. Das hat man dann gemacht. Heute beginnt die Entscheidungsfindung Tage vorher. Man könnte zum Kai oder zur Anna, ins Kino oder in einen Club. So wabert es ziellos von Smartphone zu Smartphone. Bis die Kinder freitagabends das Haus verlassen, ohne zu wissen, wohin. Ist es Zufall, wo der orientierungslos herumschwirrende Schwarm an dem Abend landet? Oder sitzt da einer am WhatsApp-Schalter und lenkt die Herde unauffällig? Gelingt es Einzelnen, die Gruppe zu manipulieren? Wahrscheinlich schon.

Führen WhatsApp & Co. also direkt ins Verderben? Natürlich nicht, widerspricht Bude: „WhatsApp trifft ein normales Bedürfnis junger Menschen." Jede Generation versuche sich abzusetzen von den Alten. „Es ist ihre Kommunikationsart, mit neuen Regeln, einer anderen Logik, mit Anschluss- und Ausschluss-Funktionen, wie man sie immer in Peer-Groups findet. Dass da jetzt lauter sozial Unfähige heranwachsen, sehe ich nicht." Es ist also normal, das Gedüddel, das ist ja mal beruhigend für Eltern. Nerven tut es trotzdem. *

1 Wie verabredet ihr euch? Berichtet, wie ihr mit eurer Familie und mit Freunden über Handy kommuniziert.

2 Lest den Artikel (▶ S. 184). Was genau bedeuten die folgenden Expertenaussagen, die dort zitiert werden? Gebt sie mit eigenen Worten wieder.

A „‚Die Entscheidungs- und Bindungsunfähigkeit junger Menschen wird durch digitale Plattformen gefördert‘, diagnostiziert der Sozialpsychologe Oevermann.“ (▶ Z. 33–36)

B „Jede Generation versucht sich abzusetzen von den Alten. Es ist ihre Kommunikationsart, mit neuen Regeln, einer anderen Logik, mit Anschluss- und Ausschluss-Funktionen, wie man sie immer in Peer-Groups findet. Dass da jetzt lauter sozial Unfähige heranwachsen, sehe ich nicht.“ (▶ Z. 76–82)

3 Welche Absicht verfolgt die Autorin mit ihrem Artikel? Formuliert eine Aussage dazu:
Die Autorin Bettina Weiguny möchte in ihrem Artikel …

4 a An welchen Stellen im Artikel wird die Meinung der Autorin deutlich? Gebt Textstellen an.
   b Formuliert mit eigenen Worten, welche Meinung die Autorin vertritt.
   Die Autorin ist der Ansicht, dass … / Sie glaubt, dass … / In Zeile … behauptet die Autorin, …

5 Wie versucht die Autorin in dem Artikel, ihre Meinung möglichst überzeugend zu vermitteln? Bildet Gruppen und untersucht die verwendeten sprachlichen Mittel:
   a Teilt die sprachlichen Mittel A–E unter euch auf und sucht im Text jeweils nach Beispielen.

A Ausrufe	**B** Übertreibungen	**C** Wiederholungen zur Bekräftigung
z. B.: „Aber ohne digitalen Müll!“ (Z. 17 f.)	z. B.: „den endlosen Herzchen und Smileys“ (Z. 14 f.)	…
D wertende Begriffe	**E** rhetorische Fragen	**F** umgangssprachliche Formulierungen
z. B. „digitaler Müll“ (Z. 18)	z. B.: „Mal sehen was?“ (Z. 43)	…

   b Stellt euch eure Textbeispiele gegenseitig vor und besprecht, wie sie auf euch wirken.

6 Wie ist eure Meinung zu den Aussagen im Artikel? Verfasst einen kurzen Leserbrief.

Information   **Informierende und meinungsbildende Texte**

- Sachtexte informieren **sachlich** über Zustände oder Ereignisse in der **Wirklichkeit.**
- Autorinnen und Autoren schreiben Sachtexte mit einer bestimmten **Absicht.**
- Je nach **Aussageabsicht** unterscheidet man zwischen verschiedenen Sachtextarten:
  - Sachtexte, die sachlich **informieren,** z. B.: die Meldung, der Bericht,
  - Sachtexte, die eine **Meinung darstellen** und versuchen, zu überzeugen, z. B.: der Kommentar,
  - Sachtexte, die **informieren und unterhalten,** z. B.: die Reportage.
- Mit Hilfe von **Diagrammen** kann man **sachliche Informationen bildlich darstellen.**

Einen Vertragstext erschließen

Aus den Allgemeinen Geschäftsbedingungen (AGB) von SocialNetBook

Die folgende Erklärung stellt die Nutzungsbedingungen für SocialNetBook dar, die auf den SocialNetBook-Grundsätzen beruhen. Mit deiner Nutzung der SocialNetBook-Dienste oder dem Zugriff darauf erteilst du deine Zustimmung zu dieser Erklärung in ihrer jeweils aktualisierten Fassung.

Über das Teilen deiner Inhalte

Alle Informationen und alle Fotos, die du auf dieser Social-Media-Plattform postest, gehören dir. Mit Hilfe deiner Privat- und App-Einstellungen kannst du nachvollziehen, wie deine Posts geteilt werden. Beachte Folgendes:

1. Alle Inhalte (Fotos, Videos), die unter die Rechte am geistigen Eigentum fallen, sind „IP-Inhalte". Du erteilst uns als Eigentümer dieser Social-Media-Plattform durch deine Privat- und App-Einstellungen die folgende Erlaubnis für „IP-Inhalte": Du gewährst uns eine nicht-exklusive, übertragbare, unterlizenzierbare, gebührenfreie, weltweite Lizenz zur Nutzung jedweder IP-Inhalte, die du auf unserer Sozial-Media-Plattform oder im Zusammenhang mit dieser postest (IP-Lizenz). Diese IP-Lizenz endet, wenn du dein Konto oder deine Inhalte löschst, es sei denn, du hast deine Inhalte mit anderen Usern geteilt und diese haben die Inhalte nicht gelöscht.

2. Das Löschen von IP-Inhalten gleicht der Leerung des Papierkorbs auf einem Computer. Dir sollte bewusst sein, dass entfernte Inhalte und Fotos für eine gewisse Zeitspanne in Sicherheitskopien fortbestehen. Diese sind für andere jedoch nicht zugänglich.

3. Durch Verwendung der Einstellung „Öffentlich" stimmst du zu, dass bei Veröffentlichung deiner Inhalte, Fotos und Videos alle Personen darauf zugreifen können, einschließlich solcher, die SocialNetBook nicht nutzen. Es besteht die Möglichkeit, dass Dritte deine IP-Inhalte weiterverwenden und mit dir, d.h. mit deinem Namen und deinem Profilbild, assoziieren.

Über Werbeanzeigen und andere kommerzielle Inhalte, die von SocialNetBook zur Verfügung gestellt werden

Wir verfolgen das Ziel, dir kommerzielle bzw. gesponserte Inhalte und Werbeanzeigen, die für unsere Nutzer und Werbetreibenden wertvoll sind, entsprechend deiner individuellen Vorlieben und Interessen zur Verfügung zu stellen. Um uns dabei zu unterstützen, erklärst du dich mit Folgendem einverstanden:

1. Du gewährst uns die Nutzung deines Namens, deines Profilbildes sowie deiner Inhalte im Zusammenhang mit kommerziellen, gesponserten oder verwandten Inhalten, die von uns zur Verfügung gestellt oder optimiert werden. Beispielsweise erlaubst du einem Unternehmen, uns dafür zu bezahlen, deinen Namen und/oder dein Profilbild zusammen mit deinen Inhalten ohne irgendeine Vergütung für dich anzuzeigen.

2. Dir ist bewusst, dass eine Kennzeichnung bezahlter Dienste und Kommunikationen möglicherweise nicht in jedem Fall erfolgt.

1 Erklärt, warum Absprachen zwischen sozialen Netzwerken und ihren Nutzern notwendig sind.

2 Lest den Auszug aus den AGB einer Social-Media-Plattform und tauscht euch darüber aus: Wie wirkt dieser Text auf euch? Was habt ihr beim ersten Lesen verstanden?

3 Durch Fremdwörter, Fachwörter, Nominalisierungen und lange Sätze wirken Vertragstexte oft
schwer verständlich.

a Klärt die Bedeutung folgender Wörter. Schlagt sie im Wörterbuch oder im Internet nach.

> das geistige Eigentum (▶ Z. 15) • der IP-Inhalt (▶ Z. 15 f.) • die Lizenz (▶ Z. 21) •
> die Vergütung (▶ Z. 61) • gewähren (▶ Z. 19) • assoziieren (▶ Z. 42) • kommerziell (▶ Z. 43)

b Gebt an, von welchen Verben folgende markierte Nominalisierungen abgeleitet wurden.
Formuliert die Sätze anschließend in den Verbalstil (▶ S. 327) um.

A „Mit deiner Nutzung der SocialNetBook-Dienste oder dem Zugriff darauf erteilst du deine
Zustimmung zu dieser Erklärung in ihrer jeweils
aktualisierten Fassung." (▶ Z. 3–7)

B „Das Löschen von IP-Inhalten
gleicht der Leerung des Papierkorbs auf einem Computer."
(▶ Z. 29–30)

c Sucht im Vertragstext zwei besonders lange Sätze. Schreibt sie ab und kennzeichnet
Sinneinheiten in den Sätzen durch Schrägstriche. Überlegt anschließend Schritt für Schritt,
worauf sich die einzelnen Einheiten beziehen und was sie bedeuten.

4 a Bildet Lernteams und wählt eine der Fragen A–D von SocialNetBook-Nutzern.
Sucht jeweils die Stelle in den SocialNetBook-AGB, in denen dazu eine Auskunft steht.

A Darf SocialNetBook meine Fotos oder Videos wirklich weltweit an andere verkaufen, ohne
mich noch einmal zu fragen?

B Kann ich Geld dafür bekommen, wenn SocialNetBook Inhalte meiner Seite an andere verkauft?

C Kann ich sichergehen, dass Fotos und Videos, die ich bei SocialNetBook gelöscht habe, für
immer entfernt sind?

D Stimmt es, dass SocialNetBook meine Angaben an Unternehmen verkauft, damit diese mir
passgenaue Werbung zuschicken können?

b Lest die zutreffende Textstelle genau und formuliert zu zweit eine Antwort auf die Frage.

c Setzt euch mit Teams zusammen, die die anderen Fragen beantwortet haben.
Stellt euch gegenseitig eure Antworten vor.

5 Formuliert eine Vermutung, warum in dem Vertragstext „du" als Anrede verwendet wird.

Methode	Einen Vertragstext erschließen

- Vertragstexte sind **Sachtexte.** Sie enthalten häufig **Fremdwörter, Fachwörter,
Nominalisierungen** und **lange Sätze.** Damit können Sachverhalte knapp aber gleichzeitig
sehr genau benannt werden.
- Vertragstexte beinhalten **Rechte und Pflichten.** Es ist wichtig, sie genau zu verstehen:
  - Schlagt **Begriffe,** die ihr nicht versteht, in einem (Internet-)Wörterbuch nach.
  - Überlegt nach jedem **Abschnitt:** Was wurde hier gesagt?
  - Teilt **lange Sätze** in Sinneinheiten ein, um sie besser zu verstehen.
  - Notiert **Informationen,** die für euch von Bedeutung sind.

Ein Thema in verschiedenen Medien verfolgen

Möglichkeiten von Online-Texten bestimmen

München 21°

Shop Jobs Immobilien Anzeigen
Login & Abo

Süddeutsche Zeitung

SZ.de   Zeitung   Magazin

Politik Wirtschaft Panorama Sport München Bayern Kultur Gesellschaft Wissen Digital Karriere Reise Auto Stil mehr...

Home > Bayern > Augsburg > Augsburg führt Boden-Ampeln für Handynutzer ein   Erlebniswelten

20. April 2016, 18:45 Uhr Verkehrssicherheit

Augsburg führt Boden-Ampeln für Handynutzer ein

Augsburg, Haunstetter Straße, LED-Leuchten im Boden sollen Smartphone-Nutzer vor Trambahnen warnen Foto: Thomas Hosemann/Stadtwerke Augsburg (Foto:)

Feedback

- Angeblich würden Fußgänger häufig auf ihr Smartphone starren, anstatt auf den Verkehr zu achten.

- Die Stadt Augsburg testet deshalb an zwei Trambahn-Haltestellen, ob rote Blinklichter helfen können, die Sicherheit zu verbessern.

Von Stefan Mayr, Augsburg

Das Phänomen gehört in Deutschlands Städten längst zum Alltag, es hat sogar schon Eingang in den Wortschatz gefunden. Smombies heißen jene Gestalten, die auf ihr Smartphone starrend durch die Straßen stapfen und nichts mehr wahrnehmen außer Whatsapp, Snapchat und Instagram. Chatten statt links und rechts schauen, streamen und daddeln statt anhalten und aufpassen.

Oft haben die Nach-unten-Starrer auch noch Kopfhörer auf den Ohren, dadurch bekommen sie vom Verkehr noch weniger mit. Um die derart abgelenkten Fußgänger vor sich selbst und heranfahrenden Straßenbahnen zu schützen, haben die Augsburger Stadtwerke jetzt eine innovative Sicherungsvorrichtung installiert: Rote Blinklichter am Boden sollen verhindern, dass Handy-Nutzer trotz roter Fußgänger-Ampeln die Tramtrasse überqueren.

1 a Betrachtet die Seite einer Online-Zeitung und benennt das Thema des Sachtextes.
b Diskutiert, was ihr von der Einführung von Boden-Ampeln haltet.

2 Betrachtet den Aufbau der Internetseite und erklärt, welche besonderen Möglichkeiten ein Text im Online-Format bietet. Achtet auch auf Piktogramme und Hinweise zu Hypertexten (▶ S. 191).

Ein Radiointerview verstehen

DRadio Wissen: Boden-Ampeln für Smartphone-Junkies

Moderatorin: Ich möchte, dass ihr sicher im Straßenverkehr unterwegs seid – als Fußgänger. Ihr habt euer Handy dabei, euer Smartphone, natürlich guckt ihr da ab und an drauf. Es gibt Leute, die gucken da nicht nur ab und an drauf, sondern sehr beständig und wollen dann dabei auch noch Straßen überqueren und bemerken die Ampel nicht und sehen den Bus nicht und die Straßenbahn schon mal gar nicht und das kann tatsächlich tödlich enden. […] Jetzt gibt es Pilotprojekte unter anderem in Augsburg und in Köln, die möchten, dass wir vor solchen Unfällen geschützt werden. Donya Farahani aus unserer Netzredaktion ist da. Was genau könnte uns zum Beispiel schützen?

Donya Farahani: Es geht um Bompeln, das sind Boden-Ampeln, also zusätzlich zur normalen Ampel gibt es eine im Boden. Die Stadtwerke Augsburg haben solche Bompeln letzte Woche an zwei Bahnübergängen installiert. Das sind so acht rote LED-Lampen, die im Boden eingebaut sind. Wenn die Bahn kommt, dann gehen die Lichter an und blinken wild. Die Leuchten sind extra in einem 60-Grad-Winkel angebracht, damit man sie nicht übersehen kann, wenn man gerade den Kopf unten hat und aufs Handy guckt. […] Es sind erst mal nur Tests, sollte das etwas bringen, dann wollen die Unternehmen mehr Bompeln einsetzen.

Moderatorin: Also wirklich eine richtige Unfallvermeidungsstrategie, weil du so eine Bompel ja auch noch aus den Augenwinkeln wahrnimmst, wenn du gerade auf dein Handy starrst. Gibt es noch andere Versuche, das Ganze sicherer zu machen?

Donya Farahani: Es gibt zum Beispiel Apps, die den Bildschirm transparent machen. Also du schreibst zum Beispiel eine Nachricht und kannst dann im Hintergrund noch die echte Welt, also den Boden hauptsächlich, sehen, weil deine Kamera an ist. Dadurch sinkt dann die Wahrscheinlichkeit, dass du irgendwo reintrittst oder in ein Loch fällst. Ich habe die App ausprobiert, das funktioniert ganz gut, frisst aber sehr viel Akku und ruckelt ab und zu. […] Wenn du mit dem Handy rumläufst und tippst, dann musst du ja in Deutschland keine Strafe bezahlen, anders als auf dem Fahrrad oder im Auto. Aber es gibt Initiativen, zum Beispiel in den USA, die das ändern wollen. In Rexburg im US-Bundesstaat Idaho ist laut Süddeutscher Zeitung das Schreiben von SMS auf Kreuzungen oder Zebrastreifen sogar schon verboten. Die Strafe beträgt 100 Dollar. *

1 Auch das Radio gehört zu den Medien, die Sachinformationen vermitteln.

a Lest das Radiointerview mit verteilten Rollen laut vor. Die anderen schließen das Buch und hören zu. Merkt euch wichtige Informationen aus dem Gespräch.

b Sammelt und vergleicht: Welche Informationen habt ihr euch gemerkt?

c Erklärt, was ihr euch besonders gut oder weniger gut merken konntet. Gebt Gründe dafür an.

2 a Welche Vorteile oder Nachteile hat ein Radiobeitrag im Vergleich zu einem Zeitungstext oder einem Text in einer Online-Zeitung? Macht euch Notizen dazu.

b Beschreibt, welche Zusatzinformationen ein Radiobeitrag bieten kann, z. B. durch die Stimmen der Sprecher oder Hintergrundgeräusche.

3 Sollte es bei Handynutzung auf Kreuzungen Geldstrafen geben? Schreibt ein eigenes Interview und nehmt es mit dem Smartphone auf. Spielt die Aufnahme der Klasse vor.

Die Merkmale eines Fernsehfeatures bestimmen

Hart aber fair: Immer online – machen Smartphones dumm und krank und manchmal sogar tot?

Moderator: Unser Thema: Immer online – machen Smartphones dumm und krank und manchmal sogar tot? Gucken Sie sich mal diese Spezialampeln an. Sie sind im Boden eingelassen an Straßenbahnübergängen und sollen die Passanten warnen, die mit dem Handy in der Hand durch die Stadt gehen und alle Gefahren einfach ausblenden. Was passiert mit unserem Alltagsleben, wenn die Aufmerksamkeitsspanne auf die Länge von Handynachrichten zusammenschrumpft?

Ab wann verstellt der Blick auf den Bildschirm den Blick auf das richtige Leben? Wie schafft es ein Handy, den Blick für Gefahren derart auszublenden? […]

Manfred Spitzer: Weil wir neugierig sind. Wir sind Informationsjunkies. In der „Tagesschau" vom 1. Oktober, da wurde eine Studie vorgestellt, dass 50 % sich abgelenkt fühlen durch das Ding bei den Hausaufgaben. Und immerhin 25 % sagen, dieses dauernde „ich habe gerade ein Gummibärchen gegessen" […], diese Nicht-Nachrichten, das stresst mich. Wenn Sie ein paar hundert Mal am Tag gestört werden – und das macht ein Smartphone – dann haben Sie ein Problem mit der Willensbildung. […]

Duygu Gezen: Ich stehe morgens auf, dann lege ich es nicht mehr aus der Hand.

Ranga Yogeshwar: Wir haben vorher davon gesprochen, es ist gefährlich, wenn man auf das Handy schaut, das stimmt. Man sollte beim Autofahren vielleicht nicht gleichzeitig die Mails lesen. Auf der anderen Seite ist das Smartphone aber auch ein Gerät, das uns vor Gefahren warnen kann.

Ich erinnere nur daran, dass es durch Smartphones heute möglich ist, einen Stau besser vorherzusagen.

Moderator: Gleichzeitig gibt es aber auch immer mehr Stimmen, die wie Professor Spitzer sagen, da rollt etwas auf uns zu, das wir nicht mehr im Griff haben. Wir haben diese Sorgen mal ein bisschen übersetzt in einen einfachen Warnhinweis. *(Er hält eine weiße Tafel mit schwarzer Schrift hoch.)*

Die Bundesregierung warnt: Zu viel Internet kann süchtig machen. Wir haben damit mal Menschen angesprochen, die mit dem Handy unterwegs waren.

(Einblendung Kurzfilm: Interviews mit Menschen auf der Straße)

Reporterin: Wann machen Sie das Handy aus, richtig aus?

Passant: Nie. Es ist 24 Stunden pro Tag an.

55 **Passantin 1:** Niemals.

Passantin 2: Ich hab mein Handy immer in der Hand und gucke sehr oft darauf.

Passantin 3: Ja, ich bin handysüchtig, glaube ich …

60 **Passantin 4:** Ich hab immer das Gefühl, ich verpass irgendwas und will auch immer erreich-

bar sein. *(Rückkehr zur Diskussionsrunde in der Sendung)*

Frank Telen: Wir müssen den Leuten erklären, wie es funktioniert. Nicht beim Autofahren blö- 65 de Nachrichten schreiben, sondern das Smartphone richtig einsetzen, dann ist es ein hoch effektives Werkzeug. […] *

1 Auch in bestimmten Fernsehsendungen werden Sachinformationen vermittelt.
  a Bildet eine „Studiogruppe" mit fünf Personen und eine „Straßengruppe" mit sechs Personen. Setzt oder stellt euch in den zwei Gruppen vor der Klasse auf und lest die zwei Teile des Beitrags mit verteilten Rollen laut vor. Die anderen schließen das Buch und hören zu.
  b Sammelt und vergleicht: Welche Informationen habt ihr euch gemerkt?

2 Bildet Lernteams und untersucht zu zweit das Format „Fernsehfeature":
  a Notiert untereinander, welche Menschen in der Sendung zu Wort kommen.
    Ergänzt jeweils daneben, welche Funktion ihr Beitrag hat: Vermitteln sie Informationen oder äußern sie eine Meinung zum Thema (Kommentar)?
  b Überlegt gemeinsam, welche Bedeutung die Bilder und die eingeschobenen Filmszenen im Feature haben. Wie können diese die Informationen aus den Gesprächen vertiefen?
  c Notiert die Textstellen, die durch die zwei Bilder veranschaulicht werden.
  d Tauscht euch mit einem anderen Lernteam über eure Ergebnisse aus.

3 a Wie unterschiedlich wird über das Thema „Gefahr durch Smartphone-Nutzung im Straßenverkehr" in den verschiedenen Medien informiert? Besprecht in der Gruppe, welche Vorteile die Formate Online-Text, Radiosendung und Fernsehfeature jeweils bieten.
  b Formuliert eine begründete Aussage dazu, welches Medienformat ihr bevorzugt, wenn ihr euch über ein Thema informieren wollt.

Information **Medienformate**

Ein Thema kann in unterschiedlichen Medien dargestellt werden, die jeweils Vorteile bieten:
- **Online-Texte:** Bei Sachtexten im Internet haben Leser die Möglichkeit, den Text sofort zu kommentieren oder sich darüber mit anderen Lesern auszutauschen.
  Wenn ein Text Links zu anderen Texten enthält, spricht man von einem **Hypertext.** Hypertexte bieten die Möglichkeit, schnell an weitere Informationen zum Thema zu gelangen.
- **Radiosendungen:** Hörtexte im Radio bieten den Vorteil, dass man durch die Stimmen und Geräusche zusätzliche Informationen zum Textinhalt erhält.
- **Fernsehfeature:** In Fernsehsendungen dieser Art wird ein Sachthema mit Filmszenen, Zitaten und passenden Bildern aufbereitet. Die hörbaren Textinformationen werden um bewegte Bilder ergänzt. Zuschauer verstehen und merken sich die Informationen besonders gut, weil sie diese zugleich hören und sehen.

Teste dich!

Informierende und meinungsbildende Sachtexte unterscheiden

Wie unterscheidet man informierende von meinungsbildenden Sachtexten?

In einem informierenden Text wird ❓ und ❓ über Zustände oder Ereignisse berichtet. Typische informierende Textsorten sind ❓ oder ❓. Auch ❓ vermitteln Informationen objektiv und anschaulich. Anders verhält es sich bei meinungsbildenden Texten. In diesen Texten wird ein Sachverhalt aus ❓ Sicht dargestellt. ❓ der Autorin oder des Autors wird deutlich. Zu den meinungsbildenden Texten gehören beispielsweise ❓.

1 Schreibe den Text ins Heft ab und setze die folgenden Begriffe richtig ein:
persönlich • sachlich • objektiv • die Meinung • Meldungen • Kommentare • Berichte • Diagramme

A Handys machen Kinder und Jugendliche unselbstständig

Es ist bedenklich, dass Eltern heute über das Smartphone ständig mit ihren Kindern in Kontakt stehen. Ununterbrochen wird angerufen und über WhatsApp nachgefragt, wo das Kind gerade sei, wie es ihm gehe, wann es nach Hause komme. Das nervt! Und die ständige Überwachung macht Kinder und Jugendliche unselbstständig. Wie sollen sie lernen, schwierige Situationen selbst zu meistern? Das Kind hat die falsche U-Bahn genommen oder ist an der falschen Station ausgestiegen? Kinder im Schulalter schaffen es, solche Situationen allein zu bewältigen. Sie lernen dabei, Streckenpläne zu lesen, andere um Hilfe zu bitten, sich Informationen zu merken. Und wenn sie dann zu Hause ankommen, sind sie ein bisschen größer und stärker.

B APP warnt vor Handyabhängigkeit

Eine neue kostenlose App erlaubt es Smartphone-Nutzern, ihren Umgang mit dem Handy zu messen. Informatiker und Psychologen der Universität Bonn haben das Miniprogramm entwickelt. Wer es installiert, kann damit sehen, wie viel Zeit er täglich mit dem Telefon verbringt und welche Anwendungen er am häufigsten verwendet. Die wichtigsten Kerndaten werden anonymisiert an einen Server übermittelt, wo die Wissenschaftler sie auswerten. *

2 a Welche Absicht verfolgt Text A, welche Text B? Notiere die richtigen Nummern:
1 von einer Meinung überzeugen   **3** die Leser unterhalten
2 die Leser zu etwas auffordern   **4** über eine Tatsache informieren
b Suche in Text A jeweils ein Beispiel für die folgenden sprachlichen Mittel und notiere es:
Ausruf, Übertreibung, rhetorische Frage.

3 Vergleiche deine Ergebnisse mit einer Lernpartnerin oder einem Lernpartner.

9.2 Nett im Netz – Einen Sachtext analysieren

Johanna Heinz: **Nett im Netz** (2014)

Pöbeleien. Üble Beleidigungen. „Shitstorms", die Einzelnen urplötzlich und mit brutaler Härte entgegenschlagen. Menschen, die an den Pranger gestellt werden. Die tägliche Barbarei im World Wide Web. Mit Fug und Recht wird das zunehmend schlechte Benehmen im Internet beklagt. Wer sich die Kommentarspalten in Fo-

5 ren und sozialen Netzwerken anschaut, der ist tatsächlich geneigt, den Glauben an die Intelligenz und Güte der Menschen zu verlieren. Aber das ist zum Glück nur ein Teil der Wahrheit.

Es gibt nämlich auch das Gegenteil: die Nettigkeit im Netz. Grundsätzlich ist das Internet ja keine böse Sache. Nie war es so einfach, mit Menschen rund um den

10 Erdball in Kontakt zu treten und zu bleiben. Niemals so einfach, Gleichgesinnte oder Leidensgenossen zu finden – ganz gleich, wie exotisch das Hobby oder wie selten die Krankheit auch sein mag. Unzählige Menschen teilen ihr Wissen mit anderen (die Online-Enzyklopädie Wikipedia ist nur ein Beispiel von vielen). Wer möchte, kann von seinem deutschen Wohnzimmer aus kostenlos eine Vorlesung

15 der amerikanischen Elite-Universität Harvard besuchen, sich von thailändischen Experten in die Kunst der asiatischen Küche einführen lassen oder bei jungen englischen Computerfreaks als Programmierer in die Lehre gehen.

Doch nicht nur der Globus wächst zu einem Dorf zusammen. Zu beobachten ist, dass zum Beispiel die Netzwerk-Gruppe „Nett-Werk Bonn" seit Monaten immer

20 mehr Zulauf hat. Inzwischen haben sich hier rund 10 000 Bonner zusammenge-funden – und das nicht nur, um nicht mehr benötigte Sofas und Fahrräder zu verschenken oder für kleines Geld zu verkaufen. Das Nett-Werk ist mehr als ein lokaler Marktplatz. Bonner fragen hier Bonner um Rat und Hilfe – ob einer einen guten DJ für die nahende Hochzeit sucht, ein anderer die Lösung für ein Compu-

25 terproblem oder ob einer am Sonntag dringend Milchpulver braucht, weil der Nachschub fürs Baby ausgegangen ist. Täglich kommen zwischen 50 und 100 neue Mitglieder dazu. „Es ist einfach schön, in Kontakt mit Nachbarn zu kommen, die man vorher gar nicht kannte, und sich auszutauschen", sagt Ulrike Löschen. Die 32 Jahre alte Bonnerin ist eine der Administratoren des Bonner Nett-Werks.

30 Innerhalb der Gruppe gelten klare Regeln. Werbung, kommerzielle Angebote und Tierverkäufe werden gelöscht. Wer unfreundlich ist (etwa die nette Anrede ver-gisst), wird ermahnt – auch von den anderen Nutzern, die sich die Atmosphäre nicht kaputt machen lassen wollen. „Danke, bitte, eine nette Anrede: Für mich macht das einen angenehmen Ton", sagt Ulrike Löschen.

35 Es geht den Nett-Werkern nicht darum, in den technischen Errungenschaften des Internetzeitalters ein Allheilmittel oder die Erlösung aus allen Alltagsproblemen zu sehen – das wäre fraglos genauso engstirnig wie eine generell technikfeindliche Haltung. Zweifellos ist es sinnvoll, die Missstände zu benennen und Sorge um den Datenschutz zu äußern. *

Was ist Shitstorm? Drastische Darstellung des Beneh-mens im Internet!

1. Schritt: Mit dem Text „ins Gespräch kommen"

1 a Lest die Überschrift des Zeitungsartikels auf Seite 193.
Überlegt zu zweit, worum es in dem Text gehen könnte und mit welcher Absicht die Autorin ihn vermutlich verfasst hat.
b Lest euch den Text abschnittsweise gegenseitig vor und überprüft eure Erwartungen.

2 a Kopiert den Text, damit ihr ihn besser bearbeiten könnt, oder legt eine Folie darüber.
b Kommt mit dem Text „ins Gespräch":
– Markiert einzelne Wörter oder kurze Formulierungen, die Wichtiges aussagen.
– Notiert am Rand eure Fragen, Bemerkungen, Feststellungen.
– Kennzeichnet besonders wichtige Aussagen mit einem Ausrufezeichen, Fragwürdiges mit einem Fragezeichen am Rand.
c Erklärt einer Lernpartnerin oder einem Lernpartner eure Anmerkungen zum Text.

3 Klärt zu zweit unbekannte Begriffe und schwer verständliche Textstellen.
Schlagt Begriffe im Wörterbuch oder im Internet nach, wenn ihr beide die Bedeutung nicht kennt.

2. Schritt: Die Argumentationsstruktur des Textes untersuchen

4 Untersucht den Aufbau des Textes: Gliedert ihn in fünf Abschnitte, notiert die Zeilenangaben untereinander und formuliert zu jedem Abschnitt eine Überschrift, z. B.:
1. Zeile 1–7: Schlechtes Benehmen im Internet

5 Untersucht die Argumentationsstruktur des Textes:
Welche der beiden grafischen Darstellungen A oder B bildet sie richtig ab? Zeichnet diese ins Heft ab.

A	1 vorbildliches Verhalten im Netz	2 Beispiel	3 schlechtes Verhalten im Netz	4 Beispiel	5 Fazit
B	1 schlechtes Verhalten im Netz	2 vorbildliches Verhalten im Netz	3 Beispiel	4 Beispiel	5 Fazit

6 Untersucht die Absicht, mit der die Autorin den Text verfasst hat:
Übertragt dafür folgende Tabelle ins Heft, sucht weitere beispielhafte Textstellen und ergänzt sie.
Tipp: Ein Sachtext kann auch mehrere Absichten gleichzeitig verfolgen.

Informierende Textstellen	Meinungsbildende Textstellen
z.B.: „Zu beobachten ist, dass zum Beispiel die Facebook-Gruppe ‚Nett-Werk Bonn' seit Monaten immer mehr Zulauf hat." (Z.18–20)	z.B.: „Mit Fug und Recht wird das zunehmend schlechte Benehmen im Internet beklagt." (Z. 3–4)
…	…

3. Schritt: Die sprachlichen Mittel und ihre Wirkung untersuchen

7 Wie versucht die Autorin, ihre Meinung anschaulich und überzeugend zu vermitteln?

a Sucht zu folgenden sprachlichen Mitteln jeweils Beispiele im Text und notiert sie.

A Fachsprache
z. B.: „Foren"
(Z. 4 f.)

B Aufzählungen
z. B.: „Pöbeleien. Üble Beleidigungen. Shitstorms" (Z.1)

C Zitate
z. B.: ...

**D Neologismen
(Wortneubildungen)**
z. B.: ...

b Wie wirkt die Verwendung dieser sprachlichen Mittel A–D? Ordnet ihnen die Aussagen 1–4 zu.

1 Sie wirken auffällig und wecken das Interesse der Leser.
2 Expertenmeinungen stützen die Meinung der Autorin. Damit können einzelne Aussagen bekräftigt werden.
3 Die Verwendung macht deutlich, dass die Autorin sich gut mit dem Thema auskennt.
4 Vielfalt und Sachkenntnis werden aufgezeigt.

8 Autoren verwenden in ihren Texten bewusst Wörter, die in den Lesern positive oder negative Vorstellungen oder Gefühle wecken (▶ Konnotationen, S. 331).
Sucht solche Wörter im Text und notiert sie ins Heft, z. B.:

positive Konnotation: „Gleichgesinnte" (Z.10)   negative Konnotation: „Shitstorm" (Z.1)

4. Schritt: Die Sachtextanalyse verfassen

9 Erklärt anhand des nebenstehenden Schreibplans, wie eine Sachtextanalyse aufgebaut sein sollte.

> Schreibplan Sachtextanalyse:
> 1. Einleitung
> 2. Hauptteil:
> – Aufbau und Argumentationsstruktur
> – Autorenmeinung
> – Sprache / sprachliche Mittel und ihre Wirkung
> 3. Schluss: Stellungnahme

10 Formuliert eine **Einleitung.**
Nennt darin Autorin, Titel, Textsorte, Erscheinungsjahr und Thema, z. B.:
In dem Zeitungsartikel „..." von ... aus dem Jahr ... geht es um ...

11 Verfasst den **Hauptteil** der Analyse:

a Beschreibt den Aufbau des Textes. Fasst die wichtigen Aussagen und Argumente zusammen und gebt die Meinung der Autorin mit eigenen Worten wieder, z. B.:
  – In ihrem Text stellt die Autorin sowohl Probleme als auch Möglichkeiten der Internetkommunikation vor. Zu Beginn kritisiert sie das schlechte Verhalten im Internet, beispielsweise in ... Anschließend geht sie darauf ein, ...
  – Die Autorin vertritt in dem Text die Meinung, dass ...

b Stellt anschließend die Ergebnisse eurer sprachlichen Analyse dar.
  Nennt die sprachlichen Mittel, zitiert Textstellen (▶ S. 329) und erläutert ihre Wirkung, z. B.:
  Die Autorin verwendet in ihrem Artikel Fachbegriffe wie „World Wide Web" (Z. 3), „Online-Enzyklopädie" (Z. 13) oder ... Damit zeigt sie, dass ...

12 Formuliert einen Schluss. Nehmt darin begründet Stellung zum Thema und zur Meinung der Autorin, z. B.: *Ich kann der Ansicht der Autorin (gar nicht / nur zum Teil) zustimmen: …*
Meiner Meinung/Erfahrung nach …

5. Schritt: Die Sachtextanalyse überarbeiten

13 a Bildet eine Gruppe und lest gemeinsam den Methodenkasten unten.
Fragt euch gegenseitig, wenn ihr Aussagen darin nicht versteht.
b Formuliert mit Hilfe des Methodenkastens eine Checkliste für eine Sachtextanalyse, z. B.:
1. Hast du in der Einleitung Autor, Titel … genannt?
2. Hast du im Hauptteil …

14 a Überarbeitet eure Sachtextanalysen in einer Schreibkonferenz (▸ S. 339):
– Setzt euch zu dritt oder zu viert zusammen. Einer liest seinen Text vor, die anderen hören zu.
– Gebt dem Verfasser eine Rückmeldung dazu, was euch besonders gut gefallen hat.
– Geht gemeinsam eure Checkliste zur Sachtextanalyse (▸ Aufgabe 13) durch.
Prüft, ob alle Vorgaben ausreichend umgesetzt wurden, und formuliert Verbesserungsvorschläge.
– Besprecht den Text anschließend noch einmal Satz für Satz.
Achtet auf verständliche Formulierungen, korrekte Grammatik und tragt die Korrekturen ein.
b Überarbeitet zum Schluss euren eigenen Text mit Hilfe der Hinweise der anderen.

15 Welche Aussage aus dem Zeitungsartikel (▸ S. 193) haltet ihr für besonders wichtig?
Schreibt sie aus dem Text ab und notiert darunter eine kurze Begründung für diese Auswahl.

Methode	**Eine Sachtextanalyse verfassen**

- **Einleitung:** Nennt **Autor/-in, Titel, Textsorte, Erscheinungsjahr** und **Thema** des Textes.
- **Hauptteil:** Untersucht und beschreibt im Hauptteil **Inhalt und Form** des Textes:
  - Fasst Abschnitt für Abschnitt die **wichtigen Aussagen und Argumente** zusammen und beschreibt die **Argumentationsstruktur.**
  - Gebt die **Meinung der Autorin oder des Autors** mit eigenen Worten wieder, wenn es sich um einen meinungsbildenden Text handelt.
  - Nennt die **sprachlichen Mittel,** die im Text verwendet werden: fachsprachliche oder umgangssprachliche Begriffe, Neologismen (Wortneubildungen), Aufzählungen, Zitate anderer Personen, Ausrufe, Übertreibungen, Wiederholungen, rhetorische Fragen oder Wörter, die bestimmte Vorstellungen oder Gefühle wecken.
    Zitiert die Textstellen (▸ S. 329) und erklärt ihre **Wirkung.**
- **Schluss:** Formuliert eine **Stellungnahme** zum Thema und gegebenenfalls zur Meinung der Autorin oder des Autors.
- Verwendet das **Präsens** (▸ S. 321).
- Kennzeichnet Einleitung, Hauptteil und Schluss sowie neue Gedanken durch **Absätze.**

Fordern und fördern – Einen Sachtext analysieren

Astrid Herbold (14.1.2013)

Führen Chats, Smileys und Kurznachrichten zum Verfall der Sprache?

1 Alle haben allen etwas mitzuteilen, ständig, dauernd, überall. […] Es ist, als habe die Menschheit das Schreiben neu entdeckt. Kleinschreibung, Abkürzungen, fehlende Artikel und verkürzte Syntax zeichnen die schriftlichen Unterhaltungen aus, geschmückt sind die Dialoge dafür mit grinsenden Gesichtern oder auf der Seite liegenden Gefühlsbekundungen. Ich schenk dir mein Herz? Das schreibt man jetzt so: <3.

Müssen Lehrer, Ausbilder, Bildungsbürger sich Sorgen machen?

2 Bislang gibt es keine einzige Studie, die den oft vermuteten Sprachverfall beweisen würde. Dabei ist die Internetkommunikation gut erforscht. Unter die Lupe haben die Sprachwissenschaftler so ziemlich alles genommen: Was passiert mit der Satzstellung, was mit den Zeitformen, was mit der Rechtschreibung? Wann und wozu werden lachende, zwinkernde oder weinende Smileys eingesetzt?

3 „Eine Zeit lang ging man davon aus, dass in der Chatkommunikation im Gegensatz zum mündlichen Gespräch etwas fehlt", erklärt Georg Albert von der Universität Landau, „und dass diese fehlende Verständigungsebene von den Nutzern unter anderem mit Smileys aufgefüllt werden müsse." Aber ganz so eindeutig, meint der Wissenschaftler, sei die Sache nicht.

4 Eine andere gängige Forschungsmeinung lautete: Es ist alles der Geschwindigkeit geschuldet. Typische Merkmale wie Kleinschreibung, Wortabkürzungen oder unvollständige Sätze entstünden vor allem aus Platzmangel. Albert, der seit Jahren Internetunterhaltungen analysiert, glaubt das nicht. „Viele Stilmerkmale sprechen gegen die Geschwindigkeitsthese." Die Nutzer lieben es zum Beispiel, ellenlang Ausrufezeichen oder Buchstabenwiederholungen aneinanderzureihen. „Andere schreiben absichtlich im Dialekt, obwohl es länger dauert, die Worte zu tippen. Und sie auch für das Gegenüber schwerer lesbar sind." Schwerer zu entziffern – aber möglicherweise unterhaltsamer. Und darum scheint es zu gehen.

5 Vielen Nutzern macht das Experimentieren mit den Buchstaben und Zeichen schlicht Spaß. „Da wird Kreativität mit der Tastatur ausgelebt", sagt Albert. Die meisten Nutzer wechseln mühelos zwischen unterschiedlichen Stilen und Schreibweisen hin und her. „Man könnte deshalb sogar von einer gestiegenen Schriftkompetenz sprechen", sagt eine Sprachwissenschaftsprofessorin der Universität Mannheim. Mal wird mehr, mal weniger regelkonform geschrieben, je nachdem, was die Nutzer in der jeweiligen Situation als angemessen empfinden. Von den Schreibenden erfordert das viel Fingerspitzengefühl und eine hohe soziale und sprachliche Kompetenz. Die Forschung zeigt also: Chats belegen das Gegenteil von Sprachverfall. *

1 Um welches Thema geht es in dem Sachtext (▶ S. 197)? Schreibt die richtige Aussage ins Heft.

> **A** In dem Sachtext geht es um die Verwendung von Alltagssprache in E-Mails.
> **B** Der Sachtext berichtet von dem Einfluss des Fernsehens auf den Sprachgebrauch.
> **C** In dem Sachtext geht es um ein neues Unterrichtsfach, in dem Sprache untersucht wird.
> **D** Der Sachtext berichtet vom Einfluss der Internetkommunikation auf die Sprache.

2 Zitiert aus dem Text die Ausgangsfrage sowie die abschließende Beantwortung dieser Frage, ●●● mit der die Autorin ihre Position klarstellt.

> *– Ausgangsfrage: „..."*
> *– abschließende Beantwortung der Frage: „..." (Z. ...)*

3 Formuliert für die Abschnitte 1 bis 5 das jeweils darin enthaltene Argument in einem ganzen Satz.
●●● *Abschnitt 1 = Im ersten Abschnitt geht es darum, wie ...*
Abschnitt 2 = ...   ▷ Hilfe zu Aufgabe 3 auf Seite 199

4 Welche sprachlichen Mittel werden im Sachtext verwendet und wie wirken sie?
●●● Ergänzt und beendet im Heft die folgenden Sätze.

> *– Durch die Verwendung von Aufzählungen, wie z. B. in Z. ... und Z. ..., wird verdeutlicht, dass ...*
> *– Mit Hilfe von Zitaten einiger Experten ...*
> *– Die rhetorische Frage in Z. ... soll ...*
> *– Auch die Fachsprache, z. B. Wörter wie „...", „..." (Z. ... u. ...), unterstreicht ...*

▷ Hilfe zu Aufgabe 4 auf Seite 199

5 Verfasst mit Hilfe eurer Ergebnisse der Aufgaben 1–4 eine vollständige Sachtextanalyse:
a Formuliert einen Einleitungssatz. Gebt darin die Autorin, den Titel, die Textsorte, das Erscheinungsjahr und das Thema des Textes an.
b Verfasst den Hauptteil. Geht darin auf den Aufbau, die Argumentationsstruktur, die Autoren-
meinung und die verwendeten sprachlichen Mittel ein.
c Formuliert einen Schluss. Nehmt darin begründet Stellung zum Thema.
▷ Hilfe zu Aufgabe 5c auf Seite 199

6 a Tauscht eure Sachtextanalyse mit einem Lernpartner. Prüft den Text eures Partners mit Hilfe der
Checkliste zur Sachtextanalyse (▶ S. 196 Aufgabe 13). Korrigiert auch Grammatik, Rechtschreibung
und Zeichensetzung und formuliert Überarbeitungstipps.
b Überarbeitet euren eigenen Text mit Hilfe der Hinweise und Korrekturen eures Partners.

7 Untersucht eure drei letzten Handynachrichten und formuliert eine Aussage zu sprachlichen
Besonderheiten.

●○○ **Aufgabe 3 mit Hilfen**

Formuliert für die Abschnitte 1 bis 5 das jeweils darin enthaltene Argument in einem ganzen Satz.
Ordnet dazu im Heft die folgenden Argumente A bis E den Abschnitten richtig zu.

Abschnitt 1: ...	**A**	Hier wird zusammengefasst, dass Sprache durch die modernen Kommunikationsmedien nicht verfällt.
Abschnitt 2: ...	**B**	Dass Geschwindigkeit und Platzmangel zu sprachlicher Veränderung im Chat führen, wird in diesem Abschnitt widerlegt.
Abschnitt 3: ...	**C**	In diesem Abschnitt geht es darum, welche allgemeinen Auswirkungen das Internet bisher auf unsere Kommunikation hatte.
Abschnitt 4: ...	**D**	Dieser Abschnitt stellt klar, dass die Forschung die Chatsprache bisher nicht richtig beschrieben und bewertet hat.
Abschnitt 5: ...	**E**	In diesem Textabschnitt wird vorgestellt, mit welchen Fragen die Internetkommunikation erforscht wird.

●○○ **Aufgabe 4 mit Hilfen**

Welche sprachlichen Mittel werden im Sachtext verwendet und wie wirken sie?
Ergänzt und beendet im Heft die folgenden Sätze. Fügt jeweils Möglichkeit A oder B an.

	A oder B?
1 Durch die Verwendung von Aufzählungen, wie z.B. in Z. ... und Z. ..., wird verdeutlicht, dass ...	**A** das Thema vielfältig ist und viele Menschen betrifft. **B** die meisten Menschen irritiert sind.
2 Mit Hilfe von Zitaten einiger Experten ...	**A** wird der Text lebendiger. **B** werden die Aussagen fachkundig unterstützt.
3 Die rhetorische Frage in Z. ... soll ...	**A** zeigen, dass die Autorin gut informiert ist. **B** die Leser zum Nachdenken anregen.
4 Auch die Fachsprache, die dem Leser z.B. durch Wörter wie ... auffällt, unterstreicht, ...	**A** dass die Sprache sehr bildhaft ist. **B** dass die Autorin gut informiert ist.

●○○ **Aufgabe 5 c mit Hilfen**

Formuliert einen Schluss. Nehmt darin begründet Stellung zum Thema.
Entscheidet euch mit Hilfe des folgenden Schlussteils für eine Position und übertragt die Sätze mit den passenden Angaben ins Heft.

> *Ich stimme mit der Autorin überein/nicht überein, dass es durch die modernen Kommunikationsformen (nicht) zu einem Verfall der Sprache kommt. Ganz besonders möchte ich unterstreichen, dass die Sprache meiner Meinung nach in Chats oder bei Kurznachrichten viel kreativer/langweiliger ist als ihr Gebrauch in Schulaufsätzen.*

199

9.3 Fit in …! – Einen Sachtext analysieren

Stellt euch vor, ihr bekommt in der nächsten Klassenarbeit die folgende Aufgabe gestellt:

Aufgabe

Untersuche und beschreibe den folgenden Zeitungsartikel.

– Fasse Abschnitt für Abschnitt die wichtigen Aussagen und Argumente zusammen und beschreibe die Argumentationsstruktur.

– Gib die Meinung des Autors mit eigenen Worten wieder.

– Benenne auffällige sprachliche Mittel und beschreibe ihre Wirkung.

– Formuliere eine kurze Stellungnahme zum Thema.

Christoph Dach: **Ohren auf, Handy aus!** (2016)

Pokémon-Fangen beim Beyoncé-Auftritt: Geht's noch? Wer Musik nur durchs Smartphone genießen kann, hat ein Problem. Liebe Konzertgänger, prägt euch den Abend ein, statt ihn zu

5 *filmen – schöne Erinnerungen schlagen jeden Wackelmitschnitt.*

Die Musik spielt – Überraschung! – vorn auf der Bühne, nur wenige Meter entfernt. Dummerweise hat die Besucherin so gar kein Ohr für

10 das, was an diesem Abend im Pariser *Stade de France* eine gewisse Beyoncé Knowles veranstaltet. Ihre Augen kleben auf dem Handy-Display wie alter Kaugummi unterm Schuh. Da möchte noch ein Pokémon eingefangen wer-

15 den. Und noch eins. Und noch eins. Go! Go! Go! Mit diesem Internet-Video, mittlerweile tausendfach angeklickt, hat die Debatte über die Handynutzung bei Popkonzerten eine neue Dimension erreicht. Dabei sind auch so schon

20 genug absurde Beispiele überliefert, wie Mobilgeräte einen netten Abend mit Musik und Freunden torpedieren können. Marius Müller-Westernhagen etwa war bei einem Unplugged-Konzert in der Berliner Volksbühne so genervt

25 von den Dauerfilmern, dass er sich während eines Liedes selbst unterbrach und den Störenfrieden die Sicherheitsleute auf den Hals hetzte. Sie hatten sich nicht an das Handyverbot gehalten, das immer mehr Musiker einfordern. Wer

30 zum Beispiel das Geheimkonzert von Alicia Keys in Berlin erleben wollte, musste sein Gerät am Eingang in einem Säckchen abgeben. Und die britische Sängerin Adele erinnerte einen Hobby-Regisseur daran, „dass das ein echtes

35 Konzert ist, keine DVD". Es gibt sogar schon einen Fachbegriff für das Phänomen: digitaler Gedächtnisschwund. Immer alles schön festhalten, ohne sich was zu merken. Weißte noch, neulich bei Westernhagen? Fehlanzeige.

40 Der Frust der Künstler über diesen seltsamen Archivierungswahn ist so nachvollziehbar wie der vieler Fans. In den 1990er und 2000er Jahren war es ein Ding der Unmöglichkeit, bei Konzerten technisch hochwertige Kameras in den

45 Innenbereich zu schleusen; es war zu riskant, zu unbequem – und schlichtweg verboten. Die Aufmerksamkeit fokussierte sich dadurch automatisch auf die Bühne, den Künstler, die Band, die Show – eben auf die Sachen, für die man

50 bezahlt hatte. Heute ist es dagegen eher eine glückliche Fügung, wenn sich bei Liveacts unter all den Smartphones ein schmaler Sichtkorridor auftut und für einen kurzen Augenblick der Blick auf das Wesentliche frei wird.

55 Damit wir uns nicht falsch verstehen: Niemand hat etwas gegen ein paar hübsche Erinnerungsfotos von Konzerten, die dann in die Welt hinausgezwitschert werden oder vielleicht sogar im Familienalbum auftauchen. Irgendeinen Vorteil
60 muss es ja haben, dass die Handys von heute x-mal mehr Speicherplatz haben als der klobige C64, den mir meine Eltern kurz nach der Wende ins Kinderzimmer stellten. Aber mal ganz ehrlich: Wer schaut sich schon zu Hause noch
65 einmal die verwackelten Videos an, die zuvor in Waldbühne, Wuhlheide, Tempodrom oder Schmeling-Halle entstanden sind? Wer steht ernsthaft auf blecherne Tonmitschnitte, die eher an kaputte Kopfhörer erinnern als an einen
70 klangvollen Abend?
Offenbar eine ganze Menge Menschen und erstaunlicherweise auch immer mehr ältere Se-

mester. Ein Kollege erzählte neulich von einem Konzert der Band „Element of Crime" in der Spandauer Zitadelle. Seine Beobachtung: Jun- 75 ge Menschen tanzten und hatten Spaß, die älteren filmten und verschickten WhatsApp-Nachrichten. Das hat mich sofort an ein Konzert von Udo Lindenberg im Olympiastadion erinnert, das ich vor gut einem Jahr mit meiner Mutter 80 besuchte. Um uns herum archivierte ein Großteil der Generation 50 plus alles ordentlichst auf dem Smartphone. Als ich mein Handy dann selbst für ein Erinnerungsfoto aus der Tasche holen wollte, musterte mich meine Mutter mit 85 einem bösen Blick und einer berechtigten Bemerkung: „Du spinnst wohl, schau nach vorne, gleich jeht's los!"
Nach dem Konzert haben wir dann noch ein gemeinsames Bild von uns machen lassen, es 90 hängt heute bei mir zu Hause an meinem Kühlschrank. Und immer, wenn ich daran vorbeilaufe, denke ich daran, was das für ein cooler Abend war. Auch ohne Handy-Videos. Oder besser gesagt: Gerade weil es davon keine gibt. * 95

Die Aufgabe richtig verstehen

1 Was verlangt die Aufgabenstellung von euch? Schreibt die richtigen Aussagen ins Heft ab.
A Ich soll auf Grundlage des Textes über einen Konzertbesuch berichten.
B Ich soll darstellen, wie der Autor argumentiert.
C Ich soll mir weitere Fragen an den Autor ausdenken.
D Ich soll die Meinung des Autors herausfinden.
E Ich soll die Sprache untersuchen, die der Autor in dem Artikel verwendet hat.
F Ich soll kurz meine eigene Meinung zum Thema formulieren.

Planen

2 Untersucht den Inhalt des Textes:
a Gliedert den Text in Abschnitte, notiert die Zeilenangaben untereinander und formuliert zu jedem Abschnitt eine Überschrift.
b Veranschaulicht die wichtigsten Argumente des Autors in einer Übersicht.
c Notiert Textstellen, an denen die Meinung des Autors deutlich wird. Fasst seine Meinung anschließend mit eigenen Worten zusammen.
d Stimmt ihr dem Autor zu? Notiert einige Stichwörter zu eurer Ansicht.

3 Untersucht die Sprache des Textes:

a Legt eine Tabelle an und notiert in die erste Spalte Wörter und Formulierungen aus dem Text, die auffallen. Gebt die Zeilen an.

b Notiert in der zweiten Spalte, um welches der folgenden sprachlichen Mittel es sich handelt:

> fachsprachlicher Begriff • Umgangssprache • Neologismus • Aufzählung • Zitat •
> Ausruf • Übertreibung • Wiederholung • rhetorische Frage •
> Wort, das bestimmte Vorstellungen oder Gefühle weckt

c Ergänzt in der dritten Spalte eine Notiz zur Wirkung:

Begriff/Formulierung	Sprachliches Mittel	Wirkung
Überraschung!	*Ausruf*	*weckt Aufmerksamkeit der Leser*

Schreiben und überarbeiten

4 Beschreibt den Zeitungsartikel in einem zusammenhängenden Text:

a Formuliert eine Einleitung. Nennt darin Autor, Titel, Textsorte, Erscheinungsjahr und Thema.

b Fasst im Hauptteil die wichtigen Aussagen und Argumente zusammen, beschreibt die Argumentationsstruktur und gebt die Meinung des Autors wieder.

c Stellt anschließend die Ergebnisse eurer sprachlichen Analyse dar.

d Formuliert zum Schluss eure eigene Meinung zum Thema.

5 Überarbeitet euren Text mit Hilfe der folgenden Checkliste.

Checkliste

Eine Sachtextanalyse verfassen

- **Einleitung:** – Habt ihr **Autor/-in, Titel, Textsorte, Erscheinungsjahr** und **Thema** genannt?
- **Hauptteil:** – Habt ihr die **wichtigen Aussagen und Argumente** zusammengefasst und die **Argumentationsstruktur** beschrieben?
  – Habt ihr die **Meinung der Autorin oder des Autors** wiedergegeben?
  – Habt ihr die **sprachlichen Mittel** genannt, Textstellen richtig **zitiert** und ihre **Wirkung** erklärt?
- **Schluss:** – Habt ihr eine **Stellungnahme** zum Thema formuliert?
- **Sprache und Gestaltung:** – Habt ihr das **Präsens** verwendet?
  – Habt ihr Einleitung, Hauptteil und Schluss sowie neue Gedanken durch **Absätze** gekennzeichnet?

Schreibwörter ▶ S. 339

das Thema	das Feature	das Zitat	informierend	rhetorisch
der Hypertext	der Kommentar	das Piktogramm	meinungsbildend	aktuell

10 „Tschick" –
Einen Roman und seine Verfilmung untersuchen

1 Vergleicht das Cover des Romans „Tschick" mit dem Filmplakat. Welche Gemeinsamkeiten stellt ihr bezüglich der Gestaltung fest? Welche Unterschiede gibt es?

2 Stellt Vermutungen darüber an, worum es in dem Roman und in dem Film „Tschick" gehen könnte.

3 Berichtet darüber, ob ihr selbst schon einmal allein oder nur mit Freunden einen Ausflug unternommen habt. Erläutert, was euch dabei wichtig war.

In diesem Kapitel ...

- untersucht ihr einen Roman und seine Verfilmung,
- analysiert und schreibt ihr Rezensionen,
- untersucht ihr, mit welchen Mitteln ein Film arbeitet,
- dreht ihr selbst eine Filmszene.

10.1 Wolfgang Herrndorf „Tschick" – Einen Jugendroman untersuchen

Die Hauptfigur charakterisieren

Wolfgang Herrndorf

Tschick (2010, Auszug 1)

Ich hatte nie einen Spitznamen. Ich meine, an der Schule. Aber auch sonst nicht. Mein Name ist Maik Klingenberg. Maik. Nicht Maiki, nicht Klinge, und der ganze andere Quatsch auch
5 nicht, immer nur Maik. Außer in der Sechsten, da hieß ich mal kurz Psycho. Das ist auch nicht der ganz große Bringer, wenn man Psycho heißt. Aber das dauerte auch nicht lang und dann hieß ich wieder Maik.
10 Wenn man keinen Spitznamen hat, kann das zwei Gründe haben. Entweder man ist wahnsinnig langweilig und kriegt deshalb keinen, oder man hat keine Freunde. Wenn ich mich für eins von beiden entscheiden müsste, wär's
15 mir, ehrlich gesagt, lieber, keine Freunde zu haben, als wahnsinnig langweilig zu sein. Weil, wenn man langweilig ist, hat man automatisch keine Freunde, oder nur Freunde, die noch langweiliger sind als man selbst. Es gibt aber
20 auch noch eine dritte Möglichkeit. Es kann sein, dass man langweilig ist *und* keine Freunde hat. Und ich fürchte, das ist mein Problem. Jedenfalls seit Paul weggezogen ist. Paul war mein Freund seit dem Kindergarten, und wir
25 haben uns fast jeden Tag getroffen, bis seine endbescheuerte Mutter beschlossen hat, dass sie lieber im Grünen wohnen will. [...]
Auf dem Gymnasium habe ich dann erst mal niemanden kennengelernt. Ich bin nicht
30 wahnsinnig gut im Kennenlernen. Und das war auch nie das ganz große Problem für mich. Bis Tatjana Cosic kam. Oder bis ich sie bemerkte. Denn natürlich war Tatjana schon immer in meiner Klasse. Aber bemerkt habe ich sie erst
35 in der Siebten. Warum, weiß ich nicht. Aber in

Tschick, 2016

der Siebten hatte ich sie auf einmal voll auf dem Schirm, da fing das ganze Elend an. Und ich sollte jetzt wahrscheinlich langsam mal anfangen, Tatjana zu beschreiben. Weil sonst al-
40 les, was danach kommt, unverständlich ist. Tatjana heißt mit Vornamen Tatjana und mit Nachnamen Cosic. Sie ist vierzehn Jahre alt und 1,65 m groß, und ihre Eltern heißen mit Nachnamen ebenfalls Cosic. Wie sie mit Vor-
45 namen heißen, weiß ich nicht. Sie kommen aus Serbien oder Kroatien, jedenfalls kommt der Name daher, und sie wohnen in einem Mietshaus mit vielen Fenstern – badabim, badabong. Schon klar: Ich kann hier noch lange
50 rumschwafeln, aber das Erstaunliche ist, dass ich überhaupt nicht weiß, wovon ich rede. Ich kenne Tatjana nämlich überhaupt nicht. Ich weiß über sie, was jeder weiß, der mit ihr in eine Klasse geht. Ich weiß, wie sie aussieht, wie
55 sie heißt und dass sie gut in Sport und Englisch ist. Und so weiter. Dass sie 1,65 m groß ist, weiß ich vom Tag der Schuluntersuchung. Wo sie wohnt, weiß ich aus dem Telefonbuch, und mehr weiß ich praktisch nicht.

60 Und ich könnte logisch noch ihr Aussehen ganz genau beschreiben und ihre Stimme und ihre Haare und alles. Aber ich glaube, das ist überflüssig. Weil, kann sich ja jeder vorstellen, wie sie aussieht: Sie sieht super aus. Ihre Stimme ist auch super. Sie ist einfach insgesamt 65 super. So kann man sich das vorstellen.

1 Tauscht euch darüber aus, welchen Eindruck der Ich-Erzähler Maik auf euch macht.

2 Wie kommt der Eindruck zu Stande, den ihr von dieser Figur habt?
  a Übertragt folgende Mindmap ins Heft und ergänzt stichwortartig Informationen über die Figur:

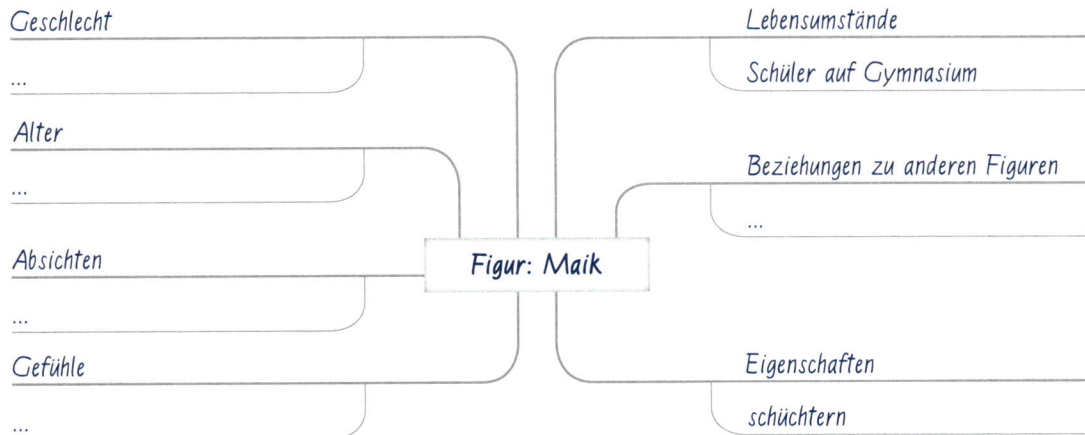

  b Unterstreicht in eurer Mindmap Informationen, die direkt im Text stehen, grün, und Informationen, die ihr aus dem Text abgeleitet habt, gelb.
  c Lest folgende Erklärungen A und B und prüft, ob die Figur als Held oder Antiheld angelegt ist.

A
Helden in der Literatur sehen gut aus, sind mutig, handeln aktiv und verfügen über überdurchschnittliche Fähigkeiten. Damit sind sie anderen Figuren überlegen.

B
Antihelden überzeugen weder durch gutes Aussehen noch durch Mut oder Klugheit. Sie wirken verletzlich, schwach und eher passiv und bieten Lesern durch ihre Schwächen Möglichkeiten zur Identifikation.

3 Formuliert mit Hilfe der Mindmap eine kurze Charakterisierung der Hauptfigur:
Die Figur Maik Klingenberg besucht vermutlich die ... Klasse eines Gymnasiums ...

Methode	Eine literarische Figur charakterisieren

- Literarische Figuren verfügen sowohl über **äußere Merkmale** wie Geschlecht, Alter und Lebensumstände als auch über **innere Merkmale** wie Charaktereigenschaften, Absichten.
- Manche Merkmale einer literarischen Figur werden im Text **direkt** benannt. Andere Merkmale werden dagegen **indirekt** dargestellt, z. B. durch die Art, wie eine Figur denkt, spricht, fühlt oder handelt. Der Leser muss sie selbst aus dem Text erschließen.
- Wenn man **eine Figur charakterisieren** soll, fasst man alle äußeren und inneren Merkmale, die im Text direkt oder indirekt beschrieben werden, zusammen.

Sich in eine Figur hineinversetzen

Wolfgang Herrndorf

Tschick (2010, Auszug 2)

Ich konnte Tschick von Anfang an nicht leiden. Keiner konnte ihn leiden. Tschick war ein Asi, und genau so sah er auch aus. Wagenbach schleppte ihn nach Ostern in die Klasse, und
5 wenn ich sage, er *schleppte* ihn in die Klasse, dann meine ich das auch so. Erste Stunde nach den Osterferien: Geschichte. [...] „Wir haben hier einen neuen Mitschüler. Sein Name ist Andrej –" Und dann schaute er auf seinen Notizzettel,
10 und dann schaute er wieder den Jungen an. Offenbar sollte der seinen Nachnamen selber sagen. Aber der Junge guckte mit seinen zwei Schlitzaugen durch den Mittelgang ins Nichts und sagte auch nichts.
15 „Andrej", sagte Wagenbach, starrte auf seinen Zettel und bewegte lautlos die Lippen. „Andrej Tsch... Tschicha...tschoroff."
Der Russe nuschelte irgendwas.
„Bitte?"
20 „Tschichatschow", sagte der Russe, ohne Wagenbach anzusehen.
„Schön, Tschischaroff. Andrej. Willst du uns vielleicht kurz was über dich erzählen? Wo du herkommst, auf welcher Schule du bisher
25 warst?"
Das war Standard. Wenn Neue in die Klasse kamen, mussten sie erzählen, wo sie her waren und so. Und jetzt ging die erste Veränderung mit Tschick vor. Er drehte den Kopf ganz leicht
30 zur Seite, als hätte er Wagenbach erst in diesem Moment bemerkt. Er kratzte sich am Hals, drehte sich wieder zur Klasse und sagte: „Nein." Irgendwo fiel eine Stecknadel zu Boden.
35 Wagenbach nickte ernst und sagte: „Du willst nicht erzählen, wo du herkommst."
„Nein", sagte Tschick. „Mir egal."
„Na schön. Dann erzähle ich eben etwas über dich, Andrej. Aus Gründen der Höflichkeit

Tschick, 2016

muss ich dich schließlich der Klasse vorstel-
40 len."
Er sah Tschick an. Tschick sah die Klasse an.
„Ich nehme dein Schweigen als Zustimmung", sagte Wagenbach. Und er sagte es in einem iro-
45 nischen Ton, wie alle Lehrer, wenn sie so was sagen.
Tschick antwortete nicht.
„Oder hast du was dagegen?", fragte Wagenbach. „Beginnen Sie", sagte Tschick und mach-
50 te eine Handbewegung.
Irgendwo im Mädchenblock wurde jetzt doch gekichert. *Beginnen Sie!* Wahnsinn. Er betonte jede Silbe einzeln, mit einem ganz komischen Akzent. Und er starrte immer noch die hintere
55 Wand an. Vielleicht hatte er sogar die Augen geschlossen. Es war schwer zu sagen. Wagenbach machte ein Gesicht, das zur Ruhe aufforderte. Dabei war es schon absolut ruhig.
„Also", sagte er. „Andrej Tschicha... schoff
60 heißt unser neuer Mitschüler, und wie wir an seinem Namen bereits unschwer erkennen, kommt unser Gast von weit her, genau genommen aus den unendlichen russischen Weiten,

die Napoleon in der letzten Stunde vor Ostern erobert hat – und aus denen er heute, wie wir sehen werden, auch wieder vertrieben werden wird. [...] Jedenfalls ist Andrej vor vier Jahren mit seinem Bruder hier nach Deutschland gekommen, und – möchtest du das nicht lieber selbst erzählen?"

Der Russe machte eine Art Geräusch.

„Andrej, ich spreche mit dir", sagte Wagenbach.

„Nein", sagte Tschick. „Nein im Sinne von ich möchte es lieber nicht erzählen."

Unterdrücktes Kichern. Wagenbach nickte kantig.

„Na schön, dann werde *ich* es erzählen, wenn du nichts dagegen hast, es ist schließlich sehr ungewöhnlich."

Tschick schüttelte den Kopf.

„Es ist nicht ungewöhnlich?"

„Nein."

„Also, *ich* finde es ungewöhnlich", beharrte Wagenbach. „Und auch bewundernswert. Aber um es kurz zu machen – kürzen wir das hier mal ab. Unser Freund Andrej kommt aus einer deutschstämmigen Familie, aber seine Muttersprache ist Russisch. Er ist ein großer Formulierer, wie wir sehen, aber er hat die deutsche Sprache erst in Deutschland gelernt und verdient folglich unsere Rücksicht in gewissen ... na ja, Bereichen. Vor vier Jahren besuchte er zuerst die Förderschule. Dann wurde er auf die Hauptschule umgeschult, weil seine Leistungen das zuließen, aber da hat er es auch nicht lange ausgehalten. Dann ein Jahr Realschule, und jetzt ist er bei uns, und das alles in nur vier Jahren. So weit richtig?"

Tschick rieb sich mit dem Handrücken über die Nase, dann betrachtete er die Hand. „Neunzig Prozent", sagte er.

Wagenbach wartete einen Moment, ob da noch mehr käme. Aber da kam nichts mehr. Die restlichen zehn Prozent blieben ungeklärt.

1 Stellt euch vor, Tschick wäre neu in eure Klasse gekommen. Was würdet ihr über ihn denken? Begründet eure Aussagen mit Textstellen.

2 Was erfährt man im Romanauszug über die Figur Tschick? Notiert stichwortartig Informationen zu seinem Aussehen, seinen Lebensumständen und zu seinem Verhalten.

3 Was geht Tschick in der beschriebenen Situation vermutlich durch den Kopf? Versetzt euch in die Figur und verfasst einen inneren Monolog. Berücksichtigt dabei die Informationen, die euch zur Figur vorliegen (▶ Aufgabe 2): *Schon wieder eine neue Schule ...*

4 Welchen Eindruck habt ihr von dem Lehrer, Herrn Wagenbach? Begründet eure Aussagen zu der Figur mit Textstellen.

Methode	**Einen inneren Monolog schreiben**

- Ein innerer Monolog ist ein **stummes Selbstgespräch einer Figur** in einer bestimmten Situation. Wenn man die Gedanken der Figur aufschreibt, hilft das, die Figur und ihre Situation besser zu verstehen.
- Versetzt euch beim Schreiben in die Figur. Fühlt mit ihr, denkt ihre möglichen Gedanken.
- Schreibt in der **Ich-Form** im **Präsens** (▶ S. 321) und achtet darauf, dass die **Sprache,** die ihr wählt, zur Figur und zur Textvorlage passen.
- Verwendet **Ausrufe, Fragen** und **Wiederholungen** zur Verstärkung von Ideen und baut **Gedankensprünge** in den Text ein.

Die Handlung veranschaulichen

Wolfgang Herrndorf

Tschick (2010, Auszug 3)

Tschick besucht Maik in den Ferien mit einem ge-
stohlenen Auto, einem Lada. Maik zeigt Tschick
die Zeichnung, die er für Tatjana angefertigt hat.
Diese hat einen Riss, den Maik selbst verursacht
hat – aus Wut darüber, dass er nicht zu Tatjanas
Geburtstagsparty eingeladen ist. Tschick, der eben-
falls keine Einladung erhalten hat, schlägt vor,
trotzdem in die nahegelegene Kleinstadt Werder
zu fahren, um das Geschenk dort zu übergeben.

„Wir warten, bis es dämmert, und dann
schwingst du deinen Arsch ins Auto."
„Nee."
„Und warum nicht?"
5 „Ich bin nicht eingeladen."
„Du bist nicht eingeladen! Na und? Ich bin
auch nicht eingeladen. Und weißt du, warum?
Logisch, der Russenarsch ist nicht eingeladen.
Aber weißt du, warum *du* nicht eingeladen
10 bist? Siehst du – du weißt es nicht mal. Aber
ich weiß es."
„Dann sag's, du Held. Weil ich langweilig bin
und scheiße ausseh."
Tschick schüttelte den Kopf. „Du siehst nicht
15 scheiße aus. Oder vielleicht siehst du scheiße
aus. Aber daran liegt's nicht. Der Grund ist: Es
gibt überhaupt keinen Grund, dich einzuladen. Du fällst nicht auf. Du musst auffallen,
Mann."
20 „Was meinst du mit auffallen? Jeden Tag besof-
fen in die Schule kommen."
„Nein, mein Gott. Aber wenn ich du wär und
aussehen würde wie du und hier wohnen würde und solche Klamotten hätte, wär ich schon
25 hundertmal eingeladen.
„Brauchst du Klamotten?"
„Lenk nicht ab. Sobald es dämmert, fahren wir
nach Werder."
„Never."

Tschick, 2016

„Wir gehen nicht auf die Party. Wir fahren nur 30
vorbei."
Was für eine endbescheuerte Idee. Genau genommen waren es gleich drei Ideen, und jede
einzelne davon war bescheuert: Uneingeladen
aufkreuzen, mit dem Lada quer durch Berlin, 35
und – am bescheuertsten von allen – die Zeichnung mitnehmen. Denn eins war mal klar:
Auch Tatjana würde merken, was es mit dieser
Zeichnung auf sich hatte. Ich wollte auf keinen
Fall da hin. [...] 40
Bei aller Aufregung bemerkte ich immerhin,
dass Tschick vorsichtiger fuhr als noch am
Morgen. Er umging die zweispurigen Straßen
und nahm lange vor roten Ampeln den Fuß
vom Gas, damit wir nicht dastanden und Pas- 45
santen zu uns reingucken konnten. [...]
Das Haus war nicht schwer zu finden. Wir hätten es wahrscheinlich auch so gefunden, wenn
wir die Straßen an der Havel abgefahren wären, aber gleich hinterm Ortseingang tauchten 50
zwei Mountainbikes mit Schlafsäcken bepackt
vor uns auf – André und noch irgendein Trot-

tel. Tschick fuhr ihnen in sicherem Abstand hinterher, und dann sahen wir schon das Haus.
55 Rot geklinkert, ein Vorgarten voller Fahrräder, vom See her ein Riesengeschrei. Noch hundert Meter entfernt. Ich rutschte von meinem Sitz hinunter in den Fußraum, während Tschick das Fenster runterkurbelte, lässig einen Ellen-
60 bogen raushängte und mit achteinhalb Stundenkilometern an der ganzen Gesellschaft vorbeifuhr. Ungefähr ein Dutzend Leute stand im Vorgarten und in der offenen Haustür, Leute mit Gläsern und Flaschen und Handys und
65 Zigaretten in den Händen. Unmengen hinten im Garten. Bekannte und unbekannte Gesichter, aufgedonnerte Mädchen aus der Parallelklasse. Und wie eine Sonne mittendrin Tatjana. […]

Wie hypnotisiert stieg ich aus, und was dann 70 passierte – frag mich nicht. Ich weiß es nicht mehr. Plötzlich stand ich mit der Zeichnung neben Tatjana, und ich glaube, sie guckte mich genauso irritiert an wie vorher Tschick. Aber ich hab's eigentlich nicht gesehen. 75
Ich sagte: „Hier."
Ich sagte: „Beyoncé."
Ich sagte: „Eine Zeichnung."
Ich sagte: „Für dich."
Tatjana starrte die Zeichnung an, und bevor sie 80 wieder von der Zeichnung hochgucken konnte, hörte ich schon, wie Tschick zu André sagte: „Nee, keine Zeit. Wir haben noch was zu erledigen." Er stieß mich an, ging zum Auto zurück, und ich hinterher – und den Motor ge- 85 startet und ab.

1 Maik und Tschick – Langweiler und Draufgänger?
Nehmt Stellung dazu, ob diese Bezeichnungen auf die zwei Hauptfiguren zutreffen.
Belegt eure Aussagen mit Textstellen.

2 Was genau passiert in dem Romanauszug?
a Erstellt ein Flussdiagramm mit den wichtigen Handlungsschritten. Beschränkt euch auf die Darstellung von zehn Schritten, die für den Handlungsverlauf wichtig sind:

> *1 Tschick schlägt vor, uneingeladen zu Tatjanas Party zu fahren.*

> *2 Maik ist dagegen …*

b Verfasst auf der Grundlage des Flussdiagramms eine Zusammenfassung des Romanauszugs, z. B.:

> *In dem vorliegenden Auszug aus dem Roman „Tschick" von Wolfgang Herrndorf geht es um den Besuch der beiden Hauptfiguren Tschick und Maik auf einer Party, zu der sie nicht eingeladen sind. Zu Beginn schlägt Tschick vor, …*

Methode	Die Handlung veranschaulichen und den Inhalt zusammenfassen

- Mit einem **Flussdiagramm** kann man den **Ablauf einer Handlung** veranschaulichen.
- In einer **Inhaltsangabe** fasst man den Inhalt eines Textes **knapp und sachlich** mit **eigenen Worten** zusammen. Dabei verwendet man das **Präsens** (bei Vorzeitigkeit Perfekt) und verdeutlicht Zusammenhänge der Handlung durch **Verknüpfungswörter** wie *weil, obwohl, als, während, damit, deswegen, aus diesem Grund*.

Den Erzähler und die Erzählform bestimmen

Wolfgang Herrndorf

Tschick (2010, Auszug 4)

Maik und Tschick brechen zu einer Reise mit dem gestohlenen Lada auf. Auf einer Müllhalde lernen sie das Mädchen Isa kennen, das ihnen dabei hilft, Benzin aus anderen Autos zu zapfen. Isa, die bislang auf der Müllkippe lebte und daher unangenehm riecht, schließt sich den beiden Jungen an. An einem einsamen See legen die drei eine Pause ein.

Zum Baden schien der See zu kalt zu sein. Ich stand am Ufer neben Isa und atmete tief ein – und Tschick ging noch einmal zum Auto und kam mit etwas zurück, was er unauffällig hinterm Rücken hielt. Offenbar hatten wir genau den gleichen Gedanken gehabt. Auf ein Zeichen von Tschick packten wir Isa und warfen sie ins Wasser.

Eine Fontäne spritzte senkrecht hoch, als sie unterging, und eine zweite, als sie wieder auftauchte und mit den Armen schlug, und erst in dem Moment fiel mir ein, dass wir ja gar nicht wussten, ob sie schwimmen konnte. Sie schrie und planschte erbärmlich – aber dann doch so übertrieben erbärmlich und hundepaddelnd, ohne nur einen einzigen Millimeter abzusacken, dass man genau sah, dass sie schwimmen konnte. Sie schüttelte die nassen Haare, machte ein paar Brustschwimmzüge und verfluchte uns. Tschick warf ihr eine Flasche Duschdas zu. Und während ich noch überlegte, ob ich das jetzt lustig finden oder Mitleid haben sollte, bekam ich schon einen Stoß in den Rücken und fiel auch in den See. Es war noch kälter als kalt. Ich tauchte auf und schrie, und Tschick stand am Ufer und lachte, und Isa fluchte und lachte abwechselnd. [...]
Währenddessen spazierte Tschick zum Auto, zog sich pfeifend eine Badehose an und kam mit einer Zigarette im Mundwinkel und einem Handtuch über der Schulter zurück.

„So badet der Gentleman", sagte er, machte ein vornehmes Gesicht und sprang mit einem Köpper in den See.
Wir verfluchten ihn gemeinsam.
Als wir an Land kamen, zog Isa sofort Shirt und Hose und alles aus und fing an, sich einzuseifen. Das war ungefähr das Letzte, womit ich gerechnet hatte.
„Herrlich", sagte sie. Sie stand im knietiefen Wasser, schaute in die Landschaft und schäumte ihre Haare ein, und ich wusste nicht, wo ich hingucken sollte. Ich guckte mal hier-, mal dahin. Sie hatte eine wirklich tolle Figur und eine Gänsehaut. Als Letztes kam Tschick zu der flachen Stelle gekrault, und komischerweise gab es überhaupt keine Diskussionen mehr. Keiner sagte etwas, keiner fluchte, und keiner machte einen Witz. Wir wuschen uns nur und keuchten vor Kälte und benutzten alle dasselbe Handtuch. [...]

Isa bittet Maik, ihr die Haare zu schneiden.
Als ich fertig war, wischte Isa die abgeschnittenen Haare weg, und dann saßen wir auf der Staustufe nebeneinander, schauten in die Landschaft und warteten darauf, dass Tschick zurückkam. Isa hatte ihr T-Shirt noch immer nicht angezogen.
„Hast du schon mal gefickt?", fragte Isa.
„Was?"
„Du hast mich gehört?"
Sie hatte ihre Hand auf mein Knie gelegt, und mein Gesicht fühlte sich an, als hätte man heißes Wasser drauf gegossen.
„Nein", sagte ich.
„Und?"
„Was und?"
„Willst du?"
„Was will ich?"

70 „Du hast mich schon verstanden."
„Nein", sagte ich.
Meine Stimme war ganz hoch und fiepsig. Nach einer Weil nahm Isa ihre Hand wieder weg, und wir schwiegen mindestens zehn Mi-
75 nuten, von Tschick immer noch keine Spur. Ich brauchte eine Ewigkeit, bis ich mir einen Satz zurechtgelegt hatte, den ich sagen konnte. Ich übte diesen Satz in Gedanken ungefähr zehnmal, und dann sagte ich mit einer Stim-
80 me, die klang, als würde ich gleich einen Herzinfarkt kriegen: „Aber ich fand es schön mit deiner ...ähchrrm. Hand auf meinem Knie."
„Ach?"
„Ja."
85 „Und warum?"
Und warum, mein Gott. Der nächste Herzinfarkt.
Isa legte ihren Arm um meine Schulter.
„Du zitterst ja", sagte sie.

Tschick, 2016

„Ich weiß", sagte ich. 90
„Viel weißt du nicht."
„Ich weiß."
„Wir könnten ja auch erst mal küssen. Wenn du magst."
Und in dem Moment kam Tschick mit zwei 95 Brötchentüten durch die Felsen gestiegen, und es wurde nichts mit Küssen.

1 Beschreibt mit eigenen Worten, wie sich die Hauptfigur Maik in den beiden Abschnitten fühlt.

2 Untersucht, wie die Handlung in dem Roman „Tschick" erzählt wird:
– Bestimmt mit Hilfe der Angaben im Infokasten unten, welche Art von Erzähler der Autor für den Roman gewählt hat. Welche Erzählform liegt vor?
– Formuliert eine Vermutung dazu, warum der Autor diese Erzählform gewählt hat.
  Wie würde der Roman wirken, wenn ein auktorialer Erzähler die Geschichte von Maik und Tschick erzählen würde?

3 Wählt einen Textabschnitt und erzählt ihn aus Isas Perspektive in der Ich-Form oder aus der Sicht eines allwissenden Erzählers in der Er-/Sie-Form. Vergleicht eure Texte mit der Vorlage: Wie unterscheiden sie sich in ihrer Wirkung?

Information	Der Erzähler und die Erzählform

- Die Erzählerin oder der Erzähler eines literarischen Textes darf nicht mit der Autorin oder dem Autor gleichgesetzt werden. Ein Autor wählt den Erzähler ganz bewusst.
- Der **allwissende (auktoriale) Erzähler** überblickt die **gesamte Handlung.**
  Er kennt die **Gedanken und Gefühle aller Figuren** und kann das Geschehen beurteilen, vorausdeuten oder sich auch direkt an die Leser wenden. In der Regel erzählt er in der **Er-/Sie-Form.**
- Der **personale Erzähler** erzählt aus dem **eingeschränkten Blickwinkel einer bestimmten Figur.** In der Regel ist diese Figur am Geschehen beteiligt. Häufig erzählt der personale Erzähler in der **Ich-Form.**

Den Romantyp bestimmen

Wolfgang Herrndorf

Tschick (2010, Auszug 5)

Maik und Tschick setzen ihre Reise ohne Isa fort. Nach einem Unfall trägt Tschick einen Gips und kann nicht weiter Auto fahren. Der völlig unerfahrene Maik übernimmt das Steuer des Ladas. Plötzlich kommt ein Schweinelaster vor ihnen ins Schlingern.

Ich hatte den Fuß immer noch voll auf dem Gas, und ich muss dazusagen, dass ich in diesem Moment gar nicht wahnsinnig aufgeregt war. Dieses Schlangenlinienfahren kannte ich
5 von der PlayStation. Schlangenlinienfahren kam mir viel normaler vor als Geradeausfahren, und der Schweinetransporter benahm sich wie ein typisches Hindernis. Ich hielt also auf das Hindernis zu, um im letzten Moment
10 auf die Standspur zu ziehen, und ich nehme an, genau das hätte ich auch getan, wenn Tschick nicht gewesen wäre. Wenn Tschick nicht gewesen wäre, hätte ich das nicht überlebt.
15 „BREMS!", schrie er. „BREEEEEEMS!", und mein Fuß bremste, und ich glaube, erst sehr viel später habe ich den Schrei gehört und verstanden. Der Fuß bremste von allein, weil ich ja auch vorher schon immer gemacht hatte,
20 was Tschick sagte, und jetzt schrie er „Bremsen", und ich bremste, ohne zu wissen, warum. Denn es gab eigentlich keinen Grund zu bremsen.
Zwischen dem Laster und der Leitplanke wäre
25 Platz für mindestens fünf Autos gewesen, und es wäre mir frühestens im Jenseits aufgefallen, dass der Lkw diese Seite der Autobahn gar nicht frei gemacht hatte, sondern frei *gerutscht*. Sein Heck war nach links geschmiert, und ob-
30 wohl wir genau hinter dem Laster fuhren, sah ich auf einmal direkt vor mir die Fahrerkabine auf der Mitte der Autobahn – und wie sie vom

Heck links überholt wurde. Der Lastwagen verwandelte sich in eine Schranke. Die Schranke rutschte vor uns davon, auf der ganzen Breite 35 der Autobahn, und wir rutschten hinterher. Es war ein so ungewohnter Anblick, dass ich hinterher dachte, es hätte mehrere Minuten gedauert. In Wirklichkeit dauerte es nicht einmal so lange, dass Tschick ein drittes Mal „BREMS" 40 schreien konnte.
Der Lada drehte sich leicht seitwärts. Die Schranke vor uns neigte sich unentschlossen nach hinten, kippte krachend um und hielt uns zwölf rotierend Räder entgegen. Dreißig Meter 45 vor uns. In absoluter Stille glitten wir auf diese Räder zu, und ich dachte, jetzt sterben wir also. Ich dachte, jetzt komme ich nie wieder nach Berlin, jetzt sehe ich nie wieder Tatjana, und ich werde nie erfahren, ob ihr meine Zeich- 50 nung gefallen hat oder nicht. Ich dachte, ich müsste mich bei meinen Eltern entschuldigen, und ich dachte: Mist, nicht zwischengespeichert.
Ich dachte auch, ich sollte Tschick sagen, dass 55 ich seinetwegen fast schwul geworden wäre, ich dachte, sterben muss ich sowieso, warum nicht jetzt, und so rutschten wir auf diesen Lkw zu – und es passierte nichts. Es gab keinen Knall. In meiner Erinnerung gibt es keinen 60 Knall. Dabei muss es wahnsinnig geknallt haben. Denn wir rauschten vollrohr in den Laster rein.
Einen Moment lang spürte ich nichts. Das Erste, was ich wieder spürte, war, dass ich keine 65 Luft bekam. Der Sicherheitsgurt schnitt mich in der Mitte entzwei, und mein Kopf lag fast auf dem Gaspedal. Dort lag auch Tschicks Gipsbein irgendwo. Ich richtete mich auf. Oder ich drehte jedenfalls den Kopf. Über der ge- 70 sprungenen Windschutzscheibe hing ein Lkw-

Rad und verdunkelte den Himmel. Das Rad drehte sich geräuschlos. Auf der Radnabe war ein schmutziger, blitzförmiger Aufkleber, ein roter Blitz auf gelbem Grund. Ein faustgroßer Klumpen Dreck pendelte von der Achse, löste sich ganz langsam und flatschte auf die Windschutzscheibe.

„So viel dazu", sagte Tschick. Er hatte es also auch überlebt. [...]

Und dann sah ich am Horizont die Polizei auftauchen. Ich wollte erst wegrennen, aber ich wusste, es hat keinen Sinn, und die letzten beiden Bilder, an die ich mich erinnere, sind: Tschick, der mit seinem Gipsfuß die Böschung runterhumpelt. Und der Autobahnpolizist, der mit freundlichem Gesichtsausdruck neben mir steht und meine Hand von der Antenne löst und sagt: „Die kommt auch ohne dich klar."

1 Was ist passiert? Fasst die äußere Handlung (▶ S. 308) des Romanauszugs mit eigenen Worten zusammen.

2 „Tschick" – Roadnovel oder Coming-of-Age-Story?
a Setzt euch zu viert zusammen, lest den Infokasten unten und erklärt euch gegenseitig mit eigenen Worten, was man unter *Roadnovel* und *Coming-of-Age-Story* versteht.
b Überlegt gemeinsam, welchem Romantyp ihr „Tschick" zuordnen würdet: Was steht im Mittelpunkt des Romans?
Notiert stichwortartig Gründe für eure Zuordnung.

3 Wie geht es weiter? Formuliert Vermutungen zur weiteren Handlung des Romans.

4 Welcher der drei Figuren des Romans – Maik, Tschick oder Isa – würdet ihr gern einmal begegnen?
Begründet eure Aussagen.

Tschick, 2016

Information	**Der Roman – Romantypen**

- **Lange, schriftliche Erzählungen** bezeichnet man allgemein als **Roman.**
- Man unterscheidet zwischen zahlreichen **Romantypen,** z. B.:
  - **Roadnovel** (engl. *road* = Straße, *novel* = Roman): Diese Romane handeln vom Unterwegssein. Dabei geht es vor allem um das Reisen selbst und nicht darum, an einem bestimmten Ort anzukommen.
  - **Coming-of-Age-Story** (engl. *coming of age* = heranwachsen, erwachsen werden): Diese Romane schildern die Entwicklung eines Menschen vom Jugendlichen zum Erwachsenen.

Buchrezensionen untersuchen

A Unbedingt lesen – es lohnt sich!

Maik Klingenberg ist 14 Jahre alt und der Ich-Erzähler in Wolfgang Herrndorfs Roman „Tschick". In seiner Klasse gilt er als Außenseiter und Langweiliger. Er ist heimlich in seine
5 Mitschülerin Tatjana verliebt. Als er am letzten Schultag frustriert feststellt, dass er zu ihrer großen Geburtstagsparty keine Einladung erhält, stellt er sich auf langweilige, einsame Sommerferien ein. Denn sein Vater wird zwei Wochen
10 mit seiner Geliebten verbringen, während seine Mutter in eine Entzugsklinik fährt. Tschick, Maiks russischer Mitschüler, der in seiner Klasse als „asozial" gilt, besucht Maik zu Hause. Nach einer Spritztour in einem gestohlenen al-
15 ten Lada beschließen die zwei, sich mit dem Auto auf die Reise in die Walachei zu machen. Und damit beginnt der Roadtrip der beiden Jugendlichen.

Ich habe das Buch innerhalb von drei Tagen
20 gelesen. Es hat mich wirklich gepackt. Die Kapitel sind kurz, die Sprache ist einfach und die Identifikation mit Maik als Ich-Erzähler fällt überhaupt nicht schwer.

Die Rahmenhandlung des Unfalls macht neugierig darauf, wie es zu diesem Unfall kommen 25 konnte. Zu meinen Lieblingsstellen im Roman gehören die Badeszene am See und die Stelle, als Tschick sich ein Bein bricht, weil ihm ein Feuerlöscher auf den Fuß fällt.
Der Jugendroman handelt von Freundschaft, 30 die wichtiger ist als Coolness, vom Erwachsenwerden, von Freiheit und Verantwortung.
Mein Kritikpunkt: Die Sprache wirkt an manchen Stellen aufgesetzt jugendlich („alter Finne", „endgeil" oder „Das zog mir den Stecker"). Aus die- 35 sem Grund vergebe ich nur vier von fünf Sternen. Trotzdem kann ich mir gut vorstellen, dass dieses Buch auch in zwanzig Jahren noch gelesen wird. Mein Fazit: Sowohl für Jugendliche als auch für Erwachsene wirklich empfehlenswert! 40

B Geniales Buch!

Das Buch wurde mir von meiner besten Freundin empfohlen – und sie hatte Recht: Es ist wirklich richtig gut! Wenn man einmal damit angefangen hat, kann man es nicht mehr aus der Hand legen. Ich habe beim Lesen mitgefiebert, gelacht, gelitten und geträumt! Viel Spaß beim Lesen!

C Lasst die Finger von diesem Buch!

Schlechtes Buch, sinnlose Handlung, Sprache miserabel. Ich habe es nach 50 Seiten weggelegt. Aber es ist günstig.

D Hype um das Buch nicht nachvollziehbar

Im Roman „Tschick" von Wolfgang Herrndorf geht es um zwei jugendliche Außenseiter, die in den Sommerferien mit einem gestohlenen Auto eine Tour durch Brandenburg machen.

Das Buch lässt sich gut und einfach lesen. Einige Stellen sind wirklich witzig, andere machen nachdenklich. Viele Dinge erinnern mich stark an meine Schulzeit und sind eine kleine Reise in meine Vergangenheit. Allerdings wurde mir dieser Roman als Jugendroman empfohlen, den man auch als Erwachsener gut lesen kann.

Das kann ich nicht nachvollziehen. Ich kann gerade noch akzeptieren, dass zwei Jugendliche in einem gestohlenen Auto durch Ostdeutschland fahren. Die weitere Handlung des Romans wirkt dann übertrieben und unglaubwürdig. Es geht um Verfolgungsjagden mit der Polizei, um schießende Rentner und sich überschlagende Autos. Das ist wirklich schade. Der Geschichte fehlt es an Tiefgang und Genialität. Der Roman ist sicherlich ein gutes Jugendbuch, aber mehr auch nicht.

1 Lest die Rezensionen A–D zum Roman „Tschick" von Wolfgang Herrndorf.
Welche erscheint euch am hilfreichsten für eine Kaufentscheidung? Begründet eure Aussage.

2 Untersucht die einzelnen Rezensionen genauer:
a Notiert stichwortartig, zu welchen Aspekten sich die Verfasser jeweils äußern, z. B.:
Rezension A: Handlung, Spannung, Sprache, …
b Sucht in den Rezensionen zehn Formulierungen, in denen eine Bewertung deutlich wird.
Notiert diese untereinander ins Heft und kreuzt an, welche ihr besonders gelungen findet.

3 **a** Formuliert eine eigene Rezension zum Roman „Tschick":
– Gebt in der Einleitung Titel, Autor, Erscheinungsjahr und Romantyp an.
– Formuliert eine kurze Aussage zum Inhalt des Romans.
– Bewertet mindestens drei der folgenden Aspekte:

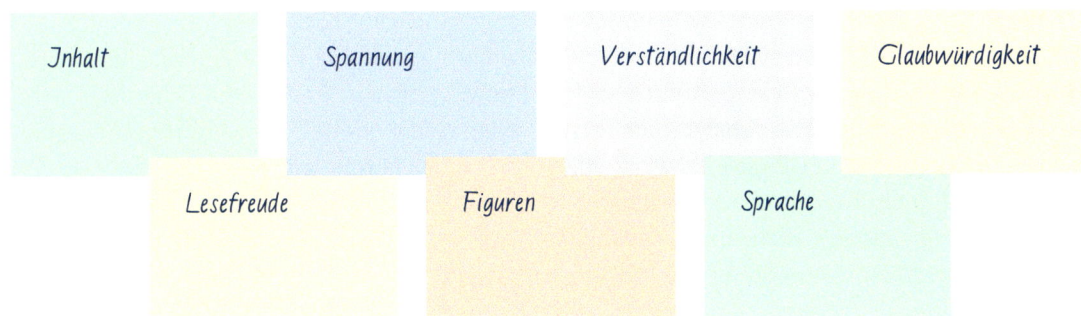

– Formuliert zum Schluss eine Leseempfehlung:
Würdet ihr diesen Roman weiterempfehlen? Wenn ja, welcher Zielgruppe?
b Tauscht eure Rezension mit einem Lernpartner und gebt euch gegenseitig eine begründete Rückmeldung dazu, ob ihr den Text für eine Kaufentscheidung hilfreich findet.

4 Recherchiert im Internet, wie der Roman „Tschick" bei unterschiedlichen Online-Händlern bewertet wurde.

Teste dich!

Einen Romanauszug untersuchen

Wolfgang Herrndorf

Tschick (2010, Auszug 6)

*Nachdem Maik und Tschick eine Woche gemein-
sam unterwegs waren, bricht Tschick sich ein Bein
und kann nicht mehr Auto fahren. Maik soll das
Steuer übernehmen, traut sich aber nicht.*

„Ich muss dir ein Geheimnis verraten", sagte
ich. „Ich bin der größte Feigling unter der Sonne. Der größte Langweiler und der größte Feigling, und jetzt können wir zu Fuß weiter. Auf
einem Feldweg würde ich's versuchen, vielleicht. Aber nicht auf der Autobahn."
„Wie kommst du denn auf Langweiler?", fragte
Tschick, und ich fragte ihn, ob er eigentlich
wüsste, warum ich überhaupt mit ihm in die
Walachei gefahren wäre. Nämlich weil ich der
größte Langweiler war. [...] Tschick erklärte,
dass ich nicht alle Tassen im Schrank hätte,
und dass er sich, seit er mich kennen würde,
noch nicht eine Sekunde gelangweilt hätte.
Dass es im Gegenteil so ungefähr die aufre-
gendste und tollste Woche seines Lebens gewesen wäre [...].
Und dann sah Tschick mich lange an und sagte,
ich solle nicht glauben, dass Tatjana mich nicht
eingeladen hätte, weil ich langweilig wäre, oder
dass sie mich nicht mögen würde deshalb.
„Die Mädchen mögen dich nicht, weil sie
Angst vor dir haben. Wenn du meine Meinung

wissen willst. Weil du sie wie Luft behandelst
[...]. Aber du bist doch kein Langweiler, du Pen-
ner. Und Isa mochte dich ja auch sofort. Weil
sie nämlich nicht so doof ist, wie sie aussieht.
Und weil sie ein paar Eigenschaften hat, wenn
du weißt, was ich meine. Im Gegensatz zu Tatjana, die eine taube Nuss ist."
Ich sah Tschick an und ich glaube, mein Mund
stand offen.
„Jaja, du liebst sie und sie sieht ja auch wirklich
superporno aus. Aber im Ernst, im Vergleich zu
Isa ist das eine taube Nuss. Und ich kann das
beurteilen im Gegensatz zu dir. Weil, soll ich dir
auch ein Geheimnis verraten?", fragte Tschick
und schluckte und sah aus, als hätte man ihm
eine Bleikugel im Hals versenkt, und dann kam
fünf Minuten nichts, und er meinte, dass er es
beurteilen könnte, weil es ihn nicht interessieren würde. Mädchen. Dann wieder lange nichts
und dann: Das hätte er noch niemandem gesagt, und jetzt hätte er es mir gesagt, und ich
müsste mir keine Gedanken machen. Von mir
wollte er ja nix, er wüsste ja, dass ich in Mädchen und so weiter, aber er wäre nun mal nicht
so und er könnte auch nichts dafür.
Und man kann jetzt denken von mir, was man
will – aber ich war nicht wahnsinnig überrascht.

1 Ordnet den Aussagen zum Romanauszug die jeweils richtige Zeilenangabe zu.
In der richtigen Reihenfolge ergeben die Buchstaben zwei Lösungswörter.

AS	Tschick fällt sein Geständnis nicht leicht.	Z. 2–4
S	Tschick vertraut Maik an, dass er homosexuell ist.	Z. 7–10
KO	Tschick bringt zum Ausdruck, wie viel Maik ihm bedeutet.	Z. 11–17
OH	Die Figur Maik beschreibt sich selbst als Antiheld.	Z. 31–32
NE	Die Geschichte wird von einem personalen Erzähler erzählt.	Z. 36–40
MP	Maik reagiert sprachlos auf Tschicks Äußerung.	Z. 41–42

10.2 Fatih Akin „Tschick" – Eine Literaturverfilmung untersuchen

Die Exposition des Films betrachten

2016 wurde Wolfgang Herrndorfs Roman „Tschick" von Fatih Akin verfilmt. In der Einführung wird die Hauptfigur Maik in seiner Klasse kurz vor den Sommerferien gezeigt.

1 Maik muss neben dem neuen Mitschüler Tschick sitzen.

2 Tatjana verteilt Einladungen zu ihrer Party.

3 Maik und Tschick werden beide nicht eingeladen.

4 Zu Hause will Maik das selbst gezeichnete Porträt von Tatjana zerreißen.

1 a Beschreibt die vier Bilder aus der Exposition des Films. Was wird darauf dargestellt?
b Formuliert Vermutungen dazu, wie sich die Hauptfigur Maik in diesen zwei Szenen fühlt.

2 Schaut euch die Exposition des Films an und verteilt die folgenden Beobachtungsaufträge:
A Wie handeln und sprechen die Figuren? Erkennt man bereits einen Konflikt?
B Welche Musik begleitet die Handlung? Inwiefern unterstützt sie das Geschehen?
C Welche Kameraperspektiven (▶ S. 318) werden verwendet? Wie wirken sie?
D Welche Einstellungsgrößen (▶ S. 317) werden verwendet? Was sollen sie zeigen?

3 Was denkt Maik am Ende dieses Schultags? Verfasst einen kurzen inneren Monolog.

Information   **Die Exposition**

- Die **ersten Szenen eines Films** nennt man Exposition. Sie führen die Zuschauer in **Ort und Zeit der Handlung** ein und vermitteln eine bestimmte **Atmosphäre.**
- Oft werden in der Exposition auch die **Hauptfiguren** vorgestellt und mögliche **Konflikte** angedeutet.

Drehbuch, Film und Romanvorlage vergleichen

A

Lars Hubrich

Tschick – Das Drehbuch (2016, Auszug 1)

Tschick und Maik sind tagsüber mit dem Lada auf einer Kuhwiese unterwegs, nachdem sie durch ein Maisfeld gefahren sind.

51 Innen – Lada Niva – Tag
Auf einmal nähert sich ein Motorengeräusch. Maik schaut aus der Windschutzscheibe. Das Geräusch kommt langsam näher. Maik schaut aus
5 *der Seitenscheibe und sieht einen Traktor auf sie zufahren, auf dem ein aufgebrachter BAUER sitzt. Maik stößt Tschick an.*
Maik: Bauer auf sechs Uhr!
Tschick schaut auf seine Armbanduhr.
10 **Maik:** Nein, da! Ein Bauer!
Maik zeigt aufgeregt auf den Bauern.
Tschick: Scheiße!

52 Innen/Außen – Lada Niva, Kuhweide – Tag
Tschick versucht den Wagen zu starten. Er springt
15 *nicht an. Der Traktor hat sie fast erreicht. Maik und Tschick sind in Panik. Auf einmal startet der Motor, und der Lada macht einen Satz nach vorne und fährt schnell an dem Bauern vorbei, der auf seinem Traktor steht und*
20 *wild rumfuchtelt.*
Bauer: Ihr verdammten Arschgeigen!
Der Lada bewegt sich wieder, Richtung Landstraße.

B

Wolfgang Herrndorf

Tschick (2010, Auszug 7)

Maik und Tschick verbringen ihre erste Nacht auf den Autositzen schlafend auf einem Hügel.

Ich schlief kaum, und das Gute daran war, dass ich beim ersten Lichtstrahl schon den Bauern sah, der auf einem Traktor durch das Tal kar-riolte. Ob er uns wirklich gesehen hatte, weiß ich nicht, aber ich weckte Tschick, der sofort den Wagen startete. Wir rutschten mehr rückwärts durch das Weizenfeld den Hügel runter, als dass wir fuhren, und dann ging's zurück auf die Straße und ab.

1

a Vergleicht den Drehbuchauszug (Text A) mit der Romanvorlage (Text B) und beschreibt die Gemeinsamkeiten und Unterschiede in der Handlung. Achtet dabei auf die Ausgangssituation, das anschließende Geschehen und das Ende der Szene.

b Nennt mögliche Gründe dafür, warum die Szene im Film inhaltlich anders gestaltet wurde als im Buch. Bedenkt dabei die folgenden Aspekte:

A Spannung

B Komik

C Wirkungsweise eines Films / eines Romans

D zur Verfügung stehende Zeilen/Filmminuten

2

An welchen Textmerkmalen erkennt man, dass es sich bei Text A um einen Drehbuchauszug handelt? Beschreibt Aufbau und Gestaltung des Drehbuchtextes mit Hilfe der folgenden Begriffe:

> Szenentitel • Handlungsbeschreibung • Angabe der sprechenden Figuren • Dialogtext • Zeitform • Satzlänge • Kursivschrift • Fettdruck

3

Schaut euch die Umsetzung der Filmszene mit der Flucht vor dem Bauern an.

a Bewertet die Filmszene: Haltet ihr sie für gelungen? Begründet eure Aussage.

b Vergleicht die Filmszene mit den Vorgaben im Drehbuch. Achtet dabei vor allem auf das Verhalten der Figuren und auf ihren Text: An welchen Stellen weicht der Film vom Drehbuch ab?

4

Schaut euch die Filmszene noch einmal an und achtet auf den Einsatz von Musik zu Beginn, während und am Ende der Szene. Welche Wirkung erzeugt oder verstärkt die Musik jeweils?

5

a Verfasst zu zweit einen Drehbuchabschnitt zu der Szene am See (▶ S. 210 , Z. 1–27):
 – Beschreibt in kurzen, einfachen Sätzen den Ort der Handlung und das Verhalten der drei Figuren: Was sollen sie jeweils tun?
 – Fügt den Dialogtext ein: Was genau sollen die Figuren jeweils sagen?
 – Ergänzt einen Szenentitel.

b Setzt euch mit einem anderen Lernpaar zusammen und vergleicht eure Drehbuchtexte. Habt ihr euch die Szene ähnlich vorgestellt?

6

Stellt den Beruf Drehbuchautor vor. Überlegt selbstständig, was ein Drehbuchautor vermutlich gut können muss, und recherchiert im Internet, wie Drehbuchautoren arbeiten.

Information **Das Drehbuch**

- Das Drehbuch ist die **schriftliche Textgrundlage** für einen Film. Es stellt die **Handlung** und die **Dialoge der Figuren** Szene für Szene dar und gibt vor, was man in jeder Szene sehen und hören kann (Figuren, Requisiten, Ausstattung, Licht- und Wettersituation, Geräusche).
- Wichtige Elemente eines Drehbuchs sind die **Szenentitel**, die **Handlungsbeschreibung**, die **Angabe der sprechenden Figuren** (oft in Fettdruck) sowie die **Dialogtexte.**
- Manche Drehbücher werden auf der Grundlage von Romanen oder Theaterstücken geschrieben, andere werden von Drehbuchautoren frei entwickelt.

Die Mise en Scène untersuchen

1 a Beschreibt das Filmbild und untersucht, wie es gestaltet ist.
Teilt dazu folgende Fragen in der Gruppe auf und macht euch Notizen dazu:

> **A** Welcher Ort wird dargestellt? Wie wirkt dieser Ort auf die Betrachter?
> **B** Welche Figuren sind auf dem Bild zu sehen? Wie sehen sie aus?
> **C** Wie ist das Bild aufgebaut? Was sieht man im Vordergrund, in der Mitte, im Hintergrund?
> **D** Wie ist das Bild farblich gestaltet?
> **E** Wie sind die Lichtverhältnisse auf dem Bild?
> **F** Welche Kameraeinstellung (▶ S. 317) und Kameraperspektive (▶ S. 318) wurden gewählt?

b Stellt euch eure Ergebnisse vor und besprecht, wie das Bild durch diese Gestaltung wirkt.
c Erklärt, welche Hinweise diese Bildinszenierung über die Situation der zwei Hauptfiguren gibt.

2 Stoppt den Film an einer eindrucksvollen Stelle. Zeichnet eine Skizze zum Filmbild und beschriftet sie mit Stichworten zu Schauplatz, Figuren, Bildaufbau, Farben, Licht, Kameraeinstellung, Kameraperspektive und Gesamtwirkung des Bildes.

Information	**Die Mise en Scène (die Bildinszenierung)**

- Filmbilder werden oft wie ein Gemälde inszeniert. Diese **Inszenierung** bezeichnet man als *Mise en Scène* (frz. für „in Szene setzen").
- Durch die Gestaltung von **Bildaufbau, Farbe** und **Licht** wird eine spezielle Wirkung erzielt.
- Kameraeinstellung und Kameraperspektive unterstreichen die Bildwirkung zusätzlich.

Die Kamerabewegung untersuchen

A Kameraschwenk

B Kamerafahrt

1 Die Reise von Maik und Tschick wird vermittelt, indem die Figuren von einer Kamera begleitet werden. Beschreibt, welche zwei Situationen auf den Filmbildern oben dargestellt werden.

2 a Setzt euch mit einem Lernpartner zusammen und untersucht gemeinsam Bildfolge A oder B:

A Bildfolge A wurde durch einen Kameraschwenk aufgenommen. – Bestimmt die Einstellungsgrößen in dieser Bildfolge. – Besprecht, wie ein Kameraschwenk funktioniert. Warum wurde für die Szene diese Art der Kamerabewegung gewählt? – Beschreibt, welche Wirkung der Schwenk bei den Zuschauern erzeugt.	**B** Bei Bildfolge B wurde eine Kamerafahrt eingesetzt. – Bestimmt die Einstellungsgrößen in dieser Bildfolge. – Besprecht, wie eine Kamerafahrt funktioniert. Warum wurde für die Szene diese Art der Kamerabewegung gewählt? – Beschreibt, welche Wirkung die Kamerafahrt bei den Zuschauern erzeugt.

b Sucht ein Lernpaar, das die andere Bildfolge untersucht hat, und stellt euch gegenseitig eure Ergebnisse vor.

c Lest gemeinsam den Romanauszug 5 (▶ S. 212 f.). Besprecht dabei, an welchen Stellen ihr bei der Verfilmung einen Kameraschwenk und an welchen ihr eine Kamerafahrt einsetzen würdet.

Information   Die Kamerabewegung

- Bei einem **Kameraschwenk** steht die Kamera fest (z. B. auf einem Stativ) und dreht oder neigt sich – ähnlich der Kopfbewegung – um einen fixen Punkt.
- Bei der **Kamerafahrt** bewegt sich die Kamera durch den Raum, z. B. auf ein Objekt zu oder parallel zu einem sich bewegenden Objekt (Parallelfahrt).

Die Gestaltung einer Filmszene untersuchen

Maik und Tschick treffen auf einen Dorfpolizisten. Während Tschick allein mit dem Lada flüchtet, versucht Maik mit dem Fahrrad des Polizisten zu entkommen.

(einsetzender Geigenton)

(Schlagzeug setzt ein, treibende Streicher)

Polizist: „Mach dich nicht unglücklich!"

Polizist: „Stehenbleiben hab ich jesacht!"

(Musik wird fröhlicher)

1 Erzählt mit Hilfe der Filmbilder und der unten stehenden Stichpunkte, was in der Filmszene nach Tschicks Flucht geschieht.

Tschick geflüchtet → Maik: Fahrrad des Dorfpolizisten = einzige Fluchtmöglichkeit
→ Maik unschlüssig → Polizist wartet → plötzlich rennt Maik → steigt auf
→ Polizist versucht ihn einzuholen → erwischt ihn fast → Maik entkommt um Haaresbreite
→ Polizist frustriert → Maik in sicherer Entfernung

2 a Gebt zu den einzelnen Filmbildern an, welche Einstellungsgrößen (▶ S. 317) jeweils gewählt wurden. Benennt auch die Kameraperspektiven (▶ S. 318), die in dieser Szene eingesetzt wurden.
  b Beschreibt, welche Wirkung die Kamera in dieser Filmszene erzeugt.

Fordern und fördern – Schnitt und Montage betrachten

1 Untersucht die Gestaltung der Filmszene auf S. 222. Übertragt die Tabelle und setzt sie fort:

Bild	Kamerastandort	Einstellungsgröße	Grund für die Einstellungsgröße
1	hinter Maik	Totale	Ausgangslage aus Maiks Sicht
2	vor Maik	Großaufnahme	Maiks Mimik → ratlos, er schätzt Situation ein
…	…	…	…

▷ Hilfe zu Aufgabe 1 auf Seite 224

2 a Bestimmt mit Hilfe der folgenden Erklärungen die in der Szene verwendete Montagetechnik.

> **A** Bei der Parallel-montage werden gleichzeitige Handlungen an verschiedenen Orten abwechselnd gezeigt.

> **B** Bei einer Rückblende wird von einer Szene in der Gegenwart zu einer Szene in der Vergangenheit gesprungen.

> **C** Bei der Schuss-Gegenschuss-Technik wird zwischen den an der Handlung beteiligten Figuren hin- und hergesprungen.

b Erklärt, warum sich der Regisseur in dieser Szene für diese Montagetechnik entschieden hat. Wie wirkt sie auf die Zuschauer? ▷ Hilfe zu Aufgabe 2 b auf Seite 224

3 Beschreibt den Einsatz von musikalischen Elementen in dieser Filmszene und erklärt, an welchen Stellen aus welchem Grund diese Musik eingesetzt wird. Welche Wirkung wird damit jeweils erzeugt oder verstärkt? ▷ Hilfe zu Aufgabe 3 auf Seite 224

4 Formuliert eine Aussage dazu, mit welchen Elementen in der Szene Spannung aufgebaut wird. ▷ Hilfe zu Aufgabe 4 auf Seite 224

5 Überlegt euch beispielhaft zwei mögliche Szenen für „Tschick", in der eine Parallelmontage oder eine Rückblende sinnvoll wären. Beschreibt sie den anderen.

Information **Der Schnitt und die Montage**

- Nach den Dreharbeiten mit der Kamera folgt die Bearbeitung des Filmmaterials: der Filmschnitt und die Montage der Filmszenen.
- Beim **Schnitt** wird das Filmmaterial in einzelne Szenen zerlegt, überflüssige Szenen werden herausgeschnitten.
- Bei der anschließenden **Montage** werden die einzelnen Szenen neu zusammengesetzt. Durch die Art der Verknüpfung lassen sich verschiedene Handlungsstränge miteinander in Beziehung setzen.
- Bei der **Schuss-Gegenschuss-Montagetechnik** wird bei der Darstellung einer Handlung zwischen den beteiligten Figuren hin- und hergesprungen, z. B. in einer Dialogsituation.

●●○   **Aufgabe 1 mit Hilfen**

Untersucht die Gestaltung der Filmszene auf S. 222. Übertragt dazu die folgende Tabelle ins Heft und setzt sie fort.

Der Kasten darunter bietet mögliche Gründe für bestimmte Einstellungsgrößen.

Bild	Kamerastandort	Einstellungsgröße	Grund für die Einstellungsgröße
1	neben Maik	Totale	Ausgangslage aus Maiks Sicht
2	vor Maik	Großaufnahme	Maiks Mimik → ratlos, er schätzt Situation ein
3	vor dem Polizisten	Großaufnahme	...
...	...	...	...

Gesamtlage für Polizisten aussichtslos • Mimik des Polizisten: frustriert • Maiks Lage wird deutlich • Entfernung zwischen Maik und dem Polizisten • Spannungsmoment • deutlich: Maik entkommt nur knapp • deutlich: Maik ist endgültig entkommen • Entfernung zum Fahrrad klarer • Maik und Polizist in Beziehung zueinander • abwarten

●●○   **Aufgabe 2 b mit Hilfen**

Erklärt, warum sich der Regisseur in dieser Szene für diese Montagetechnik entschieden hat. Wie wirkt sie auf die Zuschauer?

Setzt folgende Satzanfänge fort:

Bei der ...-Technik wird zwischen den an der Handlung beteiligten Figuren hin- und hergesprungen.
Der Regisseur hat diese Technik an der Stelle eingesetzt, weil Maik und der Polizist ...
Das wirkt auf den Zuschauer ... Durch die Montage wird deutlich, ...

●●○   **Aufgabe 3 mit Hilfen**

Beschreibt den Einsatz von musikalischen Elementen in dieser Filmszene und erklärt, an welchen Stellen aus welchem Grund diese Musik eingesetzt wird.

Welche Wirkung wird damit jeweils erzeugt oder verstärkt?

Setzt folgende Satzanfänge fort:

In dieser Szene setzt an drei Stellen Musik ein: Am Anfang ...
Das einsetzende Schlagzeug ...
Der Wechsel zu fröhlicher Musik ... Damit unterstützt die Musik ...

●●○   **Aufgabe 4 mit Hilfen**

Formuliert eine Aussage dazu, mit welchen Elementen in der Szene Spannung aufgebaut wird. Wählt zutreffende Elemente aus dem Kasten und ergänzt die folgenden Satzanfänge:

Inhalt: Situation der Flucht • Gesichtsausdruck der Schauspieler • Einsatz von Musik • Rückblende in die Vergangenheit • Verzögerungen durch Schuss-Gegenschuss-Technik

Die Filmszene ist spannend, denn es geht um ...
Dadurch, dass ..., fiebert man als Zuschauer mit.
Die Spannung der Handlung wird verstärkt durch ...

10.3 Projekt „Ohne Karte und Kompass" – Eine Filmszene drehen

Lars Hubrich

Tschick – Das Drehbuch (2016, Auszug 2)

Nach ihrer ersten unfreiwilligen Tour auf der Autobahn bleiben Maik und Tschick an einer Kreuzung stehen und überlegen, wie sie weiterfahren sollten. Da man ihnen ansieht, dass sie noch zu jung für einen Führerschein sind, wollen sie häufig befahrene Strecken meiden, aber Richtung Süden vorankommen.

Tschick, 2016

Maik: Und wo ist jetzt Süden?
Tschick nimmt seine Armbanduhr ab und gibt sie Maik.

Tschick: Du weißt schon, dass man mit einer
5 Armbanduhr die Himmelsrichtung bestimmen kann? Hier. Der eine Zeiger muss auf die Sonne zeigen, der andere zeigt dann nach Norden.

Insert: Auf der Armbanduhr ist es Viertel nach
10 drei, beide Zeiger zeigen also in die gleiche Richtung.

Maik: Es ist Viertel nach drei. Dann ist da Norden. Seit wann steht die Sonne im Norden?

Tschick: Na jetzt.

15 **Maik:** Pass mal auf: Im Osten geht die Sonne auf, im Süden nimmt sie ihren Lauf, im Westen wird sie untergehen, im Norden ist sie nie zu sehen!

Tschick: Das ist wegen der Sommerzeit. Im
20 Sommer geht das nicht. Dreh mal eine Stunde zurück.

Maik: Die Himmelsrichtung dreht sich doch nicht dauernd.

Tschick: Aber wenn der Kompass sich dreht – vielleicht ist es ein Kreiselkompass. 25

Maik: Ein Kreiselkompass hat nichts mit Kreiseln zu tun. Der hat was mit Alkohol zu tun.

Tschick: Du verarschst mich.

Maik: Das weiß ich aus einem Buch, da bricht ein Matrose den Kompass auf, weil er Alkoho- 30 liker ist, worauf die auf dem Schiff komplett die Orientierung verlieren. Das Buch hieß, glaube ich, Der Seebär. Oder Der Seewolf.

Tschick: Du meinst Steppenwolf. Da geht es um Drogen. 35

Maik: Steppenwolf ist zufällig eine Band.

Tschick: Fahren wir Sandpiste, da ist weniger los.

Er biegt nach rechts ab.

 **1** Die Drehbuchszene oben soll verfilmt werden.

a Bildet sechsköpfige Filmteams und verteilt die folgenden Funktionen:
Darsteller Maik, Darsteller Tschick, Regisseur, Kamera, Verantwortliche für Maske, Kostüme, Requisiten.

b Lest gemeinsam den Drehbuchauszug und tauscht euch über euren ersten Eindruck von der Szene aus.

1. Schritt: Ideen sammeln und einen Drehplan erstellen

2 Entwickelt Ideen zur Umsetzung der Szene als Film. Wie stellt ihr euch die Szene bildlich vor? Notiert eure Ideen in einer Mindmap:

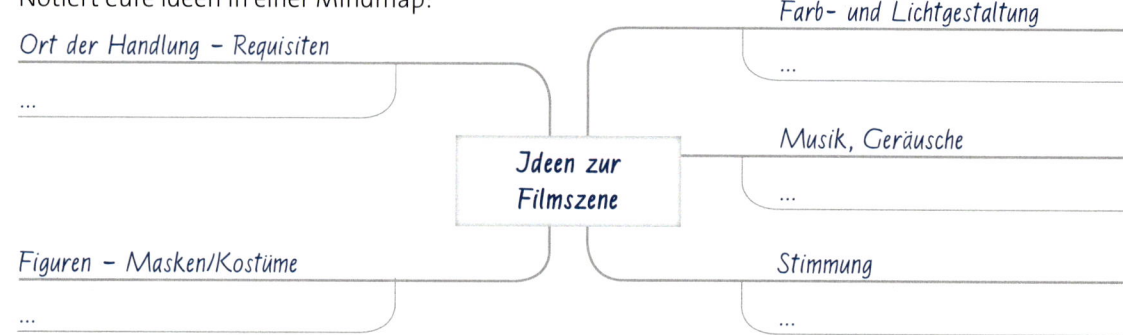

Ort der Handlung – Requisiten

...

Farb- und Lichtgestaltung

...

Ideen zur Filmszene

Musik, Geräusche

...

Figuren – Masken/Kostüme

...

Stimmung

...

3 Erstellt mit Hilfe eurer Ideen von Aufgabe 2 einen Drehplan für die Szene, z. B.:

Ein-stellung	Ort, Handlung	Figuren, Dialogtext	Kamera	Ton
1	*Maik und Tschick in einem Auto, Tschick am Steuer, Maik auf dem Beifahrersitz*	*MAIK: Und wo ist jetzt Süden? TSCHICK: Du weißt schon, dass ...*	*Halbnah: Maik und Tschick*	*Motoren-geräusch*

2. Schritt: Die Filmszene drehen und das Filmmaterial aufbereiten

4 a Bereitet den Dreh der Filmszene vor. Lernt den Dialogtext auswendig, bereitet Technik und Requisiten vor und übt die Szene gemeinsam ein.

b Filmt die Szene mehrfach, damit ihr bei Schnitt und Montage Material zur Auswahl habt. Haltet die Kamera ruhig, filmt nicht gegen das Licht und verzichtet auf zu viele Zooms und Schwenks.

5 a Gestaltet euer Filmmaterial mit Hilfe eines Schnittprogramms am Computer zu einer fertigen Szene.

b Unterlegt eure Szene mit Geräuschen oder mit Musik, die eine passende Stimmung erzeugt.

3. Schritt: Die Filmszene präsentieren und bewerten

6 a Präsentiert eure Filmszenen vor der Klasse.

b Gebt euch Rückmeldungen zu folgenden Aspekten: *Umsetzung des Drehbuchs, Schauspiel, Kameraeinsatz, Schnitt und Montage, Ton (Sprache, Geräusche, Musik) und Gesamtwirkung.*

Schreibwörter			▸ S. 339
die Charakterisierung charakterisieren	die Rezension rezensieren	die Inszenierung inszenieren	die Exposition die Montage

11 Grammatik im Berufsalltag –
Stil und Ausdruck

HIER werden Sie geholfen
weil wir haben einfach
alles FÜR SIE!

MODE FÜR SIE

1 a Erläutert, gegen welche Grammatikregeln in dem Werbeslogan verstoßen wurde.
   b Formuliert den Werbeslogan in korrektem Deutsch.
   c Was hat sich verändert? Besprecht die Wirkung der Slogans in richtigem und
     in falschem Deutsch.

2 a Kennt ihr Werbeslogans, die absicht-
     lich Grammatikfehler enthalten
     oder bei denen mit Sprache gespielt
     wird? Tauscht euch aus.
   b Formuliert mögliche Gründe, warum
     Werbetexter solche Slogans
     formulieren.

In diesem Kapitel ...

– wiederholt und vertieft ihr eure
  Grammatikkenntnisse,
– übt ihr, Texte grammatikalisch richtig
  und stilistisch angemessen zu
  formulieren,
– überarbeitet ihr in einem Text
  Grammatik und Stil.

227

11.1 Bunte Berufswelt – Grammatik anwenden

Nach Präpositionen auf den richtigen Kasus achten

A An *Herr/Herrn* Aust ...   Mainz, den 13. 02. 20..

Anfrage nach *die/der* Möglichkeit eines „Schnuppertages" in *Ihr/Ihrem* Reisebüro

Sehr geehrter Herr Aust,
als Schülerinnen und Schüler der 9. Klasse sollen wir für *einen/einem* so genannten
Schnuppertag in *einen/einem Betrieb* unserer Wahl gehen und anhand *diesem einen*
Tag / dieses einen Tages einen Einblick in *dem/den Betriebsalltag* erhalten.

5

B Da ich mich auch im Hinblick auf *eine/einer Berufsausbildung* sehr für *den/dem Bereich*
Tourismus interessiere, möchte ich anfragen, ob ein solcher Schnuppertag in *Ihren/Ihrem*
Unternehmen möglich wäre. Laut *der/die Vorgabe* unserer Schule soll der Tag nach *die/den*
Osterferien in der Woche von Montag, den 22. 04. bis Freitag, den 27. 04. erfolgen.

10

Für *einer baldigen / eine baldige* Antwort von *Ihnen/Sie* wäre ich sehr dankbar.

Mit *freundliche Grüße / freundlichen Grüßen* ...

---

1 Lest den Auszug aus einer Anfrage. Welche Vorteile bietet so ein Schnuppertag?

2 In dem Schreiben stehen nach Präpositionen jeweils zwei Wortformen zur Auswahl.
   a Lest euch gegenseitig jeweils einen Abschnitt A oder B vor und wählt die richtigen Wortformen.
   Der Lernpartner prüft die Wahl.
   b Schreibt die Wortgruppen mit den Präpositionen richtig ins Heft. Markiert jeweils die Präposition
   und notiert den Kasus, den sie an der Stelle verlangt, z. B.: <u>An Herrn Aust</u> – <u>Akkusativ</u>.

3 Datumsangaben nach Präposition und Wochentag bilden eine Ausnahme, sie können im Dativ oder
   im Akkusativ stehen: *am Freitag, dem 12. 08.* oder *am Freitag, den 12. 08.*
   a Sucht die drei Datumsangaben im Text und bestimmt, in welchem Kasus sie stehen.
   b Überlegt, welche zwei Datumsangaben auch im Dativ stehen könnten. Wie würden sie lauten?

Information	**Präpositionen und Kasus**

- Nach einer Präposition müssen die Wörter immer in einem bestimmten Kasus stehen.
- **Präpositionen mit Akkusativ:** *durch, für, ohne, um, gegen,* z. B.: *für <u>einen Tag</u>,*
- **Präpositionen mit Dativ:** *mit, nach, bei, von, zu, aus, außer, seit,* z. B.: *seit <u>der Anfrage</u>,*
- **Präpositionen mit Genitiv:** *anstatt, anhand, aufgrund, dank, mittels, seitens, statt, trotz,
  während, wegen, laut, zwecks,* z. B.: *dank <u>seines Einsatzes</u>.*
- **Präpositionen mit Dativ oder Akkusativ:** Nach den Präpositionen *an, auf, hinter, neben, in,
  über, unter, vor, zwischen* folgt bei der Frage *Wo?* der Dativ, z. B.: *Wir lernen <u>in der Schule</u>.*
  Bei der Frage *Wohin?* folgt der Akkusativ, z. B.: *Wir gehen <u>in die Schule</u>.*

Die richtige Verbform verwenden

○ ○ ○

A Sehr geehrter Herr Aust,
hiermit *möchte/n* ich Sie höflich bitten, mein Fehlen beim gestrigen Schnuppertag zu entschuldigen. Als ich mit meinem Mofa auf dem Weg zu Ihnen *war/en*, *überquerte/n* eine
Gruppe Kindergartenkinder die Straße, sodass ich stark bremsen *musste/n*. Aufgrund der
5 regennassen Fahrbahn *rutschte/n* ich mit meinem Fahrzeug aus und *fiel/en* hin. Mein Helm
und die dicke Motorradjacke *schützte/n* mich zum Glück vor größeren Verletzungen.
B Dennoch *nahm/en* mich die Rettungssanitäter, die von einer der Erzieherinnen gerufen
worden *war/en*, vorsichtshalber mit ins Krankenhaus. Dort *saß/en* ich zusammen mit
anderen Patienten sehr lange vor dem Röntgenraum. Es *dauerte/n* mehrere Stunden,
10 bis die anderen Patienten und schließlich auch ich aufgerufen *wurde/n*. So *konnte/n* ich
nicht mehr in Ihr Reisebüro kommen. Der Alltag in Ihrem Büro und auch Ihr Angebot,
mir die zweite Filiale in der Fußgängerzone zu zeigen, *hätte/n* mich sehr interessiert.
Wäre/n in den nächsten Ferien vielleicht ein Ersatztermin möglich? ...

1 Haltet ihr das Entschuldigungsschreiben für gelungen? Begründet eure Einschätzung.

2 In dem Schreiben werden für die Prädikate jeweils zwei Möglichkeiten angeboten.
a Lest euch gegenseitig jeweils einen Abschnitt vor und wählt die richtigen Verbformen.
Der Lernpartner prüft die Wahl. Bei Unsicherheiten hilft der Infokasten unten.
b Schreibt die Entschuldigung richtig ins Heft und unterstreicht in jedem Satz das vollständige
Subjekt (*Wer* oder *was?*) und das zugehörige Prädikat.

3 **a** Singular oder Plural? Schreibt die Sätze A–D richtig ins Heft.
A Die Mehrheit der Jugendlichen *war/en* in einem handwerklichen Betrieb unterwegs.
B Ein Viertel *schnupperte/n* in den Alltag einer Verkäuferin oder eines Verkäufers hinein.
C Eine geringe Anzahl an Schülerinnen und Schülern *verbrachte/n* den Tag in einem Büro.
D 98 Prozent *nahm/en* das Angebot eines Schnuppertages wahr.
b Erklärt mit Hilfe des Infokastens, warum das Prädikat in den Sätzen A und C sowohl im Singular
als auch im Plural stehen kann.

4 Formuliert vier Sätze zu einem Diagramm (▶ S. 22, 27, 183). Achtet auf die Prädikate.

Information	Die Übereinstimmung von Subjekt und Prädikat

- Subjekt und Prädikat müssen im **Numerus** (Singular oder Plural) übereinstimmen, z. B.:
  Erol und Damian kommen heute in den Betrieb. Aber morgen kommt nur Damian.
  Dies gilt auch bei Mengenangaben, z. B.: *Die Mehrheit ist dafür. Viele möchten das.*
- Wenn eine **Mengenangabe um ein Nomen erweitert** ist, dann kann man das Prädikat
  entweder an die Mengenangabe oder an „das Gezählte" angleichen, z. B.:
  Die Mehrheit der Schülerinnen und Schüler ist/sind dafür.

Modalverben richtig einsetzen

Sehr geehrte Frau Mehmeti,
nach meinem ersten Praktikumstag möchte ich Sie gern um die Versetzung in eine andere Abteilung Ihres Unternehmens bitten. Ursprünglich wollte ich in der Exportabteilung arbeiten. Sie meinten, dass ich in dieser Abteilung meine guten Englischkenntnisse anwenden kann. Leider musste ich heute feststellen, dass die Büroräume dieser Abteilung gerade in einen anderen Gebäudeteil verlegt werden. So muss ich beim Packen und Umziehen helfen und kann nicht den normalen Arbeitsalltag kennen lernen. Heute sollte ich beispielsweise nur Ordner aus Regalen in große Kartons sortieren. Darf ich Sie um einen neuen Vorschlag bitten? Ich danke Ihnen für Ihre Mühe im Voraus. ...

1 Untersucht die Funktion der markierten Modalverben:
 − Gebt an, mit welchem Vollverb (Verb im Infinitiv) sie im Satz stehen, z. B.: *möchte bitten.*
 − Überlegt, wie sie die Bedeutung des zugehörigen Vollverbs im Satz verändern:
  Drücken sie jeweils eine Möglichkeit, eine Vorschrift, einen Zwang, eine Erlaubnis, eine Absicht oder einen Wunsch aus?

2 a Notiert zu den markierten Modalverben jeweils die Infinitivform und gebt an, in welcher Zeitform (Tempus) sie im Text verwendet werden, z. B.: *ich möchte − mögen − Präsens.*
 b Wählt ein Modalverb und bildet alle Konjugationsformen im Präsens und im Präteritum, z. B.:
  Präsens: ich will, du willst, er/sie/es will, wir wollen, ihr ...
  Präteritum: ich wollte, du wolltest, er/sie/es wollte, wir wollten, ihr ...

3 Untersucht, wie Modalverben die Bedeutung eines Satzes verändern können:
 Beschreibt zu jedem Satz A–C eine passende Situation: Wer sagt das warum zu wem?
 A Ich kann Ihnen nicht sagen, wo die Unterlagen sind.
 B Ich darf Ihnen nicht sagen, wo die Unterlagen sind.
 C Ich will Ihnen nicht sagen, wo die Unterlagen sind.

4 Formuliert ein weiteres Beispiel für eine Aussage, die sich durch unterschiedliche Modalverben stark verändert, z. B.: *Ich darf ... gehen. / Ich muss ... gehen. / Ich will ... gehen.*

Information	Die Modalverben

- Die **Modalverben** *können, sollen, müssen, dürfen, wollen, mögen* verdeutlichen Möglichkeiten, Fähigkeiten, Empfehlungen, Vorschriften, Zwänge, Absichten oder Wünsche.
- Im Satz stehen sie meistens **zusammen mit einem weiteren Verb** im Infinitiv (Vollverb) und verändern dessen Aussagewert, z. B.: *Sie kann wechseln. – Sie soll wechseln. – Sie muss wechseln. – Sie darf wechseln. – Sie will wechseln. – Sie möchte wechseln.*
- Manchmal stehen Modalverben auch allein im Satz, z. B.: *Sie kann Englisch. Er mag Tiere.*
- Modalverben verwendet man häufig zur Formulierung höflicher Anfragen oder Bitten.

Vorzeitigkeit zum Ausdruck bringen

Empfehlungen einer Personalchefin

1 Als ich mich mit 16 Jahren um einen Ausbildungsplatz bewarb, verfasste ich jedes einzelne Bewerbungsschreiben an der Schreibmaschine. **2** Manchmal passierte es, dass ich mich am Schluss vertippte, nachdem ich bereits über eine Stunde lang geschrieben hatte.
3 Dank des Computers ist das Schreiben von Bewerbungen heute leichter, denn man kann Textteile kopieren und muss nicht jede Bewerbung neu eintippen. **4** Dennoch rate ich allen Bewerbern, dass sie nicht nur einen einheitlichen Bewerbungstext zu verschiedenen Stellenangeboten verfassen, sondern den Text individuell an jede Stellenausschreibung anpassen. **5** Als Personalchefin habe ich schon Bewerbungen erhalten, bei denen die Bewerber alles nur kopiert und nicht einmal eigenhändig unterschrieben hatten. **6** Eine solche Bewerbung sortiere ich sofort aus.
7 Bewerber müssen zu jeder einzelnen Stellenausschreibung überlegen, welche persönlichen Stärken, Fähigkeiten und Interessen dazu passen. **8** Nachdem man das Bewerbungsschreiben ausgedruckt hat, muss man es noch einmal genau kontrollieren oder von jemandem Korrektur lesen lassen. **9** Gebt beim Bewerben bitte nicht auf, haltet durch und verliert nach den ersten Absagen nicht den Mut! **10** Dann werdet ihr eine Ausbildungs- oder Arbeitsstelle finden.

1 Besprecht, welche Tipps der Personalchefin ihr für eure Bewerbungen wichtig findet.

2 a Bestimmt abwechselnd in allen Sätzen bis auf 9 die Prädikate und gebt deren Zeitform an –
Präsens, Präteritum, Perfekt, Plusquamperfekt oder Futur I.
b Überlegt gemeinsam, um welche Form es sich bei den Prädikaten in Satzreihe 9 handelt.

3 a Gleichzeitigkeit oder Vorzeitigkeit? Bestimmt in den Sätzen 1, 2, 5 und 8 das Zeitverhältnis und
erklärt jeweils die Verwendung der Zeitformen im Satz.
b Verbindet die folgenden Hauptsätze zu Satzgefügen, in denen Vorzeitigkeit ausgedrückt wird.
Verwendet die Konjunktion *nachdem* und achtet auf die richtigen Zeitformen.
A Ich stelle eine Bewerbung fertig. + Ich lege sie für eine Weile zur Seite.
B Die Personalchefin freute sich damals bestimmt. + Sie tippte eine Bewerbung fehlerfrei.
C Mein Bruder tippt die Bewerbung am Computer. + Er schreibt alles per Hand vor.

4 Wie wird man sich in 20 Jahren vielleicht bewerben? Verfasst fünf Sätze im Futur I.

Information	**Die Wiedergabe von Vorzeitigkeit**

- Wenn man **Vorzeitigkeit** ausdrücken möchte, muss man die **Zeitform (Tempus) im Nebensatz** verändern: **Hauptsatz: Präsens → Nebensatz** mit vorzeitiger Handlung: **Perfekt,** z. B.:
  Ich schreibe, nachdem ich mich informiert habe.
  Hauptsatz: Präteritum → Nebensatz mit vorzeitiger Handlung: **Plusquamperfekt,** z. B.:
  Ich schrieb, nachdem ich mich informiert hatte.
- Bei **Nachzeitigkeit** (Satzgefüge mit *bevor*) werden gleiche Zeitformen verwendet.

Aktiv- und Passivformen von Verben verwenden

Sehr geehrte Frau Eggers,
da ich Sie leider telefonisch nicht erreicht habe, schreibe ich Ihnen eine E-Mail. Leider muss ich Ihnen das Folgende mitteilen: Am Freitag wurde mir auf dem Nachhauseweg mein Rucksack gestohlen, in dem sich auch der Schlüssel für den Kinderladen befand.
5 Nachdem am Nachmittag alle Kinder abgeholt worden waren, war ich von einer der Erzieherinnen gebeten worden, noch das Spielzimmer zu saugen. Auch der Müll musste noch rausgebracht werden. Dabei wurde ich jedoch von einem Vater abgehalten. Er war noch einmal zurückgekommen, um eine vergessene Jacke abzuholen. Da die Erzieherin dringend nach Hause musste, gab sie mir den Schlüssel für den Kinderladen. Ich sollte ihr den Schlüssel am
10 Montagmorgen zurückgeben. Auf dem Nachhauseweg wurde ich im Bus von einem älteren Herrn angesprochen, er lenkte mich ab. Als ich aussteigen wollte, war mein Rucksack mit dem Schlüssel verschwunden. Ich meldete den Diebstahl umgehend bei der nahegelegenen Polizeidienststelle. Der Verlust des Schlüssels wurde aufgenommen.
Wir werden informiert, sobald der Schlüssel irgendwo auftaucht. ...

1 Lest die Mitteilung und berichtet mit eigenen Worten: Was ist passiert?

2 a Sucht im Text Verbformen im Passiv. Notiert sie untereinander ins Heft und bestimmt die Zeitform: Präsens, Präteritum oder Plusquamperfekt, z. B.: *er wurde gestohlen (Präteritum)*.
b Ergänzt neben den Passivformen die Aktivformen in derselben Zeitform. Behaltet Modalverben bei, z. B.: *er musste rausgebracht werden (Präteritum) – man musste ihn rausbringen.*

3 Formuliert die fünf markierten Aktivsätze in Passivsätze um: *Leider muss Ihnen das Folgende* ...

4 Habt ihr schon einmal etwas verloren oder wurde euch etwas gestohlen?
Berichtet darüber. Verwendet dabei Verbformen sowohl im Aktiv als auch im Passiv.

Information	Die Aktiv- und Passivformen der Verben

- **Aktiv** und **Passiv** drücken eine **unterschiedliche Sicht auf ein Geschehen** aus: Das Aktiv betont denjenigen, der handelt. Das Passiv betont, was oder mit wem etwas geschieht.
- In Texten sollte man **Aktiv- und Passivformen** möglichst **abwechselnd** verwenden.

	Aktiv	Passiv
Präsens:	Er stiehlt die Tasche.	Die Tasche wird gestohlen.
Präteritum:	Er stahl die Tasche.	Die Tasche wurde gestohlen.
Perfekt:	Er hat die Tasche gestohlen.	Die Tasche ist gestohlen worden.
Plusquamperfekt:	Er hatte die Tasche gestohlen.	Die Tasche war gestohlen worden.
Verbform mit Modalverb:	Wir müssen/mussten die Tasche suchen.	Die Tasche muss/musste gesucht werden.

Mit dem Konjunktiv II höflich formulieren

Sehr geehrter Herr Wenzel,

wir freuen uns über Ihr Interesse an unserem Unternehmen und würden Ihnen gern das folgende Angebot unterbreiten:

Es ist bei uns üblich, qualifizierte Bewerberinnen und Bewerber nach dem Vorstellungsge-

5 spräch zu einem Probearbeitstag einzuladen. Dabei bieten wir ihnen einen Einblick in die praktischen Tätigkeiten unseres Handwerksbetriebs. Wir würden uns freuen, wenn Ihnen unser Vorschlag gefiele und Sie sich die Zeit dafür nähmen. Wäre es Ihnen beispielsweise am Dienstag, den 31.01. recht? Dieser Tag böte sich für uns idealerweise an. Wenn Sie bereits um 13 Uhr bei uns sein könnten, bliebe genügend Zeit für eine Betriebsbesichtigung. Sollten Sie

10 an diesem Tag verhindert sein, gäbe es die Möglichkeit, auf Mittwoch, den 08.02. auszuwei- chen. Sie würden uns sehr helfen, wenn Sie zeitnah Bescheid gäben. ...

1
a Untersucht in den markierten Zeilen der Mitteilung die Verbformen.
Warum werden hier Konjunktiv-II-Formen verwendet?
b Formuliert die zwei Sätze mit Hilfe der folgenden Verbformen im Indikativ: *freuen – gefällt – nehmen – ist*. Beschreibt, wie sich die Wirkung verändert.

2
a Sucht in der Mitteilung alle Verbformen im Konjunktiv II und notiert sie untereinander.
b Ergänzt neben den Konjunktivformen jeweils den Infinitiv und die Form im Indikativ Präteritum: *er gefiele – gefallen (Infinitiv) – er gefiel (Indikativ Präteritum).*
c Untersucht gemeinsam die Unterschiede zwischen den Wortformen.
Erklärt euch gegenseitig, wie man den Konjunktiv II bildet.
d Erklärt, wann man statt der Konjunktiv-II-Form die *würde*-Ersatzform verwendet.

3
a Verfasst eine höfliche Antwort auf die E-Mail: Sagt die vorgeschlagenen Termine ab und bietet zwei neue Termine an. Verwendet Verben im Konjunktiv II und in der *würde*-Ersatzform.
b Tauscht euer Antwortschreiben mit einem Lernpartner. Markiert im Text eures Partners die Konjunktiv-II-Formen und prüft, ob sie richtig gebildet wurden.

Information	Der Konjunktiv II

- Mit dem **Konjunktiv II** kann man ausdrücken, dass etwas **nicht wirklich ist,** sondern nur er- wünscht, ausgedacht oder geplant, z. B.: *Wenn ich die Stelle bekäme, riefe ich dich an.*
- Man verwendet den Konjunktiv II auch, um besonders **höflich zu formulieren,** z. B.: *Könnten Sie mich bitte zurückrufen? Dürfte ich Sie bitten, mir Ihre Unterlagen zu zeigen?*
- Der Konjunktiv II wird gebildet, indem man an den **Präteritumstamm** die **Konjunktivendung** hängt. Bei **starken Verben** werden die Vokale *a, o, u* im Wortstamm zu **ä, ö, ü,** z. B.: *ich nähme, du nähmest, er nähme, wir nähmen, ihr nähmet, sie nähmen.*
- Wenn sich die Konjunktiv-II-Form nicht vom Indikativ Präteritum unterscheidet, verwendet man die **würde-**Ersatzform, z. B.: *wir freuten uns – wir würden uns freuen.*

233

Mit dem Konjunktiv I Aussagen richtig wiedergeben

Der erste Eindruck entscheidet

Der erste Eindruck hat mehr Einfluss auf unsere Entscheidungen, als uns oftmals bewusst ist. Nicht umsonst gibt es das Sprichwort: „Es gibt keine zweite Chance für den ersten Eindruck."
5 Ein Großteil der Arbeitgeber entscheide bei einem Bewerbungsgespräch schon in den ersten Minuten, ob ein Bewerber eine Chance besitze, meint Bertold Rust, Personalchef einer deutschen Großbank. „Bereits die Begrüßung mit
10 einem wohl dosierten Händedruck sendet deutliche Signale aus", so Rust. Augenkontakt verrate Selbstsicherheit, signalisiere aber auch Interesse am Gespräch und am Gesprächspartner. „Nervosität ist verständlich, soll sich aber nicht durch umherschweifende Blicke, Wippen 15 oder Fingertrommeln äußern", betont Rust. Ein „No-Go" sei aber auch eine unangemessene Kleidung. Als Faustregel könne hierbei gelten: angepasst, aber individuell. Rust schärft jedem Jobsuchenden ein: „Wer zu einem Gespräch zu 20 spät kommt, darf sich nicht wundern, wenn er sofort aussortiert wird."

1 Kennt ihr weitere „No-Gos" bei Bewerbungen? Berichtet darüber.

2 In dem Text werden Aussagen einer anderen Person wiedergegeben.
   a Lest die Sätze vor, in denen die Aussagen als Zitate in wörtlicher Rede angeführt werden.
   b Gebt Sätze an, in denen wörtliche Rede indirekt wiedergegeben wird. Woran habt ihr erkannt, dass es sich bei diesen Sätzen um Aussagen des Personalchefs handelt?
   c Erklärt euch gegenseitig, wie man den Konjunktiv I bildet. Wenn ihr unsicher seid, könnt ihr im Orientierungswissen auf Seite 323 nachschlagen.

3 Formt zu zweit die Zitate aus dem Text oben in die indirekte Rede um.
Verwendet die folgenden Satzanfänge und Verbformen im Konjunktiv I:
   – Ein Sprichwort besagt, es gebe ...   – Rust erklärt, Nervosität sei verständlich, ...
   – Rust meint, bereits die Begrüßung mit ...   – Rust gibt zu bedenken, wer zu einem Gespräch ...

4 **a** Notiert vier Tipps für ein Bewerbungsgespräch, z. B.: *Man muss saubere Schuhe tragen.*
   b Tauscht die Tipps und gebt die Aussagen eures Lernpartners indirekt wieder, z. B.:
   Kian meint, man müsse beim Bewerbungsgespräch saubere Schuhe tragen.

5 Formuliert die vier indirekten Aussagen im Text oben in wörtliche Rede um.

Information   **Der Konjunktiv I**

- Wenn man ausdrücken möchte, dass **jemand anderes** etwas gesagt hat, dann verwendet man das Verb im **Konjunktiv I**: *Leo sagt, er habe einen Tipp. Man solle ruhig atmen.*
- Wenn sich der **Konjunktiv I nicht** vom **Indikativ Präsens unterscheidet,** wird der **Konjunktiv II** oder die **würde-Ersatzform** verwendet. **Indikativ:** *Er sagt: „Wir üben."* **Konjunktiv I:** *Er sagt, sie übten.* **Konjunktiv II:** *Er sagt, sie übten.* **würde-Ersatzform:** *Er sagt, sie würden üben.*

Teste dich!

Tandembogen: Kasus, Tempus und Konjunktiv I und II richtig bilden

Partner A

1 Wähle die richtigen Kasusformen:
Bei der/die Suche nach einen/m Praktikums-betrieb schaute ich auch in der/die Tages-zeitung.

Lösung zu 2:
Auf der Internetseite der Agentur für Arbeit fand ich nach einer Weile eine Firmenliste.

3 Setze die Verben in die richtige Zeitform:
Nachdem ich gestern mehrere Firmen (an-rufen), (anlegen) ich eine Übersicht.

Lösung zu 4:
Ich schreibe/schrieb die Bewerbungen, nach-dem ich mich ausreichend über die Firmen informiert habe/hatte.

5 Bilde die Konjunktiv-II-Formen der Verben:
Ich (haben) nicht gedacht, dass es so schwierig (sein), einen Betrieb zu finden.

Lösung zu 6:
Ich schriebe sofort eine Bewerbung, wenn ich ein passendes Stellenangebot sähe.

7 Forme die direkte in die indirekte Rede um:
Eine Frau sagte mir am Telefon: „Sie sind nicht die Erste, die anruft."

Lösung zu 8:
Die Sekretärin sagte, sie könne mich in zehn Minuten zurückrufen.

Partner B

Lösung zu 1:
Bei der Suche nach einem Praktikumsbetrieb schaute ich auch in die Tageszeitung.

2 Wähle die richtigen Kasusformen:
Auf die/der Internetseite der Agentur für Arbeit fand ich nach eine/r Weile eine Firmenliste.

Lösung zu 3:
Nachdem ich gestern mehrere Firmen ange-rufen hatte, legte ich eine Übersicht an.

4 Setze die Verben in die richtige Zeitform:
Ich (schreiben) die Bewerbungen, nachdem ich mich ausreichend über die Firmen (infor-mieren).

Lösung zu 5:
Ich hätte nicht gedacht, dass es so schwierig wäre, einen Betrieb zu finden.

6 Bilde die Konjunktiv-II-Formen der Verben:
Ich (schreiben) sofort eine Bewerbung, wenn ich ein passendes Stellenangebot (sehen).

Lösung zu 7:
Eine Frau sagte mir am Telefon, ich sei nicht die Erste, die anrufe.

8 Forme die direkte in die indirekte Rede um:
Die Sekretärin sagte: „Ich kann Sie in zehn Minuten zurückrufen."

1 Testet euch gegenseitig in Partnerarbeit. Geht so vor:
– Partner A deckt mit einem Blatt Papier die rechte Hälfte des Tandembogens ab.
  Partner B deckt die linke Seitenhälfte ab.
– Partner A liest die Aufgabe 1 vor und löst sie, Partner B prüft die Lösung.
– Danach liest Partner B die Aufgabe 2 vor und löst sie, Partner A prüft die Lösung.
Tipp: Übt so lange, bis ihr alle Aufgaben richtig lösen könnt. Tauscht einmal die Rollen A und B.

●●● Fordern – Kasus und Tempus beachten

Stylingtipps – nicht nur für Bewerbungsgespräche

Bei ein **?** Bewerbungsgespräch sollte man unbedingt auf sein **?** Aussehen achten. So ist es durchaus üblich, dass ein Junge Anzug und Krawatte trägt, wenn er sich bei ein **?** Bank vorstellt. Für ein **?** Mädchen, das in ein **?** Bankfiliale geht und dort die Personalchefin trifft, empfiehlt es sich, ein Kostüm zu tragen. Wenn man ohne ein **?** Parfümduft nicht aus d **?** Haus gehen mag, sollte man anlässlich ein **?** Bewerbungsgespräch **?** sparsam mit d **?** Parfüm umgehen.

Trotz ein **?** perfekt **?** Anzug **?** oder Kostüm **?** kann man noch Fehler bei d **?** Schuhe **?** machen. Die sollte man erst nach sorgfältig **?** Putzen anziehen. Dem geschulten Auge entgeht nichts. Mangels adäquat **?** Kleidung wurde schon so manche Chance verpasst.

1 Schreibt den Text richtig ins Heft. Markiert die Präpositionen und setzt
●●● die nachfolgenden Wörter in den erforderlichen Kasus.

2 a Ergänzt die Kasusendungen in den folgenden Wortgruppen A–C.
●●●   **A** auf d **?** Abiturball des älteren Bruders oder der älteren Schwester
   B auf ein **?** Strandparty während d **?** Sommerurlaub **?** in ein **?** Ferienhotel
   C anlässlich ein **?** Feier zu ein **?** Jubiläum in d **?** Firma der Mutter
  b Wählt zwei der Situationen A–C aus und formuliert Stylingtipps für eure Mitschülerinnen
   und Mitschüler. Achtet in eurem Text auf richtige Kasusendungen.

Beim zweiten Mal wird alles besser!

Mit Schrecken *(denken müssen)* ich noch heute an mein erstes Vorstellungsgespräch. Es *(sein)* natürlich an einem Freitag, den 13. Ich *(sein sollen)* um 10 Uhr in der Sparbank Wiesbaden. Nachdem mein Wecker sehr zeitig *(klingeln)*, *(liegen bleiben wollen)* ich doch noch ein paar Minuten. Dann *(duschen)* ich erst einmal in aller Ruhe, bevor ich *(frühstücken)*. Während ich passende Anziehsachen *(auswählen)*, Schuhe *(putzen)* und mich vor dem Spiegel *(zurechtmachen)*, *(verlieren)* ich irgendwie die Zeit aus dem Blick. Als ich dann zur Bushaltestelle *(laufen)*, *(denken)* ich so angestrengt über das bevorstehende Bewerbungsgespräch, mögliche Fragen und meine Antworten nach, dass ich gar nicht *(bemerken)*, wie der Bus an mir *(vorbeifahren)*. Nachdem ich diesen Bus nun *(verpassen)*, *(fallen)* der nächste Bus aus, weil er von einem Laster *(gerammt werden)*. Ich *(warten müssen)* eine ganze Weile. So *(kommen)* ich zu spät und *(zugelassen werden)* nicht mehr zum Gespräch.

3 Schreibt die Erzählung ins Heft und setzt dabei die Verben in Klammern in die richtige Zeitform.
●●●

4 Seid ihr schon einmal zu spät gekommen? Schreibt eine kurze Erzählung. Achtet auf die Zeitformen.

●●● Fordern – Aktiv, Passiv und Konjunktiv anwenden

Was macht eigentlich ein Ergotherapeut?

A Ergotherapeuten beraten und behandeln Menschen, die aufgrund eines Unfalls, einer Krankheit, einer Behinderung oder aufgrund ihres Alters unter Einschränkungen im Bereich der Sinnesorgane, der Motorik oder der geistigen oder psychischen Fähigkeiten leiden. Die Therapeuten zählen Menschen aller Altersgruppen zu ihrem Patientenkreis.
5 Den jeweiligen Störungen entsprechend üben Ergotherapeuten mit ihren Patienten auch grundlegende Fertigkeiten, die die Patienten benötigen, um ihren Alltag zu bewältigen. Dafür erstellen die Therapeuten zunächst einen Behandlungsplan.

B Von manchen Patienten müssen viele Tätigkeiten, die von uns schon als Kind beherrscht wurden, neu erlernt werden. Es wird ihnen von den Therapeuten beigebracht, wie gegessen, sich gewaschen oder geschrieben wird. Den Patienten wird nicht nur kurzfristig ge-
10 holfen. Sie werden dabei unterstützt, im Alltag selbstständig leben zu können.

1 **a** Schreibt Abschnitt A ab und formuliert dabei die markierten Sätze in Passivsätze um:
●●●   *Menschen, die aufgrund eines Unfalls, einer Krankheit, einer Behinderung oder …*
b Vergleicht die Wirkung des Textabschnitts oben mit dem in eurem Heft.

2 **a** Prüft, welche Passivformulierungen in Abschnitt B besser im Aktiv stehen sollten.
●●●   **b** Schreibt Abschnitt B ab und formuliert einige Sätze in Aktivsätze um. Verwendet als Subjekt jeweils die Angabe mit *von* oder die unpersönliche *man*-Form: *Manche Patienten müssen …*

Zwei Fragen an eine Berufsberaterin

A *Wie bereitet man sich Ihrer Ansicht nach gut auf eine Bewerbung vor?*
Frau Rieger: Der Bewerber soll sich vorher im Berufsinformationszentrum über den Beruf informieren. Dann weiß er genau, was er möchte, kennt die Anforderungen des Berufs und kann Vor- und Nachteile abschätzen. Außerdem ist ein idealer Bewerber aktiv. Er schreibt
5 nicht nur wahllos Bewerbungen, sondern wendet sich gezielt an Ausbildungsbetriebe, bei denen er sich im Vorfeld über Möglichkeiten und Bewerbungsmodalitäten informiert hat.

B *Wie sollte man seine Bewerbungsmappe gestalten?*
Frau Rieger: Die ganze Mappe *(sollen)* stimmig und fehlerfrei sein. Ich *(bitten)* jemanden um Korrektur. Auch ich *(halten)* mich zwar an bestimmte Mustervorlagen, aber ich *(ver-*
10 *suchen)*, der Bewerbung eine individuelle Note zu verleihen.

3 **a** Gebt die Antwort auf Frage A indirekt wieder. Setzt dafür die unterstrichenen Verbformen in den
●●●   Konjunktiv I: *Die Berufsberaterin meint, der Bewerber solle sich vorher …*
b Formuliert die Antwort auf Frage B im Konjunktiv II. Bildet dafür die Konjunktiv-II-Form oder die *würde*-Ersatzform der Verben in Klammern: *Die ganze Mappe sollte …*

●○○ Fördern – Kasus und Tempus beachten

Weitere Stylingtipps – nicht nur für Bewerbungsgespräche

Gerade für *die/der Jugendlichen* ist Kleidung wichtig, weil sie etwas über *die/der Identität* des Trägers und dessen Lebenseinstellung verrät. Zu *einem/einen Bewerbungsgespräch* sollte man nicht mit *die/den weißen Socken* in *die/den Sandalen* gehen. Statt *einem lustigen T-Shirt/eines lustigen T-Shirts* sollte man eine Bluse oder ein Hemd tragen. Generell gilt, dass die Kleidung sauber sein sollte, ohne *kleiner/kleine Flecken* und *unschöner/unschöne Knitterfalten*. Bei *die/der Auswahl* des Schmucks sollte man behutsam vorgehen. Von *auffällige goldene Ketten und Ringe/auffälligen goldenen Ketten und Ringen* lassen sich Personalchefs sicherlich nicht beeindrucken.

 1 Im Text stehen nach Präpositionen jeweils zwei Wortformen zur Auswahl. Schreibt ihn mit den Wortformen im richtigen Kasus ins Heft ab. Markiert die Präpositionen.

2 a Schreibt die folgenden Wortgruppen A–C richtig ins Heft und markiert die Präpositionen.
  A bei *die mündliche/der mündlichen* Prüfung   **B** anlässlich *die/der* Hochzeitsfeier einer Tante
  C zu *eine/einer* Besprechung mit *die Elternvertreter/den Elternvertretern* und *die/der Direktorin*
  b Wählt eine der Situationen A–C aus und formuliert Stylingtipps für eure Mitschülerinnen und Mitschüler. Achtet in eurem Text auf richtige Kasusendungen.

Auszubildende berichten

A Bevor ich damals die ersten Bewerbungen *(schreiben)*, *(informieren)* ich mich auf der Internetseite www.planet-beruf.de über verschiedene Berufe.

B Nachdem ich im Internet die Seite des Berufsinformationszentrums *(finden)*, *(vereinbaren)* ich gleich einen Termin für ein persönliches Beratungsgespräch.

C Nachdem ich mich für einen Ausbildungsort *(entscheiden)*, *(anschreiben)* ich den Betrieb gleich und *(stellen)* meine Fragen. Ich *(erhalten)* eine sehr nette Antwort.

D Ich *(üben)* das Gespräch mehrmals mit verschiedenen Freunden, nachdem ich zum Vorstellungsgespräch *(eingeladen werden)*.

E Ich *(überlegen)* mir schon mögliche Fragen und Antworten, bevor ich zum Vorstellungsgespräch *(fahren)*.

3 Schreibt die Aussagen A–E ins Heft. Setzt dabei die Verben ins Präteritum oder ins Plusquamperfekt.

Fördern – Aktiv, Passiv und Konjunktiv anwenden

Vorstellungsgespräch in einem großen Unternehmen

Mit großen Erwartungen fieberte ich meinem ersten Vorstellungsgespräch entgegen. Ich war sehr stolz, dass man meine Bewerbung beachtet und mich zu dem Gespräch eingeladen hatte.

A Ein junger Herr begrüßte mich bei meiner Ankunft.

B Er führte mich in den Warteraum.

C Er gab mir und den anderen Bewerbern eine Nummer.

D Er bot uns einen Platz an.

E Sie sagten alle 20 min eine Nummer an.

F Irgendwann riefen sie meine Nummer auf.

G Ich wurde von einer jungen Frau abgeholt.

H Ich wurde von ihr in einen kleinen Raum mit einem großen Schreibtisch geführt.

I Mir wurde Kaffee oder Wasser angeboten.

J Mir wurden von einer älteren Dame viele Fragen gestellt.

K Schließlich wurde ich von ihr aufgefordert, zu Hause auf eine Nachricht zu warten.

1 a Formuliert die Sätze A–F im Passiv. Geht dabei jeweils so vor:
– Sucht das Prädikat (die Verbform) im Satz und bildet die Passivform. Behaltet die Zeitform (Präteritum) bei: *begrüßte → wurde begrüßt.*
– Sucht das Akkusativobjekt im Satz (*Wen* oder *was?*) und verwendet es als Subjekt: *mich → ich.*
– Sucht das Subjekt im Satz (*Wer* oder *was?*), verwendet es mit der Präposition *von* oder lasst es weg: *Ich wurde bei meiner Ankunft (von einem jungen Herrn) begrüßt.*

b Vergleicht jeweils den Aktiv- und den Passivsatz. Kreuzt an, welche Version ihr besser findet.

2 Formuliert die Sätze G–K im Aktiv. Geht dabei jeweils so vor:
– Sucht das Prädikat (die Verbform) im Satz und bildet die Aktivform. Behaltet die Zeitform (Präteritum) bei: *wurde abgeholt → holte ab.*
– Sucht die Angabe mit *von* und verwendet sie im Nominativ als Subjekt: *von einer jungen Frau → eine junge Frau.* Ist keine Angabe vorhanden, könnt ihr *man* einsetzen.
– Sucht das Subjekt im Satz (*Wer* oder *was?*) und verwendet es als Objekt: *ich → mich.*

Ein Bewerbungsgespräch, das so leider nicht stattgefunden hat

Wie *(sein)* es eigentlich, wenn ich ein Vorstellungsgespräch *(haben)*, bei dem sich alle *(freuen)*, sobald sie mich *(sehen)*? Sie *(bieten)* mir einen Platz, mein Lieblingsgetränk und Schokolade an. Ich *(nehmen)* Platz, *(müssen)* keine unangenehmen Fragen beantworten, sondern *(bekommen)* eine Spielkonsole in die Hand gedrückt, mit der ich ungestört spielen *(können)*. Ich *(haben)* eine halbe Stunde Zeit, in der sie mich allein und in Ruhe spielen *(lassen)*. Sie *(beobachten)* meine Spielfähigkeiten und *(stellen)* mich aufgrund meiner Konzentrationsfähigkeit sofort ein.

3 Setzt die Verben in Klammern im Konjunktiv II oder in der *würde*-Ersatzform richtig ein.

11.2 Im Praktikum – Sätze treffend formulieren

Die Textsorte beachten

A

Mein erster Praktikumstag im Städtischen Zoo

Bereits an meinem ersten Praktikumstag lernte ich die Arbeit im Zoo näher kennen. Der Umgang mit den Zootieren und vor allem auch das Anleiten der Kinder beim richtigen Anfassen der Tiere im Streichelzoo gefielen mir besonders gut.
Zunächst wies mich Tierpfleger Ingo in besondere Verhaltensregeln und Sicherheitsmaßnahmen beim Umgang mit Tieren ein. Danach gaben wir den Elefanten frisches Heu, was körperlich eine anstrengende Arbeit ist. Anschließend säuberten wir das Freiluftgehege der Giraffen ...

B Muss dir unbedingt von meinem 1. Praktikumstag im Zoo und Ingo erzählen. OMG! Er ist total strange. Komme an und er textet mich sofort zu. Dann fangen wir endlich an: Erst kriegen die Elefanten Heu. Megacoole Tiere, aber superanstrengend. Ingo füttert Tiger und Löwen mit mega Fleischbrocken. Ich bin draußen vor dem Käfig, besser so. Ingo sagt: „Das ist krass gefährlich!" Er sagt immer „krass"! Ach ja, vorher sind wir zu den Giraffen. Man muss die XXX wegmachen, würg!!! ☹ Irgendwie haben Giraffen live längere Hälse. Dann Mittagspause! Total geschafft. Nachmittag war total cool. Durfte mit in den Streichelzoo.   Cu

 1 a Würdet ihr gern ein Praktikum im Zoo machen? Begründet eure Aussage.
 b Vergleicht zu zweit die beiden Texte A und B und formuliert Vermutungen:
   – **Adressat:** Für wen wurden die beiden Texte A und B jeweils geschrieben?
   – **Funktion:** Zu welchem Zweck wurden die Texte jeweils verfasst?
   – **Medium:** Wie wurden die Texte jeweils verfasst und dem Adressaten übermittelt?
 c Vergleicht die sprachliche Gestaltung der beiden Texte. Beachtet dabei folgende Punkte:

Textaufbau	Wortwahl, Sprachstil
richtige Reihenfolge (chronologisch), unsortiert, vollständig, unvollständig	wertend, sachlich, umgangssprachlich, jugendsprachlich, standardsprachlich, Nominalstil, Verbalstil

Satzbau	Zeitform
vollständig, unvollständig, einfach, komplex, Wiederholungen	Präsens, Perfekt, Präteritum

2 Setzt den Praktikumsbericht (Text A) in angemessener Weise (▶ S. 301) fort.

Methode	Die Textsorte beachten

Wenn man einen Text schreibt, muss man die **Textsorte** beachten. Je nach **Adressat, Funktion und Medium** des Textes unterscheiden sich beispielsweise der **Aufbau** des Textes, **Wortwahl** und **Sprachstil**, der **Satzbau** und die verwendete **Zeitform**.

Nominalstil und Verbalstil bewusst verwenden

Die Benutzung des Aufzugs ist im Brandfall verboten

§ Nach Vollendung des 17. Lebensjahres entfällt die Notwendigkeit der Einwilligung der Eltern.

A Wenn es brennt, ist es verboten, den Aufzug zu benutzen.

B Wenn man das 17. Lebensjahr vollendet hat, müssen die Eltern nicht mehr einwilligen.

1
a Vergleicht die Sätze auf den Bildern mit den darunterstehenden Sätzen A und B. Beschreibt, worin sich die Sätze jeweils unterscheiden.
b Die Sätze auf den Bildern sind im Nominalstil verfasst. Erklärt, was diesen Stil auszeichnet.

A Aufgrund meines großen Interesses für Tiere möchte ich mich bei Ihnen um eine Ausbildung zur Tierpflegerin bewerben.
Nach einem zweiwöchigen Praktikum im Städtischen Zoo informierte ich mich beim Berufsinformationszentrum genauer über den Beruf. Im Zuge der ausführlichen Beratung wurden Sie mir als möglicher Ausbildungsbetrieb genannt …

B Weil ich mich sehr für Tiere interessiere, möchte ich mich bei Ihnen um eine Ausbildung zur Tierpflegerin bewerben.
Nachdem ich ein zweiwöchiges Praktikum im Städtischen Zoo gemacht hatte, ging ich zum Berufsinformationszentrum und informierte mich genauer über den Beruf. Der Berater dort beriet mich ausführlich und nannte Sie mir als Betrieb, der Ausbildungsplätze anbietet …

2
a Lest euch gegenseitig die Textvorschläge A und B für eine Bewerbung vor. Besprecht ihre Wirkung und diskutiert, welchen Stil ihr für eine Bewerbung besser geeignet findet.
b Untersucht gemeinsam, wie Nomengruppen (Wortgruppen aus Präposition und Nomen) in Text A in Text B im Verbalstil wiedergegeben werden. Notiert Beispiele, z. B.:
aufgrund meines großen Interesses für Tiere – weil ich mich sehr für Tiere interessiere.
c Besprecht, welche Vorteile und welche Nachteile Nomalstil und Verbalstil jeweils haben.

3 Formuliert fünf Regeln, die an eurer Schule gelten, im Nominalstil.

Information   Der Nominalstil und der Verbalstil

- Im **Nominalstil** verwendet man vor allem **Nomen und Nominalisierungen.**
  Mit Hilfe dieses Stils kann man **viele Informationen in einem Satz** wiedergeben.
  Er wird vor allem in wissenschaftlichen Texten, Behörden- und Gesetzestexten eingesetzt.
- Im **Verbalstil** verwendet man viele **Verben.** Dadurch wirken Texte **lebendiger** und **leichter verständlich.** Dieser Stil wird oft in umgangssprachlichen, erzählenden Texten angewendet.

Mit Hilfe von Proben den Stil verbessern

Mein erster Praktikumstag in einer Herrenboutique

A Ich begann meinen ersten Praktikumstag um 8.30 Uhr. Ich beobachtete zunächst meinen Kollegen Martin, wie er das Geschäft für die Öffnung vorbereitete. Er schaltete überall das Licht an und kontrollierte, ob die Kleidungsstücke ordentlich und am richtigen Platz aufgehängt waren. Er hängte zum Beispiel ein paar Anzüge um und zog die Vorhänge der Umkleidekabinen auf. Er ging danach zum Kassenbereich, wo er die Kasse einschaltete, das Wechselgeld kontrollierte und den Computer hochfuhr. Ich durfte dann um kurz vor 9 Uhr helfen: Ich öffnete die Jalousien, während er die Türen aufschloss. Ich sollte später noch die Ständer mit den Angeboten vor die Tür rollen. Er hatte vorher kontrolliert, ob alle Kleidungsstücke ordentlich hingen und die Preisschilder richtig waren.

B Anschließend war nun das Geschäft vorbereitet, aufgeschlossen und geöffnet, sodass dann die Kunden kommen konnten. Da aber an einem Montagmorgen um diese Uhrzeit erfahrungsgemäß, das wusste Martin, noch nicht so viel los und noch keine Kundschaft da war, konnte mir Martin aus diesem Grund zeigen, wie man schon einmal geöffnete und schon einmal anprobierte Hemden wieder ordentlich zusammenlegt. Das ist nicht leicht, sondern schwierig und erfordert viel Übung. Einige Male probierte und übte ich das richtige Falten und Zusammenlegen mehrfach, bis ich schließlich das Hemd am Ende einigermaßen zufriedenstellend zusammengelegt hatte.

C Als die ersten Kunden kamen, kümmerte sich Martin um diese, während ich lediglich dabeistand und zuschaute. Obwohl sich bis mittags immer Kunden im Laden befanden, war es für mich nicht mehr so interessant. In der Mittagspause ging ich zum Essen nach Hause.

1 Lest den Anfang eines Praktikumsberichts und erklärt, was gelungen ist und was man verbessern sollte.

2 Überarbeitet Abschnitt A des Berichts mit Hilfe der **Umstellprobe:**
- Prüft, welche Satzanfänge sich wiederholen.
- Überlegt, welche Sätze ihr umstellen könnt, um diese Wiederholungen zu vermeiden. Welches Satzglied könnte man jeweils an den Anfang stellen?
- Schreibt den Abschnitt neu auf: *Meinen ersten Praktikumstag begann ich ...*

3 Überarbeitet Abschnitt B des Berichts mit Hilfe der **Weglassprobe:**
Sucht Stellen, die überflüssig sind oder umständlich klingen. Schreibt die Sätze ohne diese Stellen in euer Heft, z. B.: *Anschließend war das Geschäft vorbereitet, sodass die Kunden ...*

4 In Abschnitt C des Berichts fehlen Informationen. Wendet hier die **Erweiterungsprobe** an:
- Überlegt, welche Angaben an dieser Stelle notwendig erscheinen.
- Denkt euch die fehlenden Informationen aus und schreibt den Absatz neu auf.

D Nach der Mittagspause durfte ich der Geschäftsführerin helfen, das Schaufenster neu zu dekorieren. Martin sagte, dies sei eine Ehre, da Frau Mayer diese Arbeit immer selbst tun wolle und ihr
niemand reinreden dürfe. Sie sagte, ich solle zunächst die drei Puppen aus dem Schaufenster
holen. Außerdem sagte sie mir, dass man die „Kerle" – so sagte sie zu den drei männlichen Puppen – im Laden mit mehr Platz viel besser aus- und ankleiden könne als im engen Schaufenster.
So zogen wir die „Kerle" aus und taten die Anzüge, Hemden, Hosen und Krawatten fein sorgfältig
auf Bügel. Frau Mayer sagte mir, ich solle die Kleider nach hinten räumen. Dann durfte ich Frau
Mayer beim Ankleiden der ersten beiden Puppen zur Hand gehen. Sie tat alles mit sehr viel Ruhe
und zog und drückte so lange an jedem Anzug herum, bis er perfekt an der Puppe saß. Sie sagte,
dass es wichtig sei, dass alles zu hundert Prozent sitze. Dann tat sie die dritte, noch nackte Puppe zwischen die beiden anderen und sagte, ich solle entscheiden, welcher der drei Anzüge der
neuen Kollektion farblich am besten zu den beiden „Kerlen" passe. Ich sagte, dass ich den hell-
blauen am besten fände. Sie sagte, dass ich eine gute Wahl getroffen hätte.

5 **a** Lest die Fortsetzung des Berichts und besprecht, was euch in diesem Abschnitt auffällt.
b Gebt Wörter an, die sich wiederholen und ersetzt werden sollten.

6 Überarbeitet zu zweit Abschnitt D des Praktikumsberichts mit Hilfe der
Ersatzprobe:
a Sammelt Wörter mit den Bedeutungen *sagen, tun* und *dürfen* und
legt drei Listen an.
b Sucht am Computer nach weiteren Synonymen für die drei Wörter:
einer im Thesaurus des Schreibprogramms, einer im Internet z. B. mit
Hilfe der Suchbegriffe „*Synonym sagen*". Ergänzt eure Listen.
c Überarbeitet den Abschnitt mit Hilfe eurer Wörterlisten im Heft.

> Thesaurus   ▼   ×
>
> ‹   dürfen
>
> ▲ erlauben (Verb)
>   gestatten
>   bewilligen
>   zulassen
>   dulden
>   genehmigen
>   gewähren

7 Ersetzt die Wiederholungen im folgenden Satz durch geeignete Synonyme:
*Ich muss Essen machen, Hausaufgaben machen, das kaputte Spielzeugauto meiner Schwester wieder
ganz machen, Pläne fürs Wochenende machen und die Führerscheinprüfung machen.*

Methode	Mit Proben den Stil verbessern

Mit Hilfe der folgenden Proben könnt ihr in euren Texten den Stil verbessern:
- Mit Hilfe der **Umstellprobe** könnt ihr eure Texte **abwechslungsreicher** gestalten.
  Stellt die Satzglieder so um, dass die Satzanfänge nicht immer gleich sind.
  Generell sollte man das Satzglied an den Anfang stellen, das besonders wichtig ist.
- Mit der **Weglassprobe** prüft ihr, welche **überflüssigen Wörter** in einem Text gestrichen wer-
  den sollten.
- Mit der **Erweiterungsprobe** prüft ihr, ob eine **Aussage genau oder anschaulich genug** ist,
  oder ob man noch etwas ergänzen sollte.
- Mit der **Ersatzprobe** werden eure Texte abwechslungsreicher. Ersetzt Begriffe, die immer
  wieder vorkommen, durch **Synonyme** (Wörter mit gleicher oder ähnlicher Bedeutung), z. B.
  denken, meinen, glauben. Um solche Wörter zu finden, kann man sich im Schreibprogramm
  vom **Thesaurus** Synonyme auflisten lassen.

Mit Adverbialsätzen nähere Umstände ausdrücken

 A Den Beruf des Reiseverkehrskaufmanns lernte ich näher kennen, als ich im Reisebüro einen Schnuppertag machte.

 B Obwohl ich im Reisebüro gute Erfahrungen gemacht hatte, entschied ich mich für ein Praktikum in einem handwerklichen Beruf.

 C Da es im handwerklichen Bereich eine große Vielfalt an Berufen gibt, fiel mir die Auswahl schwer.

 D Ich war so unentschieden, dass ich ins Berufsinformationszentrum ging.

 E Der Berufsberater fand, indem er mir verschiedene Fragen stellte, bald meine Vorlieben heraus.

 F Er schlug mir eine passende Firma vor, wo gerade Praktikumsplätze angeboten wurden.

 G Ich schrieb mir die Informationen zu einzelnen Berufen gleich auf, damit ich mich später an sie erinnere.

 H Wenn ich mich für einen Ausbildungsplatz entscheiden muss, gehe ich noch einmal zum BiZ.

---

 1 Lokalsatz:
Angabe eines Ortes
Frageprobe: Wo? Woher? Wohin?

 2 Konzessivsatz:
Angabe eines Gegengrunds
Frageprobe: Trotz welcher Tatsache?

 3 Kausalsatz:
Angabe einer Ursache,
eines Grundes
Frageprobe: Warum? Weshalb?

 4 Konditionalsatz:
Angabe einer Bedingung
Frageprobe: Unter welcher
Bedingung?

 **5 Konsekutivsatz:**
Angabe einer Folge
Frageprobe: Mit welcher Folge?

 6 Temporalsatz:
Angabe einer Zeit
Frageprobe: Wann? Wie oft?
Wie lange?

 7 Finalsatz:
Angabe einer Absicht
Frageprobe: Wozu?
Zu welchem Zweck?

 8 Modalsatz:
Angabe zur Art und Weise
Frageprobe: Wie? Womit?

---

 solange, sobald, als, nachdem, bevor, wenn, seit, während

 indem, dadurch, dass, ohne dass

 obwohl, auch wenn, obgleich, wenngleich

 wenn, falls, sofern

 wo, woher, wohin, soweit

 damit, dass

 weil, da

 dass, sodass, ohne dass

1 Untersucht die Satzgefüge A–H (▶ S. 244) und bestimmt die Nebensätze.
Sind sie jeweils vorangestellt, eingeschoben oder nachgestellt?

2 Adverbialsätze sind Nebensätze, die die näheren Umstände eines Geschehens beschreiben.
a Wiederholt die Adverbialsatzarten 1–8 (▶ S. 244). Schreibt sie untereinander ins Heft und ordnet ihnen jeweils die Nebensatzkonjunktionen (▶ S. 244 unten) zu.
b Sucht mit Hilfe der Frageprobe für jede Adverbialsatzart ein Beispiel aus den Sätzen A–H. Schreibt den Beispielsatz ebenfalls ins Heft, unterstreicht den Adverbialsatz, markiert die Nebensatzkonjunktion und kreist das Prädikat am Nebensatzende ein.
Tipp: Die Reisebilder helfen euch bei der Zuordnung.

3 Oft lassen sich Adverbialsätze zu adverbialen Bestimmungen umformulieren.
a Prüft, welche Adverbialsätze in den Satzgefügen A–H man durch adverbiale Bestimmungen aus dem Kasten ersetzen kann. Beachtet beim Schreiben: Bei adverbialen Bestimmungen steht kein Komma.

> trotz der guten Erfahrungen im Reisebüro • während des Schnuppertags im Reisebüro •
> mit offenen Praktikumsplätzen • durch das Stellen verschiedener Fragen •
> aufgrund der großen Vielfalt an Berufen im handwerklichen Bereich • zur Erinnerung •
> bei der Entscheidung für einen Ausbildungsplatz

b Würdet ihr die neuen Sätze dem Nominalstil oder dem Verbalstil zuordnen? Begründet.

4 Die folgenden Sätze A–D enthalten adverbiale Bestimmungen.
a Formuliert die Sätze in Satzgefüge mit Adverbialsätzen um. Verwendet jeweils die in Klammern angegebene Konjunktion und bildet aus der markierten Angabe einen Satz.
  A Nach meiner zehnminütigen Verspätung am dritten Praktikumstag warf mir der Filialleiter einen ärgerlichen Blick zu und ermahnte mich. *(Nachdem …)*
  B Trotz meiner Verspätung waren an diesem Tag alle mit meiner Arbeit zufrieden. *(Obwohl …)*
  C Während meines Praktikums im Altersheim wurde ich in dem Wunsch bestärkt, später eine Ausbildung zum Altenpfleger zu absolvieren. *(Als …)*
  D Aufgrund meines Interesses an Technik werde ich mich über technische Berufe informieren. *(Da …)*
b Notiert hinter eure Satzgefüge jeweils die Bezeichnung der Adverbialsatzart in Klammern.
c Prüft in den Satzgefügen die Kommasetzung. Habt ihr an alle notwendigen Kommas gedacht?

5 Berichtet von euren Plänen oder Erfahrungen bei der Suche nach einem Praktikumsplatz.
Verwendet im Bericht drei Satzgefüge mit einem Adverbialsatz.

Information   **Satzgefüge mit Adverbialsätzen**

- **Adverbialsätze** sind **Nebensätze,** die die **näheren Umstände eines Geschehens** beschreiben. Sie werden durch eine **Konjunktion** eingeleitet, das **Prädikat steht am Ende.**
- Wie alle Nebensätze können sie dem Hauptsatz **vorangestellt,** in ihn **eingeschoben oder nachgestellt** sein. Dabei werden sie durch **Komma** vom Hauptsatz abgetrennt.
- Oft kann man Adverbialsätze durch **adverbiale Bestimmungen** ersetzen (▶ Nominalstil S. 241).

Mit Relativsätzen genau beschreiben

Mein erster Praktikumstag als Detektiv

A Gleich zu Beginn meines Praktikums, das am Montagmorgen um 9 Uhr begann, durfte ich den Kaufhausdetektiv, dessen Vormittagsschicht von 9 bis 13 Uhr dauerte, begleiten. Dabei beobachteten wir unauffällig verschiedene Kunden, welche durch die Gänge schlenderten. Auf einmal fiel uns ein Mann in einem braunen Mantel auf, der eine große Reisetasche trug.

5 **B** Er hielt sich lange Zeit in der fast leeren Lederwarenabteilung auf. Plötzlich beobachteten wir, wie der Mann sich vorsichtig umsah und mehrere teuer aussehende Geldbörsen in seiner Reisetasche verschwinden ließ. Ich wollte sofort auf den eilig weglaufenden Mann zustürzen, aber der umsichtige Detektiv hielt mich zurück und stellte den Dieb erst am Ausgang.

C Sogleich forderte er den Mann auf, die Tasche, in die er die gestohlenen Geldbörsen gestopft 10 hatte, zu öffnen. Anschließend verständigte er die Polizei, bei der wir Anzeige erstatteten. Während der Nachmittagsschicht beobachtete ich die Monitore im Büro, auf denen man das Geschehen im ganzen Kaufhaus beobachten konnte.

---

1 Findet ihr ein Praktikum bei einem Kaufhausdetektiv spannend? Erklärt warum (nicht).

2 Schreibt Abschnitt A des Berichts ins Heft ab. Unterstreicht die vier Relativsätze, rahmt die Relativpronomen ein und markiert die Wörter im vorhergehenden Satz, die genauer erklärt werden, z. B.:
Gleich zu Beginn meines Praktikums, das am Montagmorgen um 9 Uhr begann, ...

3 Attribute (Beifügungen ▶ S. 324) sind eine weitere Möglichkeit, Wörter näher zu beschreiben.
a Formuliert die in Abschnitt B markierten Attribute in Relativsätze um, z. B.:
Er hielt sich lange Zeit in der Lederwarenabteilung, die fast leer war, auf.
b Erklärt, wann ihr Attribute und wann ihr Relativsätze verwenden würdet.
Welche Ausdrucksmöglichkeit würdet ihr dem Verbalstil zuordnen, welche dem Nominalstil?

4 Schreibt Abschnitt C ins Heft ab. Unterstreicht die Relativsätze und rahmt die Relativpronomen ein. Welche Besonderheit fällt euch bei diesen Relativpronomen auf?

5 Was könnte am Nachmittag passiert sein? Führt den Bericht oben fort und verwendet Relativsätze.

Information   Satzgefüge mit Relativsätzen

- **Relativsätze** sind **Nebensätze,** die ein Wort oder eine Wortgruppe im vorangestellten Satz näher beschreiben oder erklären. Sie werden durch ein **Relativpronomen** (alle Formen von *der, die, das, welcher, welche, welches*) eingeleitet, das **Prädikat steht am Ende,** z. B.:
Der Mann, welcher sich unbeobachtet fühlt, wird vom Detektiv auf den Monitoren verfolgt.
- **Relativpronomen** können auch in Verbindung mit einer **Präposition** vorkommen, z. B.:
Die Kamera, mit welcher der Detektiv den Gang überblickt, ist auf den Mann gerichtet.
- In manchen Fällen kann man Relativsätze durch **Attribute** ersetzen (▶ Nominalstil S. 241).

Teste dich!

Tandembogen: Nebensätze bestimmen, bilden und umformulieren

Partner A	Partner B
1 Forme die markierte adverbiale Bestimmung in einen Adverbialsatz um und gib die Adverbialsatzart an: *Aufgrund einer Zugverspätung kam die Praktikantin eine halbe Stunde zu spät.*	**Lösung zu 1:** *Weil/Da der Zug Verspätung hatte, kam die Praktikantin eine halbe Stunde zu spät.* *(Kausalsatz)*
Lösung zu 2: *Als die Praktikantin ankam, befanden sich einige Angestellte in einer Besprechung.* *(Temporalsatz)*	**2** Forme die markierte adverbiale Bestimmung in einen Adverbialsatz um und gib die Adverbialsatzart an: *Bei der Ankunft der Praktikantin befanden sich einige Angestellte in einer Besprechung.*
3 Bestimme den Nebensatz und gib an, um welche Nebensatzart es sich handelt: *Die Firma, bei der Nils ein Praktikum absolviert hat, bietet Ausbildungsplätze an.*	**Lösung zu 3:** *bei der Nils ein Praktikum absolviert hat* *(Relativsatz)*
Lösung zu 4: *in dem ihre Tante arbeitet* *(Relativsatz)*	**4** Bestimme den Nebensatz und gib an, um welche Nebensatzart es sich handelt: *Mia erhielt einen Praktikumsplatz in dem Reisebüro, in dem ihre Tante arbeitet.*
5 Formuliere den Nebensatz im Nominalstil: *Nachdem die Reagenzgläser gebraucht worden sind, diese bitte gründlich reinigen.*	**Lösung zu 5:** *Nach Gebrauch der Reagenzgläser diese bitte gründlich reinigen.*
Lösung zu 6: *Nach Beendigung der Arbeit im Labor bitte das Licht löschen.*	**6** Formuliere den Nebensatz im Nominalstil: *Nachdem die Arbeit im Labor beendet ist, bitte das Licht löschen.*
7 Benenne die Probe, mit der folgender Satz überarbeitet werden sollte, und führe sie aus: *An meinem dritten Praktikumstag durfte ich Kunden bedienen und Kunden beraten.*	**Lösung zu 7:** *Ersatzprobe: An meinem dritten Praktikumstag durfte ich Kunden bedienen und sie beraten.*
Lösung zu 8: *Umstellprobe: Ich habe Kunden bedient. Anschließend habe ich aufgeräumt.*	**8** Benenne die Probe, mit der folgende Sätze überarbeitet werden sollten, und führe sie aus: *Ich habe Kunden bedient. Ich habe anschließend aufgeräumt.*

1 Testet euch gegenseitig in Partnerarbeit. Deckt jeweils eine Seitenhälfte ab, löst die Aufgaben auf eurer Seite und prüft euch gegenseitig.

••• Fordern – Nebensätze bilden und umformulieren

Praktikum bei einem Chocolatier

A Am ersten Praktikumstag bei einem Chocolatier zeigte mir eine Mitarbeiterin die Werkstatt.
+ Ich konnte einen Einblick in alle Arbeitsbereiche erhalten.

B Sie führte mich durch den Betrieb.
+ Ich durfte einige Pralinen probieren.

C Erst am zweiten Tag durfte ich bei der Pralinenherstellung helfen.
+ Ich freute mich darauf, die Hauptaufgabe eines Chocolatiers kennen zu lernen.

D Ich half dem Chocolatier.
+ Ich hielt Marzipankugeln in einen Topf mit Kuvertüre und legte sie auf ein Pralinengitter.

E Es darf kein Schmutz in die Pralinen kommen.
+ Ich musste Gummihandschuhe, einen Kittel und eine Schutzhaube tragen.

1 Bildet aus den Satzpaaren A–E jeweils ein Satzgefüge mit Adverbialsatz.
••• Schreibt die Satzgefüge ins Heft und notiert dahinter jeweils die Adverbialsatzart.

2 Formuliert die Adverbialsätze in folgenden Satzgefügen A–D in adverbiale Bestimmungen um.
••• Beginnt die neuen Sätze jeweils mit der Präposition in Klammern.
   A Während man Schokolade schmilzt, muss man auf die richtige Temperatur achten. *(Beim ...)*
   B Die Temperatur misst man, indem man ein spezielles Digitalthermometer verwendet. *(Mit ...)*
   C Auch ein so genanntes Temperiergerät wird oft eingesetzt, damit die Temperatur genau überwacht werden kann. *(Zur ...)*
   D Die Schokolade glänzte schön, weil sie die richtige Temperatur hatte. *(Aufgrund ...)*

3 Formuliert die markierten Attribute in Relativsätze um und schreibt die Sätze A–D neu auf.
••• Achtet auf die richtige Kommasetzung.
   A Die vom Chocolatier als Grundlage verwendete Kuvertüre ist von hoher Qualität.
   B Die Marzipanmasse wird mit einem speziellen, aus Edelmetall gefertigten Schaber glattgestrichen.
   C Die mit Erdbeercreme gefüllten Herzförmchen sorgen dafür, dass die Pralinen später wie kleine Herzen aussehen.
   D Die wegwerfbaren Spritzbeutel verwendet man zum Füllen von Pralinen-Hohlkörpern.

4 Formuliert den folgenden Schachtelsatz verständlicher im Nominalstil:
Wandelt dafür Nebensätze in Attribute oder adverbiale Bestimmungen um.
Achtet auf die Zeichensetzung.
Als ich ankam, ahnte ich noch nicht, dass ich, obwohl ich Erfahrungen hatte, die ich beim Kuchenbacken gesammelt hatte, noch so viel, das neu war, dazulernen würde, während ich das Praktikum absolviere.

••• Fordern – Den Stil verändern

Für die Herstellung von Pralinen benötigt man einige spezielle Werkzeuge. Die am häufigsten verwendeten Pralinenwerkzeuge sind aus rostfreiem Edelstahl gefertigte Pralinengabeln zum Eintauchen der Pralinen in flüssiger Schokoladenkuvertüre oder zum Einarbeiten von Mustern in den Pralinenüberzug. Weiterhin sind Temperiergeräte notwendig zum Schmelzen und Warmhalten der Kuvertüre. Als Ergänzung dazu kommen auch digitale Thermometer zur Regulierung der Schokoladentemperatur zum Einsatz. Unerlässlich sind auch Pralinengitter zum Trocknen der Pralinen.

1
•••
a Bestimmt den Stil, in dem der Text verfasst wurde.
b Formuliert den Text so um, dass er einfacher zu verstehen ist. Sucht treffende Verben und wandelt Nomengruppen in Nebensätze um, z. B.:
   Wenn man Pralinen herstellen möchte, benötigt man …
c Ergänzt eine Überschrift zum Text im Nominalstil.

2
•••
Formuliert die Sätze A–D zu kurzen Tipps im Nominalstil um, z. B.:
A Zur Vermeidung grauer Streifen auf dem Pralinenüberzug Kuvertüre nicht mehr als 32°C erhitzen.
A Wenn man graue Streifen auf dem Pralinenüberzug vermeiden möchte, sollte man die Kuvertüre auf nicht mehr als 32° C erhitzen.
B Wenn man Pralinen formt und überzieht, muss man sehr sorgfältig arbeiten.
C Damit der Überzug glänzt, sollte die Schokolade öfter abgekühlt und wieder erwärmt werden.
D Während man Pralinen herstellt, muss man Handschuhe tragen.

A Ich lernte an meinem dritten Praktikumstag einen interessanten Herstellungsprozess kennen. Ich durfte gemeinsam mit einer Mitarbeiterin Schokoladenfiguren herstellen. Ich sollte dafür zunächst die Formen aus dem Lager holen und säubern. Die Mitarbeiterin erklärte mir, dass man mit Hilfe der Formen so genannte Hohlkörper herstellt. Sie ließ
5 mich bei der Zubereitung der Schokolade zusehen. Sie erlaubte mir dabei, die flüssige Schokolade zu probieren. Sie zeigte mir anschließend, wie man die Formen mit der warmen, flüssigen Schokolade füllt. Sie verzierte die Figuren am Nachmittag, nachdem die Schokolade erkaltet war. Ich durfte ihr dabei zusehen. Ich bekam später die Erlaubnis, eine eigene Figur zu verzieren.

10 B An meinem vierten Praktikumstag musste ich dabei helfen, die verschiedenen Schokoladenprodukte zu verpacken. Ich musste zunächst immer zwölf Pralinen in Pappschachteln einordnen. Dann musste ich die Schachteln zukleben und mit einer Schleife dekorieren. Dann musste ich die Schokoladenfiguren mit Schleifen versehen und in kleine Tüten stecken. Dann musste ich alle befüllten Schachteln und Tüten sorgfältig in ein Regal einräumen.

3
•••
a Verbessert Abschnitt A stilistisch mit Hilfe der Umstellprobe. Stellt die Sätze so um, dass sich die Satzanfänge unterscheiden.
b Verbessert Abschnitt B stilistisch mit Hilfe der Ersatzprobe. Ersetzt dabei die Wiederholungen.

●○○ Fördern – Nebensätze bilden und umformulieren

Praktikum bei einem Onlinespiele-Tester

A Zunächst wurden mir die Kolleginnen und Kollegen vorgestellt,

B Anschließend bekam ich eine Checkliste,

C Jedes Spiel muss systematisch getestet werden,

D Ich testete das erste Spiel,

1 weil das die Grundlage zur Verbesserung des Spiels ist.

2 indem ich Schritt für Schritt alle Funktionen ausprobierte.

3 damit ich wusste, worauf ich beim Testen achten sollte.

4 als ich an meinem ersten Praktikumstag als Tester von Onlinespielen im Unternehmen ankam.

1 Bildet aus den Hauptsätzen A–D und den Adverbialsätzen 1–4 sinnvolle Satzgefüge.
●○○ Schreibt sie ins Heft und notiert dahinter jeweils die Adverbialsatzart: Temporalsatz, Kausalsatz, Finalsatz oder Modalsatz?

2 Formuliert die Adverbialsätze in folgenden Satzgefügen A–E in adverbiale Bestimmungen um.
●○○ Beginnt die neuen Sätze jeweils mit der Präposition in Klammern und verwendet ein Nomen aus dem Kasten im richtigen Kasus. Ihr müsst keine Kommas setzen, z. B.:

A Wegen der ständigen Entwicklung neuer Spiele haben Onlinespiele-Tester immer viel zu tun.

A Weil ständig neue Spiele entwickelt werden, haben Onlinespiele-Tester immer viel zu tun. *(Wegen ...)*

B Indem man die Spiele erprobt, erfüllt man als Tester eine wichtige Aufgabe. *(Bei ...)*

C Während man einzelne Teile durchspielt, beobachtet man den gesamten Spielverlauf. *(Beim ...)*

D Nachdem man den Test durchgeführt hat, gibt man den Programmierern eine Rückmeldung zur Verbesserung. *(Nach ...)*

E Weil man mit den Programmierern eng zusammenarbeitet, braucht man soziale Kompetenz und Teamgeist. *(Aufgrund ...)*

die Durchführung •
die Zusammenarbeit •
die Entwicklung •
das Durchspielen •
die Erprobung

3 Formuliert die grün markierten Attribute in Relativsätze um und schreibt die Sätze A–D neu auf.
●●○ Beginnt die Sätze jeweils mit dem unterstrichenen Nomen und setzt die Kommas.

A In Computerspielen erfahrene Jugendliche werden von Unternehmen bevorzugt eingestellt.

B Die von den Testern in Onlinespielen verwendeten Figuren sind im so genannten Gott-Modus unterwegs, damit sie von normalen Spielern nicht gejagt werden.

C Die von Testern entdeckten Fehler werden dokumentiert und von Informatikern korrigiert.

D Ein den ganzen Tag vor dem Bildschirm sitzender Onlinespiele-Tester kann abends vermutlich keine Computer oder Konsolen mehr sehen.

●○○ Fördern – Den Stil verändern

 1
●○○ Die folgenden Sätze A–D wurden im Nominalstil verfasst.
Formuliert die Sätze in den Verbalstil um: Ersetzt die markierten Angaben durch Nebensätze
aus dem Kasten und beachtet die Kommasetzung.

> die häufig speziell an Jugendliche gerichtet sind • obwohl kostenlose Onlinespiele beliebt sind •
> die extra eingebaut werden • die kostenlos verbreitet werden •
> damit sie in der Bestenliste aufsteigen können

A Trotz der Beliebtheit kostenloser Onlinespiele wird die so genannte Free-to-play-Strategie kritisiert.
B Bei den kostenlos verbreiteten Spielen müssen Spieler oft für die Zusatzausrüstung bezahlen.
C Die häufig speziell an Jugendliche gerichteten Spiele verführen durch extra eingebaute
Frustschleifen dazu, dass man sich Waffen oder Werkzeuge kauft.
D Die Spieler kaufen sich somit Vorteile zum Aufstieg in der Bestenliste.

 2
●●○ Formuliert die Sätze A–E zu kurzen Tipps im Nominalstil um. Beginnt die neuen Sätze jeweils mit
der Präposition in Klammern und ersetzt das Verb im Hauptsatz durch einen Infinitiv:
Nach drei Stunden vor dem Bildschirm eine Pause einlegen.
A Nachdem man drei Stunden vor dem Bildschirm war, sollte man eine Pause einlegen. *(Nach ...)*
B Um ein Spiel zu testen, sollte man die Anleitung genau lesen. *(Zum ...)*
C Bevor man ein Programm startet, sollte man die Hinweise des Herstellers beachten. *(Vor ...)*
D Wenn man einen Fehler entdeckt, sollte man den Spieleentwickler informieren. *(Bei ...)*
E Nachdem man ein Spiel getestet hat, sollte man einen Bericht schreiben. *(Nach ...)*

> A Ich traf mich an meinem dritten Praktikumstag zum ersten Mal mit den Spieleentwicklern.
> Ich berichtete ihnen zunächst von meinen Erfahrungen mit dem von mir getesteten Spiel.
> Ich beantwortete ihnen danach verschiedene Fragen zu meinen Erfahrungen mit dem Spiel.
> Ich wurde von den Entwicklern gelobt, weil ich so systematisch gearbeitet hatte.
> B Am Nachmittag erklärte mir die Chefin, welches Onlinespiel ich als Nächstes testen sollte.
> Außerdem erklärte mir die Chefin, worauf ich beim nächsten Test noch besser achten soll-
> te. Danach erklärte mir die Chefin, welche Spiele außerdem in der nahen Zukunft getestet
> werden müssen. Meine Chefin erklärte mir, dass ich auswählen könne, welches Spiel ich
> mir zum Schluss vornehmen wolle.

 3
●●○ a Verbessert Abschnitt A stilistisch mit Hilfe der Umstellprobe. Stellt die Sätze so um,
dass nicht alle mit *Ich* beginnen.
Tipp: Überlegt jeweils, welches Satzglied man an den Anfang stellen kann.
b Verbessert Abschnitt B stilistisch mit Hilfe der Ersatzprobe.
Ersetzt die unterstrichenen Wiederholungen durch Wörter aus dem Kasten:

> sagen • erläutern • vorstellen • zeigen • die Leiterin • die Vorgesetzte • sie

11.3 Fit in …! – Einen Praktikumsbericht überarbeiten

Stellt euch vor, ihr bekommt in der nächsten Klassenarbeit die folgende Aufgabe gestellt:

Aufgabe
Der folgende Praktikumsbericht soll überarbeitet werden.
– Korrigiere in Abschnitt A die Kasusformen nach Präpositionen.
– Bilde in Abschnitt B bei der indirekten Rede die richtigen Konjunktivformen.
– Überarbeite Abschnitt C mit Hilfe der Weglass-, Umstell- und Ersatzprobe.
– Formuliere die Regeln in Abschnitt D kurz und prägnant im Nominalstil.

Mein erster Praktikumstag in einer Großbäckerei

A An meinen ersten Praktikumstag konnte ich in den Großbäckereibetrieb alles besichtigen. Aufgrund den Hygienevorschriften musste ich während dem gesamten Praktikum einen weißen Kittel und eine Haube tragen. Über meinen Schuhen sollte ich eine Plastikhülle ziehen. Gleich nach die Ankunft informierte ein Mitarbeiter
5 mich und drei weitere Praktikanten über den Sicherheits- und Hygienevorschriften.

B Der Mitarbeiter meinte, wir sollen gut aufpassen und die Bestimmungen beachten. Er erklärte, niemand darf die Großbäckerei mit Straßenschuhen betreten. Außerdem ist es dort Pflicht, Kittel zu tragen. Auch auf Hauben kann man nicht verzichten, denn es dürfen keine Haare in den Teig fallen. Ein Praktikant wollte wissen,
10 ob wir auch Brezeln formen können und ob wir diese dann auch essen dürfen.

C Also zogen wir folglich die Schutzkleidung an. Dann begann danach die interessante und sehenswerte Führung mit der Abteilungsleiterin Frau Vila. Sie ging mit uns durch die Hallen. Sie zeigte uns zunächst die großen Rührgeräte, die wirklich gigantisch waren, mit denen der Teig geknetet wird. Sie ging anschließend mit uns zu einigen Angestellten. Sie formten Brezeln aus Teigklumpen. Sie legten sie danach auf
15 ein Fließband. Sie ging mit uns schließlich zum Schluss der Führung noch zu den großen Öfen, in denen die Brezeln und die anderen übrigen Backwaren gebacken wurden. Danach nach der Führung bekamen wir alle in einem großen Raum jeder eine Brezel und etwas zu trinken. Außerdem wurde ein Faltblatt ausgeteilt, auf dem
20 wir erneut die Verhaltensregeln der Firma noch einmal nachlesen sollten.

D Diese lauteten:
1 Dass ich einen Kittel trage und eine Hygienehaube aufsetze, ist Pflicht.
2 Dass ich, wenn ich im Bereich des
25 Ofens arbeite, Schutzhandschuhe anziehe, ist unerlässlich.
3 Dass ich in der Halle esse und trinke, ist verboten.
4 Dass ich rauche, ist im gesamten
30 Gebäude untersagt.

Die Aufgabe richtig verstehen

1 Lest die Aufgabenstellung genau und überlegt, was von euch verlangt wird und wie ihr bei einer solchen Klassenarbeit am besten vorgeht.
Entscheidet, welche der folgenden Aussagen zutreffen.
Tipp: Die Buchstaben der richtigen Aussagen ergeben rückwärts gelesen ein Lösungswort.

LH   Ich lese den Text abschnittsweise und mache mir Notizen, wenn mir Fehler auffallen.
TO   Ich korrigiere gleich alle Rechtschreib- und Grammatikfehler.
RB   Ich schreibe alle Fehler und nicht gelungenen Sätze heraus.
EM   Ich schreibe den Praktikumsbericht Satz für Satz neu und berichtige dabei die Fehler.
NE   In Abschnitt A achte ich auf Kasus-Fehler und setze alle Wörter in den richtigen Fall.
PS   In Abschnitt B verwende ich die direkte Rede im Konjunktiv mit richtiger Zeichensetzung.
ZI   Abschnitt C verbessere ich, indem ich Satzglieder umstelle und Wörter streiche oder ersetze.
EW   In Abschnitt D formuliere ich die vier Regeln mit Hilfe von Nomen und Nominalisierungen kurz und prägnant.

2 Lest den vollständigen Text.
Notiert, an welchen Stellen euch beim ersten Lesen ein Überarbeitungsbedarf auffällt.

Den Text Abschnitt für Abschnitt überarbeiten

3 Überarbeitet **Abschnitt A:**
a Schreibt noch einmal auf, welche Präpositionen welchen Kasus verlangen. Übertragt dazu die folgende Tabelle ins Heft und ordnet die Präpositionen aus dem Kasten richtig ein.

mit • trotz • um • nach • neben • bei • während • von • wegen • zu • durch • unter • für • ohne • aufgrund • gegen • an • auf • hinter • in • über • vor • zwischen • aus

Präpositionen mit Genitiv	Präpositionen mit Dativ	Präpositionen mit Akkusativ	Präpositionen mit Dativ oder Akkusativ
trotz	mit	…	…

b Ergänzt in der letzten Spalte eine Aussage dazu, wann nach den Präpositionen der Dativ und wann der Akkusativ folgt:
Bei der Frage …? folgt der Dativ.
Bei der Frage …? folgt der Akkusativ.
c Schreibt Abschnitt A ab. Achtet dabei auf Präpositionen und berichtigt nach jeder Präposition die Kasusendungen der Nomengruppe, z. B.:
An meinem ersten Praktikumstag konnte ich …

4 Überarbeitet **Abschnitt B:**

a Notiert noch einmal, wie die Konjunktiv-I-Formen der Verben zur Formulierung indirekter Rede gebildet werden. Übertragt dafür den folgenden Merksatz ins Heft und ergänzt ihn:

| Bildung von Konjunktiv I: ? + Konjunktiv-Endung, z.B.: ich komm-e, du komm-est, ... | | | |
| Wenn sich der Konjunktiv I nicht vom Indikativ Präsens unterscheidet, wird ? oder ? verwendet: | | | |
Indikativ:	Konjunktiv I:	Konjunktiv II:	würde-Ersatzform:
wir kommen	= wir ?	wir ?	(wir ?)
wir arbeiten	= wir ?	= wir ?	wir ?

b Notiert die Verbformen, die in Abschnitt B in indirekten Aussagen stehen, untereinander. Bildet zu allen Verbformen die Konjunktiv-I-Form, z.B.: *wir sollen → Konjunktiv I: wir sollen.* Prüft, ob Indikativ und Konjunktiv I sich unterscheiden. Wenn nicht, bildet die Konjunktiv-II-Form oder die *würde*-Ersatzform, z.B.: *Konjunktiv I: wir sollen → Konjunktiv II: wir sollten.*

c Schreibt Abschnitt B ab und korrigiert dabei die Verbformen in der indirekten Rede.

5 Überarbeitet **Abschnitt C:**

a Führt die Weglassprobe durch. Prüft, welche Wörter in dem Abschnitt überflüssig erscheinen und gestrichen werden können.

b Führt die Umstellprobe durch. Sucht Satzanfänge, die sich wiederholen, und wählt jeweils ein anderes Satzglied, das ihr an den Anfang stellen könnt.

c Führt die Ersatzprobe durch. Prüft, welche weiteren Wörter im Bericht häufig wiederholt werden. Schreibt sie untereinander und notiert zu jedem Wort Synonyme, z.B.: *sie ging – sie lief.*

d Schreibt Abschnitt C in überarbeiteter Form auf.

6 Überarbeitet **Abschnitt D:**

a Sucht in den Nebensätzen der vier Verhaltensregeln die Verbformen und schreibt sie untereinander.

b Bildet zu jeder Verbform eine Nominalform, z.B. durch Nominalisierung oder durch eine Nomenendung, z.B.: *tragen → das Tragen, bewegen → die Bewegung.*

c Überarbeitet die Regeln in Abschnitt D. Formuliert dabei die Nebensätze in Nomengruppen um, z.B.: *Dass ich einen Kittel trage und eine Hygienehaube aufsetze, ist Pflicht. → Das Tragen eines Kittels und das ...*

Die Überarbeitung prüfen

 7 a Bildet Vierergruppen, tauscht eure Texte im Uhrzeigersinn und korrigiert sie:
   – Überprüft zunächst Abschnitt A des Textes eurer Lernpartnerin oder eures Lernpartners. Stimmen in diesem Abschnitt alle Kasusformen?
   – Gebt die Texte reihum weiter und kontrolliert, ob in Abschnitt B alle Sätze zur Redewiedergabe mit der richtigen Konjunktivform gebildet wurden.
   – Tauscht wieder reihum und überprüft in Abschnitt C die Überarbeitung mit Hilfe der Proben.
   – Gebt die Arbeit ein letztes Mal weiter und prüft, ob die vier Verhaltensregeln kurz, prägnant und im Nominalstil formuliert wurden.

b Korrigiert eure eigenen Texte mit Hilfe der Hinweise eurer Lernpartner.

Rechtschreibung –
Texte überarbeiten

A

„Wenn ich die Menschen gefragt hätte, was sie wollen,
hätten sie gesagt, schnellere Pferde."

Henry Ford
(US-amerikanischer Gründer des Automobilherstellers Ford)

B

„Der eine wartet,
dass die Zeit sich wandelt.
Der andere packt sie
kräftig an – und handelt."

Johann Wolfgang Goethe
(deutscher Dichter)

C

„Vergnügen an Veränderung ist
dem Menschen bleibend eigen."

Georg Christoph Lichtenberg
(deutscher Mathematiker und Naturforscher)

1 a Lest die drei Zitate A–C. Um welches gemeinsame Thema geht es in ihnen?
b Erklärt, welche Aussage ihr am besten nachvollziehen könnt. Begründet eure Wahl.

2 Untersucht die Rechtschreibung in dem Zitat B von Johann Wolfgang Goethe: Mit welchen Strategien könnt ihr die Schreibweise der Wörter *packt* und *kräftig* erklären?

3 Welche Kommaregeln werden in den Zitaten A und B berücksichtigt? Gebt sie mit eigenen Worten wieder.

In diesem Kapitel ...

– erfahrt ihr, wie Menschen sich und die Welt verändern,
– wiederholt ihr Strategie- und Regelwissen zur Rechtschreibung,
– trainiert ihr die Zeichensetzung in Texten,
– übt ihr den Umgang mit Korrekturprogrammen und Regelwerken.

12.1 Ideen, die die Welt verändern – Rechtschreibstrategien und Regeln anwenden

Rechtschreibstrategien wiederholen

Das Rad – eine bahnbrechende Erfindung

Erfindungen werden nicht immer mit dem Ziel gemacht, die Welt zu verändern. Aber sie können genau dazu führen. So gilt beispielsweise das Rad bis heute als wichtigste Erfindung der Menschheitsgeschichte und als Schlüssel der technischen Entwicklung.

5

Überall auf der Welt suchten Menschen nach Möglichkeiten, schwere Lasten zu bewegen. So wurde das Rad vor annähernd 5000 Jahren an verschiedenen Orten der Welt gleichzeitig entwickelt. Die ersten Räder bestanden aus Baum-

10 scheiben und waren äußerst schwer. Mit Hilfe der Achsenkonstruktion gelang es später, Wagen mit vier Rädern zu bauen. In China fand man vor etwa 2000 Jahren heraus, dass auch ein einzelnes Rad schon hilfreich sein kann. So wurde die Schubkarre erfunden, die bis heute aus Gärten

15 und Baustellen nicht wegzudenken ist.

Wie groß die Bedeutung des Rades ist, erkannte 1883 der Physiker Ernst Mach: „Nehmen Sie uns das Rad – und wenig wird übrigbleiben. Es verschwindet alles, vom Spindelrad bis zur Spinnfabrik, von der Drehbank bis zum Walzwerk."

1 a Beschreibt das Cartoon: Was seht ihr auf dem Bild? Worauf spielt es an?
  b Notiert untereinander Dinge, die nur mit Hilfe von Rädern funktionieren.
  c Vergleicht eure Listen. Untersucht anschließend zu zweit die Schreibweise der Wörter:
    – Markiert schwierige Stellen in den Wörtern.
    – Überlegt gemeinsam, mit welchen Strategien man die Schreibweise der schwierigen Stellen erklären kann. Zeichnet die jeweiligen Strategiezeichen neben die Wörter: Ⓦ, ➔, Ⓦ, ⚡, Ⓜ.
  Tipp: Erklärungen zu den fünf Strategien findet ihr im Orientierungswissen (▶ S. 333 f.).

2 a Lest den Text. Mit Hilfe welcher Strategie kann man die Schreibweise der im Text markierten Wörter jeweils erklären? Übertragt folgende Tabelle ins Heft und ordnet die Wörter ein.

Schwingen Ⓦ	Verlängern ➔	Zerlegen Ⓦ	Ableiten ⚡	Merken Ⓜ
			verändern	

  b Sucht im Text für jede Tabellenspalte mindestens ein weiteres Wort und tragt es ein.
  c Vergleicht eure Ergebnisse mit einer Lernpartnerin oder einem Lernpartner.

Rechtschreibregeln erklären

Das Fahrrad – Objekt für Tüftler und Bastler

Das erste Fahrrad, das wir bis heute nach seinem Erfinder Karl Freiherr von Drais „Draisine" nennen, war eine Laufmaschine. Damit unter-
5 nahm Drais 1817 die erste Probefahrt in Mannheim und war mit 15 km/h schneller als die damals üblichen Postkutschen. In der Folgezeit hießen die Räder auch Veloziped, auf Deutsch „Schnell-
10 fuß". Erst 1885 wurde im deutschsprachigen Raum der Begriff „Fahrrad" eingeführt. Die Nachricht vom Bau der Draisine beflügelte viele Handwerker. Sie begannen zu tüfteln und zu basteln, um es den Menschen zu ermögli-
15 chen, mit Hilfe zweier Räder weite Entfernungen zu überwinden. Drais hatte einige Richtungen des Weiterbaus schon vorgegeben: maßgefer-

tigte Schritthöhe, höhenverstellbarer Sitz und die Möglichkeit zum Tan-
20 demfahren. Mit seiner drei- bis vierrädrigen Draisine mit Damensitz hatte er nicht überzeugen können, stattdessen gab es bald Damenräder. Das Fahrrad hat das moderne Leben
25 verändert. Mit seiner Hilfe kommen Menschen kostengünstig und ohne hohen Energieaufwand ziemlich weit. Städte würden im Verkehrschaos versinken, wenn Menschen nicht lieber mit dem Rad als mit dem Auto führen. Allerdings benötigt man für mehr Fahrradfahrer besser ge-
30 eignete Straßen und Wege. Mit diesem Wissen planen Stadtentwickler die ersten Fahrradautobahnen, die nahe gelegene Städte verbinden sollen.

1 Lest euch den Text abschnittsweise gegenseitig vor und tauscht euch aus: Was habt ihr über die Entwicklung des Fahrrads noch nicht gewusst?

2 **a** Untersucht die Schreibweise der im Text grün markierten zweisilbigen Wörter. Übertragt dazu folgende Tabelle ins Heft und ordnet die Wörter richtig ein.

Erste Silbe offen	Erste Silbe geschlossen	
	Zwei verschiedene Konsonanten an der Silbengrenze	Doppelkonsonant an der Silbengrenze
heute	erste	nennen

b Vergleicht eure Ergebnisse mit einer Lernpartnerin oder einem Lernpartner. Markiert in den Wörtern Doppelkonsonanten, *ie*, *ss* und *ß* und formuliert zu zweit drei Regeln:
    1 Wann schreibt man zweisilbige Wörter mit Doppelkonsonant?
    2 Wann schreibt man zweisilbige deutsche Wörter mit *ie*?
    3 Wann schreibt man zweisilbige Wörter mit *ß* und wann mit *ss*?
c Überprüft eure Regeln mit Hilfe der Hinweise im Orientierungswissen (▶ S. 334).

3 Untersucht die Schreibweise der blau markierten Wörter im Text und überlegt zu zweit: Welche Rechtschreibstrategie müsst ihr jeweils anwenden, um die Schreibung mit *ß* oder Doppelkonsonant (auch *tz*) zu begründen?

Nomen großschreiben

Das Auto – Motor für Veränderungen

Ford „Tin Lizzy" 1908

Das Auto hat die Gewohnheiten der Menschen verändert und auch die Städteplanung in den letzten hundert Jahren stark beeinflusst. Dabei sah die Erfolgsgeschichte für die Erfinder vor etwa 125 Jahren gar nicht gut aus: Die ersten Automobile wurden mit Hohn und Spott
5 bedacht, und der letzte deutsche Kaiser meinte noch zu Beginn des 20. Jahrhunderts: „Ich glaube an das Pferd. Das Automobil ist eine vorübergehende Erscheinung."
Als Henry Ford in den USA begann, Autos am Fließband zu produzieren, wendete sich das Blatt: Das Auto wurde zum Massentransportmittel. Es machte die Menschen flexibel und unabhängig von öffentlichen Verkehrsmitteln, und es ermöglichte auch die Trennung von Ar-
10 beitsplatz und Wohnort. Damit war das Auto Motor für viele städtebauliche Veränderungen.

1 Lest den Text und diskutiert: Könnt ihr die anfängliche Skepsis gegenüber dem Auto verstehen?

2 a Sucht im Text jeweils drei Beispiele für Nomen, die mit einem der folgenden Begleiter stehen:
A mit einem Artikel, **B** mit einem Zahlwort, **C** mit einem Adjektiv.
b Sucht im Text drei Nomen ohne Begleiter und führt mit ihnen die Nomenproben durch.

VORSICHT FEHLER!

Die städte sahen früher ohne autos anders aus: Es gab weder ampeln noch die trennung von verkehrsströmen. Die verkehrsteilnehmer mussten sich auf den straßen arrangieren. Später hat die zunahme des autoverkehrs zu großen veränderungen in den städten geführt. Heute sollen breite straßen fließenden verkehr ermöglichen. Der bau von fahrrad- und
15 fußgängerwegen sowie von brücken und tunneln hilft, die verkehrsströme zu entzerren und unfälle zu vermeiden. Ein großes problem in den städten ist, dass die autos tagsüber die meiste zeit stillstehen und parkplätze brauchen. Damit nehmen sie viel platz in den innenstädten ein.

3 a Schreibt die Textfortsetzung in der richtigen Groß- und Kleinschreibung ins Heft.
Unterstreicht anschließend alle Nomenbegleiter.
b Begründet die Großschreibung der Nomen ohne Begleiter: Führt die Nomenproben durch und notiert die Nomen noch einmal mit einem jeweils passenden Begleiter.

Methode	Nomen durch Nomenproben erkennen

- **Nomen** schreibt man **groß.** In Texten erkennt man sie an ihren **Begleitern** (Artikel, Zahlwort oder Adjektiv).
- Nomen ohne Begleiter kann man mit Hilfe der folgenden **Nomenproben** bestimmen:
  - **Artikelprobe:** Vor Nomen kann man einen Artikel setzen, z. B.: *ein Auto, der Verkehr.*
    Achtung: Artikel können sich auch mit Präpositionen verbinden, z. B.: *im (= in dem) Stau.*
  - **Zählprobe:** Vor Nomen kann man Zahlwörter setzen, z. B.: *zwei Autos, viel Verkehr.*
  - **Adjektivprobe:** Nomen kann man durch Adjektive näher beschreiben, z. B.: *das alte Auto.*

Nominalisierungen und Zeitangaben richtig schreiben

Autofreie Innenstädte – eine Erlösung für alle!?

Das Gute an autofreien Innenstädten wäre nicht nur das Schonen der Umwelt. Auch die Stadtbewohner könnten angenehmer leben. Statt beim Überqueren der Straße auf Autos achten zu müssen, wäre ein gemütliches Schlendern möglich. Die Gefahren im Straßenverkehr wären um ein Vielfaches geringer. Anstatt für das Parken der Autos Freiflächen zu vergeuden, könnten die Bewohner diese für alles Mögliche nutzen. So wären auf den Flächen soziale Aktivitäten denkbar, mit denen man dem Vereinsamen der Stadtbewohner entgegenwirken könnte.

1 Nennt Argumente für eine autofreie Stadt und nehmt Stellung zu dieser Idee.

2 Sucht die Nominalisierungen im Text und schreibt sie mit Begleiter ins Heft.

3 Formuliert zwei Sätze, in denen die Wörter *ja* und *nein* nominalisiert verwendet werden.

Für autofreie Innenstädte gibt es offensichtlich gute Gründe, denn in der norwegischen Hauptstadt Oslo wurde beschlossen, bis 2019 komplette Autofreiheit durchzusetzen. Und auch in der belgischen Stadt Hasselt hat man die Autos sowohl tagsüber als auch nachts aus der Innenstadt verbannt. Die Verantwortlichen argumentieren, dass Menschen in autofreien Städten fitter sind. Wer vom Morgen bis zum Abend Straßenlärm aushalten muss, ist einer ziemlichen Belastung ausgesetzt. Und wer in der Nacht nicht ungestört schlafen kann, kann schlecht montags bis freitags ausgeruht zur Arbeit gehen und sich auch an Samstagen und Sonntagen kaum entspannen. Ein weiteres Argument ist, dass man sich in autofreien Städten morgens bis abends mehr bewegen muss. Und wer sich täglich bewegt, lebt gesünder.

4 **a** Sucht im Text Angaben zu Tageszeiten und Wochentagen.
Übertragt die folgende Tabelle ins Heft und ordnet die Wörter richtig ein.

Großschreibung von Tageszeiten und Wochentagen	Kleinschreibung von Tageszeiten und Wochentagen
vom (von dem) Morgen	*tagsüber*

b Vergleicht eure Ergebnisse und formuliert zu zweit eine Regel dazu, wann man Tageszeiten und Wochentage großschreibt und wann man sie kleinschreibt.

Information	Die Schreibweise von Nominalisierungen und Zeitangaben

- Wörter aller Wortarten kann man als Nomen verwenden. Das nennt man **Nominalisierung.**
- Auch bei **Tageszeiten und Wochentagen** kann man die Großschreibung mit Hilfe der Nomenproben überprüfen, z. B.: *der Montag, viele Nächte, friedliche Abende.*

Die Zusammen- und Getrenntschreibung beherrschen

Social Design – Stadtbewohner planen mit

In der Hamburger HafenCity dürfen die Bewohner ihren Stadtteil selbst mitgestalten. Apfelbäume, Pflanzkistengarten und Fußballplatz – diese drei Projekte sind keine Kopfgeburten von Behörden und Landschaftsarchitekten. Sie sind entstanden, weil die Bewohner der HafenCity während der jahrelangen Bauzeit die Möglichkeit erhielten, den Park mitzuplanen und nach ihren Wünschen mit Leben zu füllen. Für diesen Prozess gibt es einen Begriff: *Social Design*. *Social Design* verändert Städte, weil die Stadtbewohner sich verändern. Bewohner sollen zukünftig bei der Stadtplanung mitreden und ihre Ideen einbringen. Damit kein „Wildwuchs" entsteht, müssen die Aktionen jedoch mit den Behörden und Grundstücksbesitzern abgestimmt werden.

10

15

1 Wie würdet ihr ungenutzte Flächen in eurem Wohnort gestalten?
Lest den Text und tauscht euch über eure Ideen aus.

2 a Sucht im Text elf zusammengesetzte Nomen und schreibt sie mit Artikel ins Heft.
b Sucht das eine zusammengesetzte Adjektiv und notiert es ebenfalls.
c Schreibt die Infinitivformen der markierten Verbverbindungen auf und erklärt die Regel für die Zusammenschreibung.

3 Zum Stichwort *zusammen* gibt das DUDEN-Rechtschreibwörterbuch folgenden Hinweis:

zu|sam|men	
• zusammenarbeiten, zusammenballen, zusammenbeißen • zusammenbinden: ich binde zusammen, ich habe zusammengebunden, um zusammenzubinden	*Von einem folgenden Verb oder Partizip wird getrennt geschrieben, wenn „zusammen" so viel wie „gemeinsam, gleichzeitig" bedeutet (das Verb wird in diesen Fällen meist deutlich stärker betont):* • sie können nicht zusammen [in einem Raum] arbeiten • wir sind zusammen angekommen • jetzt sollen alle zusammen singen *Nur getrennt:* • zusammen sein; wenn er mit uns zusammen ist; sie waren zusammen gewesen; *aber* das Zusammensein

a Lest den Wörterbucheintrag genau und erklärt euch gegenseitig mit eigenen Worten, wann man Verben mit dem Wort *zusammen* zusammenschreibt und wann getrennt.
b Formuliert zu zweit Beispielsätze zur Zusammenschreibung und zur Getrenntschreibung von Verbverbindungen mit *zusammen*. Verwendet folgende Verbindungen:

zusammenschreiben – zusammen schreiben • zusammenhalten – zusammen halten • zusammentragen – zusammen tragen

4 Verbindungen von Adjektiven und Verben schreibt man zusammen, wenn sie eine neue Bedeutung erhalten.

a Erklärt die Bedeutungsunterschiede der folgenden Verbindungen:

   A frei sprechen – freisprechen, **B** richtig stellen – richtigstellen, **C** schwer fallen – schwerfallen.

b Ordnet den Zusammensetzungen in Kasten A die jeweils richtige Bedeutung aus Kasten B zu.

A krankschreiben • blaumachen • schwarzsehen • schwarzarbeiten • schwarzfahren • dichthalten • fernsehen • feststellen

B erkennen • für arbeitsunfähig erklären • schweigen • ohne Ticket fahren • ohne Genehmigung arbeiten • pessimistisch sein • schwänzen • einen Beitrag im Fernsehen sehen

c Wählt sechs Zusammensetzungen aus Kasten A und formuliert dazu Beispielsätze im Heft.

5 a Zusammen oder getrennt? Schreibt die Sätze A–F richtig ins Heft.

  A In Städten kann man nicht davon *aus/gehen*, dass freie Flächen immer *erhalten/bleiben*.

  B Stadtbewohner möchten Häuser oder Flächen sinnvoll nutzen, solange diese *frei/stehen*.

  C Bürgerinitiativen entwickeln Vorschläge für *vorüber/gehende* Nutzungen.

  D Dafür werden die unterschiedlichen Ideen der Anwohner *zusammen/getragen*.

  E Bei der Umsetzung der Ideen müssen die Bewohner mit den Behörden *zusammen/arbeiten*.

  F Es wird den Bewohnern nicht *leicht/fallen*, bei neuer Nutzung der Flächen *um/zu/ziehen*.

b Vergleicht eure Ergebnisse und erklärt euch gegenseitig die richtige Schreibweise.

c Ordnet den zusammengeschriebenen Verbindungen die folgenden Bedeutungen zu:

etwas voraussetzen • den Ort wechseln • nicht genutzt werden • schwer sein • sammeln • nicht von Dauer sein • gemeinsam handeln

6 Formuliert Sätze, in denen man *etwas wieder/holen* mal zusammen- und mal getrennt schreibt.

Information	**Die Zusammen- und Getrenntschreibung**

Zusammen schreibt man Wörter, die zusammen eine neue Bedeutung eingehen:

- Verbindungen aus Nomen und Nomen, z. B.: *die Stadtplanung, das Grundstück,*
- Verbindungen aus Nomen oder Adjektiven und Adjektiven, z. B.: *goldgelb, hellblau,*
- Verbindungen aus unveränderlichen Wörtern und Verben, z. B.: *ausfallen,*
- Verbindungen aus Adjektiven und Verben, wenn sie eine neue Bedeutung erhalten, z. B.: *leichtfallen (keine Mühe bereiten),*
- Nominalisierungen von Verbindungen mit Verben, z. B.: *das Radfahren, das Dasein.*

Getrennt schreibt man in der Regel Verbindungen, in denen die einzelnen Wörter ihre Bedeutung beibehalten:

- Verbindungen aus Nomen und Verben, z. B.: *Fußball spielen, Eis essen,*
- Verbindungen aus Adjektiven und Verben, z. B.: *richtig schreiben, leicht fallen,*
- Verbindungen aus Verben und Verben, z. B.: *kennen lernen, lesen üben,*
- Verbindungen mit dem Verb sein, z. B.: *weg sein, da sein, zurück sein.*

Fremdwörter erkennen und richtig schreiben

Der *Social Design Award* – ein Preis für Projekte, die das Leben verändern

Der *Social Design Award* wird für Projekte verliehen, die das Leben verändern. Zum Beispiel ist das Trampen eine der ältesten Ideen der Share-Economy. Aber Senioren werden sich nicht an den Straßenrand stellen und auf ein Auto warten. Dabei ist gerade für sie das Nahverkehrssystem nicht immer eine komfortable Gelegenheit, in das Stadtzentrum zu gelangen. Abhilfe könnte die „Mitfahrerbank" schaffen. Sie steht bereits in einigen Gemeinden Deutschlands. Wenn man darauf Platz nimmt, signalisiert man den vorbeifahrenden Autos, dass man gern mitgenommen werden möchte. Diese Idee ist Teil eines Mobilitätskonzepts, mit dem sich ein Projektteam für den *Social Design Award* beworben hat.

Eine andere Idee ist das Projekt „Stadtathleten". Bei diesem Projekt handelt es sich um einen Fitnessparcour für Menschen unterschiedlicher Generationen, die die städtische Infrastruktur nutzen. An vier Stationstypen sollen die Teilnehmer ihre Fitness trainieren, wobei das gemeinsame, generationsübergreifende Trainieren zur Steigerung der Motivation führen soll.

1 Lest den Text. Welche Wirkung hat die Verwendung der vielen Fremdwörter im Text?

2 a Sucht im Text Beispiele für Fremdwörter und begründet eure Auswahl.
  b Legt folgende Tabelle im Heft an und ordnet die ausgewählten Wörter ein:

Wörter, die man schreibt, wie man sie spricht	Wörter mit besonderen Merkstellen
	der Social Design Award

3 Fremdwörter, deren Bedeutung man nicht kennt, muss man nachschlagen.
Prüft, welche Aussagen zum nebenstehenden Wörterbucheintrag richtig sind:
  A Der Plural des Wortes lautet *die Parcoure*.
  B Der Genitiv des Wortes heißt *des Parcours*.
  C Der Begriff kommt aus dem Französischen.
  D Er bezieht sich eigentlich auf den Pferdesport.

Par/cours, *der;* -, - [franz.] (*Reitsport* Hindernisbahn für Springturniere; *Sport schweiz.* Renn-, Laufstrecke)

Information — Die Schreibung von Fremdwörtern

- **Fremdwörter** sind Wörter, die wir **aus anderen Sprachen** übernehmen.
- Wenn es sich bei den Fremdwörtern gleichzeitig um **Fachbegriffe** handelt, dann behalten sie meist ihre Aussprache und Schreibweise bei.
- Fremdwörter enthalten häufig **typische Buchstaben und Buchstabengruppen,** wie z. B.: *th* statt *t, ph* statt *f, y* statt *ü* und *v* statt *w*.
- Häufig verwendete Fremdwörter werden in ihrer Aussprache und Schreibweise oft dem Deutschen angepasst, z. B.: *die Phantasie → die Fantasie*.
  In diesem Fall spricht man nicht mehr von Fremdwörtern, sondern von **Lehnwörtern.**

Einen Text am Computer überarbeiten

Solarflieger – ein geeignetes Modell für die Zukunft?

Der radius der reisenden hat sich in den letzten Jahrzehnten enorm vergrößert. Über ein langes Wochenende zum shoppen nach London oder New York fliegen? das ist heute problemlos mög-
5 lich, sofern man sich die Flugtickets leisten kann. allerdings gibt es einanderes Problem: Flugzeuge sind Kerosinfresser, und ihre Abgase schädigen die Umwelt. Die Schweizer Piloten Bertrand Piccard und André Borschberg haben nun mit einem So-
10 larflieger die Erde umrundet. Dabei haben sie es geschafft, mit dem Hightechflieger *Solar Impulse 2* die 35.000 km lange Flugstrecke ohne einen Trop-fen Kerosin, sondern nur mit Hilfe der Sonnen-energie zurück zulegen. Zwar traten bei dem Flug
15 technische Probleme auf, aber diese verunsicher-ten die Pilotennicht. „Der Flieger *Solar Impulse* wurde nicht gebaut zum befördern von Passagie-ren", sagte Piccard dazu etwas patetisch, „sondern zum transportieren von Botschaften." Die wich-
20 tigste Botschaft lautet: Seht her, wie wichtig Inno-vation ist! Seht her, wie viel Pioniergeist bewegen kann! Der Flug soll dazu bei tragen, dass die Men-schen ihre bestehenden Werte und Gewohnheiten hinterfragen.

| **Radius** Reichweite, Einflussbereich, Einflu... | ▶ |
| **Radaus** Kraches, Krachs, Gebrauses | ▶ |

Möglicher Wortauswahlfehler

| **Shoppen** [Keine Referenzinformationen] | ▶ |

Borchert [Keine Referenzinformationen]	▶
Broschiert Zusammengeheftet, Gebunden, Bi...	▶
Bohrscher [Keine Referenzinformationen]	▶

| **Hightech Flieger** [Keine Referenzinformationen] | ▶ |

pathetisch salbungsvoll, ausdrucksvoll, feierlich	▶
paretisch [Keine Referenzinformationen]	▶
pathetische salbungsvolle, ausdrucksvolle, feierliche	▶

Schreiben Sie die Verbverbindung zusammen.

| **beitragen** | ▶ |

1 Der Text wurde am Computer verfasst und mit einem Korrekturprogramm geprüft.
a Beschreibt, auf welche Weise das Korrekturprogramm auf Fehler hinweist.
b Gebt an, welche Fehlerarten das Programm erkennt.

2 Wenn man die markierten Fehler mit der rechten Maustaste anklickt, erscheinen Änderungs-vorschläge.
a Prüft die rechts neben dem Text stehenden Vorschläge und erklärt, welche Hilfen sie geben.
b Erscheinen euch die Änderungsvorschläge des Programms sinnvoll? Formuliert eure Meinung.

3 Vier Fehler bei der Groß- und Kleinschreibung hat das Korrekturprogramm nicht gefunden. Sucht die Fehler und äußert eine Vermutung, warum das Programm diese Fehler nicht erkennt.

4 „Wenn man das Korrekturprogramm des PC nutzt, muss man eigentlich keine Rechtschreibung mehr beherrschen." Formuliert eine Stellungnahme zu dieser Aussage.

Teste dich!

Rechtschreibstrategien und Rechtschreibregeln

Solarflieger – eine Herausforderung für Piloten

Technologisch gesehen ist der Solarflieger eine großartige Weiterentwicklung des Flugzeugs. Ein Solarflieger könnte theoretisch innerhalb von zwei Wochen einmal um den Globus fliegen, ohne zum Tanken landen zu müssen. Die tagsüber gespeicherte Sonnenenergie reicht aus, um die Nächte durchzufliegen. Damit gibt es bei diesem Flieger – anders als bei herkömmlichen Flugzeugen mit begrenztem Tankvolumen – keine Begrenzung der Reichweite. Allerdings müssten bei einem solchen Flug die Piloten ununterbrochen fliegen.
Der Flug mit einem Solarflieger ist eine große Strapaze: Die Luft ist in der Höhe extrem dünn, und es gibt keine Druckkabine, um die Druckverhältnisse auszugleichen. Weil der Solarflieger leicht sein muss, wird auch kein zusätzlicher Sauerstoff an Bord mitgenommen. Wegen des Gewichts gibt es auch keine Klimaanlage, sodass die Piloten zwischen 40 und – 40 Grad Celsius aushalten müssen. Der Pilotensitz ist multifunktional: Er dient zum Steuern der Maschine, zum Schlafen und er ermöglicht auch den Toilettengang.
Warum tun Piloten sich das an? „Wir möchten vor allem junge Menschen inspirieren", meint Bertrand Piccard, „also die Generationen, die in Zukunft die Geschicke der Welt bestimmen. Wir möchten zeigen, dass saubere Technologien und erneuerbare Energien heute Dinge ermöglichen, die als unmöglich gelten. Was wir in der Luft vollbringen, können alle Menschen in ihrem täglichen Leben am Boden leisten, um die natürlichen Ressourcen unseres Planeten zu schützen."

1 a Prüfe die folgenden Aussagen A–I zu Rechtschreibstrategien und Rechtschreibregeln. Korrigiere die fünf Fehler und schreibe die Aussagen richtig untereinander ins Heft.

> **A** Einsilbige Wörter muss man verlängern, um den Lauten am Wortanfang die Buchstaben eindeutig zuordnen zu können.
> **B** Zusammengesetzte Wörter sollte man zerlegen und nach Verlängerungswörtern suchen.
> **C** Beim Ableiten sucht man verwandte Wörter mit *e* oder *eu*.
> **D** Fremdwörter muss man nachschlagen, wenn man bei der Schreibweise unsicher ist.
> **E** Bei Wörtern mit *i*-Laut schreibt man meistens *i*.
> **F** In deutschen Zweisilbern schreibt man in der ersten Silbe *ie,* wenn sie geschlossen ist.
> **G** Nomen kann man mit Hilfe von drei Nomenproben bestimmen: der Artikelprobe, der Zählprobe oder der Adjektivprobe.
> **H** Die Nomenproben helfen nicht beim Erkennen von nominalisierten Adjektiven und Verben.
> **I** Verbindungen aus unveränderlichen Wörtern und Verben schreibt man getrennt.

b Ordne jeder Aussage eins der im Text markierten Beispielwörter zu.
c Suche zu jeder Regel zwei weitere Beispielwörter im Text und notiere sie ebenfalls.

2 Vergleiche deine Ergebnisse mit einer Lernpartnerin oder einem Lernpartner.

●●● Fordern – Regelwissen anwenden

Architektur macht mobil

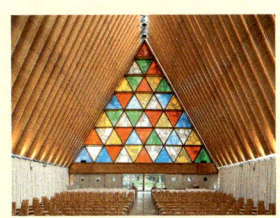

Große Architekten planen nicht selten imposante Häuser für Menschen, die mit ihrer Macht und ihrem Status imponieren wollen. Dabei brauchen aber alle Menschen eine sichere Unterkunft, auch weniger Privilegierte. Immer wieder werden Menschen durch Naturkatastrophen oder Kriege obdachlos, auch sie müssen versorgt werden. Einige Architekten gehen neue Wege und entwickeln Behausungen aus möglichst günstigen Materialien. Der Japaner Shigeru Ban baute zum Beispiel nach einem Erdbeben in Kobe Notunterkünfte aus recycelter Pappe, die man billig und nachhaltig produzieren kann. Sie wurden dafür konzipiert, Menschen kurzzeitig unterzubringen. Aber die von ihm errichtete Kirche aus Pappe erwies sich als so stabil, dass sie zehn Jahre hielt und nach einem Erdbeben auf Taiwan dorthin umgesetzt wurde. Inzwischen hat Shigeru Ban das *Nomadic Museum* gebaut, das sich durch große Mobilität auszeichnet. Man kann es jederzeit abbauen, transportieren und wiederaufbauen. Für seine alternative und innovative Architektur erhielt er 2014 den Pritzker-Preis, eine der höchsten Auszeichnungen für Architekten.

 a Lest den Text und sucht Verben mit der Endung *-ieren*. Notiert sie ins Heft.

●●○ **b** Sucht im Text fünf Nomen, bei denen es sich um Fremdwörter handelt. Schreibt sie ins Heft und markiert die Merkstellen.

Ungewöhnliche Behausung

Der dänische ingenieur mads johansen hat einen fahrrad-wohnwagen entworfen. Diesen ungewöhnlichen wagen kann man mit dem fahrrad wie ein schneckenhaus hinter sich herziehen. Er hat zwei kinderfahrrad-räder und eine deichsel, und er ist mit fenstern und tür ausgestattet. Der wagen ist einen meter breit, 1,30 meter hoch und 1,30 meter lang und wiegt nur 45 kilo. So kann er von einem normalen fahrrad gezogen werden. Aber wie ist das schlafen in dieser kleinen kiste möglich? Ganz einfach: Beim fahren sind einige teile des wagens eingeklappt, für das übernachten werden sie schnell ausgeklappt. Dann ist der wagen doppelt so lang und sieht tatsächlich aus wie ein kleiner wohnwagen. Über mangelnde aufmerksamkeit kann man sich bei dieser art des reisens nicht beklagen.

 a Schreibt den Text in der richtigen Groß- und Kleinschreibung ins Heft. Unterstreicht die Nomen mit ihren Begleitern, sofern diese vorhanden sind.

b Begründet die Großschreibung der Nomen ohne Begleiter: Führt die Nomenproben durch und notiert die Nomen noch einmal mit passendem Begleiter unter den Text.

c Kreist die vier Nominalisierungen ein.

 Wie kann man die fünf Fremdwörter von Aufgabe 1b umschreiben? Formuliert jeweils eine kurze Worterklärung.

●○○ Fördern – Regelwissen anwenden

Wandel in der Architektur

In Schlössern, Burgen, Theatern, Villen oder auch in Siedlungen mit einfachen Häusern sieht man das Bemühen der Architekten, Häuser zu konstruieren, die auf die individuellen Bedürfnisse der Menschen abgestimmt sind. Eine sich verändernde Welt fordert neue Gebäudeformen. Gleichzeitig bietet eine sich verändernde Welt den Architekten aber auch immer wieder neue Möglichkeiten zu arbeiten. Die Stars unter den Architekten sind heute international unterwegs und haben die Chance, überall zu bauen, nicht nur in ihrem Umfeld. Auch die Materialien sind global verfügbar. Neue, innovative Formen werden heute am Computer entwickelt. Dadurch werden Konstruktionen möglich, die man sich früher auch mit viel Fantasie nicht vorstellen konnte.

1 **a** Prüft, ob ihr die Bedeutung der markierten Fremdwörter kennt.
●○○ Schlagt die Bedeutung unbekannter Wörter nach und notiert sie ins Heft.

b Legt folgende Tabelle im Heft an und ordnet die markierten Fremdwörter ein. Unterstreicht in der rechten Spalte die Merkstellen, an denen man anders schreibt, als man spricht.

Fremdwörter, die man schreibt, wie man sie spricht	Fremdwörter mit besonderen Merkstellen

Architektonische Rekorde

Architektonische SUPERLATIVMELDUNGEN sind heute oft nur kurze ZEIT gültig. Das derzeit höchste GEBÄUDE der Welt ist der Burj Khalifa Tower in Dubai. Er wurde 2010 fertiggestellt und ragt 828 METER in die HÖHE. In diesem Gebäude sind das WOHNEN, das
5 ARBEITEN und das EINKAUFEN an einem Ort möglich. Auf der Aussichtsplattform TUMMELN sich jährlich mehr als eine MILLION faszinierte BESUCHER. Der amerikanische Architekt dieses gigantischen HOCHHAUSES arbeitet jedoch bereits an dem nächsten Rekord: In Saudi-Arabien soll 2020 der Kingdom Tower mit 1007 ME-
10 TERN Höhe alle REKORDE sprengen. Dafür muss man jedoch zwei PROBLEME LÖSEN: Weil der Wind, der den Wolkenkratzer umweht, auf der Gebäuderückseite ein VAKUUM bildet, entstehen Wirbel, die das Gebäude zum SCHWINGEN bringen. Und weil das menschliche Ohr den Druckausgleich bei einer solchen Höhe nicht schafft, muss
15 auf dem WEG nach oben das UMSTEIGEN eingeplant werden, damit sich das Ohr GEWÖHNEN kann.

Der Burj Khalifa Tower, Dubai

2 Prüft, wie man die Wörter in Großbuchstaben schreiben muss – groß oder klein?
●○○ Schreibt die Wörter, die man großschreiben muss, mit ihrem Begleiter ins Heft.

12.2 Zu gut für die Tonne – Zeichen setzen

Zitate richtig kennzeichnen

Zu gut für die Tonne

Dass wir das Glück haben, „jeden Tag aus einer Vielzahl von hochwertigen Lebensmitteln wählen zu können", ist Verbrauchern nach Ansicht des Bundesministeriums für Ernährung und Landwirtschaft kaum bewusst. Das verdeutlichen laut Ministerium „die elf Millionen Tonnen Lebensmittel, die in Deutschland jedes Jahr […] weggeworfen werden".

Das Ministerium hat unter dem Motto „Zu gut für die Tonne" dazu aufgerufen, sich um den Bundespreis für Engagement gegen die Lebensmittelverschwendung zu bewerben. Ziel der Aktion sei es, „die vermeidbaren Lebensmittelabfälle bis zum Jahr 2030 zu halbieren".

1　a　Welche Aussagen des Ministeriums werden im Text zitiert? Gebt sie wieder.

　　b　Erklärt, wie die Zitate durch Zeichensetzung gekennzeichnet wurden.

Kriterien für die Bewertung der eingereichten Projekte:

Laut Ministerium sollte das Projekt dazu beitragen, *Lebensmittelabfälle zu reduzieren – entweder direkt oder indem es die Aufmerksamkeit der Menschen auf die Problematik lenkt und anregt, das eigene Verhalten zu ändern.*

Es wird gefordert, dass der Wettbewerbsbeitrag *mit besonderem Einsatz der Beteiligten* durchgeführt wird und *ein hohes Problembewusstsein für das Thema Lebensmittelverschwendung* zeigt. Dass die Idee des Projekts funktioniert beziehungsweise *eine erfolgreiche Umsetzung sehr wahrscheinlich ist,* gehört ebenfalls zu den Bewertungskriterien.

2　In der Wiedergabe der Kriterien zur Bewertung der Projekte sind wörtlich übernommene Textteile kursiv gedruckt. Schreibt den Text mit der richtigen Zeichensetzung ins Heft.

3　Mit welchen Wörtern oder Wendungen kann man Zitate aus anderen Texten einleiten? Fertigt eine Liste mit Formulierungen an und stellt sie der Klasse vor.

Information　　**Zeichensetzung bei Zitaten**

- **Wörtlich wiedergegebene Textstellen** müssen durch **Anführungszeichen** gekennzeichnet werden. Innerhalb des Zitats darf der **Originaltext nicht verändert** werden.
- Wenn man einen Teil des Textes auslässt, kennzeichnet man die **Auslassungen** so: **[…]**.
- Nach einem ankündigenden Begleitsatz steht ein Doppelpunkt: *Er äußerte: „Das ist neu."*
- **Folgt der Begleitsatz** dem Zitat, wird er durch ein Komma abgetrennt. Den Punkt in dem zitierten Satz lässt man dann weg, z. B.: *„Das sehen wir als Herausforderung an", meinte er.*
- Stehen am Ende des Zitats **Frage- oder Ausrufezeichen,** dann gehören sie zum Zitat und stehen innerhalb der Anführungszeichen, z. B.: *„Was kann man tun?", wird oft gefragt.*

267

Kommas in Satzgefügen richtig setzen

A Viele halten die Industrie und den Handel für die größten Verursacher von Lebensmittelverschwendung, obwohl private Haushalte den höheren Anteil an Lebensmitteln entsorgen.

B Wenn wir etwas in die Mülltonne werfen, handelt es sich oft nur um kleine Mengen.

C Wir können uns, weil wir die Produktionsbedingungen von Lebensmitteln kaum kennen,
leicht von ihnen trennen.

D Da sich diese vielen kleinen Mengen aber auf 82 kg Lebensmittel pro Kopf im Jahr addieren,
hat unsere Überflussgesellschaft ein Entsorgungsproblem.

E Diese Menge entspricht, wenn man es sich konkret vorstellt, zwei gefüllten Einkaufswagen
pro Person.

1 a Schreibt die Satzgefüge A–E ins Heft ab. Markiert die Nebensatzkonjunktionen und unterstreicht
die Nebensätze. Steht die Verbform jeweils am Ende?

b Notiert hinter jedes Satzgefüge, um welche Nebensatzart es sich handelt:
A vorangestellter Nebensatz,   B eingeschobener Nebensatz,   C nachgestellter Nebensatz.

Verschwendung von Lebensmitteln im Alltag

Den größten Anteil an weggeworfenen Lebensmitteln bilden Obst und Gemüse weil sie schnell faulen oder welken. Auch Brot und Teigwaren werden sobald sie hart sind häufig entsorgt. Viele Milchprodukte landen im
Müll wenn ihr Haltbarkeitsdatum abgelaufen ist obwohl sie noch nicht
verdorben sind. Jeder von uns verschwendet durchschnittlich etwa 235 €
im Jahr indem er ohne Notwendigkeit Lebensmittel wegwirft.

Restaurants produzieren ebenfalls große Abfallmengen an Lebensmitteln
da Reste von Buffets nicht wieder angeboten werden dürfen.

2 Schreibt den Text ins Heft ab. Markiert die Nebensatzkonjunktionen, unterstreicht die Nebensätze
und setzt die sieben fehlenden Kommas.

3 Verbindet die folgenden Sätze zu Satzgefügen:

A Pizzareste kann man aufwärmen. + Man legt sie in eine Pfanne und brät sie auf.

B Welken Salat kann man retten. + Man legt ihn in Wasser.

C Hartes Brot kann man für Salate verwenden. + Man würfelt es und röstet es in der Pfanne.

Information	Kommasetzung in Satzgefügen

- **Satzgefüge** bestehen aus einem **Hauptsatz** und einem oder mehreren **Nebensätzen.**
- **Nebensätze** sind untergeordnet und werden durch **Komma** vom Hauptsatz getrennt.
  Oft werden sie durch eine Konjunktion eingeleitet. Die **Verbform** steht **am Ende.**
- Nebensätze können **vor** oder **nach dem Hauptsatz** stehen oder in ihn **eingefügt** sein.

Kommas in Nebensätzen mit *das* oder *dass* setzen

> **A** Ich bin der Meinung, dass wir etwas gegen die Lebensmittelverschwendung tun müssen.
>
> **B** Wenn man vermeiden will, dass Lebensmittel weggeworfen werden, muss man sich mit ihrer Lagerung und Haltbarkeit auskennen.
>
> **C** Bei dem unüberschaubaren Angebot an Waren, das in Supermärkten zur Verfügung steht, müssen Käuferinnen und Käufer den Überblick behalten.

1 Untersucht zu zweit die Sätze A–C:
– Bestimmt die Nebensätze in den Satzgefügen. Wie werden sie jeweils eingeleitet?
– Gebt an, worauf sich das Relativpronomen *das* oder die Konjunktion *dass* jeweils beziehen.

<table>
<tr><td>

Gründe gegen Lebensmittelverschwendung
– *Verschwendung der Lebensmittel → auch Ressourcen werden verschwendet*
– *für Produktion von Lebensmitteln braucht man viel Wasser, Dünger, Energie*
– *für 1 Kilo Äpfel werden in der Herstellung 700 Liter Wasser verbraucht*
– *Produkte werden nicht in Verbrauchernähe produziert, müssen transportiert werden → für lange Wege viel Kraftstoff notwendig*
– *Transport über weite Strecken → notwendige Kühlung kostet Energie*
– *auch unverdorbene Lebensmittel werden weggeworfen, weil sie nicht mehr taufrisch aussehen*
– *Mindesthaltbarkeitsdatum führt zu unnötigem Abfall*

</td><td>

– Es ist unübersehbar …
– Untersuchungen haben ergeben …
– Ein Beispiel … überzeugen kann …
– Hinzu kommt …
– Das bedeutet …
– Es fällt auf …
– Ein weiteres Problem ist …
– Ein Blick in die Mülltonne zeigt …
– Eine weitere Ursache für … ist …

</td></tr>
</table>

2 **a** Formuliert mit Hilfe der Notizen und der Satzanfänge Argumente gegen die Verschwendung von Lebensmitteln. Bildet dabei möglichst viele Satzgefüge mit *das* oder *dass*.

b Tauscht eure Hefte und prüft die richtige Schreibweise von *das* oder *dass* und die Kommasetzung in den Satzgefügen.

3 Formuliert eine Meinungsäußerung, die die Lebensmittelverschwendung verharmlost. Verwendet dabei mindestens drei Satzgefüge mit *das* oder *dass*.

Information **Nebensätze mit *das* oder *dass***

- Das **Relativpronomen *das*** leitet einen Nebensatz ein, der sich auf ein **sächliches Nomen** im Satz zuvor bezieht. Man kann das Relativpronomen durch **welches** ersetzen, z. B.:
  Die Verschwendung ist ein Problem, das (welches) man nicht unterschätzen sollte.
- Die **Konjunktion *dass*** leitet einen Nebensatz ein, der sich auf den zuvor stehenden **ganzen Satz** bezieht, z. B.: *Es ist problematisch, dass Lebensmittel verschwendet werden.*

Kommas bei Infinitiven mit *zu* richtig setzen

> **A** Jedem ist möglich (,) gegen die Lebensmittelverschwendung vorzugehen.
> **B** Lebensmittelabfälle kann man verringern, ohne sich besonders anzustrengen.
> **C** Eine gute Planung beim Einkauf ist nötig, um das Wegwerfen von Nahrung zu vermeiden.
> **D** Experten geben den Rat, nicht hungrig einkaufen zu gehen.
> **E** Es geht darum, Lebensmittel gezielter einzukaufen und besser zu lagern.

 1 **a** Untersucht zu zweit die Sätze A–E: Bestimmt jeweils die Infinitivgruppe mit *zu*.

b Gebt mit Hilfe der Markierungen an, welche Sätze eine angekündigte Infinitivgruppe und welche eine eingeleitete Infinitivgruppe enthalten.

c Formuliert zu zweit eine Aussage dazu, in welchen Fällen man ein Komma setzen muss.

Tipps gegen die Lebensmittelverschwendung

Die beste Möglichkeit, dass man Lebensmittel vor der Vernichtung bewahrt, ist, dass man sie erst gar nicht kauft. Man sollte immer ohne Hunger einkaufen gehen, damit man nicht zu viele Lebensmittel einkauft. Denn wer Hunger hat, achtet beim Einkaufen nicht darauf, dass er sich auf das beschränkt, was er wirklich braucht. Eine weitere Falle sind Großpackungen, die einem vorgaukeln, dass man mit ihnen Geld spart. Wenn man mehr kauft, als man braucht, führt das dazu, dass später Reste entsorgt werden müssen.

Es gibt einige Tipps, wie man das Wegwerfen verhindern kann: Gekaufte Lebensmittel sollte man nicht einfach in den Kühlschrank stopfen, sondern richtig lagern und regelmäßig kontrollieren, damit man sie vor Ablauf des Haltbarkeitsdatums verbraucht. Produkte, die nicht lange haltbar sind, sollte man nach vorn holen, damit man sie nicht übersieht und vergisst. Damit man Nahrung nicht wegwerfen muss, sollte man flexibler kochen. Anstatt dass man Reste wegwirft, kann man sie in neuen Mahlzeiten verwenden.

 2 **a** Schreibt den Text ab und formuliert die markierten Nebensätze in Infinitivgruppen mit *zu* um. Setzt die notwendigen Kommas und notiert mögliche Kommas in Klammern, z. B.:
Die beste Möglichkeit (,) Lebensmittel vor der Vernichtung zu bewahren, ist, sie gar nicht erst zu kaufen. Man sollte mit Liste und ohne Hunger einkaufen gehen, um ...

b Tauscht eure Hefte und prüft die Kommasetzung in euren Texten.

> **Information**   **Kommasetzung bei Infinitiven mit *zu***
>
> ■ Befindet sich im Satz ein Infinitiv mit *zu*, so nennt man diesen Teil eine **Infinitivgruppe.**
> ■ Infinitivgruppen darf man **immer durch Komma vom Hauptsatz trennen.**
> ■ Ein Komma **muss** stehen,
>   – wenn die **Infinitivgruppe** durch ein **hinweisendes Wort** (wie *daran, darum, es ...*) oder ein **Nomen** angekündigt wird: *Er denkt daran, zu sparen. Mir gefällt die Idee, Essen zu teilen.*
>   – wenn die **Infinitivgruppe** mit *als, (an)statt, außer, ohne* oder *um* **eingeleitet** wird, z. B.: *Man sollte handeln, statt sich zu beschweren.*

In Zweifelsfällen das Regelwerk im Wörterbuch nutzen

D 119

1. Werden gleichrangige selbstständige Teilsätze durch Konjunktionen wie *und* oder *oder* verbunden, so setzt man in der Regel kein Komma ‹§ 72 (1)›.

– *Wir können zu Fuß gehen oder wir können die Straßenbahn nehmen.*
– *Sei bitte so nett und gib mir das Buch.*
– *Sie machten es sich bequem, die Kerzen wurden angezündet und der Gastgeber versorgte sie mit Getränken.*

2. Ein Komma kann jedoch auch in diesen Fällen gesetzt werden, um die Gliederung des Ganzsatzes deutlich zu machen (besonders, um Missverständnisse zu vermeiden) ‹§ 73›.

– *Entweder ich sage es ihm[,] oder du sagst es ihm selbst.*
– *Er schimpfte auf die Regierung[,] und sein Publikum applaudierte.*

3. Das schließende Komma eines vorangehenden Einschubs oder Nebensatzes bleibt erhalten ‹§ 72 E1›. (Vgl. auch D 121.)

– *Entweder ich sage es ihm, und zwar heute noch, oder du sagst es ihm morgen selbst.*
– *Wir hoffen, dass wir Ihnen weiterhelfen konnten, und verbleiben mit freundlichen Grüßen ...*

1 Im Regelteil des Duden-Rechtschreibwörterbuchs findet man die obenstehende Erklärung zur Kommasetzung vor *und*.

a Lest abwechselnd die drei Regeln vor und erklärt sie euch gegenseitig mit eigenen Worten.

b Ordnet die folgenden Satzreihen den drei Regeln zu:

A Brot gehört zu den häufig weggeworfenen Lebensmitteln (,) und auch Kartoffeln werden oft ohne Notwendigkeit in den Müll gegeben.

B Brot lässt sich zu leckeren Gerichten verarbeiten, auch wenn es bereits hart ist, und man muss es keineswegs in die Tonne werfen.

C Man kann altes Brot im Backofen aufbacken, man kann es in der Pfanne rösten und man kann es als Auflauf mit anderen Zutaten überbacken.

In fast jedem Haushalt gibt es alt gewordene Brotscheiben und die finden viele von uns nicht so lecker wie frisches Brot. Aber meistens gelingt es im Kühlschrank noch etwas Butter und Eier zu finden und schon kann man ein leckeres Resteessen zaubern. Zuerst würfelt man die alten Brotscheiben und brät sie in einer Pfanne mit etwas Butter kross. Dann schlägt man Eier in eine Schüssel würzt sie mit Salz und verquirlt sie. Nun braucht man noch Butter die man in der Pfanne aufschäumen lässt und dann gibt man die Eiermischung und die gerösteten Brotwürfel dazu. Das Ei soll unter Rühren fest werden und schon hat man ein leckeres Rührei mit sättigender Einlage.

2 Schreibt den Text ab und setzt alle Kommas, die möglich sind. Markiert die Kommas, die man unbedingt setzen muss.

3 Äußert eure Meinung zu dem Rat, bei *und* vor Hauptsätzen grundsätzlich ein Komma zu setzen.

Den Bindestrich richtig verwenden

A die Rot-grün-Kombination • 3-teilig • Sachsen-Anhalt • das T-Shirt • die UN-Versammlung • die E-Mail • die Bruder-Konrad-Straße

B Schleswig-Holstein • Rheinland-Pfalz • die UN-Botschaft • das E-Book • die Links-rechts-Kombination • 3-fach • die Albert-Einstein-Straße • die U-Bahn

1 a Diktiert euch gegenseitig die Wörter aus jeweils einem Kasten.

b Besprecht, an welchen Stellen ihr unsicher wart, und korrigiert die Wörter gemeinsam.

c Legt folgende Tabelle im Heft an und ordnet die Wortverbindungen aus beiden Kästen zu:

Doppelnamen	Verbindungen mit Buchstaben, Abkürzungen oder Ziffern	Zusammensetzungen mit Wortgruppen

2 a Untersucht zu zweit die Schreibweise der nebenstehenden Verbindungen von Wortgruppen:
   – An welchen Stellen steht ein Bindestrich?
   – Wie ist die Groß- und Kleinschreibung geregelt?

die Mund-zu-Mund-Beatmung • die Erste-Hilfe-Maßnahme

b Schreibt die folgenden Wortgruppen richtig ins Heft:

der TRIMM DICH PFAD • die E MAIL ADRESSE • der ERSTE HILFE LEHRGANG • das NACH HAUSE KOMMEN • das AUF DER LAUER LIEGEN • das GUTE NACHT SAGEN • zum AUS DER HAUT FAHREN

3 Ersetzt in den folgenden Verbindungen das jeweils gemeinsame Wort durch einen Bindestrich, z. B.: *der Eingang und der Ausgang → der Ein- und Ausgang.*

der Einkauf und der Verkauf • die Weltmeisterschaft und die Europameisterschaft • hingehen und hergehen • die Gasheizung oder die Ölheizung • das Sahneeis und das Fruchteis

Information   Der Bindestrich

■ Einen Bindestrich muss man bei den folgenden Verbindungen setzen:
   – **Doppelnamen,** z. B.: *Nordrhein-Westfalen, Frau Müller-Lüder, die Käthe-Kruse-Puppe,*
   – **Verbindungen mit Abkürzungen oder Ziffern,** z. B.: *die E-Mail, 16-jährig,*
   – **Zusammensetzungen mit Wortgruppen,** z. B.: *das Nachts-nach-Hause-Kommen.*

■ Bei **nominalisierten Wortgruppen,** die aus mehreren Wortarten bestehen, schreibt man das **erste und letzte Wort groß,** die anderen Wörter entsprechend ihrer Wortart.

■ Einen Bindestrich setzt man auch, um die **Wiederholung eines Bestandteils zu vermeiden,** z. B.: *der Ein- und Ausgang, der Dreh- und Angelpunkt.*

Teste dich!

Die Zeichensetzung

A Folgt nach einem Zitat ein Begleitsatz, wird er durch ein Komma abgetrennt. Den Punkt in dem zitierten Satz lässt man dann weg.

B Wenn man einen Teil des zitierten Textes auslässt, setzt man nur drei Punkte.

C Nebensätze sind untergeordnet und werden durch Komma vom Hauptsatz getrennt. Man erkennt sie daran, dass die Verbform am Ende steht.

D Das Relativpronomen *das* leitet einen Nebensatz ein, der sich auf ein Verb im Satz zuvor bezieht.

E Die Konjunktion *dass* leitet einen Nebensatz ein, der sich auf den zuvorstehenden ganzen Satz bezieht.

F Jede Infinitivgruppe muss durch ein Komma vom Satz getrennt werden.

G Angekündigte oder eingeleitete Infinitivgruppen mit *zu* muss man durch Komma vom Satz trennen.

H Wenn Zahlen oder Abkürzungen in einer Zusammensetzung vorkommen, setzt man einen Bindestrich.

I Bindestriche setzt man auch, um Doppelnamen zu verbinden.

J Bindestriche setzt man, wenn man ein gleiches Wort in einer Verbindung einsparen möchte.

1 **a** Prüfe die Aussagen A–J zur Zeichensetzung. Schreibe alle richtigen ins Heft ab.
b Ordne jeder richtigen Aussage einen der folgenden Beispielsätze zu.

1 Alle sollten sich darum bemühen, weniger Lebensmittel wegzuwerfen.
2 Dafür muss man sein Kauf- und Essverhalten überdenken.
3 Nach Schätzungen der Welternährungsorganisation landen in Deutschland jährlich 11 Millionen Tonnen Lebensmittel im Müll, woran die privaten Haushalte einen Anteil von 61 % haben.
4 Unsere Konsumgesellschaft erwartet, dass immer alles frisch vorhanden sein muss.
5 „Die Verschwendung von Lebensmitteln muss gestoppt werden", meinen Umweltschützer.
6 Laut Frau Müller-Kattenstroth von der Verbraucherberatung sollte man schon Kindern Achtung vor Lebensmitteln vermitteln.
7 Sie organisiert Veranstaltungen für 8-jährige Kinder in Grundschulen.

2 Vergleiche deine Ergebnisse mit einer Lernpartnerin oder einem Lernpartner.

●●● Fordern – Kommas richtig setzen

VORSICHT FEHLER!

Die *Foodsharing*-Idee

Eine Möglichkeit Lebensmittel vor der Tonne zu retten ist das so genannte *Food-*   Z Z
sharing. Dabei bieten Geschäftsleute oder Privatpersonen kostenlos Lebensmittel
zur Abholung an die sie sonst wegwerfen würden. Ihr Ziel ist es Lebensmittel die   Z Z Z
nicht mehr benötigt werden oder deren Haltbarkeitsdatum abgelaufen ist vor   Z

5   dem Abfall zu retten zu verteilen und so ein Zeichen gegen die alltägliche Ver-   Z
schwendung zu setzen. Die Lebensmittel können direkt vom Spender abgeholt
werden. Darüber hinaus gibt es die Möglichkeit sie in öffentlichen Kühlschränken   Z
anzubieten. Diese Kühlschränke die auch *Fairteiler* genannt werden findet man an   Z Z
frei zugänglichen Orten oder auch in Geschäften. Internetplattformen bieten die

10   Möglichkeit das *Foodsharing* zu organisieren.   Z

---

1 Ein Schüler hat einen Artikel über *Foodsharing* für die Schülerzeitung verfasst und mit Korrektur-
●●● hinweisen zurückbekommen.
   a Schreibt den Text ab und setzt die fehlenden Kommas.
   b Unterstreicht die Relativsätze und die Infinitivgruppen im Text in unterschiedlichen Farben.

Für die *Fairteiler*-Kühlschränke gelten strenge
Regeln. Man muss die Verbraucher davor
schützen **?** sie unsaubere oder nicht mehr
frische Nahrungsmittel bekommen. So müs-

15   sen die Spender der Lebensmittel beispielsweise sicherstellen **?** die Kühlkette bei
Milchprodukten eingehalten wird. Ein Produkt
wie Hackfleisch **?** schnell verdirbt darf auf
keinen Fall angeboten werden. Die *Foodsharer*

20   verweisen immer wieder darauf **?** sie sich
um einen sicheren Ablauf bemühen. Das Säu-

Fairteiler-Kühlschrank in Berlin

bern der Kühlschränke **?** entsprechend bestimmter Hygienevorschriften erfolgen muss übernehmen Freiwillige. Trotzdem ist wichtig **?** sich alle Nutzer verantwortlich fühlen: An vielen
Fairteilern stehen Wischeimer und Putzlappen bereit.

---

2 **a** Schreibt die Textfortsetzung ins Heft ab und setzt *das* oder *dass* richtig ein.
●●● **b** Setzt die acht fehlenden Kommas.

3 Was haltet ihr von der *Foodsharing*-Idee? Formuliert eure Meinung und verwendet dabei
mindestens drei Satzgefüge mit *dass*:

Ich vertrete die Ansicht … • Ich verstehe … • Ich befürchte … • Manche kritisieren …

●○○ Fördern – Kommas richtig setzen

Die Mundraub-Idee

A Eine Möglichkeit, der Lebensmittelverschwendung entgegenzuwirken, bietet die Initiative „Mundraub".

B Die Initiative bietet auf ihrer Internetseite eine Landkarte an, die die Standorte von Obstbäumen, Nusssträuchern und essbaren Kräutern im öffentlichen Raum zeigt.

C Nicht wenige Menschen nutzen diese Plattform bereits, um Fundorte miteinander zu teilen sowie Erfahrungen und Rezepte auszutauschen.

D Viele sind überrascht, dass es in ihrer direkten Nähe Obst und Nüsse gibt, die kostenlos und legal geerntet werden dürfen.

E Ein Besuch an solchen Orten lohnt sich auch, wenn man vor Ort nur naschen will.

1 **a** Schreibt die Satzgefüge A–E ins Heft ab. Unterstreicht die Nebensätze und die Infinitivgruppen
●○○ in unterschiedlichen Farben.

b Notiert hinter den Satzgefügen die Gründe, warum man die Kommas setzen muss:
Handelt es sich jeweils um einen Nebensatz mit Konjunktion (NK), einen Relativsatz (RS) oder um eine Infinitivgruppe mit *zu* (IZ)?

Die Idee für „Mundraub" hatten zwei Freunde ⁇
während einer Paddeltour. Sie ärgerten sich darüber ⁇
das/ss sie im Supermarkt Obst gekauft hatten ⁇ *das/ss* in
Plastik verpackt und weite Strecken transportiert worden

5 war ⁇ obwohl es um sie herum überall reife Äpfel, Birnen
und Pflaumen gab. Das Erste ⁇ *das/ss* sie zu Hause machten ⁇ war die Erstellung einer Karte mit den Obst-Fundorten. Sie überlegten ⁇ *das/ss* sie diese Fundorte anderen
mitteilen könnten ⁇ und gründeten eine Plattform im

10 Internet.
Es ist eine tolle Entwicklung ⁇ *das/ss* aus einer so einfachen Idee ein Netzwerk entstanden ist ⁇ *das/ss* sich
nicht nur über frei verfügbares Obst austauscht, sondern
das/ss auch Wissen über Obst vermittelt ⁇ und Umwelt-

15 bildungsangebote organisiert. Auch diese Initiative
entspricht der Grundidee ⁇ *das/ss* man den Anteil
weggeworfener Lebensmittel ⁇ dadurch verringern
kann ⁇ *das/ss* andere sie nutzen.

2 **a** Schreibt die Textfortsetzung ins Heft ab und entscheidet jeweils, ob *das* oder *dass* stehen muss.
●●○ Wendet dabei die Ersatzprobe an: Kann man *das* durch *welches* ersetzen?

b Der Verfasser des Textes hat Fragezeichen an die Stellen gesetzt, an denen er bei der Kommasetzung unsicher war. Entscheidet, ob das Komma jeweils gesetzt werden muss.

12.3 Fit in ...! – Rechtschreibung

Die Entwicklung der Eisenbahn

A 1 Die Eisenbahn hat das Leben der Menschen revolutioniert. **2** Mit ihr wurde das Reisen viel einfacher, weil sie Städte und Länder verband. **3** Der Bau der Eisenbahn führte auch dazu, dass der Gütertransport sich drastisch veränderte. **4** Während früher Pferdewagen nur kleine Lasten transportierten, konnte die Eisenbahn mit ihren kräftigen Lokomotiven Transportgüter schnell, regelmäßig und in großen Mengen von Ort zu Ort bringen. **5** Insofern war die Nähe zum Bahnhof früher ein wichtiges Kriterium für die wirtschaftliche Entwicklung eines Standorts. **6** Drei Dinge bilden die Grundlage für eine funktionierende Eisenbahn: das Rad, die Schienen und der Antrieb. **7** Das Rad nutzte man schon lange. **8** Um Pferdefuhrwerken das Transportieren zu erleichtern, wurden Spurrillen in die Wege gearbeitet, sodass die gezogenen Wagen nicht vom Weg abkamen. **9** Für die Eisenbahnen waren diese aber nicht geeignet, weil sie bei feuchtem Wetter aufweichten. **10** Deswegen entwickelte man Schienen, die es schon für den Bergbau gab. **11** Die waren allerdings aus Holz, während die schwere Eisenbahn gusseiserne Schienen brauchte.

B 1 Im späten 18. Jahrhundert setzten sich Ingenieure zum ersten Mal mit der Idee auseinander, Zugpferde durch eine Zugmaschine zu ersetzen. **2** Im Jahr 1804 gelang es einem britischen Maschinenbauer erstmals, eine brauchbare Lokomotive zu entwickeln. **3** Die leistungsstarke Hochdruckdampfmaschine, die auf ein Fahrgestell montiert war, zog in einem Eisenwerk in Wales fünf Wagen und bewegte damit zehn Tonnen Eisen oder 70 Arbeiter. **4** Wegen der schlechten Beschaffenheit der Schienen blieb es bei dieser Leistung. **5** George Stephenson holte später die Stahlrösser aus den Eisen- und Bergwerken heraus und verbesserte die Schienentechnik. **6** Am 27. September 1825 konnte die erste Eisenbahnstrecke der Welt unter seiner Bauleitung eröffnet werden. **7** Dazu ließ er zwischen zwei englischen Städten vorwiegend gewalzte Schienen auslegen, auf denen seine Lokomotive *Locomotion* die ersten 40 Kilometer der modernen Eisenbahngeschichte bewältigte. **8** An schwierigen Geländestellen und Steigungen wurden die transportierten Güter allerdings noch auf Wagen umgeladen, die von Pferden gezogen wurden. **9** Außerdem war es notwendig, dass sich auf diesen Schienen von Pferden gezogene Eisenbahnkutschen und die Eisenbahn abwechselten. **10** Die erste „echte" Eisenbahn, die auf einer eigenen Strecke fuhr, war Stephensons *Rocket*. **11** Sie verkehrte auf einer 50 Kilometer langen Strecke zwischen Liverpool und Manchester.

a Diktiert euch gegenseitig die Texte A und B.
b Korrigiert euren eigenen Diktattext mit Hilfe der Textvorlage und markiert die Fehler.
c Legt eine Folie über den Korrekturbogen (▶ S. 277) und ordnet eure Fehler den Fehlerschwerpunkten zu.
d Bearbeitet die empfohlenen Stationen zu euren Fehlerschwerpunkten (▶ S. 278–280).
Hinweis: Wenn ihr keinen oder nur wenige Fehler gemacht habt, bearbeitet die Zusatzaufgaben an den Stationen.

Korrekturbogen zu S. 276 – Fehlerschwerpunkte	Anzahl der Fehler	Gehe zu
Strategiefehler		Station 1, S. 278; ▶ Hilfe S. 333–334

Strategiefehler

🔄 **Verlängern:**

Text A: *verband, schnell, regelmäßig, Rad, Antrieb, Weg, gab*

Text B: *gelang, Fahrgestell, zog, blieb, ließ, vorwiegend, notwendig*

🔱 **Zerlegen:**

Text A: *Entwicklung, Standort, Grundlage, Bergbau, gusseisern*

Text B: *Zugpferde, Zugmaschine, leistungsstark, Hochdruckdampf-maschine, Bergwerk*

⚡ **Ableiten:**

Text A: *Städte, Länder, veränderte, kräftig, regelmäßig, Nähe*

Text B: *Städte, Geländestellen*

Ⓜ **Merken:**

Text A: *Eisenbahn, revolutioniert, führte, während, transportierten, Lokomotiven, Bahnhof, funktionierende, Pferdefuhrwerke, Qualität, Fahrgestell*

Text B: *späte, Jahrhundert, Ingenieure, Idee, Zugmaschine, Jahr, Lokomotive, montiert, Wales, Stahlrösser, bewältigte, transportierten, fuhr, verkehrte, Liverpool, Manchester*

Regelfehler

i-Laut *(ie)*:

Text A: *viel, Schienen, Antrieb, diese*

Text B: *Schienen, blieb, dieser, ließ, vorwiegend, schwierig, diesen*

Station 1, S. 278; ▶ Hilfe S. 334

s-Laut *(ss, ß)*:

Text A: *große, regelmäßig, gusseisern*

Text B: *Stahlrösser, verbesserte, ließ, außerdem*

Zusammen- und Getrenntschreibung bei Verben

Text A: *abkamen, aufweichten*

Text B: *auslegen, umgeladen, abwechselten*

Station 2, S. 278; ▶ Hilfe S. 260 f.

Groß- und Kleinschreibung

siehe Großschreibung im Text

Station 3, S. 279; ▶ Hilfe S. 258 f.

Kommasetzung

Kommasetzung bei Satzgefügen, *das/dass*-Schreibung

Text A: Satz 2, 3, 4, 8, 9, 11 / Text B: Satz 9

Stationen 4, 5, 6, S. 279–280; ▶ Hilfe S. 268–270

Kommasetzung bei Relativsätzen,

Text A: Satz 10 / Text B: Satz 3, 7, 8, 10

Kommasetzung bei Infinitivgruppen

Text A: Satz 8 / Text B: Satz 1, 2

Station 1: Die Rechtschreibstrategien anwenden

> fa**h**ren • die Za**h**l • sie wo**g** • k**l**ären • die Ra**d**größe • **z**ählen • der Betra**g** • die Ban**d**breite •
> sie betru**g** • sie zo**g** • gr**äu**lich • leuchten**d** • es lä**ss**t • er lä**ss**t • **z**ählen • die Ba**h**n • sie zie**h**t •
> s**äu**berlich • der Gel**d**betrag • er blie**b** • vo**ll** • bedeuten**d** • sort**ie**ren

1 In den Wörtern im Kasten wurden schwierige Rechtschreibstellen markiert.
Welche Strategie hilft jeweils, die Schreibweise an der markierten Stelle zu erklären?
Übertragt folgende Tabelle ins Heft und ordnet die Wörter ein.

🔄 Verlängern	🔱 Zerlegen	⚡ Ableiten	Ⓜ Merken
			fahren

2 Formuliert eine verstehbare Hilfe zum Einsatz der Strategien. Erläutert zu jeder Strategie, wie man sie anwendet und welche Fehler man mit ihr vermeiden kann.

Station 2: Die Zusammen- und Getrenntschreibung beherrschen

> ab • weg • zurück • da • davon •
> dahinter • aus • um • dazu •
> leicht • dahin

> laufen • fahren • kommen • lernen •
> kennen • fallen • stehen • bleiben •
> lassen • können • sollen

1
a Bildet zehn Verbindungen mit Verben. Ihr könnt Bestandteile aus beiden Kästen oder nur aus dem rechten Kasten wählen.
b Formuliert zu fünf Verbindungen von Aufgabe 1a jeweils einen Beispielsatz.
c Nominalisiert drei Verbindungen und verwendet sie jeweils in einem Beispielsatz.

2
a Zusammen oder getrennt? Schreibt die Sätze A–H richtig ins Heft.
A Über den Witz muss er sich *tot/lachen*.
B Er möchte das Missverständnis *richtig/stellen*.
C Du solltest bei der Klassenarbeit *sauber/schreiben*.
D Für die Führerscheinprüfung wird er von der Schule *frei/gestellt*.
E Wenn du *sicher/gehen* willst, ob alles vorhanden ist, solltest du noch einmal kontrollieren.
F Der Zahlungsbefehl wird morgen *voll/streckt*.
G Sie wollte den Freund, der gelogen hatte, nicht *bloß/stellen*.
H Ich werde in einer Stunde *fertig/sein*.
b Ordnet den zusammengeschriebenen Verbindungen die folgenden Bedeutungen zu:

> Gewissheit haben • klären • lächerlich machen • befreien • sich sehr vergnügen • durchführen

3 Formuliert eine verstehbare Hilfe zur Frage, wann man eine Verbindung von Adjektiv und Verb zusammenschreibt.

Station 3: Nomen großschreiben

Früher war das reisen mit der bahn ähnlich komfortabel wie das überqueren der meere mit einem kreuzfahrtschiff. Dabei waren diese luxuriösen arten zu verreisen jedoch den reichen vorbehalten. Diese genossen einen luxus, der heute kaum vorstellbar ist. Die sitze der züge waren gut gepolstert, und die wände der abteile waren im inneren mit edlen hölzern verkleidet. Weil das zurücklegen der weiten entfernungen aber auch in der luxusklasse viel zeit in anspruch nahm, kümmerte sich gut ausgebildetes personal um die betreuung und versorgung der zahlungskräftigen gäste.

1 a Schreibt den Text in der richtigen Groß- und Kleinschreibung ins Heft.
b Unterstreicht die vier Nominalisierungen und die drei Wörter, die durch ihre Endung zum Nomen geworden sind.

2 In einer Werbung für die Bahn könnte es heißen: „Wir fahren gut" oder „Wir fahren Gut".
Erläutert im Heft, warum beide Schreibweisen richtig sind.

Station 4: Kommas in Satzgefügen und bei Infinitivgruppen setzen

Viele Menschen träumen davon einmal mit der Transsibirischen Eisenbahn zu fahren. Wenn man die Strecke von Moskau bis Wladiwostok an einem Stück fährt benötigt man etwa sechs Tage. Auf den insgesamt 9 259 Kilometern Bahnstrecke hat man die Möglichkeit an mehr als 400 Bahnhöfen auszusteigen.
Die Transsibirische Eisenbahn wurde zwischen 1891 und 1916 gebaut um Rohstoffe aus Sibirien schneller und in größeren Mengen transportieren zu können. Darüber hinaus hoffte man dass die Eisenbahn den Handel mit China vereinfachen würde.

1 a Schreibt den Text ab und setzt die fünf fehlenden Kommas.
b Unterstreicht die Nebensätze und die Infinitivgruppen in unterschiedlichen Farben.
c Kreist die Nebensatzkonjunktionen ein und markiert die einleitenden oder ankündigen Formulierungen vor Infinitivgruppen mit *zu*.

2 Formuliert die Nebensätze in den Satzgefügen A–D in Infinitivgruppen mit *zu* um.
Setzt die notwendigen Kommas.
A Russland musste große Anstrengungen unternehmen, damit man die Transsib bauen konnte.
B Damit man die längste Eisenbahnstrecke der Welt im Osten fertigstellen konnte, wurden auch zahlreiche Strafgefangene und Zwangsarbeiter eingesetzt.
C Heute gibt es jeden zweiten Tag die Möglichkeit, dass man von Moskau aus mit der Transsib nach Wladiwostok reist.
D Damit man die lange Fahrt gut übersteht, sollte man einen Platz mit Liege reservieren.

Station 5: Relativsätze erkennen und Kommas setzen

VORSICHT FEHLER!

Reisende die wirklich schwindelfrei sind können mit spektakulären Bahnen reisen. Es gibt eine Reihe ganz besonderer Züge die sich durch die höchsten Gebirge der Erde schlängeln. Der Rocky Mountaineer der 1990 in Kanada gegründet wurde ist bei Touristen äußerst beliebt. Auf vier Routen verbindet er die schönsten Orte die es im Westen Kanadas gibt. Die Bahnen die bis zu 3 000 Meter Höhe erreichen ermöglichen luxuriöses Reisen.

1 Schreibt den Text ins Heft ab. Markiert die Relativpronomen, unterstreicht die Relativsätze und setzt die acht fehlenden Kommas.

2 Überarbeitet folgende Sätze: Vermeidet Wortwiederholungen, indem ihr Relativsätze bildet.
  A Der Bernina Express ist ein spektakulärer Zug in der Schweiz. In der Schweiz verbindet er die Stadt Chur mit den Gletscherspitzen der Alpen.
  B Er befährt die höchstgelegenen Schienen Europas. Die Schienen führen bis 2 253 Meter hoch.
  C Sein Ziel von Norden nach Süden ist die italienische Stadt Tirano. In Tirano trifft er nach der Fahrt durch glitzernden Schnee auf Palmen.
  D Der Zug bietet durch die besondere Streckenführung ein ganz besonderes Reiseerlebnis. Der Zug wurde von der UNESCO zum Weltkulturerbe ernannt.

3 „Relativsätze können Texte verbessern, weil sie Wortwiederholungen überflüssig machen."
Nehmt Stellung zu der Aussage und begründet eure Meinung mit Beispielen.

Station 6: *das* oder *dass* – Relativsätze erkennen und Kommas setzen

[?] man heute auch entlegene Gebiete und große Höhen mit der Bahn erschließen kann ist das Ergebnis großer technischer Leistungen. Es bedeutet nicht nur [?] Materialien ständig verbessert werden müssen. Auch das Bauen von Tunneln und Brücken [?] eine noch größere Herausforderung darstellt erfordert eine ständige Weiterentwicklung der Technologien. Die Alpenüberquerung des Bernina Express ist nur dadurch möglich [?] mit Hilfe zahlreicher Brücken die unglaublichen Steigungen überwunden werden.

1 Schreibt den Text ab und setzt *das* oder *dass* richtig ein. Ergänzt die fünf fehlenden Kommas.

2 „Ob man *das* oder *dass* schreiben muss, ist keine Frage der Rechtschreibung, sondern der Grammatik."
Nehmt Stellung und begründet eure Aussage.

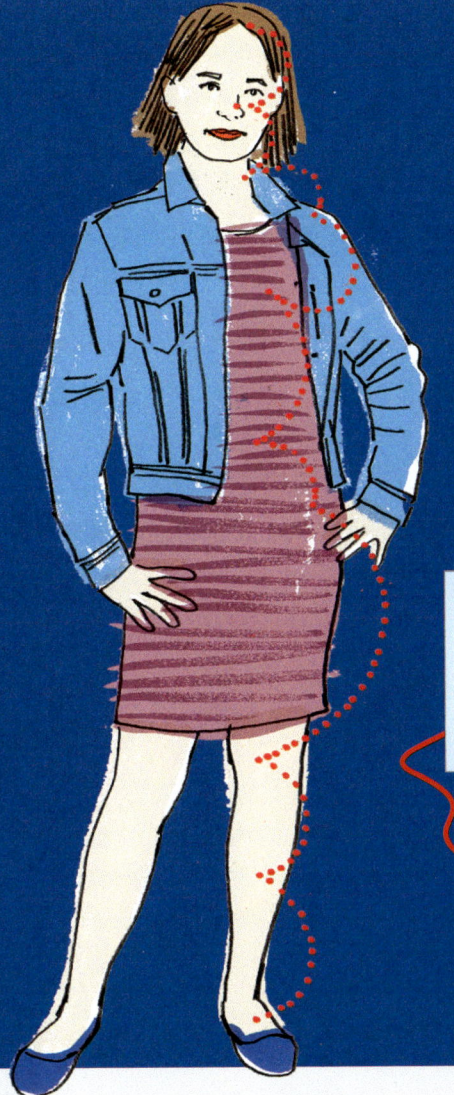

Die Loci-Methode

1 Notiere zehn Dinge, die du dir merken willst, z. B. eine Einkaufsliste.

2 Lege eine Route mit zehn Stationen auf deinem Körper fest, z. B.: *Kopf → Nase → Hals → Schulter → Brust → Bauch → Hüfte → Knie → Schienbein → Fuß.*

3 Verknüpfe gedanklich jedes zu merkende Element mit einem Körperteil, z. B.: *Knie = Banane.*

4 Denke dir zu jeder Verknüpfung einen lustigen Satz aus und stelle ihn dir bildlich vor, z. B.: *Neulich bin ich auf einer Bananenschale ausgerutscht und auf das Knie gefallen.*

5 Wenn du später deine Route von Kopf bis Fuß gedanklich entlanggehst, wird dir mit Hilfe deiner Sätze an jedem Körperteil wieder einfallen, was auf der Einkaufsliste steht.

1 Probiert die oben beschriebene Merktechnik aus. Versucht, euch mit Hilfe dieser Methode beispielsweise Namen, Vokabeln oder Geburtstage zu merken.

2 Wie bereitet ihr euch auf Vorträge vor? Berichtet von euren Erfahrungen.

In diesem Kapitel ...

– erarbeitet ihr einen Vortrag zum Thema „Lernen",
– gestaltet ihr Folien und Handouts für eine Präsentation,
– trainiert ihr das sichere und lebendige Vortragen mit Moderationskarten,
– übt ihr, das Publikum in euren Vortrag einzubeziehen und Feedback zu formulieren.

13.1 Das Lernen lernen – Informationen ordnen und einen Vortrag strukturieren

Texten Informationen entnehmen

In diesem Teilkapitel sollt ihr einen Vortrag zum Thema „Lernen" erarbeiten.
Übt auf den folgenden Seiten (► S. 282–287) zunächst die einzelnen Schritte, die bei der Erarbeitung eines Vortrags notwendig sind.
Erarbeitet anschließend einen eigenen Vortrag zu einem passenden Unterthema, z. B.:
„Vorstellung von Gedächtnisakrobaten – ihre Biografie, ihre Methoden",
„Gehirnjogging – neue Trendsportart?" oder **„Lernhemmungen erkennen und beseitigen".**

Julia Ucsnay
Die Hauptsysteme des Gedächtnisses

Jedes Wort, jeden Gedanken, sogar das Gefühl für uns selbst und andere verdanken wir unserem Gedächtnis. Ohne seine bindende Kraft zerfiele unser Bewusstsein in Einzelteile. Seit frühesten Zeiten rätseln Philosophen und Wissenschaftler über die Natur des Gedächtnisses. *(Bedeutung des Gedächtnisses)*

5 Inzwischen weiß man, dass unser Gedächtnis aus drei Hauptsystemen besteht. Das sensorische Gedächtnis speichert eintreffende Reize für Bruchteile von Sekunden. Was wichtig ist, gelangt ins Kurzzeitgedächtnis. Hier bleibt die Information einige Sekunden lang erhalten. Zeit genug, um etwa einen Satz zu begreifen, ohne seinen Anfang schon wieder zu vergessen. Ins Langzeit-
10 gedächtnis gelangt, was wir für längere Zeit oder dauerhaft behalten. *(Hauptsysteme des Gedächtnisses)*

Das Langzeitgedächtnis kann noch weiter unterteilt werden: Gespeicherte Informationen stehen uns entweder bewusst oder unbewusst zur Verfügung. Bewusst sind uns die Inhalte des episodischen Gedächtnisses. Es speichert unsere eigene Lebensgeschichte: Erinnerungen an die Kindheit, an den ersten
15 Kuss, an das heutige Frühstück. Das semantische Gedächtnis dagegen ist für unser Faktenwissen zuständig. Es nimmt den Namen der japanischen Hauptstadt ebenso auf wie die chemische Formel für Wasserstoff. *(Wie kommen Infos vom Kurzzeit- ins Langzeitgedächtnis?)*

Unser Gehirn erinnert sich an viel mehr, als uns bewusst ist. Etwa an Bewegungsabläufe: Beim Gehen oder Radfahren erinnern wir uns unbewusst daran,
20 welche Muskeln wann aktiviert werden müssen. Diesen Gedächtnistyp nennt man das prozedurale Gedächtnis. *(Wusste ich nicht! Wichtige Info!)*

Noch bis vor wenigen Jahrzehnten glaubten die Wissenschaftler, unser Gedächtnis funktioniere so unbestechlich wie ein Computer: Es zeichne getreulich alles auf, was wir erleben. Heute steht fest, dass beim Prozess des Merkens
25 Gefühle eine große Rolle spielen. Wir speichern vor allem das, was uns an einem Erlebnis interessiert. Je stärker unsere emotionale Beteiligung ist, desto dauerhafter die Speicherung. * *(Rolle der Gefühle — Begriff „emotionale Beteiligung"?)*

M 2 Julia Ucsnay
Lernen und Gehirn: Wie lernen wir?

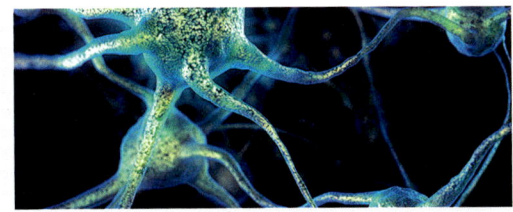

Noch immer ist die komplizierte Sprache unseres Gehirns nicht entschlüsselt. Sicher ist, dass die Erinnerung – etwa an eine Katze – keinesfalls als Bild eines kleinen Kätzchens im Gehirn gespeichert ist. Eine Katze ist wahrscheinlich in verschiedenen Netzwerken von Nervenzellen gespeichert. Zusammen bedeuten diese „Tier", „Mäuse jagen", „Samtpfote", „Garfield", „Miauen" und vieles mehr, was wir mit einer Katze verbinden.

Unser Hirn besteht aus etwa 100 Milliarden Nervenzellen (Neuronen), die zu einem riesigen Netz verbunden sind. Wird eine Nervenzelle von einem ankommenden Reiz erregt, leitet sie einen elektrischen Impuls mit Hilfe von Botenstoffen an ihre Nachbarzellen weiter: Sie „feuert". Erinnern wir uns nun beispielsweise an die Katze unserer Nachbarin, so entspricht das einer ganz speziellen Kombination von Nervenzellen, die in einem bestimmten Rhythmus feuern.

Wenn wir etwas Neues lernen und unser Gedächtnis dies speichert, dann verstärken sich die Verbindungen zwischen bestimmten Neuronen. Je häufiger sich das Erlebnis wiederholt, desto stärker wird das Neuronennetz zusammengeschweißt, desto dauerhafter ist die Erinnerung. Unser Gedächtnis teilt sich die anfallende Arbeit auf: Die Eigenschaften der Dinge, an die wir uns erinnern, sind denjenigen Regionen zugeteilt, die auch für die Wahrnehmung dieser Eigenschaften zuständig sind.

Erinnern wir uns etwa an einen Ball, so ruft unser Gedächtnis die Informationen über Farbe, Form und Funktion dieses Balls von verschiedenen Orten des Gehirns ab. Alle zusammen lassen in Sekundenbruchteilen das Bild des Balls vor unserem geistigen Auge entstehen. *

M 3 Petra Sütterlin
Wie man am effektivsten lernt!

Haben Sie sich schon einmal gefragt, wie Sie Ihre Sinne gezielt beim Lernen einsetzen können, sodass Ihnen das Lernen leichter fällt? Denn Lernen kann sehr viel einfacher werden, wenn man seine Stärken und Schwächen kennt.

Aus Erfahrung wissen wir, dass es verschiedene Arten des Lernens gibt. Manche können sich einen Lernstoff gut merken, wenn sie ihn lesen, andere, wenn sie einem Vortragenden zuhören, und wieder andere lernen leichter, wenn sie schreiben oder sich mit Mitlernenden über die Inhalte austauschen.

Zum Lernen gebrauchen wir unsere Sinnesorgane. Neben Augen und Ohren gehören dazu auch der Geruchs-, Geschmacks- und Muskelsinn. Der Lernstoff gelangt über die beteiligten Sinnesorgane in unser Gedächtnis. Da die einzelnen Sinnesorgane bei jedem Menschen unterschiedlich stark ausgeprägt sind, bedeutet dies, dass es unterschiedliche Lerntypen gibt. In Anlehnung an die Sinnesorgane, die beim Lernen beteiligt sind, spricht man deshalb von auditiven, visuellen, kommunikativen und motorischen Lerntypen.

Wichtig ist, dass der Lernstoff über möglichst viele Sinneskanäle eingeprägt wird. Denn je mehr Wahrnehmungsfelder im Gehirn beteiligt sind, desto mehr gedankliche Verknüpfungen können zu dem Lernstoff hergestellt werden und umso eher landet die Information im Langzeitgedächtnis. *

M4 **Tipps und Tricks gegen das Vergessen**

Dr. Boris Konrad ist Weltrekordhalter im Namen-merken: In nur 50 Sekunden kann er sich über 200 Namen einprägen und sie sicher Gesichtern zuordnen. Oder er merkt sich in nur 20 Sekun-den die Reihenfolge eines kompletten Karten-spiels. Um das zu können, müsse man kein Genie sein, sagt der Gedächtniskünstler. Er nut-ze dazu Tricks und Techniken, die jeder lernen könne. Eine dieser Mnemotechniken[1] ist die so genannte „Loci-Methode", eine andere die „Eselsbrücken-Methode". Bei beiden Techniken wird der Umstand genutzt, dass sich das Ge-hirn besser Bilder und Geschichten merkt als „nackte" Zahlen oder Wörter.

Vergisst du zum Beispiel immer wieder die eng-lische Vokabel *soaked?* Nutze die folgende Esels-brücke: „*Soaking* klingt ein bisschen wie Socke." Stelle dir nun eine triefend nasse Socke bildlich vor. Wenn du nun an das Wort „durchnässt" denkst, erinnerst du dich automatisch an die nasse Socke und damit an die Vokabel.

Vielleicht kennst du den Spruch: „Wer nämlich mit h schreibt, ist dämlich"? Auf diese Weise arbeitet die „Geschichtenmethode", mit Hilfe derer man sich beispielsweise PIN-Nummern einprägen kann. Wie kann man sich schnell die folgende Nummer merken: 3210072412?

„3-2-1 Meins" ist der Ebay-Slogan, 007 der Code von James Bond, 2412 das Weihnachts-datum. Statt 3210072412 merkt man sich also: „Ebay, Bond, X-Mas". Oder eben die Geschichte dazu: „Bei Ebay kauft James Bond die Geschen-ke für Weihnachten." Je absurder die Geschich-te, desto besser ist oft der Memory-Effekt.

---

1 die Mnemotechnik: Technik zur Steigerung der Gedächtnisleistung

M5
Sage es mir, und ich werde es vergessen.
Zeige es mir, und ich werde es vielleicht behalten.
Lass es mich tun, und ich werde es können.

Konfuzius, chinesischer Philosoph, 551 v. Chr. – 479 v. Chr.

 1 a Lest die Materialien 1–5 (▶ S. 282–284) und tauscht euch zu zweit darüber aus: Was hat euch erstaunt? Was wusstet ihr bereits?

b Erklärt euch gegenseitig Begriffe oder Textstellen, die ihr nicht verstanden habt.

2 a Beschreibt anhand der Markierungen in Material 1 (▶ S. 282), wie der Text erschlossen wurde.

b Fertigt eine Kopie der Materialien 2–4 (▶ S. 283–284) an und bearbeitet sie ebenso:
  – Überlegt zu jedem Textabschnitt, welche Frage darin beantwortet wird.
  – Markiert Schlüsselbegriffe und notiert Zwischenüberschriften.
  – Notiert am Rand eure Fragen, unbekannte Begriffe oder Gedanken zum Inhalt.

c Setzt euch zu zweit zusammen und vergleicht eure Markierungen und Notizen.

d Besprecht zu zweit, wie ihr das Zitat M5 in einem Vortrag einsetzen könntet.

3 Entwerft sieben Quizfragen zum Inhalt der Materialien 1–5 und stellt sie der Klasse vor. Wer hat sich einzelne Informationen aus den Texten am besten gemerkt?

Informationen ordnen und veranschaulichen

1 **a** Sucht in M 1–4 (▸ S. 282–284) **Unterbegriffe** zu folgenden vier **Oberbegriffen** und notiert sie auf Zettel. Überfliegt dafür die markierten Schlüsselwörter und die Zwischenüberschriften am Textrand.

Gedächtnisarten (M 1)

– sensorisches Gedächtnis
– ...

Gehirnaufbau (M 2)

– Nervenzellen (Neuronen)
– ...

Lerntypen (M 3)

– ...

Merktechniken (M 4)

b Überlegt, in welcher Reihenfolge ihr in einem Vortrag über das Lernen auf die einzelnen Begriffe eingehen würdet. Nummeriert die Oberbegriffe und begründet eure Entscheidung: Seid ihr nach Wichtigkeit oder nach logischem Zusammenhang vorgegangen?

Methode	**Informationen mit Hilfe von Oberbegriffen bündeln**

- Ein **Oberbegriff** fasst mehrere Dinge zusammen, die gemeinsame Merkmale haben.
- Ein **Unterbegriff** ist einem Oberbegriff untergeordnet.
- Prüft beim **Ordnen von Informationen,** welche Informationen so **ähnlich** sind, dass sie sich unter einem gemeinsamen Oberbegriff bündeln lassen.

2 **a** Beschreibt den Aufbau der folgenden **Mindmap.** Wie wurde bei der Anlage vorgegangen?

Lernen über verschiedene Sinneskanäle

auditive Lerner

...

Merktechniken

die Loci-Methode

...

„Das Lernen lernen"

Funktionsweise des Gehirns

Speichern von Informationen

Rolle der Synapsen

Rolle der Gefühle

Praktische Lerntipps

Zeitplan

Wiederholungen

Entspannungstechniken

b Übertragt die Mindmap ins Heft und ergänzt stichwortartig Informationen aus M1–4 (▸ S. 282–284).

Methode	**Informationen in einer Mindmap ordnen**

- Mit Hilfe einer **Mindmap** (Gedankenlandkarte) könnt ihr Informationen übersichtlich ordnen.
- Schreibt das **Thema** in die Mitte eines Blattes und umrahmt es.
  Notiert darum herum **Oberbegriffe** zum Thema und verbindet das Thema und die einzelnen Oberbegriffe mit **dicken Linien** (Pfaden).
- Ergänzt zu den einzelnen Oberbegriffen zugehörige **Unterbegriffe** und verbindet sie mit dem Oberbegriff durch **dünne Linien** (Nebenpfade).

3 a Beschreibt das folgende **Baumdiagramm** und besprecht, welche Art von Informationen man mit Hilfe solcher Diagramme gut darstellen kann.

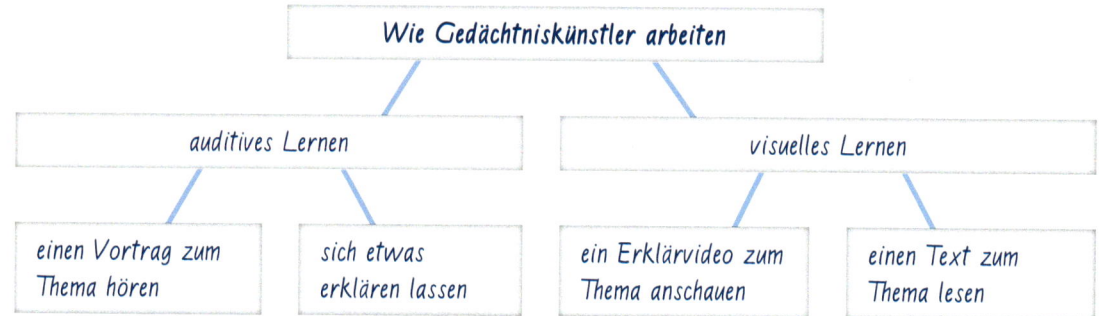

b Übertragt das Baumdiagramm ins Heft und ergänzt zwei weitere Pfade zum kommunikativen und zum motorischen Lernen. Überlegt euch Beispiele, wie man kommunikativ (im Austausch mit anderen) oder motorisch (durch Handeln) lernen kann, und notiert sie jeweils darunter.

Methode	Die Struktur von Informationen in einem Baumdiagramm darstellen

- Mit Hilfe eines **Baumdiagramms** könnt ihr zeigen, in welcher **Beziehung** (Hierarchie) Informationen zueinander stehen.
- Notiert das **Thema,** zeichnet darunter **Pfade** und notiert die zugehörigen **Oberbegriffe.**
- Zeichnet von jedem Oberbegriff aus **weitere Pfade** nach unten und notiert **Unterbegriffe.**

4 a Betrachtet das folgende **Flussdiagramm** und formuliert dazu eine Überschrift: Welcher Vorgang wird dargestellt?

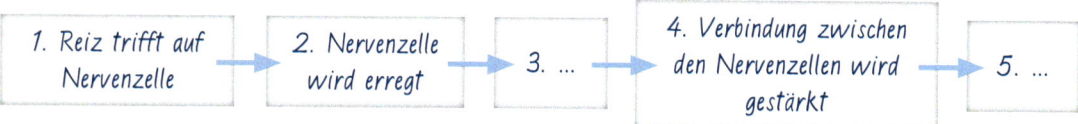

b Übertragt das Flussdiagramm ins Heft und ergänzt mit Hilfe von M 2 (▶ S. 283) stichwortartig die Schritte 3 und 5.

5 Mindmap, Baumdiagramm, Flussdiagramm – welche Diagrammart würdet ihr zur Veranschaulichung der folgenden Themen jeweils wählen? Begründet eure Zuordnung.

Biografie eines Gedächtnisakrobaten • Strategien der Gedächtnisakrobaten • Rolle der Sinnesorgane beim Lernen • Weltrekorde „Gedächtnis und Kopfrechnen"

Methode	Einen Ablauf in einem Flussdiagramm veranschaulichen

- Mit Hilfe eines **Flussdiagramms** könnt ihr den **Ablauf von Vorgängen** veranschaulichen.
- Notiert Begriffe, Stichworte oder Sätze zu den einzelnen **Schritten,** rahmt sie ein und verbindet sie mit **Pfeilen.**

Mit Haftzetteln einen Vortrag strukturieren

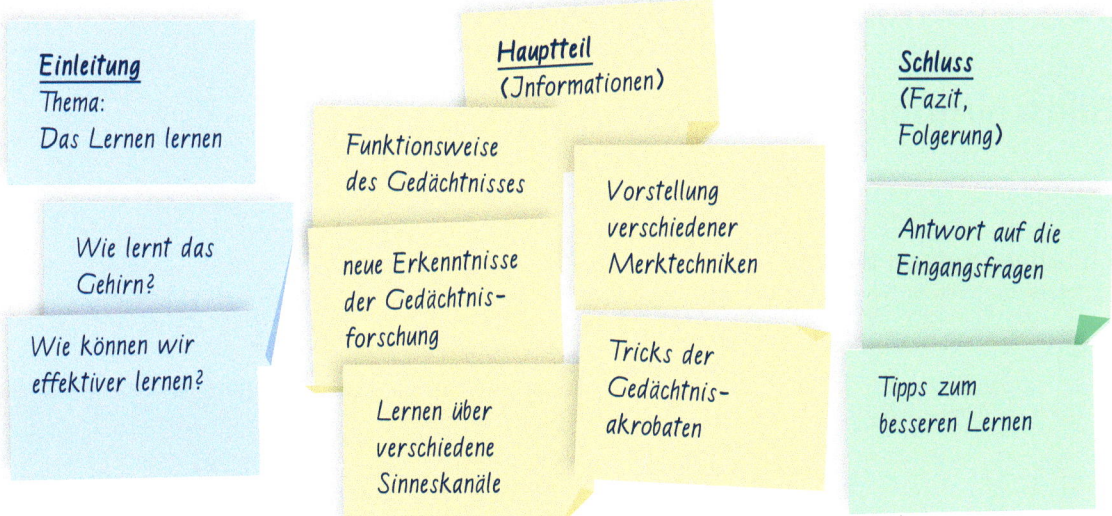

1 Betrachtet die Haftzettel und erklärt den Aufbau eines Vortrags zum Thema „Das Lernen lernen". Welcher logischen Struktur folgt dieser Vortrag?

2 Welche Funktionen haben die einzelnen Bestandteile eines Vortrags?
Ordnet folgende Funktionen den drei Bestandteilen *Einleitung*, *Hauptteil* und *Schluss* zu.

> wichtige Informationen und Zusammenhänge erklären • den Aufbau des Vortrags erklären •
> eine Diskussion anregen • Fragen zum Thema formulieren • das Thema ankündigen •
> Folien, Grafiken und Bilder erläutern • die wichtigsten Informationen zusammenfassen •
> die Ausgangsfragen zum Thema beantworten • Neugier auf den Vortrag wecken

3 Probiert die Haftzettelmethode zu zweit aus:
a Übertragt die Stichworte oben auf einzelne Haftzettel.
b Probiert zu zweit verschiedene Strukturierungsmöglichkeiten aus: Verschiebt die Zettel, lasst einzelne Zettel weg oder ergänzt weitere.
c Überlegt gemeinsam, welche Vorteile die Haftzettelmethode gegenüber anderen Strukturierungsmethoden wie Mindmap, Baum- oder Flussdiagramm (▶ S. 285 f.) bietet.

Methode	Einen Vortrag mit Hilfe von Haftzetteln strukturieren

- Ein **guter Vortrag** hat einen durchdachten **Aufbau** mit **Einleitung, Hauptteil** und **Schluss.**
- Den Aufbau könnt ihr mit Hilfe von **Haftzetteln** planen und darstellen:
  Notiert alle Bestandteile und wichtigen Informationen des Vortrags auf Haftzetteln und ordnet diese in einer **logischen Struktur.** Probiert dabei unterschiedliche Möglichkeiten aus durch Verschieben, Hinzufügen oder Weglassen von Zetteln.
- Die geordneten Haftzettel helfen euch auch beim Vortragen, weil ihr die **Struktur eures Vortrags** dann bildlich vor Augen habt.

13.2 Was für's Auge – Beim mediengestützten Vortrag Bilder und Grafiken geschickt nutzen

Bildschirmfolien gestalten

A

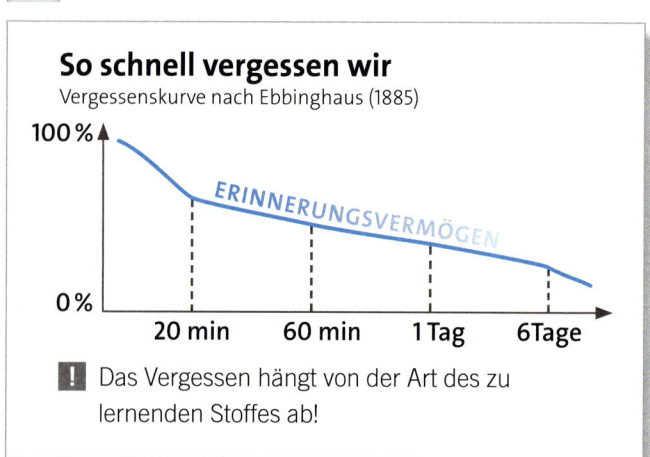

So schnell vergessen wir
Vergessenskurve nach Ebbinghaus (1885)

! Das Vergessen hängt von der Art des zu lernenden Stoffes ab!

B

So schnell vergessen wir

Der deutsche Psychologe Hermann Ebbinghaus fand bereits im 19. Jahrhundert heraus, dass wir bereits 20 Minuten nach dem Lernen nur noch 60 % des Gelernten abrufen können. Nach einer Stunde sind nur noch 45 % und nach einem Tag nur noch 34 % des Gelernten abrufbar. Sechs Tage nach dem Lernen sind nur noch 23 % im Gedächtnis, dauerhaft werden nur 15 % des Gelernten gespeichert. ☹
Dabei hatte Ebbinghaus mit sinnlosen Silbenreihen experimentiert.

1 a Beschreibt die beiden Folien A und B für einen Vortrag zum Thema „Das Lernen lernen".
Geht dabei auf die folgenden Aspekte ein:

> Inhalt • Textmenge • Abbildungen (Bilder, Symbole, Grafiken) • Leerräume • Schriftart • Schriftgröße • farbliche Gestaltung • Hintergrund

b Bewertet die beiden Folien und formuliert Verbesserungsvorschläge. Berücksichtigt dabei die Eignung der Folien sowohl für den Vortragenden als auch für die Zuhörerinnen und Zuhörer.

2 a Tauscht euch in der Gruppe über die folgenden Fragen aus:
  – Was macht eine gelungene Folienpräsentation aus?
  – Wie geht ihr vor, wenn ihr Folien zu einem Vortrag erstellt?
  – Wann ist es sinnvoll, Texte durch Bilder oder Grafiken zu ersetzen oder zu ergänzen?
  – Welche Funktion haben Symbole auf Folien?
b Formuliert gemeinsam fünf Regeln zur Gestaltung von Vortragsfolien.
c Stellt eure Regeln der Klasse vor und begründet sie.

3 Legt eine Liste mit Symbolen an, die man bei der Gestaltung von Folien zum Thema „Lernen" verwenden kann, und stellt sie der Klasse vor.

Sebastian Kröschel
Die eigene Art des Lernens entdecken

Jeder Mensch lernt auf seine eigene Art und Weise. Im Allgemeinen unterscheidet man vier Lerntypen. Oft mischen sich diese jedoch, nicht jeder Mensch kann sich genau einem Lerntyp zuordnen. Der **auditive Lerntyp** (von lat. *audire* = hören) kann besonders gut gehörte Informationen aufnehmen, sie behalten und wiedergeben. Dadurch fällt es ihm besonders leicht zu verstehen, was die Lehrer erklären. Zu einem Tafelbild oder einem Diagramm braucht der auditive Typ fast immer eine mündliche Erläuterung. Der **visuelle Lerntyp** (von lat. *videre* = sehen) lernt am besten, indem er Informationen liest oder Bilder anschaut. Inhalte kann sich der visuelle Lerntyp am leichtesten merken, indem er sie sich in Form von Grafiken oder Bildern veranschaulicht. Tafelbilder oder auch komplizierte Diagramme zu verstehen ist für ihn ein Kinderspiel. Der mo-torische Lerntyp versteht bestimmte Abläufe am besten, wenn er sie selbst durchführt oder ihre Durchführung direkt beobachten kann. Er muss also am eigenen Lernprozess direkt beteiligt sein. Der Ausdruck *learning by doing* („Lernen durch Handeln") beschreibt genau diese Form des Lernens. Der **kommunikative Lerntyp** lernt am besten durch Diskussionen und Gespräche. Erst im Dialog ergeben sich für kommunikativ Lernende Zusammenhänge und Bedeutungen. Sie erklären Inhalte, stellen sie infrage und versuchen sprachlich, eine bessere Lösung zu finden.

Für nachhaltige Lernerfolge ist es am besten, wenn man beim Lernen verschiedene „Lerneingangskanäle" kombiniert, das heißt über das Thema etwas liest und hört, dazu etwas zeichnet oder schreibt und schließlich mit anderen darüber spricht. *

4 Erarbeitet in der Gruppe eine kurze Folienpräsentation (sieben Folien) zu den vier im Text vorgestellten Lerntypen:

– Teilt die vier Lerntypen unter euch auf und erstellt in Einzelarbeit jeweils einen Folienvorschlag zu dem von euch gewählten Lerntyp.
– Stellt euren Folienvorschlag den anderen vor und einigt euch in der Gruppe auf ein einheitliches Layout. Überarbeitet anschließend die vier Folien.
– Legt zuletzt gemeinsam eine Einstiegs-, eine Gliederungs- und eine Abschlussfolie an.

5 Stellt eure Folienpräsentation der Klasse vor und gebt euch gegenseitig Rückmeldungen zur Gestaltung und Lesbarkeit der Folien. Nutzt dafür eure Regeln von Aufgabe 2 b.

Methode   **Bildschirmfolien erstellen**

- Mit Hilfe von **Folien** kann man **Struktur** und **Inhalt** eines Vortrags **veranschaulichen.**
- Folgende Folien gehören zu einer Präsentation:
  – Die **Einstiegsfolie** stellt das Thema vor und macht die Zuhörenden neugierig, z. B. durch eine Frage, ein Bild oder ein Zitat.
  – Auf der **Gliederungsfolie** wird der Aufbau des Vortrags dargestellt.
  – **Inhaltsfolien** veranschaulichen die einzelnen Informationen des Vortrags.
  – Auf der **Abschlussfolie** werden die wichtigsten Informationen zusammengefasst oder ein Fazit oder Fragen für die anschließende Diskussion präsentiert.
- Damit die Folien den Vortrag **wirkungsvoll** unterstützen und gut lesbar sind, sollte man bestimmte **Gestaltungsregeln** (▶ S. 338) beachten.

Ein Handout verfassen

Referentin: Janna Rose   Datum: 8. 3. 20..
Fach: Deutsch

! interessant ! ☺

Thema: Der Gedächtnisakrobat Boris Nikolai Konrad   → *Clips im Netz!*

1 Wer ist Boris Nikolai Konrad?   *häufige Wiederholung =*
– Biografie   *„neuronale Trampelpfade"*
– Erfolge im Gedächtnissport   → *bessere Wissensabspeicherung*

2 Wie funktioniert das Gehirn?   *Loci-M.:*
– Bildung von Synapsen   *1. Weg mit festen Orten*
– Lernen mit verschiedenen Sinnen   *festlegen (z. B. Zimmer)*

3 Welche Methoden nutzt Boris Nikolai Konrad?   *2. Merkwissen an Orten*
– die Loci-Methode   *„ablegen"*
– die Ankermethode   *(z. B. Eselsbrücken überlegen)*   *3. Weg in Gedanken abschreiten*

4 Zusammenfassung und Fazit   ⚠ *Lernen kann man lernen,*
                                ich muss „meine" M. finden

5 Quellenangaben
– Boris Konrad: Superhirn – Gedächtnistraining mit einem
  Weltmeister. Goldegg, München 2013   → *Anschauen!*
– http://www1.wdr.de/mediathek/video/sendungen/planet-
  wissen-wdr/video-gedaechtniskuenstler--jeder-kann-es-
  lernen-100.html [5. 3. 20..]

---

1 **a** Lest das Handout und fasst zusammen, worin es in dem Vortrag ging.
  b Erklärt, wozu ein Handout zu einem Vortrag dient. Welche Informationen sollte es enthalten?

2 **a** Betrachtet die Mitschrift auf dem Handout: Welche Informationen wurden notiert?
  b Beschreibt, wie einzelne Informationen mitgeschrieben wurden. Beachtet dabei auch den Einsatz
     von Abkürzungen, Pfeilen und Symbolen.

Methode	**Ein Handout verfassen**

- Ein Handout gibt den **Aufbau** und die **wichtigsten Informationen** eines Vortrags **knapp**
  und **übersichtlich** wieder und bietet **Platz für Mitschriften.**
- Gebt im **Kopfteil** euren **Namen**, das **Datum**, das **Fach** und das **Vortragsthema** an.
- Listet im **Hauptteil** die **Gliederungspunkte** auf und ergänzt **Stichworte zum Inhalt.**
- Gebt am Ende die **Quellen** der verwendeten Medien an:
  – bei **Büchern:** Autor/-in, Titel, Verlag, Ort, Erscheinungsjahr und eventuell Seitenangabe,
  – bei **Internetseiten:** Internetadresse und Datum, an dem die Seite aufgerufen wurde.

13.3 So kommt ihr an! – Lebendig vortragen

Moderationskarten anlegen

A Ich schreibe mir Stichworte für einen Vortrag immer auf kleine Zettel.

B Ich bereite für einen Vortrag immer Moderationskarten vor. Das heißt, ich schreibe die Gliederungspunkte, Stichworte zum Inhalt und kleine Erinnerungshilfen auf Karteikarten und trage dann damit vor.

C Ich tippe wichtige Stichworte für den Vortrag ins Handy ein. Dann versuche ich, den Vortrag möglichst frei zu halten. Wenn ich stecken bleibe, schaue ich einfach auf mein Handy.

D Wenn ich einen Vortrag halten muss, bin ich immer total nervös. Ich hab echt Angst, dass mir plötzlich keine passenden Wörter einfallen. Deshalb schreibe ich den ganzen Vortrag am Computer, drucke mir die Seiten aus und versuche, die Sätze auswendig zu lernen. Beim Vortrag kann ich dann die Sätze im Notfall auch vorlesen.

E Ich schaue beim Vortragen auf die Bildschirmfolien. Dort stehen die wichtigen Informationen in Stichworten, und ich muss sie nur in Sätze ausformulieren.

1 **a** Welche Hilfsmittel verwenden die Sprecher A–E beim Vortragen? Diskutiert die Vor- und Nachteile dieser Vorgehensweisen.
b Was hilft euch, bei einem Vortrag sicher aufzutreten? Berichtet von eigenen Erfahrungen.

2 **a** Stellt euch vor die Klasse und haltet mit Hilfe der nebenstehenden Moderationskarte einen Mini-Vortrag.
b Bewertet die Notizen auf der Karte. Waren sie hilfreich für den Vortrag?
c Formuliert Tipps zum Anlegen von Moderationskarten.

Karte Nr. 5 **Wie bereite ich eine Prüfung vor?**

@ *Publikum: Welche Erfahrungen habt ihr?*
1. *das Lernen planen*
   → *Wann fange ich an zu lernen?*
      Wann wiederhole ich?
2. *häppchenweise lernen*
   Wissen wird sonst nicht gespeichert → Studie!
3. *Lernwissen handschriftlich (→ Studie)*
   aufschreiben ⚠ *Übersichtlich schreiben!*
4. *Spickzettel erstellen (aber nicht nutzen!)*
   → *man fasst dabei das Wichtigste zusammen*

Methode	**Moderationskarten anlegen**

Moderationskarten helfen, beim Vortrag **frei** zu **sprechen** und sicher aufzutreten.
- Schreibt alle **Gliederungspunkte** und **Informationen** stichwortartig auf **Karteikarten.**
- Beschreibt die Karten nur **einseitig** und **nummeriert** sie.
- Schreibt jeweils nur **wenige Stichworte** in **großer Schrift** und markiert das Wichtigste farbig, damit beim Vortrag ein kurzer Blick auf die Karte ausreicht.

Die Zuhörenden in den Vortrag einbeziehen

A Sagt ein Patient zum Arzt:
„Ich kann mir Sachen so schlecht merken!"
Fragt der Arzt: *„Seit wann?"*
Daraufhin der Patient: *„Seit wann was?"*

B Wenn ihr mir jetzt gut zuhört, könnt ihr in Zukunft besser lernen.

C Wer von euch ist Meister im Spiel „Ich packe einen Koffer"?

1 Zuhörerinnen und Zuhörer entscheiden oft in der ersten Minute, ob sie einen Vortrag interessant finden oder nicht. „Ohröffner" sollen sie zu Beginn neugierig auf das Thema machen.

a Prüft die „Ohröffner" A–C für einen Vortrag zum Thema „Das Lernen lernen".
Welchen haltet ihr für am besten geeignet? Begründet eure Wahl.

b Entwerft zu zweit einen weiteren Vorschlag, wie man in einen Vortrag zum Thema „Lernen" einsteigen könnte, und stellt ihn der Klasse vor.

2 Während des Vortrags sollte man die Zuhörenden mit so genannten „Aufmerksamkeitsankern" immer wieder einbeziehen.
Ordnet die Beispiele 1–5 den Aufmerksamkeitsankern A–E zu und besprecht ihre Wirkung.

1 „Schätzt mal: Wie viel Prozent gehörter Informationen weiß man noch nach 24 Stunden?"

2 „Wer erklärt sich bereit, bei einem kleinen Gedächtnis-experiment mitzumachen?"

3 „Wollt ihr nicht auch wissen, wie man sich 200 Namen in 15 Minuten merken kann?"

4 „Hier seht ihr ein Modell eines menschlichen Gehirns."

5 „Als Kind habe ich mir immer vorgestellt, ein kleines Männlein würde in meinem Kopf fieberhaft große Berge von Information mit der Harke durchwühlen und ..."

A eine direkte Frage stellen
B eine rhetorische Frage stellen
C etwas Persönliches erzählen
D kurze Filme, Bilder oder Gegenstände zeigen
E die Zuhörer abstimmen oder etwas ausprobieren lassen

Methode	Mit „Ohröffnern" und „Aufmerksamkeitsankern" die Zuhörer einbeziehen

- **„Ohröffner"** machen die Zuhörenden zu Beginn des Vortrags neugierig auf das Thema. Startet euren Vortrag z. B. mit einer provokanten Frage oder einer kurzen Geschichte.
- **„Aufmerksamkeitsanker"** sorgen dafür, dass die Zuhörenden während des Vortrags gedanklich nicht abschweifen. Ihr könnt z. B. direkte oder rhetorische Fragen stellen, etwas Persönliches erzählen, kurze Filme, Bilder oder Gegenstände zeigen oder die Zuhörenden abstimmen oder etwas ausprobieren lassen.
- Notiert eure Ideen für „Ohröffner" und „Aufmerksamkeitsanker" auf die Moderationskarten.

Sicher und lebendig vortragen

1 **a** Betrachtet die Vortragende auf beiden Fotos und äußert euch dazu, wie sie jeweils auf euch wirkt. Welchen ersten Eindruck vermittelt sie?

b Beschreibt die Körperhaltung, die Gestik und die Mimik der Vortragenden in A und in B.

c Formuliert Tipps, worauf man beim Vortragen achten sollte.

2 Übt zu zweit das Vortragen mit Hilfe einer Mini-Rede:

a Wählt jeder eins der folgenden „Unsinnsthemen" und macht euch Notizen dazu, was ihr in einer dreiminütigen Rede dazu sagen könntet.

Achtung: Bei dieser Übung geht es nicht um den Inhalt, sondern um die Vortragsweise.

„Die artgerechte Tierhaltung auf dem Mond"	„Schulpflicht für alle Gummibärchen"	„Warum Nachrichten gesungen werden sollten"	„Fußballturniere ohne Ball"

b Tragt euch gegenseitig eure Rede vor. Der Zuhörende macht Notizen zu nebenstehenden Punkten.

c Formuliert ein Feedback und gebt euch gegenseitig Tipps, was ihr beim Vortragen noch verbessern solltet.

> Körperhaltung • Mimik • Gestik •
> Blickkontakt • Sprechtempo •
> Stimmlage • Stimmlautstärke

Tipp: Ihr könnt eure Mini-Rede auch filmen und anschließend analysieren.

Methode — Sicher und lebendig vortragen

- Achtet beim Vortrag auf die **Körperhaltung.** Steht **aufrecht** und unterstreicht eure Aussagen durch **Mimik und Gestik.**
- Tragt möglichst **frei** vor und haltet **Blickkontakt** mit euren Zuhörerinnen und Zuhörern.
- Verwendet eine **klare und einfache Sprache.** Sprecht **langsam** und **deutlich** mit eigenen Worten. Als Faustregel gilt: Halb so schnell und doppelt so deutlich sprechen!
- Wenn ihr vor dem Vortrag aufgeregt seid, probiert folgende **Entspannungstechnik:** Atmet ein paarmal tief und langsam durch den Bauch, haltet dann kurz die Luft an und wiederholt die Übung, bis ihr euch etwas ruhiger fühlt.

Zuhören und konstruktives Feedback äußern

1 Auch die Zuhörerinnen und Zuhörer haben bei einem Vortrag eine wichtige Rolle. Besprecht, wie man als Zuhörer während eines Vortrags sein Interesse zum Ausdruck bringen kann.

2 Nach einem Vortrag sollten die Zuhörerinnen und Zuhörer ein Feedback formulieren.
a Lest die folgenden Äußerungen A–E und beschreibt jeweils, wie ihr euch als Vortragende bei solch einer Aussage fühlen würdet.

> **A** Du hast ziemlich schnell gesprochen, man hat manche Informationen gar nicht verstanden.

> **D** Mir hat sehr gefallen, dass du uns immer wieder Fragen gestellt hast. Aber die Sache mit den Synapsen hast du nicht gut erklärt.

> **B** Dein Vortrag war sehr gut aufgebaut. Auch die Folien haben mir gefallen. Du hättest aber mehr über die Rekorde der Gedächtniskünstler sagen müssen.

> **C** Ich fand den Vortrag interessant. Ich habe mir fest vorgenommen, die Loci-Methode einmal auszuprobieren.

> **E** Der Vortrag war langweilig!

b Untersucht die Aussagen A–E genauer. Welche empfindet ihr als hilfreich, welche weniger? Begründet eure Einschätzung.

3 Genaues Feedback hilft dem Vortragenden, sich zu verbessern.
a Lest nebenstehende Regeln für konstruktives Feedback und prüft, welche Aussagen in Aufgabe 2 gegen diese Regeln verstoßen. Formuliert sie um.
b Formuliert zu jeder Regel eine beispielhafte Feedback-Aussage.

4 Gestaltet ein Plakat (▶ S. 338) mit den Feedback-Regeln und den Beispielen und hängt es im Klassenzimmer auf.

Die goldenen Regeln des konstruktiven[1] Feedbacks

☆ Beginne immer mit etwas Positivem. Nenne erst danach den als negativ empfundenen Aspekt.

☆ Formuliere „Ich-Botschaften": Beginne deine Aussage mit „*Ich denke … / Ich finde …*" anstatt mit „*Du hast …*".

☆ Formuliere konkrete Verbesserungsvorschläge statt allgemeiner Aussagen.

☆ Äußere dein Feedback ehrlich und wertschätzend. ─────

1 konstruktiv: aufbauend, förderlich

Methode **Zuhören und konstruktives Feedback äußern**

■ Zeigt dem Vortragenden durch **Blickkontakt, Mimik** und **Gestik,** dass ihr den Vortrag aufmerksam verfolgt. Notiert eure **Fragen,** damit ihr den Vortrag nicht unterbrechen müsst.

■ Schreibt wichtige Informationen stichwortartig auf dem **Handout** mit.

■ Gebt dem Vortragenden nach dem Vortrag ein **konstruktives Feedback:** Äußert ein Lob und macht anschließend konkrete Verbesserungsvorschläge.

Orientierungswissen

Sprechen und Zuhören

Argumentieren ▶ S. 35

Beim **Argumentieren** versucht man, mit Hilfe von Argumenten andere von der eigenen Meinung zu überzeugen. Eine Argumentation besteht aus der Abfolge von:

- **Meinung** (oder Behauptung, Wunsch, Forderung),
- **Argumenten** (Begründungen) und
- **Entfaltung der Argumente,** z. B. durch **Beispiele.**
- Um zu überzeugen, sollte man auch auf **Gegenargumente** eingehen und diese entkräften.

Argumente entfalten

Wenn man jemanden überzeugen möchte, sollten die eigenen **Argumente** immer gut **nachvollziehbar** sein. So könnt ihr Argumente entfalten:

- Veranschaulicht das Argument durch ein **Beispiel:**
  Jugendliche tragen die billig gekauften Kleidungsstücke kaum. Ein Top wird zum Beispiel durchschnittlich nur 1,7-mal getragen.
- Erklärt die **Folgen** einer Maßnahme, z. B.:
  Wenn Jugendliche weniger Taschengeld erhielten, würden sie weniger Kleidung kaufen.
- Gebt **Fakten** an, z. B.: *In Deutschland eröffneten im letzten Jahr ... neue Filialen.*
- Stellt **Vergleiche** her, z. B.: *Jugendliche geben heute doppelt so viel Geld aus als im Jahr ...*
- Gebt eine **Expertenaussage** wieder, z. B.:
  Eine Studie der Umweltorganisation Greenpeace hat ergeben, dass faire Herstellungsbedingungen bei Kaufentscheidungen keine Rolle spielen.

Argumente geschickt vortragen ▶ S. 39

Mit Hilfe der folgenden Techniken kann man Argumente besonders wirkungsvoll vortragen:

- **Rhetorische Frage:**
  Frage, auf die keine Antwort erwartet wird. Die Zuhörer sollen sich selbst die Antwort geben.
- **Doppelpunkt-Technik:**
  Eine wichtige Aussage wird ganz knapp formuliert, damit die Zuhörer sie sich merken.

> Wollen wir wirklich, dass unsere Kinder nur Markensachen kaufen?

> Unbeschränktes Taschengeld und sparen: Das passt nicht zusammen.

Eine Debatte führen ▶ S. 40

In einer Debatte wird eine **Entscheidungsfrage** diskutiert, die man mit *Ja* oder mit *Nein* beantworten kann. Im Verlauf der Debatte werden **Argumente zu beiden Positionen** vorgetragen und diskutiert.

Eine Debatte folgt einem geregelten **Ablauf** und endet oft mit einer **Abstimmung:**

1 **Begrüßung:**
   Der Gesprächsleiter begrüßt die Teilnehmer und stellt die Abstimmungsfrage vor.
2 **Eröffnungsrunde** (etwa 2 min pro Sprecher):
   Jeder Teilnehmer stellt seine Position zur Abstimmungsfrage vor und begründet sie.
3 **Freie Aussprache** (etwa 10 min):
   Weitere Argumente werden vorgebracht und Argumente der Gegenseite entkräftet.
   Es spricht immer abwechselnd jemand von der Pro- und von der Kontra-Seite.
4 **Schlussrunde** (etwa 1 min pro Sprecher):
   Jeder Teilnehmer hält ein kurzes Schlussstatement zu seiner Position.
   Dabei sollen die in der freien Aussprache vorgebrachten Argumente berücksichtigt werden:
   Was spricht weiterhin für die eigene Position?
5 **Abstimmung:**
   Der Gesprächsleiter dankt und bittet um Abstimmung.

An Diskussionsbeiträge anknüpfen, Gegenargumente entkräften ▶ S. 37

Wenn man in einer Diskussion **Argumenten zustimmen** oder sie **entkräften** möchte, muss man deutlich machen, auf welchen Diskussionsbeitrag man sich bezieht:

- Sprecht den Diskussionspartner direkt an und wiederholt seine Aussage, z. B.:
  „Lynn, du hast gerade gesagt, es sei problematisch, ...".
- Formuliert deutlich, ob ihr zustimmt oder widersprecht, z. B.:
  „Ich sehe das genauso wie du. Dafür spricht auch ..." / „Ich sehe das anders, denn ..."
- Entkräftet Gegenargumente. Nennt ein Gegenbeispiel oder formuliert ein stärkeres Argument für eure eigene Position, z. B.:
  „Das folgende Beispiel widerspricht dem, was du sagst: ..." / „Viel wichtiger als ... ist doch ..."

Einen Kompromiss formulieren ▶ S. 36

Wenn Diskutierende **unterschiedliche Positionen** vertreten, lassen sich oft **vermittelnde Standpunkte** finden, auf die sich beide einigen können. Dabei müssen jedoch beide auf Teile ihrer Forderungen verzichten.

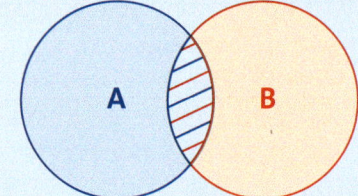

Um einen Kompromiss zu erarbeiten, solltet ihr folgende Fragen stellen:

- In welchen Punkten stimmt A einem Argument von B zu?
- In welchen Punkten stimmt umgekehrt B einem Argument von A zu?
- Welchen Kompromiss kann man anhand dieser Übereinstimmungen formulieren?

Referate vorbereiten und halten ▶ S. 59–61, 102

In einem **Referat** informiert man **sachlich, knapp** und **genau** über ein **Thema.**
Wichtig sind eine **gründliche Recherche,** eine **nachvollziehbare Gliederung,** ein **abwechslungsreicher Vortrag** und eine **übersichtliche, anschauliche Präsentation.**

- **Einleitung:** – Weckt das Interesse eurer Zuhörerinnen und Zuhörer und führt in das Thema ein,
z. B. durch Bilder, treffende Zitate oder persönliche Bemerkungen zum Thema.
– Gebt einen Überblick über die Gliederung eures Referats.
- **Hauptteil:** – Tragt die Informationen zu den einzelnen Unterpunkten eures Themas
in einer sinnvollen Reihenfolge vor.
– Formuliert Überleitungen zwischen den einzelnen Unterpunkten.
– Erklärt Fachbegriffe, die die Zuhörer vielleicht nicht kennen.
– Verzichtet auf überflüssige Informationen, die vom Thema wegführen.
- **Schluss:** – Fasst wichtige Informationen noch einmal zusammen.
– Formuliert eure abschließende Meinung zum Thema oder gebt einen Ausblick
auf die Zukunft.

Ein Referat mit Hilfe von Haftzetteln strukturieren ▶ S. 287

Den Aufbau eines Referats könnt ihr mit Hilfe von **Haftzetteln** planen und darstellen:
- Notiert alle Bestandteile und wichtigen Informationen des Vortrags auf Haftzettel und ordnet
diese in einer **logischen Struktur.**
- Probiert **unterschiedliche Strukturierungsmöglichkeiten** aus durch Verschieben, Hinzufügen oder
Weglassen von Zetteln.
- Die geordneten Haftzettel helfen euch auch beim **Vortragen,** weil ihr die Struktur eures Referats
dann bildlich vor Augen habt.

Moderationskarten anlegen ▶ S. 60, 291

Moderationskarten helfen, beim Vortrag **frei** zu **sprechen** und sicher aufzutreten.
- Schreibt alle **Gliederungspunkte** und **Informationen** stichwortartig auf **Karteikarten.**
- Beschreibt die Karten nur **einseitig** und **nummeriert** sie.
- Schreibt jeweils nur **wenige Stichworte** in **großer Schrift** und markiert das Wichtigste farbig,
damit beim Vortrag ein kurzer Blick auf die Karte ausreicht.

Sicher und lebendig vortragen ▶ S. 61, 293

Wenn man das Referat hält, sollte man zeigen, dass man das **Thema beherrscht,** indem man sicher
und lebendig vorträgt.
- Achtet auf die **Körperhaltung.** Steht **aufrecht** und unterstreicht eure Aussagen durch **Mimik und
Gestik.**
- Tragt möglichst **frei** vor und haltet **Blickkontakt** mit euren Zuhörerinnen und Zuhörern.
- Verwendet eine **klare und einfache Sprache.** Sprecht **langsam** und **deutlich** mit eigenen Worten.
Als Faustregel gilt: Halb so schnell und doppelt so deutlich sprechen!

Die Zuhörenden in das Referat einbeziehen

▶ S. 292

Während des Referats sollte man die Zuhörerinnen und Zuhörer mit Hilfe von „Ohröffnern" und „Aufmerksamkeitsankern" in den Vortrag einbeziehen.

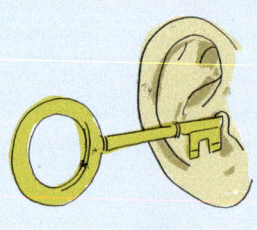

- **„Ohröffner"** machen die Zuhörer zu Beginn des Vortrags neugierig auf das Thema.
  Startet euren Vortrag z. B. mit einer provokanten Frage oder einer kurzen Geschichte.
- **„Aufmerksamkeitsanker"** sorgen dafür, dass die Zuhörer während des Vortrags gedanklich nicht abschweifen. Ihr könnt z. B. direkte oder rhetorische Fragen stellen, etwas Persönliches erzählen, kurze Filme, Bilder oder Gegenstände zeigen oder die Zuhörer abstimmen oder etwas ausprobieren lassen.

Interviews führen

▶ S. 57

In einem **Interview** ermittelt man durch **Fragen** gezielt **Informationen.**
Die **Art der Fragen** beeinflusst, wie ausführlich und genau der Befragte antwortet.
Man unterscheidet die folgenden **Fragetypen:**

- Die **Informationsfrage** beginnt mit einem Fragewort *(Wer? Was? Wann? Wo? Wie? Warum?)* und verlangt eine genaue Information.
- Die **Entscheidungsfrage** kann nur mit *Ja* oder mit *Nein* beantwortet werden. Sie engt den Gesprächspartner ein.
- Die **Suggestivfrage** gibt dem Befragten bereits die gewünschte Antwort vor.
- Bei einer **Doppelfrage** werden zwei Fragen gleichzeitig gestellt. Das kann den Gesprächspartner verunsichern, denn er weiß nicht, worauf er zuerst antworten soll.
- Eine **Impulsfrage** kann der Befragte erst durch Nachdenken beantworten.

Will man in einem **Experteninterview** ausführliche Sachinformationen zu einem Thema erhalten, sollte man offene, sachliche **Informationsfragen** stellen.

Richtig zuhören

▶ S. 61, 102, 294

Beim Zuhören sollte man dem Gesprächspartner oder dem Vortragenden zeigen, dass man den Äußerungen aufmerksam folgt.

- Signalisiert euer Interesse durch **Blickkontakt, Mimik** und **Gestik.**
- Notiert eure **Fragen,** damit ihr den Sprechenden nicht unterbrechen müsst, und stellt sie nach dessen Äußerung oder Vortrag.
- **Schreibt** bei einem Interview oder einem Vortrag wichtige Informationen **stichwortartig mit.**
- Dankt Interviewpartnern nach dem Interview und gebt Vortragenden nach ihrem Referat ein **konstruktives Feedback:**
  - Äußert zunächst ein konkretes Lob zum Inhalt, zum Aufbau, zum Medieneinsatz oder zur Vortragsweise.
  - Formuliert anschließend konkrete Verbesserungsvorschläge.

Schreiben

Textsorten- und adressatengerecht schreiben ▶ S. 78 f., 240

- Wenn man einen Text schreibt, sollte man die **Textsorte** und den **Adressaten** berücksichtigen und sich fragen:
  Welche Art von Text möchte ich schreiben? Für wen möchte ich diesen Text schreiben?
- Je nach **Textsorte, Adressat, Funktion** und **Medium** des Textes unterscheiden sich beispielsweise **Textaufbau, Wortwahl, Sprachstil, Satzbau** oder **Zeitform.**

Rezensionen verfassen ▶ S. 170, 215

Eine Buchrezension verfassen ▶ S. 215

In einer Buchrezension wird der **Inhalt eines Buchs,** z. B. eines Romans, bewertet.
Rezensionen werden mit der Absicht verfasst, Leserinnen und Leser über das Buch zu **informieren** und eine **Leseempfehlung** zu geben.

- **Einleitung:** – Gebt Titel, Autor/-in, Erscheinungsjahr und Romantyp an.
  – Formuliert eine kurze Aussage zum Inhalt des Romans.
- **Hauptteil:** – Formuliert im Hauptteil eine Bewertung des Romans.
  Bewertet dabei mindestens drei der folgenden Aspekte:
  Inhalt, Figuren, Glaubwürdigkeit, Verständlichkeit, Sprache, Spannung, Lesefreude.
- **Schluss:** – Formuliert eine Leseempfehlung: Würdet ihr diesen Roman weiterempfehlen?
  Wenn ja, welcher Zielgruppe?

Eine Theaterkritik verfassen ▶ S. 170

In einer Theaterkritik wird die **Aufführung eines Theaterstücks** bewertet.
Theaterkritiken werden mit der Absicht verfasst, über eine Aufführung zu **informieren** und den Besuch zu empfehlen oder vom Besuch abzuraten.

- **Einleitung:** – Nennt Autor/-in und Titel des Theaterstücks sowie Datum, Ort und Theatergruppe der Aufführung.
  – Formuliert eine kurze Aussage zum Inhalt des Theaterstücks (Handlungsort, Hauptfiguren, zentraler Konflikt).
- **Hauptteil:** – Formuliert im Hauptteil eine Bewertung der Aufführung.
  Geht dabei auf folgende Aspekte ein:
  inhaltliche Gestaltung (Nähe zur Textvorlage), Bühnenbild und Kostüme, Musik, Leistungen einzelner Schauspieler/-innen.
- **Schluss:** – Formuliert eine begründete Aussage zum Gesamteindruck der Aufführung.
  – Sprecht eine Empfehlung für oder gegen den Besuch der Aufführung aus.
  Gebt an, für wen die Aufführung gut geeignet oder weniger geeignet erscheint.

Geschäftsbriefe verfassen ▶ S. 78

Ein **Geschäftsbrief** bezieht sich auf einen **geschäftlichen Vorgang** wie eine Bestellung, eine Anfrage oder eine Reklamation.

- Gebt im **Briefkopf** die Anschrift des Absenders, des Empfängers sowie Ort und Datum an.
- Formuliert in der **Betreffzeile** den Grund des Schreibens, z. B.: *Anfrage, Reklamation.*
- Beginnt den **Brieftext** mit einer höflichen **Anrede,** nach der ein **Komma** steht, z. B.: *Sehr geehrter Herr Ratz, / Sehr geehrte Frau Lühr* oder *Sehr geehrte Damen und Herren, ...*
- Gebt im **Hauptteil** zuerst an, worauf ihr euch bezieht, z. B. auf die Bestellung oder den Wareneingang. Beschreibt anschließend den Sachverhalt und fordert den Adressaten zum Schluss höflich zu etwas auf.
- Schließt mit einer **Grußformel** und eurer **Unterschrift,** z. B.: *Mit freundlichen Grüßen ...*
- Formuliert **sachlich** und **höflich** in der **Standardsprache** und achtet auf die Großschreibung der höflichen **Anredepronomen** *Sie, Ihnen, Ihr.*
- Gliedert den Brieftext im Hauptteil des Briefs in sinnvolle **Abschnitte.**

Erzählen

Eine Kurzgeschichte schreiben ▶ S. 125

Kurzgeschichten sind knappe, moderne Erzählungen mit bestimmten Merkmalen (▶ S. 309).

- Legt vor dem Schreiben der Kurzgeschichte ein **Thema,** die **Hauptfiguren,** den **Handlungsort** und den **Erzähler** (Ich-Erzähler oder Er-/Sie-Erzähler) fest.
- Gestaltet einen unmittelbaren, anregenden **Einstieg.**
- Stellt im Hauptteil eurer Geschichte den **Konflikt** und die **überraschende Wende** dar.
- Gestaltet einen **offenen, überraschenden Schluss.**
- Verwendet **anschauliche Verben und Adjektive, sprachliche Bilder** (Vergleiche, Metaphern) und **direkte Rede,** damit eure Geschichte stimmungsvoll und lebendig wirkt und die Leser sich die Figuren, den Ort und die Handlung gut vorstellen können.

Schildern

Eine Situation, Stimmung oder Atmosphäre schildern

- Schildern bedeutet, eine **Situation, Stimmung oder Atmosphäre** durch **anschauliche Adjektive, ausdrucksstarke Verben** und **sprachliche Bilder** so genau zu beschreiben, dass die Leser sich diese gut vorstellen können.
- Schilderungen beruhen auf **genauen Beobachtungen** und geben **Sinneswahrnehmungen** sowie **persönliche Gedanken und Gefühle** wieder.
- In Schilderungen äußern sich Beteiligte häufig in **direkter Rede.**
- Schilderungen werden meistens im **Präsens** verfasst.

Berichten

Einen Bericht schreiben ▶ S. 62, 242

In einem Bericht informiert man **sachlich, knapp und genau** über ein vergangenes Ereignis, in einem Tagesbericht beispielsweise über die Tätigkeiten an einem Praktikumstag.
- Stellt den **Ablauf** des Ereignisses oder des Tages **vollständig** in der richtigen **zeitlichen Reihenfolge** dar. Verdeutlicht die Reihenfolge durch **Zeitangaben** oder **Verknüpfungswörter** wie *am Morgen, gegen 9.00 Uhr, zuerst, während, anschließend, gleichzeitig, später.*
- Berichtet nur die **wichtigen Fakten.** Beantwortet dazu die **W-Fragen:**
  Was geschah? **Wann** geschah es? **Wo** geschah es? **Wer** war beteiligt? **Wie** lief es ab? **Warum? Welche Folgen** hatte das Ereignis oder der Vorgang?
- Formuliert **sachlich** und verwendet das **Präteritum** (▶ S. 321).

Ein Ergebnisprotokoll verfassen ▶ S. 41

Protokolle sind **knappe Berichte** über Versammlungen, Konferenzen oder Diskussionen.
In **Ergebnisprotokollen** stellt man nicht den gesamten Verlauf des Gesprächs oder der Diskussion dar, sondern hält nur die **wichtigen Ergebnisse und Vereinbarungen** fest.
- **Protokollkopf:** – Gebt den Anlass/das Thema, das Datum, die Teilnehmer, den Leiter oder Moderator, die Zeit und den Namen des Protokollanten an.
- **Hauptteil:** – Listet die **Tagesordnungspunkte** (TOPs) auf und formuliert die Ergebnisse.
- **Schluss:** – Ergänzt am Ende **Ort und Datum der Abfassung** sowie eure **Unterschrift.**
- Formuliert das Protokoll **sachlich** ohne persönliche Wertungen. Verwendet das **Präsens** (▶ S. 321).

Informieren

Einen Informationstext verfassen ▶ S. 16–21

In einem **Informationstext** beschreibt und erklärt man einen Sachverhalt **knapp** und **gut verständlich** auf der Grundlage von Materialien, die man zum Thema recherchiert hat.
- **Überschrift und**
  Einleitung: – Gebt dem Text eine Überschrift, die das Thema benennt.
  – Führt in das Thema ein, z. B. durch ein Zitat oder eine Frage.
- **Hauptteil:** – Formuliert wichtige Informationen zu den einzelnen Fragestellungen des Themas.
  – Gliedert den Hauptteil in einzelne Absätze.
- **Schluss:** – Formuliert ein Fazit oder einen Ausblick in die Zukunft.
- Formuliert **sachlich, knapp** und ohne persönliche Wertungen.
- Gebt Informationen aus anderen Texten **mit eigenen Worten** wieder.
- Denkt beim Schreiben an eure Leser. Formuliert **gut verständlich** und erklärt Fremdwörter.

Texte zusammenfassen

Eine Inhaltsangabe zu einem literarischen Text schreiben ▶ S. 209

In einer Inhaltsangabe fasst man den Inhalt eines Textes **knapp und sachlich** zusammen.
- **Einleitung:** Gebt die Textsorte (z. B. Kurzgeschichte, Drama), den Titel, das Erscheinungsjahr, den Namen der Autorin / des Autors und das Thema des Textes an.
- **Hauptteil:** Stellt die wichtigsten Ereignisse der Handlung (Handlungsschritte) in der zeitlich richtigen Reihenfolge dar. Verzichtet auf die Darstellung von Einzelheiten und gebt wichtige Äußerungen von Figuren indirekt wieder.
- **Schluss:** Formuliert eine Einschätzung zur Textaussage oder zur Autorenabsicht:
  - Wie versteht ihr den Text?
  - Was soll eurer Meinung nach durch den Text ausgedrückt werden?
- Nutzt in der Inhaltsangabe **eigene Worte,** schreibt nicht vom Ausgangstext ab.
- Verdeutlicht die Zusammenhänge der Handlung durch **Verknüpfungswörter** wie *weil, obwohl, als, während, damit, deswegen, aus diesem Grund.*
- Schreibt im **Präsens** (▶ S. 321, bei Vorzeitigkeit im Perfekt) und achtet auf eine **sachliche Sprache.**

Wörtliche Rede indirekt wiedergeben

In Inhaltsangaben gibt man **wichtige Äußerungen einzelner Figuren** nicht in wörtlicher Rede wieder, sondern man umschreibt sie:
- Wiedergabe der wörtlichen Rede in indirekter Rede (im Konjunktiv I, ▶ S. 323), z. B.:
  „Du kannst nichts", sagten sie.
  → *Sie sagten, er könne nichts.*
- Wiedergabe der wörtlichen Rede mit Hilfe eines *dass*-Satzes, z. B.:
  „Du kannst nichts", sagten sie.
  → *Sie sagten, dass er nichts kann.*
- Umschreibung (Paraphrasierung) der wörtlichen Rede mit eigenen Worten, z. B.:
  „Du kannst nichts", sagten sie.
  → *Sie trauten ihm nichts zu.*

Sätze paraphrasieren und Textabschnitte exzerpieren ▶ S. 20, 96

Wenn man auf der Grundlage anderer Texte einen eigenen Text schreibt, sollte man möglichst mit eigenen Worten formulieren. Man unterscheidet die folgenden zwei Verfahren:
- **Paraphrasieren – Sätze mit eigenen Worten wiedergeben**
  - Ersetzt Nomen und Verben des Satzes durch Wörter mit gleicher Bedeutung (Synonyme).
  - Verändert auch den Satzbau.
- **Exzerpieren – Textabschnitte mit eigenen Worten zusammenfassen**
  - Bestimmt die Hauptaussage des Textabschnitts, z. B. zu einer bestimmten Frage.
  - Schreibt diese Hauptaussage mit eigenen Worten auf.

Beschreiben

Beschreiben und Erklären unterscheiden ▶ S. 15

- Beim **Beschreiben** stellt man Personen, Vorgänge, Tatsachen oder Situationen genau und sachlich dar, ohne sie zu erklären oder zu bewerten. Man fragt: Wie ist etwas?
- Beim **Erklären** ordnet man Aussagen oder Sachverhalte in einen zeitlichen oder ursächlichen Zusammenhang ein. Man fragt: Warum ist es so?

Ein Bild beschreiben ▶ S. 97

- **Einleitung:** Gebt den **Titel** des Bildes, den **Künstler** und den **Bildinhalt** an.
- **Hauptteil:** Beschreibt zunächst das **Hauptmotiv** und geht dann auf die **Einzelheiten** ein. Beschreibt in einer **sinnvollen Reihenfolge** von der linken zur rechten Bildhälfte, von oben nach unten oder von vorn (Vordergrund) über die Mitte nach hinten (Hintergrund). Macht auch Angaben zur **Farbgestaltung.**
- **Schluss:** Beschreibt, welche **Stimmung** das Bild vermittelt und wie es auf euch **wirkt.**
- Formuliert **sachlich** im **Präsens** (▶ S. 321).

Einen Arbeitsablauf (Vorgang) beschreiben

- **Einleitung:** Benennt den **Arbeitsablauf** und seinen **Zweck,** notwendige **Materialien** und/oder **Vorbereitungen.**
- **Hauptteil:** Beschreibt den genauen **Arbeitsablauf Schritt für Schritt.**
- **Schluss:** Gebt an, worauf man bei diesem Ablauf besonders achten sollte, was das Besondere/Interessante daran ist, oder formuliert **weiterführende Hinweise.**
- Verdeutlicht durch Wörter wie *zuerst, danach, nun* die **Reihenfolge der Arbeitsschritte.**
- Verwendet **Aktiv- und Passivformulierungen** (▶ S. 322), damit euer Text nicht eintönig klingt.
- Verfasst eure Beschreibung im **Präsens** (▶ S. 321).

Appellieren

Einen Aufruf verfassen ▶ S. 43

Bei Aufrufen handelt es sich um **appellierende Texte.**
Ein **Appell** ist eine **Aufforderung** an jemanden, etwas zu tun.
- Beschreibt die Problemlage und ruft zum Nachdenken, Handeln oder Mitmachen auf.
- Verwendet sprachliche Mittel wie **Imperative** (▶ S. 322), die **persönliche Anrede, rhetorische Fragen, elliptische** (verkürzte) **Sätze, Slogans** oder **Sprüche,** um die Leser oder Zuhörer direkt anzusprechen und ihr Interesse zu wecken.

Argumentieren

Textbasiert erörtern

▶ S. 46–48

In einer Erörterung stellst du deine **Meinung** zu einem Sachverhalt oder zu einer strittigen Frage dar und gehst dabei auf die **Argumente pro (für) und kontra (gegen)** deine Meinung ein.
Bei einer textbasierten Erörterung wird dir dafür ein längerer Sachtext zur Verfügung gestellt, der Pro- und Kontra-Argumente zur strittigen Frage enthält.

1 Die Textvorlage untersuchen

Die **textbasierte Erörterung** verlangt eine **genaue Auseinandersetzung mit dem Ausgangstext.**
Man muss zunächst die zentralen Aussagen erschließen. Folgende **Leitfragen** helfen dabei:

- Um welches Thema geht es in dem Text? Welche Meinung wird darin vertreten?
- Mit welchen Argumenten wird diese Meinung gestützt?
- Welche Gegenargumente werden im Text angeführt?
- Wie überzeugend wirken die einzelnen Argumente?

2 Den Aufbau der Argumentation planen

Die Argumente, auf die man in seiner Erörterung eingehen möchte, kann man auf unterschiedliche Weise anordnen:

- **Das Sanduhr-Schema:**
  Die Pro- und Kontra-Argumente werden **in zwei Blöcken** angeordnet:

  Im ersten Block widerlegt man **alle Gegenargumente** (vom stärksten zum schwächsten Gegenargument).

  Im zweiten Block führt man **alle Pro-Argumente** an (vom schwächsten zum stärksten Argument).

- **Das Ping-Pong-Schema:** Die Pro- und Kontra-Argumente werden **im laufenden Wechsel** einander gegenübergestellt:

  Man führt ein **Gegenargument** an und stellt diesem

  ein **Argument** für die eigene Meinung gegenüber. Dabei führt man anfangs die schwächeren und zum Schluss die stärksten Pro-Argumente an.

3 Die textbasierte Erörterung schreiben

- **Einleitung:** – Nennt das **Thema** und weckt das Interesse der Leser, z. B. durch einen aktuellen Bezug oder eigene Erlebnisse.
  – Gebt die **Textvorlage** an (Titel, Autor/-in, Textsorte) und wiederholt die **strittige Frage.**
- **Hauptteil:** – Formuliert deutlich eure **Meinung** zur strittigen Frage.
  – Führt **Argumente** für eure Meinung an und entkräftet **Gegenargumente.** Geht dabei auf wichtige Argumente aus dem Text ein.
  – Baut die **Argumentation** nach dem **Sanduhr-** oder **Ping-Pong-Schema** auf und leitet die Argumente mit passenden **Verknüpfungswörtern** ein.
- **Schluss:** – **Fasst** die Meinung, die ihr euch nach der Auseinandersetzung mit der Textvorlage gebildet habt, noch einmal **zusammen.**
  – Formuliert einen **Wunsch für die Zukunft** oder einen **Appell** an die Leser.

Sich schriftlich bewerben

Das Bewerbungsschreiben formulieren ▶ S. 64 f., 243

Mit einer Bewerbung **werbt** ihr für euch selbst. Deshalb sollten Inhalt und Gestaltung eurer Bewerbung überzeugen und Rechtschreibung und Zeichensetzung korrekt sein.

- Ein Bewerbungsschreiben enthält folgende Bestandteile:
  - **Briefkopf** (Absender, Adressat mit vollständiger Anschrift, Datum),
  - **Betreffzeile** (stichwortartige Angabe, worum es geht),
  - **Anrede** und **Bewerbungstext,**
  - **Grußformel** und **Unterschrift** sowie Auflistung der **Anlagen** (z. B. Lebenslauf, Zeugnis).
- Der **Bewerbungstext** sollte **individuell** gestaltet und **auf die Firma zugeschnitten** sein.
- Stellt euch selbst **überzeugend** dar, ohne zu übertreiben oder Wichtiges wegzulassen.
- Formuliert **höflich.** Beachtet die **Großschreibung der Anredepronomen** *(Sie, Ihnen, Ihr)*.

Die ANDA-Methode ▶ S. 64

Baut den Bewerbungstext nach der **ANDA-Methode** (spanisch *anda* = Auf geht's!) auf:

1 **A**nknüpfung finden: Erklärt, wo ihr auf die Stellenanzeige aufmerksam geworden seid, und bringt euer Interesse an der Praktikums- oder Ausbildungsstelle zum Ausdruck.

2 **N**eugierde wecken: Macht das Unternehmen neugierig auf euch. Nennt den Namen eurer Schule und gebt an, warum ihr euch für diesen Beruf interessiert.

3 **D**u und deine Fähigkeiten: Stellt überzeugend dar, warum ihr für diesen Beruf geeignet seid. Verknüpft die Anforderungen des Unternehmens an einen Praktikanten oder Auszubildenden mit euren besonderen Fähigkeiten und Eigenschaften.

4 **A**ufforderung zum Handeln: Bittet höflich um eine Einladung zu einem Vorstellungsgespräch.

Sich online bewerben ▶ S. 68

Bei der **Online-Bewerbung** werden in der Regel das **Bewerbungsschreiben,** der **Lebenslauf** und die **Anlagen** (Zeugnisse, Bescheinigungen) als **PDF-Dateien im Anhang** einer E-Mail versendet.

- Gebt im **E-Mail-Text** die Stellenausschreibung an und verweist auf die Anhänge.
- Nutzt für den Versand von Online-Bewerbungen eine **seriöse E-Mail-Adresse.**

Den Lebenslauf verfassen ▶ S. 67

Zur Bewerbung gehört auch ein **tabellarischer Lebenslauf.**

- Gebt im Lebenslauf Folgendes an: persönliche Daten (vollständiger Name, Anschrift, Telefonnummer, E-Mail-Adresse, Geburtsdatum, Geburtsort), Schullaufbahn (Auflistung der Schulen), berufliche Erfahrungen (Angabe von Praktika), besondere Kenntnisse und Interessen (Sprachkenntnisse, PC-Kenntnisse, Hobbys), Ort, Datum und Unterschrift.
- Der Lebenslauf sollte **übersichtlich gegliedert** sein und ein **Porträtfoto** enthalten.

Lesen – Umgang mit Texten und Medien

Deutungsthesen formulieren

▶ S. 105

- Für eine **Deutungsthese** formuliert man in wenigen Sätzen, was die **grundsätzliche Aussage** eines Textes oder Textausschnitts sein könnte:
  Ich deute den Text so: ...
- Der Begriff *Deutungsthese* beinhaltet das Fremdwort *These* für *Behauptung*.
- Deutungsthesen sind demnach erste **Leseeindrücke** oder **Vermutungen** zu einem Text, die durch eine anschließende Textuntersuchung bewiesen oder widerlegt werden.

Epik: Erzählende Texte

Zu **erzählenden Texten** (Epik) gehören beispielsweise Märchen, Fabeln, Sagen, Lügengeschichten, Kalendergeschichten, Novellen, aber auch Romane.
Folgende Elemente sind für erzählende Texte kennzeichnend:

Der Erzähler und die Erzählform

▶ S. 211

- Die Erzählerin oder der Erzähler ist eine **Figur,** welche die Handlung einer Geschichte vermittelt. Sie oder er darf nicht mit der Autorin oder dem Autor gleichgesetzt werden. Autoren wählen den Erzähler ganz bewusst.
- Der **allwissende (auktoriale) Erzähler** überblickt die **gesamte Handlung.** Er kennt die **Gedanken und Gefühle aller Figuren** und kann das Geschehen beurteilen, vorausdeuten oder sich auch direkt an die Leser wenden. In der Regel erzählt er in der **Er-/Sie-Form.**
- Der **personale Erzähler** erzählt aus dem **eingeschränkten Blickwinkel einer bestimmten Figur.** In der Regel ist diese Figur am Geschehen beteiligt. Häufig erzählt der personale Erzähler in der **Ich-Form.**

Die Figuren

▶ S. 116, 129 f., 205, 207

Die **Personen, Tiere oder Fantasiewesen,** die in einer Geschichte handeln, nennt man **Figuren.**
Sie verfügen über ein bestimmtes **Aussehen,** bestimmte **Eigenschaften, Gefühle, Gedanken und Absichten.**

Handlungsmotive der Figuren

Figuren haben bestimmte **Absichten und Interessen,** die ihr Handeln bestimmen. Sie wollen beispielsweise jemanden näher kennen lernen oder sich an jemandem rächen.
Diese so genannten **Handlungsmotive** stehen oft nicht direkt im Text. Leser können sie jedoch anhand des Handlungsverlaufs und der Figurencharakteristik erschließen.

Direkte und indirekte Beschreibung von Figuren

Die Eigenschaften von Figuren können in Erzählungen direkt genannt oder indirekt dargestellt werden:

- Eine Figur wird **direkt** beschrieben, wenn der Erzähler konkrete Aussagen über sie trifft oder die Figur über sich selbst spricht, z. B.:
  „Manchmal hat Josefine keinen Bock auf ihre Mutter, keinen Bock auf zu Hause."
- Eine Figur wird **indirekt** beschrieben durch die Art, wie sie handelt, spricht und fühlt. Davon lassen sich Eigenschaften der Figur ableiten, z. B.:
  „Josefine nickt so halb und starrt auf die polierten Schuhe der Frau."
  → *Josefine fühlt sich in der Situation unwohl und unsicher.*
- In erzählenden Texten werden meistens beide Formen der Figurendarstellung angewendet.

Die Figurenkonstellation

Mit **Figurenkonstellation** bezeichnet man die **Beziehungen der Figuren** in einem Text untereinander. Diese Beziehungen sind wichtig für den Verlauf der Handlung.

- Um die Erzählung besser zu verstehen, solltet ihr über folgende **Fragen** nachdenken:
  – Woher kennen sich die Figuren?
  – Was denken die Figuren übereinander und was wollen sie voneinander?
  – Wodurch ist ihre Beziehung geprägt: durch Nähe, Distanz, Liebe, Konkurrenz, Neid ...?
- Figurenkonstellationen kann man in einem **Standbild** oder einem **versprachlichten Standbild** (▶ *Shadowing*, S. 314) darstellen oder in **Figurenskizzen** veranschaulichen.
- Für Figurenskizzen notiert man die Namen der Figuren und stellt ihre Beziehung mit Hilfe von Pfeilen, grafischen Symbolen und Stichworten dar.

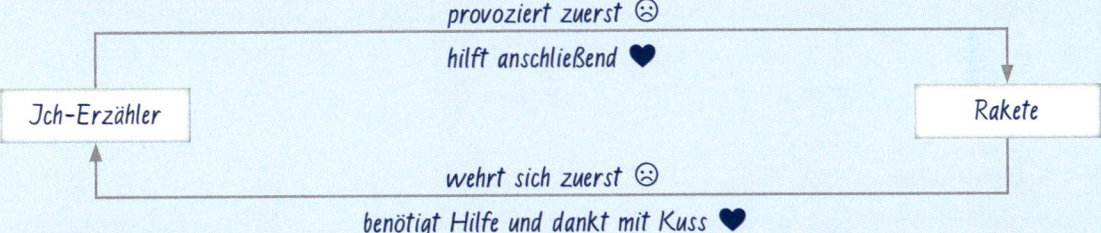

Die Figurenkommunikation

- In einer **Kommunikation** werden verschiedene **Signale übermittelt.** Dies kann auf unterschiedlichen Wegen geschehen: **verbal** (mit Worten), **nonverbal** (ohne Worte, durch Mimik und Gestik) oder **paraverbal** (durch die Art und Weise, wie gesprochen wird: Lautstärke, Sprechtempo, Betonungen, Pausen).
- Dabei werden sowohl **Sachinformationen** als auch **Gedanken und Gefühle** mitgeteilt. So unterscheidet man bei Äußerungen die Sach- und die Beziehungsebene, z. B.:
  „Willst du mit mir ins Kino gehen?"
  → Mitteilung auf der **Sachebene:** *Ich möchte mit dir ins Kino gehen.*
  → Mitteilung auf der **Beziehungsebene:** *Ich verbringe gern Zeit mit dir, ich mag dich.*
- Die **nonverbalen und paraverbalen Ausdrucksmittel** entscheiden oft darüber, wie eine Nachricht verstanden wird. Werden sie falsch gedeutet, misslingt die Kommunikation.

Literarische Figuren charakterisieren

Literarische Figuren verfügen sowohl über **äußere Merkmale** wie Geschlecht, Alter, Aussehen und Lebensumstände als auch über **innere Merkmale** wie Charaktereigenschaften, Absichten.

Wenn man **eine Figur charakterisieren** soll, fasst man alle äußeren und inneren Merkmale, die im Text direkt oder indirekt beschrieben werden, zusammen:

- **Einleitung:** Stellt die Figur allgemein vor: Name, Alter, Beruf und Lebensumstände.
- **Hauptteil:** Beschreibt das Aussehen der Figur (soweit bekannt), typische Verhaltensweisen und Eigenschaften sowie ihr Verhältnis zu anderen Figuren.
- **Schluss:** Erläutert, wie die Figur auf euch wirkt.
- Verwendet als Tempus das **Präsens** (▸ S. 321). Belegt eure Aussagen mit **Textzitaten** (▸ S. 329).

Die Handlung ▸ S. 120, 209

In erzählenden Texten unterscheidet man zwischen **zwei Handlungsebenen:**
der äußeren und der inneren Handlung.

- Zur **äußeren Handlung** gehören alle **sichtbaren und hörbaren Ereignisse,** z. B.:
  „Mit lautem Knall schlug die Tür hinter ihnen zu."
- Die **innere Handlung** beschreibt die Innensicht der Figuren, ihre **Gedanken, Gefühle, Ängste** oder **Wünsche,** z. B.:
  „Schwarz und Weiß sehen gut aus, dachte er."
- Die innere Handlung muss man manchmal aus der äußeren Handlung erschließen.

Der Schauplatz und die Atmosphäre ▸ S. 120, 160

Die Handlung in einem erzählenden Text spielt an bestimmten **Schauplätzen (Orten).**
Diese verraten häufig etwas über die **Atmosphäre** in der Erzählung. Ein enges, dunkles Zimmer kann beispielsweise eine bedrückende Stimmung erzeugen.

Die Zeitgestaltung ▸ S. 129

- Der **Erzähler** kann sich streng an die **zeitliche Reihenfolge** der Ereignisse halten, also **chronologisch** erzählen.
- Er kann aber auch eine **Handlung unterbrechen** und in **Rückblenden** von vergangenen Ereignissen erzählen oder in **Vorausdeutungen** Ereignisse vorwegnehmen.

Das Leitmotiv ▸ S. 124

- In manchen erzählenden Texten sind Leitmotive erkennbar. Dabei handelt es sich um Gegenstände, Farben, Handlungen, Situationen, Stimmungen oder Sätze, die an verschiedenen Stellen im Text immer wieder auftauchen.
- Durch die **Wiederholung** gewinnt ein Leitmotiv eine besondere **Bedeutung.**

Einen erzählenden Text untersuchen und interpretieren

Die folgenden Leitfragen helfen euch, einen erzählenden Text zu verstehen. Es ist wichtig, dass ihr die Merkmale des Textes nicht nur nennt, sondern auch deren Wirkung erklärt.

1 Thema/ Inhalt:	– Was ist das Thema des Textes? – Gibt es zentrale Motive (Leitmotive)? – Wird eine Lehre vermittelt?
2 Erzähler/-in:	– Welches Erzählverhalten (auktorial oder personal) und welche Erzählform (Ich- oder Er-/Sie-Erzähler/-in) liegen vor?
3 Figuren:	– Welche Figuren kommen vor? Welche Beziehungen haben sie zueinander? – Wie verhalten sich die Figuren (äußere Handlung)? – Was erfährt man über ihre Gedanken und Gefühle (innere Handlung)?
4 Aufbau der Handlung:	– Wie sind Anfang und Schluss der Erzählung gestaltet (offen/geschlossen)? – Gibt es einen Höhe- oder Wendepunkt (eine Pointe)? – Wird Spannung erzeugt? – Wird fortlaufend erzählt? Gibt es Rückblenden und/oder Vorausdeutungen?
5 Sprache:	– Gibt es Besonderheiten in der Wortwahl oder im Satzbau? – Enthält der Text sprachliche Bilder, Wiederholungen, wörtliche Rede?

Erzählende Textsorten

Die Kurzgeschichte ▶ S. 124

Bei Kurzgeschichten (engl. *short story*) handelt es sich um knappe, moderne Erzählungen mit folgenden Merkmalen:

- Sie erzählen einen aussagekräftigen Abschnitt aus dem **Alltagsleben einer Figur.**
- Die handelnden **Figuren** stellen meist „**Alltagsmenschen**" dar.
- Der **Anfang ist unvermittelt:** Die Geschichte springt mitten hinein ins Geschehen.
- Die **Handlung** erfährt eine **Wendung,** die oftmals **überraschend** erfolgt.
- Der **Schluss ist offen.** Die Leser sollen selbst über ein Ende oder eine Lösung nachdenken.
- Kurzgeschichten sind oft in **Alltagssprache** mit kurzen, einfachen Sätzen und **umgangssprachlichen Elementen** verfasst.
- **Leitmotive** können **wiederholt** vorkommen und erhalten so eine **besondere Bedeutung.**

Der Roman ▶ S. 94, 104–114, 204–213

Lange, schriftliche Erzählungen bezeichnet man allgemein als **Roman.**
Man unterscheidet zwischen zahlreichen **Romantypen,** z. B.:

- **Roadnovel:** Diese Romane handeln vom Unterwegssein. Dabei geht es vor allem um das Reisen selbst und nicht darum, an einem bestimmten Ort anzukommen.
- **Coming-of-Age-Story:** Diese Romane schildern die Entwicklung eines Menschen vom Jugendlichen zum Erwachsenen.

Lyrik: Gedichte ▶ S. 138–156

Die äußere Gedichtform – der Vers, die Strophe, der Refrain, der Reim ▶ S. 139

- Ein **Vers** bezeichnet die **einzelne Zeile** in einem Gedicht oder Song.
- Eine **Strophe** besteht aus **mehreren Versen,** die eine Gruppe bilden.
- Viele Gedichte und Songs verfügen über **Reime.**
  Wörter bilden einen **Reim,** wenn der letzte betonte Vokal und die folgenden Laute gleich klingen,
  z. B.: *gehen – stehen*. Typische Reimschemata sind:
  Paarreim (a a b b), **Kreuzreim** (a b a b), **umarmender Reim** (a b b a).
  Wenn Silben nicht gleich, aber ähnlich klingen, nennt man dies einen **unreinen Reim.**
- Als **Refrain** bezeichnet man einen oder mehrere **Verse zwischen einzelnen Strophen,** zu Beginn
  oder am Schluss einer Strophe, die **regelmäßig wiederkehren.**

Das Metrum (Versmaß) ▶ S. 147

- Wenn in Gedichten die **Abfolge von betonten und unbetonten Silben** einem **regelmäßigen
  Muster** folgt, nennt man das **Metrum** (Versmaß).
- Wenn mehrere einsilbige Wörter aufeinander folgen, verleiht das Metrum einigen von ihnen
  mehr Nachdruck. Dies kann sich auf die Deutung des Inhalts auswirken.
- Man unterscheidet folgende Versmaße:
  Trochäus (x –): *Dich*ter, **Jambus (– x):** *Gedicht,*
  Daktylus (x – –): *Dak*tylus, **Anapäst (– – x):** *Anapäst*.

Das lyrische Ich ▶ S. 139

- In vielen Gedichten oder Songs gibt es ein **„Ich“,** das den Lesern seine persönlichen **Gefühle,
  Beobachtungen** oder **Gedanken** in einer bestimmten Situation mitteilt. Man nennt dieses „Ich“
  das lyrische Ich. Es ist nicht mit der Autorin / dem Autor des Gedichts gleichzusetzen.
- In manchen Gedichten heißt es auch „wir“ oder das Geschehen wird von einem Beobachter
  geschildert, der weder „ich“ noch „wir“ sagt.

Sprachliche Bilder in Gedichten ▶ S. 144 f.

- Mit Hilfe **sprachlicher Bilder** kann man Inhalte in Gedichten oder
  Songs besonders **anschaulich** beschreiben und eine bestimmte
  Stimmung erzeugen.
- Bei einer **Metapher** wird ein Wort nicht wörtlich, sondern in über-
  tragener Weise bildhaft verwendet, um etwas zu veranschaulichen,
  z. B.: *das Feuer der Gefühle.*
- Eine besondere Form der Metapher ist die **Personifikation,** bei der
  Gegenstände, Bestandteile der Natur oder Begriffe vermenschlicht
  werden.
- Bei einem **Vergleich** wird durch das Vergleichswort *wie* ein direkter Zusammenhang zwischen
  dem Bezugswort und einem Bild hergestellt, z. B.: *Sie ist schön wie die Sonne.*
- **Symbole** sind oft Gegenstände, die über sich hinaus auf etwas Allgemeines verweisen, z. B.:
  Rosen als Symbol für die Liebe. Symbole gelten meist nur innerhalb einer bestimmten Kultur.

Das literarische Motiv
▶ S. 140–143

- In der **Literatur** bezeichnet man mit Motiv ein **inhaltliches Element,** das in literarischen Texten aus unterschiedlichen Zeiten immer wieder vorkommt, beispielsweise in Texten zum Thema „Liebe" das Motiv der Eifersucht oder das Motiv der Sehnsucht.
- Manchmal werden Motive **bildhaft dargestellt durch Metaphern oder Symbole.**
  So kann z. B. eine Rose mit Dornen für den Schmerz stehen, den Liebe verursachen kann.
- Beim Lesen literarischer Texte kann man untersuchen, wie ein Motiv zu unterschiedlichen Zeiten verstanden und dargestellt wurde.

Ein Gedicht sinngestaltend vortragen
▶ S. 146

Wenn ihr ein Gedicht vortragt, soll der Vortrag einerseits das **Verständnis der Zuhöre**r erleichtern und andererseits eure **Deutung des Gedichts** zum Ausdruck bringen.
Bereitet euch auf einen **Gedichtvortrag** gut vor:

- Untersucht den **Satzbau** im Gedicht. Tragt auf einer Textkopie ein, ob ihr an den Versenden eine Pause machen solltet oder ob der Satz im nächsten Vers weitergeht (Enjambement).
- Zeichnet ein, ob die **Stimme** an den Versenden gehoben oder gesenkt werden sollte.
- Markiert Wörter, die ihr besonders **betonen** solltet (nicht mehr als zwei Wörter pro Vers).
- Überlegt, in welchem **Tempo** ihr das Gedicht sprechen wollt.
- Übt den Vortrag des Gedichts ein. Lest es euch gegenseitig mehrmals halblaut vor und beachtet dabei eure Einträge auf der Textkopie. Der Zuhörende gibt Verbesserungshinweise.
- Tragt das Gedicht der Klasse vor. **Steht dabei aufrecht,** damit eure Stimme weit trägt.

Ein Gedicht untersuchen

Folgende Leitfragen helfen euch, ein Gedicht zu verstehen. Bei der Untersuchung des Gedichts ist wichtig, dass ihr die Merkmale des Textes nicht nur nennt, sondern auch die Wirkung erklärt.

1 Thema und Inhalt des Gedichts:	– Worum geht es in dem Gedicht? – Welche **Situation** und welche **Stimmung** werden beschrieben? – Werden eine **inhaltliche Entwicklung** oder **Gegensätze** dargestellt? – Drückt der **Titel** das Thema aus?
2 Lyrischer Sprecher:	– Gibt es ein **lyrisches Ich** oder ist der Sprecher des Gedichts nicht erkennbar? – An wen richtet sich das Gedicht? Ist ein konkreter **Adressat** erkennbar?
3 Äußere Gedichtform:	– Aus wie vielen **Strophen** mit jeweils wie vielen **Versen** besteht das Gedicht? – Liegt ein **Reimschema** vor? – Ist ein durchgehendes **Metrum** erkennbar? Fallen **Abweichungen** auf?
4 Sprachliche Gestaltung:	– Welche **sprachlichen Bilder** werden verwendet? Welche **Wirkung** erzeugen diese? – Welche **Wörter** fallen auf? – Welche **Zeitform** wird verwendet?

Ein Gedicht schriftlich analysieren und interpretieren ▶ S. 150–154

- **Einleitung:** – Gebt die **Textart** (Gedicht), den **Titel,** die **Autorin** oder den **Autor** und das **Entstehungsjahr** des Gedichts an.
  – Formuliert eine knappe Aussage zum **Thema** des Gedichts: Um welches Ereignis oder um welche Gedanken oder Gefühle geht es?
- **Hauptteil:** – Fasst den **Inhalt des Gedichts** zusammen und formuliert eine Aussage zum **lyrischen Ich.**
  – Beschreibt die **äußere Gedichtform** (Strophen, Verse, Reimschema, Metrum) und ihre Wirkung. Benennt und deutet Auffälligkeiten.
  – Erläutert die **sprachlichen Gestaltungsmittel** (z. B. sprachliche Bilder, Wiederholungen, auffällige Wörter, Satzbau). Geht dabei jeweils auf ihre Bedeutung im Gedicht und auf ihre Wirkung ein.
- **Schluss:** – **Fasst** die Ergebnisse eurer Textuntersuchung **zusammen.**
  – Beschreibt, welche **Gesamtwirkung** das Gedicht auf euch hat.
- **Textstellen zitieren:** – **Belegt** alle Aussagen zum Text mit Textstellen.
  – Kennzeichnet wortwörtliche Übernahmen durch **Anführungszeichen** und gebt die Fundstelle durch **Nennung der Verse** an, z. B.:
  Im Gedicht werden typische Verhaltensweisen nach einer Trennung beschrieben, wie „um das Telefon streichen" (Vers 2).
  – Kennzeichnet **Auslassungen** durch eckige Klammern [...].

Gedichtformen

Der Song ▶ S. 138, 147

Ein Song ist ein singbares Gedicht, das aus Strophen und einem Refrain besteht.

Die Ballade

Balladen sind meist **längere Gedichte** über ungewöhnliche oder spannende Ereignisse.
Sie stellen eine **Mischform aus Gedicht, Erzählung und Drama** dar:
- Wie Gedichte bestehen sie meistens aus **Strophen und Versen,** die sich **reimen.**
- Wie in einer Erzählung erzählt ein Erzähler eine **spannende Handlung,** die sich bis zum Höhepunkt steigert und zum Schluss aufgelöst wird.
- Wie in einem Drama gibt es oft **Dialoge** und im Mittelpunkt der Handlung steht ein **Konflikt.**

Konkrete Poesie

Als konkrete Poesie bezeichnet man Gedichte, deren Aussage durch die **räumliche Anordnung der Buchstaben oder Wörter** oder durch ihren **Klang** entsteht. Die typischen Merkmale der Lyrik (Verse, Strophen, Reim und Rhythmus) treten dabei in den Hintergrund.

Dramatik: Theaterstücke (Dramen)

▶ S. 158–180

Texte für das Theater bezeichnet man auch als Dramen.

Merkmale von Dramen

- In Dramen treten **Figuren** mit unterschiedlichen Zielen und Interessen auf. Daraus entsteht ein **Konflikt.** Der Konflikt treibt die Handlung voran und es entsteht Spannung.
- Die Handlung wird im Drama durch **Dialoge** und **Monologe** der Figuren dargestellt.
- **Regieanweisungen** geben außerdem Hinweise darauf, wie die Schauspieler ihre Rolle sprechen und wie sie sich auf der Bühne bewegen und verhalten sollen.
- Die Handlung eines Dramas ist oft in **Akte** gegliedert. Diese bestehen aus einzelnen **Szenen.**

Der Handlungsverlauf

▶ S. 160

- In Dramen wird die **Handlung** durch **Gespräche** zwischen den Figuren (Dialoge) oder **Selbstgespräche** der Figuren (Monologe) vermittelt.
- Die **Exposition** informiert zu Beginn des Dramas über den **Ort** und die **Zeit** des Geschehens und stellt die **Hauptfiguren** vor. Der **zentrale Konflikt** des Dramas wird angekündigt.
- Im weiteren Handlungsverlauf steigt die **Spannung** bis zur **entscheidenden Wende.** Die Spannung erreicht ihren **Höhepunkt** und es entscheidet sich, wie der Konflikt gelöst wird.

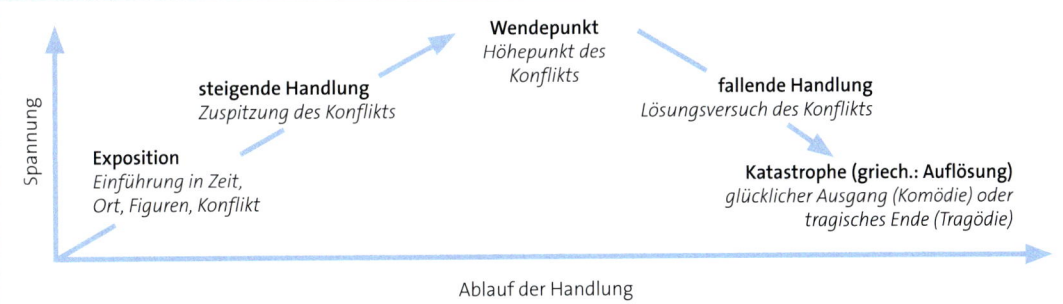

Eine Rollenbiografie verfassen und vortragen

▶ S. 163

Rollenbiografien dienen dazu, sich von einer **Figur** ein möglichst **genaues und lebendiges Bild** zu machen, um sie anschließend **überzeugend spielen** zu können.
- Notiert stichwortartig **Informationen über die Figur** aus den einzelnen Dramenszenen.
- Macht euch auch Notizen dazu, welche **Mimik und Gestik** zur Figur passen und wie die Figur spricht, z. B.: *selbstbewusst, schüchtern, hektisch.*
- Schlüpft in die Rolle der Figur und schreibt eine **Selbstvorstellung in der Ich-Form.** Äußert euch darin zu den folgenden Punkten:
  - **allgemeine Informationen,** z. B.: *Name, Geschlecht, Alter, Herkunft, Familie, Beruf,*
  - **äußeres Erscheinungsbild,** z. B.: *Größe, Statur, Kleidung, weitere auffällige Merkmale,*
  - **Charakter der Figur,** z. B.: *Eigenschaften, Einstellung, Ängste, Vorlieben und Abneigungen.*
- Tragt die Rollenbiografie mit zur Figur passender **Mimik, Gestik und Sprechweise** vor.

Ein Standbild bauen und versprachlichen *(Shadowing)* ▶ S. 164

- Mit Hilfe eines **Standbilds** kann man literarische **Figuren** und ihre **Beziehungen zueinander** darstellen. Dabei erstarren die Darsteller für einige Sekunden und drücken die Situation, ihre jeweiligen Gedanken und Gefühle sowie ihre Beziehungen zueinander nur durch **Mimik** (Gesichtsausdruck) und **Gestik** (Körperhaltung) aus.
- Beim *Shadowing* **(versprachlichten Standbild)** treten weitere Darsteller hinter die Figuren und versprachlichen deren Gedanken und Gefühle in der dargestellten Situation.

Eine Dramenszene spielen

- Zeigt im szenischen Spiel, wie ihr die **Figuren, ihre Aussagen** und ihr **Handeln** versteht.
- Besprecht vor dem Spiel, welche **Eigenschaften** die einzelnen Figuren in der Szene haben, welche **Absichten** sie verfolgen und was sie **denken und fühlen** (▶ Rollenbiografie S. 313).
- Überlegt, wie ihr das Verhalten, die Gedanken und die Gefühle der jeweiligen Figur durch **Mimik** (Gesichtsausdruck), **Gestik** (Körperhaltung und Bewegungen) und durch die **Sprechweise** umsetzen könnt.
- Fügt in eine Textkopie der Szene **Regieanweisungen** zur **Sprechweise** (z. B. *schüchtern, wütend, aufgeregt*) und Hinweise zu **Betonung, Lautstärke** und **Pausen** ein.
- Verteilt die Rollen und probt erst das **laute Lesen,** dann das **szenische Spiel** der Szene. Lernt den Text für eure Rolle möglichst auswendig.

Eine Dramenszene schriftlich analysieren ▶ S. 172–176

- **Einleitung:** – Nennt **Autor/-in, Titel** und **Jahr der Erstaufführung** und gebt das **Thema** des Dramas an.
  – Formuliert eine kurze Aussage zum **ersten Eindruck** von der Szene.
- **Hauptteil:** – Ordnet die Szene in den **Handlungsverlauf** des Gesamtdramas ein.
  – Fasst den **Inhalt** der Szene zusammen.
  – Beschreibt die **Gesprächssituation** (Ausgangssituation, Anlass des Gesprächs, Absichten der Figuren) und den **Gesprächsverlauf.**
  – Beschreibt und deutet das **Verhalten** der Figuren und ihre **Beziehungen** zueinander.
  – Belegt eure Aussagen mit **Textstellen** (Zitate oder indirekte Rede, ▶ S. 329).
- **Schluss:** – Fasst eure **Untersuchungsergebnisse** noch einmal kurz zusammen.
  – Formuliert ein abschließendes **Fazit.**

Sachtexte ▶ S. 182–202

Sachtexte unterscheiden sich von literarischen Texten (Erzählungen, Gedichten, Dramen) dadurch, dass sie sachlich über **Ereignisse und Vorgänge der Wirklichkeit informieren.**

Informierende und meinungsbildende Texte unterscheiden ▶ S. 182–185

Autorinnen und Autoren schreiben Sachtexte mit einer bestimmten **Absicht.**
Je nach **Aussageabsicht** unterscheidet man zwischen verschiedenen Sachtextarten:
- Sachtexte, die sachlich **informieren,** z. B.: die Meldung, der Bericht,
- Sachtexte, die eine **Meinung darstellen** und versuchen, zu überzeugen, z. B.: der Kommentar,
- Sachtexte, die **informieren und unterhalten,** z. B.: die Reportage.
- Mit Hilfe von **Diagrammen** kann man sachliche **Informationen bildlich darstellen.**

Medienformate unterscheiden ▶ S. 188–191

Ein Thema kann in unterschiedlichen Medien dargestellt werden, die jeweils Vorteile bieten:
- **Online-Texte:** Bei Sachtexten im Internet haben Leser die Möglichkeit, den Text sofort zu kommentieren oder sich darüber mit anderen Lesern auszutauschen.
Wenn ein Text Links zu anderen Texten enthält, spricht man von einem **Hypertext.**
Hypertexte bieten die Möglichkeit, schnell an weitere Informationen zum Thema zu gelangen.
- **Radiosendungen:** Hörtexte im Radio bieten den Vorteil, dass man durch die Stimmen und Geräusche zusätzliche Informationen zum Textinhalt erhält.
- **Fernsehfeature:** In Fernsehsendungen dieser Art wird ein Sachthema mit Filmszenen, Zitaten und passenden Bildern aufbereitet. Die hörbaren Textinformationen werden um bewegte Bilder ergänzt. Zuschauer können die Informationen besonders gut verstehen und sich merken, weil sie diese zugleich hören und sehen.

Einen Sachtext erschließen und zusammenfassen

1. Schritt:	– Lest die Überschrift, den Textanfang sowie hervorgehobene Wörter und betrachtet die Abbildungen zum Text.
	– Überlegt: Welche Textsorte liegt vor? Worum könnte es in diesem Text gehen? Was weiß ich bereits über das Thema?
2. Schritt:	– Lest den gesamten Text gründlich durch. Gliedert ihn in Sinnabschnitte und markiert in jedem Abschnitt die Schlüsselwörter.
	– Notiert Zwischenüberschriften oder die Fragen, die im jeweiligen Textabschnitt beantwortet werden, an den Rand.
	– Kreist Wörter und Textstellen ein, die ihr nicht versteht. Klärt sie anschließend durch Nachdenken, Nachschlagen oder Nachfragen.
3. Schritt:	Fasst die Informationen des Textes zusammen oder veranschaulicht sie in einer Grafik (z. B. Schaubild, Zeitstrahl, Mindmap, Flussdiagramm, ▶ S. 337).

Eine Sachtextanalyse verfassen ▶ S. 194–196

- **Einleitung:** Nennt **Autor/-in, Titel, Textsorte, Erscheinungsjahr** und **Thema** des Textes.
- **Hauptteil:** Untersucht und beschreibt im Hauptteil **Inhalt und Form** des Textes:
  - Fasst Abschnitt für Abschnitt die **wichtigen Aussagen und Argumente** zusammen und beschreibt die **Argumentationsstruktur.**
  - Gebt die **Meinung der Autorin oder des Autors** mit eigenen Worten wieder, wenn es sich um einen meinungsbildenden Text handelt.
  - Nennt die **stilistischen Mittel,** die im Text verwendet werden: fachsprachliche oder umgangssprachliche Begriffe, Neologismen (Wortneubildungen), Aufzählungen, Zitate anderer Personen, Ausrufe, Übertreibungen, Wiederholungen, rhetorische Fragen oder Wörter, die bestimmte Vorstellungen oder Gefühle wecken.
    Zitiert die Textstellen (▶ S. 329) und erklärt ihre **Wirkung.**
- **Schluss:** Formuliert eine **Stellungnahme** zum Thema und gegebenenfalls zur Meinung der Autorin oder des Autors.
- Verwendet das **Präsens** (▶ S. 321).
- Kennzeichnet Einleitung, Hauptteil und Schluss sowie neue Gedanken durch **Absätze.**

Sachtextarten

Der Vertragstext ▶ S. 187

- Vertragstexte informieren über **Rechte und Pflichten** der Vertragspartner.
- Sie enthalten häufig **Fremdwörter, Fachwörter, Nominalisierungen** und **lange Sätze.** Damit können Sachverhalte knapp, aber gleichzeitig sehr genau benannt werden.

Der Kommentar ▶ S. 77, 88, 90, 200

- In einem Kommentar stellt ein Verfasser seine **persönliche Meinung** zu einem Thema dar. Seine Meinung sollte mit Argumenten und Beispielen begründet sein.
- Der **Verfasser** des Kommentars wird mit Namen genannt.
- Der Kommentar soll dazu anregen, sich eine **eigene Meinung zum Thema** zu bilden.

Die Reportage

- Reportagen sollen nicht nur **informieren,** sondern die Leser gleichzeitig **unterhalten.** Deshalb informieren sie besonders **anschaulich und lebendig** über ein Ereignis.
- Reportagen haben einen **szenischen Einstieg,** der mitten ins Geschehen hineinführt und die Leser neugierig macht. Der Reporter ist Augenzeuge des Ereignisses.
- Sie enthalten **sachliche Informationen** (Antworten auf W-Fragen).
- Reportagen wollen Lesern das **Gefühl vermitteln, selbst dabei zu sein.** Daher werden möglichst alle Sinne angesprochen und die Atmosphäre und Stimmung vor Ort **lebendig geschildert** (▶ S. 300). Äußerungen von Personen werden direkt wiedergegeben.
- Sie sind meist im **Präsens** (▶ S. 321) formuliert, können aber Zeitformwechsel enthalten.

Der Film ▶ S. 217–226

Das Drehbuch ▶ S. 219

- Das Drehbuch ist die **schriftliche Textgrundlage** für einen Film. Es stellt die **Handlung** und die **Dialoge der Figuren** Szene für Szene dar und gibt vor, was man in jeder Szene sehen und hören kann (Figuren, Requisiten, Ausstattung, Licht- und Wettersituationen, Geräusche).
- Wichtige Elemente eines Drehbuchs sind die **Szenentitel,** die **Handlungsbeschreibung,** die **Angabe der sprechenden Figuren** (oft in Fettdruck) sowie die **Dialogtexte.**
- Manche Drehbücher werden auf der Grundlage von Romanen oder Theaterstücken geschrieben, andere werden von Drehbuchautoren frei entwickelt.

Die Exposition ▶ S. 217

- Die **ersten Szenen eines Films** nennt man Exposition. Sie führen die Zuschauer in **Ort und Zeit der Handlung** ein und vermitteln eine bestimmte **Atmosphäre.**
- Oft werden in der Exposition auch die **Hauptfiguren** vorgestellt und mögliche **Konflikte** angedeutet.

Die Kameraeinstellungen ▶ S. 222

Die Einstellungsgröße legt die Größe des Bildausschnitts fest. Man unterscheidet:

- **die Totale:**
  Der Schauplatz der Handlung wird aus großer Entfernung überblicksartig gezeigt.

- **die Halbnahaufnahme:**
  Gegenstände werden aus mittlerer Nähe gezeigt, Figuren ab der Hüfte aufwärts. Man erkennt die unmittelbare Umgebung.

- **die Großaufnahme:**
  Man sieht den Kopf der Figur und kann ihren Gesichtsausdruck (Mimik) deutlich erkennen.

- **die Detailaufnahme:**
  Ein Ausschnitt wird sehr groß gezeigt, z. B. nur die Augen einer Figur, die Hände oder ein Gegenstand.

Die Kameraperspektive ▶ S. 222

Mit einer Kamera kann man verschiedene **Perspektiven (Blickwinkel)** einnehmen und dadurch eine bestimmte **Wirkung** erzielen:

■ **die Normalsicht:**
Die Kamera befindet sich in gleicher Höhe wie die Figuren oder Objekte.

■ **die Aufsicht (Vogelperspektive):**
Die Kamera steht viel höher als die Figuren oder Objekte.

■ **die Untersicht (Froschperspektive):**
Die Kamera steht viel niedriger als die Figuren oder Objekte.

Die Kamerabewegung ▶ S. 221

■ Bei einem **Kameraschwenk** steht die Kamera fest (z. B. auf einem Stativ) und dreht oder neigt sich – ähnlich der Kopfbewegung – um einen fixen Punkt.

■ Bei der **Kamerafahrt** bewegt sich die Kamera durch den Raum, z. B. auf ein Objekt zu oder parallel zu einem sich bewegenden Objekt (Parallelfahrt).

Der Schnitt und die Montage ▶ S. 223

■ Nach den Dreharbeiten mit der Kamera folgt die **Bearbeitung des Filmmaterials:** der Filmschnitt und die Montage der Filmszenen.

■ Beim **Schnitt** wird das Filmmaterial in einzelne Szenen zerlegt, überflüssige Szenen werden herausgeschnitten.

■ Bei der anschließenden **Montage** werden einzelne Szenen neu zusammengesetzt. Durch die Art der Verknüpfung lassen sich verschiedene Handlungsstränge miteinander in Beziehung setzen.

■ Bei der **Schuss-Gegenschuss-Montagetechnik** wird bei der Darstellung einer Handlung zwischen den beteiligten Figuren hin- und hergesprungen, z. B. in einer Dialogsituation.

Die Mise en Scène (die Bildinszenierung) ▶ S. 220

■ Filmbilder werden oft wie ein Gemälde inszeniert. Diese **Inszenierung** bezeichnet man als *Mise en Scène* (frz. für „in Szene setzen").

■ Durch die Gestaltung von **Bildaufbau, Farbe** und **Licht** wird eine spezielle Wirkung erzielt.

■ Kameraeinstellung und Kameraperspektive unterstreichen die Bildwirkung zusätzlich.

Nachdenken über Sprache

Wortarten

Nomen (Hauptwörter)

Mit **Nomen** werden **Dinge, Lebewesen, Gedanken und Ideen** bezeichnet.

- Man kann Nomen mit Hilfe von Proben erkennen:
  - **Artikelprobe:** Vor Nomen kann man einen Artikel setzen, z. B.: *das Praktikum*.
    Achtung: Manche Artikel sind mit einer Präposition verschmolzen, z. B.: *am (an + dem)*.
  - **Adjektivprobe:** Oft stehen Adjektive vor Nomen, z. B.: *die höfliche Anfrage*.
  - **Zählprobe:** Einige Nomen werden von Zahlwörtern begleitet, z. B.: *zwei/viele Bewerbungen*.
- In Sätzen erscheinen Nomen immer in einem bestimmten Kasus (in einem Fall):

Nominativ	Genitiv	Dativ	Akkusativ
Wer oder was?	Wessen?	Wem?	Wen oder was?
der Tag	*des Tages*	*dem Tag*	*den Tag*
das Gespräch	*des Gesprächs*	*dem Gespräch*	*das Gespräch*
die Stelle	*der Stelle*	*der Stelle*	*die Stelle*

Pronomen (Fürwörter)

Pronomen können **Nomen ersetzen oder begleiten.** Man unterscheidet folgende **Pronomenarten:**

- **Personalpronomen** *(ich, du, er, sie, es, wir, ihr, sie)* sind Stellvertreter für Nomen, z. B.:
  Die Firma bietet einen Schnuppertag an. ~~Der Schnuppertag~~ Er findet im Mai statt.
  Mit Hilfe dieser Pronomen kann man Wiederholungen vermeiden und Texte lesbarer und flüssiger gestalten.
  Personalpronomen treten wie Nomen in verschiedenen Fällen auf:

Nominativ	*ich*	*du*	*er/sie/es*	*wir*	*ihr*	*sie*
Dativ	*mir*	*dir*	*ihm/ihr/ihm*	*uns*	*euch*	*ihnen*
Akkusativ	*mich*	*dich*	*ihn/sie/es*	*uns*	*euch*	*sie*

- **Possessivpronomen** wie *mein, dein, sein, ihr, unser, euer* geben an, zu wem oder wozu etwas gehört, z. B.: *seine Bewerbung, ihr Erfolg*.
  Sie begleiten meistens Nomen und stehen dann im gleichen Kasus, z. B.:
  mein Erfolg (Nom.), *meines Erfolges* (Gen.), *meinem Erfolg* (Dat.), *meinen Erfolg* (Akk.).
- **Demonstrativpronomen** weisen besonders deutlich auf eine Person, eine Sache oder einen Umstand hin und werden beim Sprechen betont, z. B:
  Was ist das für eine Firma? Die/Diese kenne ich nicht.

Präpositionen (Verhältniswörter) ► S. 228

- Wörter wie *auf, in, nach, vor, seit* nennt man Präpositionen. Sie geben häufig **räumliche oder zeitliche Verhältnisse** an, z. B.: *auf dem Tisch, unter dem Tisch, seit drei Tagen, in drei Tagen.*
- Außerdem stehen manche **Verben** immer zusammen **mit bestimmten Präpositionen,** z. B.: *achten auf* (+ Akkusativ), *anfangen mit* (+ Dativ), *warnen vor* (+ Dativ).
- Nach einer Präposition folgt immer ein bestimmter Kasus (Fall):
  - **Präpositionen mit Genitiv:** *wegen, während, innerhalb, unterhalb, oberhalb, trotz, infolge,*
  - **Präpositionen mit Dativ:** *mit, nach, bei, von, zu, aus, außer, seit,*
  - **Präpositionen mit Akkusativ:** *durch, für, ohne, um, gegen.*
  - Nach den **Wechselpräpositionen** *an, auf, hinter, neben, in, über, unter, vor, zwischen* folgt bei der Frage *Wo?* der Dativ oder bei der Frage *Wohin?* der Akkusativ.

Adjektive (Eigenschaftswörter)

Adjektive machen Texte **anschaulich und lebendig,** da sie jemanden oder etwas genau beschreiben, z. B.: *die <u>interessante</u> Ausbildungsstelle, das <u>schwierige</u> Gespräch.*

- Die meisten Adjektive kann man steigern, z. B.:
  interessant (Positiv) – *interessanter* (Komparativ) – *am interessantesten* (Superlativ).
- Als Begleiter des Nomens hat das Adjektiv nach bestimmtem Artikel die Endung *-e* oder *-en:*

Nominativ	Genitiv	Dativ	Akkusativ
Wer oder was?	Wessen?	Wem?	Wen oder was?
der lange Tag	*des langen Tages*	*dem langen Tag*	*den langen Tag*
das alte Gebäude	*des alten Gebäudes*	*dem alten Gebäude*	*das alte Gebäude*
die neue Stelle	*der neuen Stelle*	*der neuen Stelle*	*die neue Stelle*

- Adjektive können nicht nur Nomen genauer beschreiben, sondern auch Verben ergänzen, z. B.:
  Er ist ein <u>höflicher</u> Mann. – Er bietet <u>höflich</u> einen Kaffee an.

Adverbien (Umstandswörter)

- Adverbien machen **nähere Angaben zu einem Geschehen.** Sie erklären genau, wo, wann, wie oder warum etwas geschieht, z. B.: *Ein Praktikum kann man nicht <u>überall</u> machen.*
- Adverbien sind im Gegensatz zum Adjektiv **nicht veränderbar.** Sie haben keine Kasus-Endungen und man kann sie nicht steigern.

Konjunktionen (Bindewörter, Verknüpfungswörter) ► S. 32

- **Hauptsatzkonjunktionen** wie *und, oder, aber, denn, sondern* verbinden Hauptsätze zu Satzreihen, z. B.: *Ich lese gern <u>und</u> ich treffe gern meine Freunde.*
- **Nebensatzkonjunktionen** wie *weil, da, obwohl, als, nachdem, dass* verbinden Hauptsätze mit Nebensätzen zu Satzgefügen, z. B.: *Ich lese gern, <u>weil</u> ich dabei neue Welten entdecken kann.*

Verben (Tätigkeitswörter)

▶ S. 229–234

- Verben geben an, **was jemand tut** (z. B. *lachen*) oder **was geschieht** (z. B. *regnen*).
- Der **Infinitiv** (die Grundform) eines Verbs endet immer auf *-(e)n*.
- Wenn ein Verb in einem Satz verwendet wird, bildet man die **Personalform des Verbs.**
  Das nennt man konjugieren, z. B.: *ich lache, du lachst, er lacht, wir lachen, ihr lacht, sie lachen.*
- Verben kann man in verschiedenen **Zeitformen** (Tempora) verwenden, z. B. in der Gegenwartsform (Präsens), in Vergangenheitsformen (Präteritum, Perfekt, Plusquamperfekt) oder in der Zukunftsform (Futur I).

Zeitform (Tempus) der Gegenwart: Präsens

- Das Präsens wird meist verwendet, wenn man sagen will, dass etwas **jetzt geschieht,** z. B.:
  Er befindet sich gerade in der Mittagspause.
- Es wird auch benutzt, um **Gewohnheiten** oder **Dauerzustände** zu beschreiben oder **Aussagen** zu treffen, **die immer gelten,** z. B.: *Die Mittagspause beginnt 12.00 Uhr.*

Zeitformen der Vergangenheit: Präteritum, Perfekt oder Plusquamperfekt

- Das **Präteritum** verwendet man in der Regel **im Schriftlichen, Perfekt** eher im **Mündlichen.**

Bildung des Präteritums	Bildung des Perfekts
– Bei **schwachen Verben** wird im Präteritum nur **-t(e)** eingefügt, z. B.: *ich lerne – ich lernte.* – **Starke Verben** verändern in der Vergangenheitsform ihren Stammvokal, z. B.: *ich lese – ich las.*	– Verben im Perfekt bestehen aus **zwei Teilen: Präsensform** von *haben* oder *sein* + **Partizip II,** z. B.: *wir haben gelernt, wir sind gefahren.*

- Wenn etwas zeitlich vor dem passiert ist, wovon im Präteritum oder Perfekt berichtet wird, verwendet man das **Plusquamperfekt,** z. B.:
  Bevor er die Praktikumsstelle fand, hatte er lange gesucht.
  So wird es gebildet: **Präteritumform** von *haben* oder *sein* + **Partizip II,** z. B.: *wir hatten gesucht.*

Bei der Wiedergabe von Vorzeitigkeit auf die richtige Zeitform achten

▶ S. 231

- Wenn man **Vorzeitigkeit** ausdrücken möchte, muss man die **Zeitform (Tempus)** im Nebensatz verändern:
  - **Hauptsatz: Präsens → Nebensatz** mit vorzeitiger Handlung: **Perfekt,** z. B.:
    Ich schreibe, nachdem ich mich gründlich informiert habe.
  - **Hauptsatz: Präteritum → Nebensatz** mit vorzeitiger Handlung: **Plusquamperfekt,** z. B.:
    Ich schrieb, nachdem ich mich gründlich informiert hatte.
- Bei **Nachzeitigkeit** (Satzgefüge mit *bevor*) werden in Haupt- und Nebensatz gleiche Zeitformen verwendet, z. B.:
  Ich informiere mich gründlich, bevor ich den Brief schreibe.
  Ich informierte mich gründlich, bevor ich den Brief schrieb.

Die Zeitformen der Zukunft: Präsens und Futur I

- Mit der Zeitform **Futur I** drückt man **Zukünftiges** aus, z.B.: *Ich werde mich erkundigen*.
- Das Futur I wird gebildet aus der **Präsensform von *werden* + Infinitiv (Grundform)**, z.B.: *ich werde suchen*.
- Man kann auch im **Präsens** über die Zukunft sprechen. Dann verwendet man oft zusätzlich **Zeitangaben** wie *zukünftig, bald* oder *nächste Woche*, z.B.: *Ich erkundige mich in der nächsten Woche nach einem Praktikumsplatz*.

Die Aktiv- und Passivformen ▶ S. 232

- **Aktiv** und **Passiv** drücken eine **unterschiedliche Sicht auf ein Geschehen** aus:
  - Das Aktiv betont denjenigen, der handelt, z.B.: *Der Fremde stiehlt die Tasche*.
  - Das Passiv betont, was oder mit wem etwas geschieht, z.B.: *Die Tasche wird gestohlen*.
- In Texten sollte man **Aktiv- und Passivformen** möglichst **abwechselnd** verwenden.

	Aktiv	Passiv
Präsens	*Er stiehlt die Tasche.*	*Die Tasche wird gestohlen.*
Präteritum	*Er stahl die Tasche.*	*Die Tasche wurde gestohlen.*
Perfekt	*Er hat die Tasche gestohlen.*	*Die Tasche ist gestohlen worden.*
Plusquamperfekt	*Er hatte die Tasche gestohlen.*	*Die Tasche war gestohlen worden.*
Verbform mit Modalverb	*Wir müssen/mussten die Tasche suchen.*	*Die Tasche muss/musste gesucht werden.*

Der Imperativ (Befehlsform)

- Wenn man eine Person zu etwas auffordert, verwendet man den **Imperativ Singular**.
  Bildung: **Verbstamm**, z.B.: *Komm! Lauf!*
  Manchmal wird die Endung *-e* angehängt oder es ändert sich der Stammvokal, z.B.: *Hilf! Gib!*
- Wenn man mehrere Personen zu etwas auffordert, verwendet man **den Imperativ Plural**.
  Bildung: **Verbstamm + (e)t,** z.B.: *Kommt! Lauft! Redet! Helft! Gebt! Nehmt!*
- Bei der **höflichen Anrede** verwendet man die **Höflichkeitsform des Imperativs**, z.B.: *Kommen Sie bitte! Nehmen Sie bitte Platz!*

Der Modus (Indikativ, Konjunktiv I, Konjunktiv II) ▶ S. 233 f.

- Indikativ und Konjunktiv sind verschiedene **Aussageweisen (Modi)** in Sätzen. Sie zeigen an, wie **wirklich** oder wie **sicher** eine Aussage ist.

Indikativ

- Mit dem **Indikativ** wird gezeigt, dass die Sache, über die etwas gesagt wird, real (wirklich) ist, z.B.: *Er hat an einem Probearbeitstag teilgenommen*.

Konjunktiv I

- Den **Konjunktiv I** verwendet man, wenn man ausdrücken möchte, dass jemand anderes etwas gesagt hat (indirekte Rede), z. B.: *Leo sagt, er habe an einem Probearbeitstag teilgenommen.*
- Der Konjunktiv I wird gebildet aus dem **Verbstamm + Konjunktiv-Endung:**

Indikativ Präsens	Konjunktiv I	Indikativ Präsens	Konjunktiv I
ich komm-e	*ich komm-e*	*wir komm-en*	*wir komm-en*
du komm-st	*du komm-est*	*ihr komm-t*	*ihr komm-et*
er/sie/es komm-t	*er/sie/es komm-e*	*sie komm-en*	*sie komm-en*

- Wenn sich der Konjunktiv I nicht vom Indikativ Präsens unterscheidet, wird der **Konjunktiv II** oder die *würde*-**Ersatzform** verwendet:

Indikativ →	Konjunktiv I →	Konjunktiv II →	*würde*-Ersatzform
Er sagt: „Wir lernen."	*Er sagt, sie lernen.*	*Er sagt, sie lernten.*	*Er sagt, sie würden lernen.*

Konjunktiv II

- Den **Konjunktiv II** verwendet man, wenn die Sache **nicht wirklich** (real) ist, sondern nur ein Wunsch, eine Vermutung, eine Idee oder Fantasie, z. B.: *Wenn er am Probearbeitstag teilgenommen hätte, wüsste er das.*
- Man verwendet den Konjunktiv II auch, um besonders **höflich zu formulieren,** z. B.: *Könnten Sie mich bitte zurückrufen? Dürfte ich Sie bitten, mir Ihre Unterlagen zu zeigen?*
- Der Konjunktiv II wird gebildet aus dem **Präteritumstamm + Konjunktiv-Endung.** Bei **starken Verben** werden die Vokale *a, o, u* im Wortstamm zu **ä, ö, ü,** z. B.: *ich nähme, du nähmest, er nähme, wir nähmen, ihr nähmet, sie nähmen.*

Indikativ Präteritum	Konjunktiv II	Indikativ Präteritum	Konjunktiv II
ich ging	*ich ging-e*	*wir ging-en*	*wir ging-en*
du ging-st	*du ging-est*	*ihr ging-t*	*ihr ging-et*
er/sie/es ging	*er/sie/es ging-e*	*sie ging-en*	*sie ging-en*

- Wenn sich die Konjunktiv-II-Form nicht vom Indikativ Präteritum unterscheidet, verwendet man die *würde*-**Ersatzform,** z. B.: *wir freuten uns → wir würden uns freuen.*

Die Modalverben

▶ S. 230

- Die **Modalverben** *können, sollen, müssen, dürfen, wollen, mögen* verändern die Aussage. Sie verdeutlichen Möglichkeiten, Fähigkeiten, Empfehlungen, Vorschriften, Zwänge, Absichten oder Wünsche.
- Im Satz stehen sie meistens **zusammen mit einem weiteren Verb** im Infinitiv (Vollverb) und verändern dessen Aussagewert, z. B.: *Sie kann wechseln. – Sie soll wechseln. – Sie muss wechseln. – Sie darf wechseln. – Sie will wechseln. – Sie möchte wechseln.*
- Manchmal stehen Modalverben auch allein im Satz, z. B.: *Sie kann Englisch. Er mag Tiere.*
- Modalverben verwendet man häufig auch zur Formulierung höflicher Anfragen oder Bitten.

Satzglieder

Die Satzglieder

- Das **Prädikat** bildet im Satz den Satzkern. Es ist immer die **Personalform eines Verbs** und kann **aus einem oder mehreren Teilen** bestehen, z. B.: *Er sucht. – Er hat gesucht.*
- Das Prädikat verlangt **weitere Satzglieder.** Diese können aus einzelnen Wörtern oder Wortgruppen bestehen. Die Wörter eines Satzglieds können nur gemeinsam umgestellt werden.

Satzglied	Frageprobe	Beispiel
Subjekt	Wer oder was?	*Er macht ein Praktikum.*
Genitivobjekt	Wessen?	*Er bedarf ihrer Unterstützung.*
Dativobjekt	Wem?	*Die Sekretärin hilft dem Praktikanten.*
Akkusativobjekt	Wen oder was?	*Der Praktikant sucht die Unterlagen.*
adverbiale Bestimmung: – der Zeit	Wann? Wie lange? Wie oft? Seit wann?	*Er isst häufig in der Kantine.*
– des Ortes	Wo? Woher? Wohin?	*Er isst häufig in der Kantine.*
– des Grundes	Warum? Weshalb?	*Er sorgt sich wegen der Arbeitszeiten.*
– der Art und Weise	Wie? Auf welche Weise?	*Er sucht eifrig eine Praktikumsstelle.*

Satzglieder mit der Umstellprobe bestimmen

Satzglieder sind Bausteine eines Satzes. Man kann sie mit der Umstellprobe ermitteln:
Die Wörter, die beim Umstellen des Satzes zusammenbleiben, bilden ein Satzglied, z. B.:

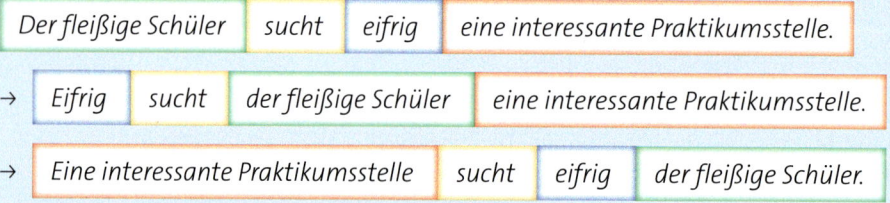

Attribute (Beifügungen) als Teile von Satzgliedern ▶ S. 246

- Attribute beschreiben ein **Bezugswort** (meist ein Nomen) näher.
- Sie sind **Teil eines Satzglieds** und bleiben bei der Umstellprobe (▶ siehe oben) fest mit dem Bezugswort verbunden, z. B.: *Er folgte heimlich dem* eilig weglaufenden *Mann* . → Dem eilig weglaufenden Mann *folgte er heimlich.*
- Es gibt verschiedene **Attributformen:**
  - Adjektivattribut, z. B.: *die große Tasche,*
  - präpositionales Attribut, z. B.: *das Versteck hinter der Treppe,*
  - Genitivattribut, z. B.: *der Name des Verkäufers,*
  - Apposition (nachgestelltes Nomen), z. B.: *Herr Lühr, der Verkäufer, sah nach.*

Sätze

Satzreihen und Satzgefüge ▶ S. 268

- Eine **Satzreihe** ist ein Satz, der **aus zwei oder mehr Hauptsätzen** besteht.
  Jeder Hauptsatz könnte auch für sich allein stehen und hat ein eigenes Subjekt und ein eigenes Prädikat.
  Die Hauptsätze werden häufig verbunden durch **Konjunktionen** wie *denn, und, oder, aber,* z. B:
  Ich habe stundenlang auf die Bahn gewartet, denn der Strom war ausgefallen.

     Hauptsatz   Komma   Hauptsatz

- Ein **Satzgefüge** ist ein Satz, der aus einem **Hauptsatz und einem oder mehreren Nebensätzen** besteht.
  In den Nebensätzen steht das **Prädikat** (die Personalform des Verbs) **am Satzende.**
  Die Sätze werden oft verbunden durch Konjunktionen wie *nachdem, als, weil,* z. B.:
  Ich habe stundenlang auf die Bahn gewartet, weil der Strom ausgefallen war.

     Hauptsatz   Komma   Nebensatz

Nebensatzart: Subjektsätze und Objektsätze ▶ S. 268

- **Nebensätze** können die Rolle eines **Satzglieds** übernehmen.
- Subjektsätze bilden in einem Satzgefüge das **Subjekt.**
  Man kann sie mit *Wer oder was?* erfragen, z. B.:
  - Satz mit einfachem Subjekt: *Praktikanten wünschen sich Lob und Anerkennung.*
  - Satzgefüge mit Subjektsatz: *Wer ein Praktikum macht, wünscht sich Lob und Anerkennung.*
- Objektsätze bilden in einem Satzgefüge das **Objekt.**
  Man kann sie mit *Wen oder was?* erfragen, z. B.:
  - Satz mit einfachem Objekt: *Die Auszubildende erklärt die Bedienung.*
  - Satzgefüge mit Objektsatz: *Die Auszubildende erklärt, wie man es bedient.*
- Subjektsätze und Objektsätze werden durch **Komma** vom Hauptsatz abgetrennt.

Nebensatzart: Relativsätze ▶ S. 246, 269

- **Relativsätze** sind **Nebensätze,** die ein Wort oder eine Wortgruppe im vorangestellten Satz näher beschreiben oder erklären. Sie werden durch ein **Relativpronomen** (alle Formen von *der, die, das, welcher, welche, welches*) eingeleitet, das **Prädikat steht am Ende,** z. B.:
  Der Mann, der/welcher sich unbeobachtet fühlt, wird vom Detektiv auf den Monitoren verfolgt.
- **Relativpronomen** können auch in Verbindung mit einer **Präposition** vorkommen, z. B.:
  Die Kamera, mit der/welcher der Detektiv den Gang überblickt, ist auf den Mann gerichtet.
- Wie alle Nebensätze werden Relativsätze durch **Komma** vom Hauptsatz abgetrennt.
- In manchen Fällen kann man Relativsätze durch **Attribute** ersetzen (▶ Nominalstil, S. 327).

Nebensatzart: Adverbialsätze ▶ S. 245

- **Adverbialsätze** sind **Nebensätze,** die die **näheren Umstände eines Geschehens** beschreiben. Sie werden durch eine **Konjunktion** eingeleitet, das **Prädikat steht am Ende.**
- Wie alle Nebensätze können sie dem Hauptsatz **vorangestellt,** in ihn **eingeschoben oder nachgestellt** sein. Dabei werden sie durch **Komma** vom Hauptsatz abgetrennt.
- Oft kann man Adverbialsätze durch **adverbiale Bestimmungen** ersetzen (▶ Nominalstil, S. 327).
- Man unterscheidet folgende **Adverbialsatzarten:**

Adverbialsatz	Frageproben	Konjunktionen	Beispiel
Finalsatz: Angabe einer Absicht	Wozu? Zu welchem Zweck?	damit, dass	*Er schrieb die Informationen gleich auf, damit er sich später an sie erinnerte.*
Kausalsatz: Angabe eines Grundes	Warum? Weshalb?	weil, da	*Da es eine große Vielfalt an Berufen gibt, fällt ihm die Auswahl schwer.*
Konditionalsatz: Angabe einer Bedingung	Unter welcher Bedingung?	wenn, falls, sofern	*Wenn er sich unsicher ist, kann er sich noch einmal beraten lassen.*
Konsekutivsatz: Angabe einer Folge	Mit welcher Folge?	dass, sodass, ohne dass	*Er war krank, sodass er das Interview absagen musste.*
Konzessivsatz: Angabe eines Gegengrunds	Trotz welcher Tatsache?	obwohl, auch wenn, obgleich, wenngleich	*Obwohl er gute Erfahrungen gemacht hatte, entschied er sich für eine andere Firma.*
Lokalsatz: Angabe eines Ortes	Wo? Woher? Wohin?	wo, woher, wohin, soweit	*Er schlug ihm eine passende Firma vor, wo Praktikumsplätze angeboten werden.*
Modalsatz: Angabe zur Art und Weise	Wie? Womit?	indem, dadurch, dass, ohne dass	*Der Berufsberater fand, indem er ihm Fragen stellte, bald seine Vorlieben heraus.*
Temporalsatz: Angabe einer Zeit	Wann? Wie oft? Wie lange?	solange, sobald, als, nachdem, bevor, wenn, seit, während	*Den Beruf lernte er näher kennen, als er im Reisebüro einen Schnuppertag machte.*

Stil

Subjekt und Prädikat stimmen im Numerus überein ▶ S. 229

- Subjekt und Prädikat müssen im **Numerus** (Singular oder Plural) übereinstimmen, z. B.:
  Erol und Damian kommen heute in den Betrieb. Aber morgen kommt nur Damian.

  Dies gilt auch bei Mengenangaben, z. B.: *Die Mehrheit ist dafür. Viele möchten das.*

- Wenn eine **Mengenangabe um ein Nomen erweitert** ist, dann kann man das Prädikat (die Verbform) entweder an die Mengenangabe oder an „das Gezählte" angleichen, z. B.:
  Die Mehrheit der Schülerinnen und Schüler ist/sind dafür.

Nominalstil und Verbalstil unterscheiden ▶ S. 241

- Im **Nominalstil** verwendet man vor allem **Nomen und Nominalisierungen.**
  Mit Hilfe dieses Stils kann man **viele Informationen in einem Satz** wiedergeben.
  Er wird vor allem in wissenschaftlichen Texten, Behörden- und Gesetzestexten eingesetzt.
- Im **Verbalstil** verwendet man viele **Verben.** Dadurch wirken Texte **lebendiger** und **leichter verständlich.** Dieser Stil wird oft in umgangssprachlichen, erzählenden Texten angewendet.

Mit Proben den Stil verbessern ▶ S. 242 f.

Mit Hilfe der folgenden Proben könnt ihr in euren Texten den Stil verbessern:
- Gestaltet mit Hilfe der **Umstellprobe** (▶ S. 324) eure Texte **abwechslungsreicher.**
  Stellt die Satzglieder so um, dass die Satzanfänge nicht immer gleich sind.
  Generell sollte man das Satzglied an den Anfang stellen, das besonders wichtig ist.
- Prüft mit der **Weglassprobe,** welche **überflüssigen Wörter** in einem Text gestrichen werden sollten.
- Prüft mit der **Erweiterungsprobe,** ob eine **Aussage genau oder anschaulich genug** ist, oder ob man noch etwas ergänzen sollte.
- Gestaltet eure Texte abwechslungsreicher mit Hilfe der **Ersatzprobe.** Ersetzt Begriffe, die immer wieder vorkommen, durch **Synonyme** (Wörter mit gleicher oder ähnlicher Bedeutung), z. B. *denken → meinen, glauben, überlegen.*
  Um solche Wörter zu finden, kann man sich im Schreibprogramm vom **Thesaurus** Synonyme auflisten lassen.

Zeichensetzung

Kommasetzung bei Aufzählungen und in Satzreihen

- Bei **Aufzählungen** von **gleichberechtigten Aussagen** setzt man **Kommas.**
  Das gilt für Aufzählungen von Wörtern, Wortgruppen oder Hauptsätzen (Satzreihen).
- Das **Komma entfällt,** wenn sie durch *und, oder, sowohl ... als auch, entweder ... oder, weder ... noch*
  verbunden sind, z. B.: *Ich mag weder Fisch noch Fleisch.*
  Nur wenn *und* einen Hauptsatz einleitet, darf ein Komma stehen.
- Das **Komma muss stehen** vor *aber, jedoch, sondern* und *doch,* denn sie bauen einen Gegensatz
  auf, z. B.: *Ich mag Fisch, aber Fleisch mag ich auch.*

Kommasetzung in Satzgefügen   ▶ S. 268 f.

- **Satzgefüge** bestehen aus einem **Hauptsatz** und einem oder mehreren **Nebensätzen.**
- **Nebensätze** sind untergeordnet und werden durch **Komma** vom Hauptsatz getrennt.
  Oft werden sie durch eine **Konjunktion** eingeleitet. Die **Verbform** steht **am Ende,** z. B.: *Den größten*
  Anteil an weggeworfenen Lebensmitteln bilden Obst und Gemüse, weil sie schnell faulen .
- Nebensätze können **vor** oder **nach dem Hauptsatz** stehen oder in ihn **eingefügt** sein, z. B.:
  Weil sie schnell faulen, bilden Obst und Gemüse den größten Anteil an weggeworfenen
  Lebensmitteln. / Obst und Gemüse bilden, weil sie schnell faulen, den größten Anteil an
  weggeworfenen Lebensmitteln.

Kommasetzung bei Relativsätzen und Appositionen   ▶ S. 246, 269

- **Relativsätze** sind **Nebensätze.** Sie werden durch ein **Relativpronomen** wie *der, die, das, welcher,*
  welche, welches eingeleitet, das sich auf ein Nomen im Hauptsatz bezieht. Relativsätze werden
  durch Kommas vom Hauptsatz abgetrennt, z. B.:
  Der Forscher, der sich mit Lebensmitteln beschäftigt, sucht nach Alternativen.
- Ein Nomen kann auch durch eine **Apposition (Beifügung)** erklärt werden. Bei dieser handelt es
  sich um einen **verkürzten Relativsatz.** Auch sie wird durch Kommas vom Satz abgetrennt, z. B.:
  Der Forscher, ein bekannter Lebensmittelchemiker, entwickelt Alternativen.

Kommasetzung bei Infinitiven mit *zu*   ▶ S. 270

- Befindet sich im Satz ein Infinitiv mit *zu,* so nennt man diesen Teil eine **Infinitivgruppe.**
- Infinitivgruppen darf man **immer durch Komma vom Hauptsatz trennen.**
- Ein Komma muss stehen, wenn die **Infinitivgruppe ...**
  – durch ein **hinweisendes Wort** (wie *daran, darum ...*) oder ein **Nomen angekündigt** wird, z. B.:
    Er denkt daran, zu sparen. Mir gefällt die Idee, Essen zu teilen.
  – mit *als, (an)statt, außer, ohne* oder *um* **eingeleitet** wird, z. B.:
    Man sollte handeln, statt sich zu beschweren.

Der Bindestrich und der Gedankenstrich ► S. 272

Die Schreibweise mit Bindestrich ► S. 272

- Einen Bindestrich muss man bei den folgenden Verbindungen setzen:
  - **Doppelnamen,** z. B.: *Nordrhein-Westfalen, Frau Müller-Lüder, die Käthe-Kruse-Puppe,*
  - **Verbindungen mit Abkürzungen oder Ziffern,** z. B.: *die E-Mail, 16-jährig,*
  - **Zusammensetzungen mit Wortgruppen,** z. B.: *das Nachts-nach-Hause-Kommen.*
  Bei **nominalisierten Wortgruppen,** die aus mehreren Wortarten bestehen, schreibt man das **erste und letzte Wort groß,** die anderen Wörter entsprechend ihrer Wortart.
- Einen Bindestrich setzt man auch, um die **Wiederholung eines Bestandteils zu vermeiden,** z. B.: *der Ein- und Ausgang, der Dreh- und Angelpunkt.*

Der Gedankenstrich

- Der **Gedankenstrich** zeigt deutlich eine **Grenze innerhalb eines Satzes** oder zwischen zwei Sätzen. Häufig folgt an dieser Stelle etwas Unerwartetes oder das Thema wird plötzlich gewechselt. Beim Sprechen soll hier eine **deutliche Pause** gemacht werden.
- Wenn ein Zusatz in einen Satz eingeschoben wird, setzt man zwei Gedankenstriche, z. B.: *Auch Kochrezepte sind – so könnte man sagen – eine Form der Gebrauchsanweisung.*

Zeichensetzung bei der wörtlichen Rede

- Die wörtliche Rede steht in **Anführungszeichen,** z. B.: „*Wann sind wir erwachsen?*"
- Der **Redebegleitsatz** gibt an, wer etwas wie sagt.
  - Steht er **vor** der wörtlichen Rede, folgt ein **Doppelpunkt,** z. B.: *Lisa meint:* „*Ab 18!*"
  - **Zwischen** der wörtlichen Rede wird er durch **zwei Kommas** abgetrennt, z. B.:
    „*In manchen Ländern* ", *erklärt Tom,* „*ist man aber erst mit 21 erwachsen.*"
  - **Nach** der wörtlichen Rede wird er durch **ein Komma** abgetrennt:
    „*Das stimmt*", *sagt Max.*

Zeichensetzung bei Textzitaten ► S. 153, 267

- Wörtlich wiedergegebene Textstellen müssen durch **Anführungszeichen** gekennzeichnet werden. Innerhalb des Zitats darf der **Originaltext nicht verändert** werden.
- Wenn man einen Teil des Textes auslässt, kennzeichnet man die **Auslassungen** so: [...].
- Nach einem **ankündigenden** Begleitsatz steht ein **Doppelpunkt,** z. B.: *Er äußert:* „*Das ist neu.*"
- **Folgt der Begleitsatz** dem Zitat, wird er durch ein **Komma** abgetrennt. Den Punkt in dem zitierten Satz lässt man dann weg, z. B.: „*Das sehen wir als Herausforderung an*", *meint er.*
- Stehen am Ende des Zitats **Frage- oder Ausrufezeichen,** dann gehören sie zum Zitat und stehen innerhalb der Anführungszeichen, z. B.: „*Was kann man tun?*", *wird oft gefragt.*

Wortherkunft, Wortbildung und Wortbedeutung

Die Herkunft von Wörtern ▶ S. 86 f.

- Im Laufe der Zeit ändert sich nicht nur die **Aussprache** von Wörtern (Lautwandel), sondern auch deren **Bedeutung** (Bedeutungswandel).
- Wenn man wissen will, welche **ursprüngliche Bedeutung** ein Wort hat, schlägt man das Wort in einem **Herkunftswörterbuch** (etymologisches Wörterbuch) nach.

Das Erbwort, das Fremdwort und das Lehnwort ▶ S. 87

- **Erbwörter** sind Wörter, die es schon **in alten Formen des Hochdeutschen** gab, z. B.: *sunna* für *Sonne, muoter* für *Mutter* im Althochdeutschen (ca. 750–1050 n. Chr.).
- **Fremdwörter** sind Wörter, die **aus anderen Sprachen** ins Deutsche übernommen wurden und ihre **Aussprache und Schreibung behalten** haben, z. B. *Café* aus dem Französischen.
- **Lehnwörter** sind Wörter, die **aus anderen Sprachen** ins Deutsche übernommen wurden und deren **Aussprache und Schreibung** an die deutsche Sprache **angepasst** wurden, z. B.: *Fenster* von lateinisch *fenstra*.

Der Anglizismus ▶ S. 90–92

- Viele Fremdwörter werden gegenwärtig **aus dem Englischen** in die deutsche Sprache übernommen, vor allem in den Bereichen Informationstechnik *(Software, WLAN)*, Musik *(Rapper, Boygroup)*, Mode *(Shirt)* und Sport *(Inlineskates)*.
- Englische Wörter werden übernommen, wenn sie etwas bezeichnen, wofür es **kein deutsches Wort** gibt, z. B.: *Scanner*.
- Werden englische Wörter aufgenommen, obwohl es deutsche Entsprechungen gibt, dann sollen sie häufig besonders **modern und aktuell** wirken, z. B.: *Service-Point* statt *Auskunft*.

Wortbildung: Wortzusammensetzungen und Ableitungen

- Mit **Wortzusammensetzungen** (Komposita) kann man Dinge und Sachverhalte genauer beschreiben. Sie werden gebildet aus: **Bestimmungswort** *(Praktikum-)* + **Grundwort** *(-stelle)*.
  - Das **Grundwort** gibt an, worum es sich handelt. *(Es handelt sich um eine Stelle.)*
  - Das **Bestimmungswort** erklärt die Bedeutung genauer. *(Es ist eine Stelle für ein Praktikum.)*
- **Ableitungen** von Wörtern kann man mit Hilfe von **Präfixen (Vorsilben)** und/oder **Suffixen (Nachsilben)** bilden. Dabei entstehen Wörter mit anderer Bedeutung, z. B.: *bearbeiten, verarbeiten, erarbeiten, arbeitsam*.
  - **Verben** bildet man mit den Präfixen *be-, ver-, er-, ent-, zer-, miss-*,
  - **Adjektive** bildet man mit den Suffixen *-ig, -bar, -lich, -haft, -isch, -sam, -selig*,
  - **Nomen** bildet man mit den Suffixen *-er, -in, -nis, -keit, -heit, -ung, -schaft, -tum*.
- Wörter mit einheitlichem **Wortstamm** ergeben eine **Wortfamilie**, z. B.: *arbeiten, erarbeiten, arbeitsam, die Arbeit, die Arbeiterin, die Verarbeitung, die Hausarbeit*.

Wortbedeutungen: die Denotation, die Konnotation, die Metapher ▶ S. 85

- **Denotation:** Die Denotation ist die klar definierte **Grundbedeutung** eines Wortes, die man im Wörterbuch oder im Lexikon findet.
- **Konnotation:** Die Konnotation bezeichnet die **Nebenbedeutung** eines Wortes, d. h. die Vorstellungen, Erfahrungen und Empfindungen, die man mit dem Wort verbindet.
- **Metapher:** In bestimmten Zusammenhängen haben Wörter manchmal auch eine **übertragene, bildliche Bedeutung.** Dann spricht man von einer Metapher.
- **Ironie:** In ironischen Äußerungen meint der Sprecher das Gegenteil dessen, was er sagt. Die Ironie erkennt man am Tonfall und am Gesichtsausdruck des Sprechers sowie daran, dass die Aussage nicht direkt zu der Situation passt.

Das Synonym und das Antonym

- **Synonyme** nennt man Wörter mit (fast) gleicher Bedeutung, z. B.: *die Freude – die Begeisterung, die Zufriedenheit.*
- **Antonyme** sind Wörter mit gegensätzlicher Bedeutung, z. B.: *die Freude – der Ärger.*

Oberbegriffe und Unterbegriffe ▶ S. 285

- Ein **Oberbegriff** fasst mehrere Dinge zusammen, die **gemeinsame Merkmale** haben, z. B.: *die Gebäude.*
- Ein **Unterbegriff** gibt einen **konkreten Teil** mit diesen Merkmalen an, z. B.: *die Kirche, die Villa.*

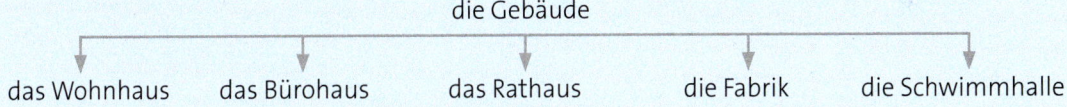

die Gebäude

das Wohnhaus | das Bürohaus | das Rathaus | die Fabrik | die Schwimmhalle

Sprachebenen und Varietäten

Adressatengerechtes Sprechen ▶ S. 73

Adressatengerechtes Sprechen bedeutet, dass man seine **Sprache** und sein **Verhalten** auf den **Gesprächspartner** (den Adressaten) abstimmt:

- Man sollte eine angemessene **Begrüßung** und **Anredeform** verwenden, z. B. *Sie* statt *du.*
- Man sollte die passende **Sprachebene** (▶ S. 332) wählen, je nachdem, ob man mit Erwachsenen, mit Gleichaltrigen oder mit Kindern, mit Fremden oder mit Bekannten spricht.
- Unabhängig davon, wer der Adressat ist, sollte man in **angemessenem Tempo** sprechen, gut **zuhören,** den anderen **ausreden lassen** und durch **Mimik und Gestik** Interesse bekunden.

Sprachebenen
▶ S. 74–76, 78 f.

Die Standardsprache und die Umgangssprache

- Die **Standardsprache** ist die allgemein verbindliche Sprachform im deutschen Sprachraum. Sie wird in Schulen, öffentlichen Einrichtungen und in den Medien verwendet.
- Die **Umgangssprache** ist die Sprachform, die wir für die alltägliche Kommunikation nutzen. Dabei werden sprachliche Normen und Regeln der Standardsprache weniger streng angewendet. Typisch sind unvollständige Sätze sowie bestimmte Ausdrücke.

Die Jugendsprache
▶ S. 74 f.

- Die **Jugendsprache** gilt als eine **besondere Form der Umgangssprache.** Sie setzt sich bewusst von der Sprache der Erwachsenen ab und **verändert sich ständig.**
- Jugendsprache unterscheidet sich von Standardsprache sowohl durch bestimmte **Wörter und Wendungen** als auch durch den **Satzbau.** Sie verfügt über folgende Merkmale:
  - **Übernahme englischer Begriffe** (Anglizismen), z. B.: *chillen, flashen, Faker,*
  - **bildhafte Ausdrücke,** z. B.: *Zappelbunker* für *Disco,*
  - **Abkürzungen,** z. B.: *gummo* für *Guten Morgen!, Ellies* für *Eltern,*
  - **Übertreibungen,** z. B.: *megafett,*
  - **Erfindung neuer Wörter** (Neologismen), z. B.: *Alugurke* für *Fahrrad, Kieskneipe* für *Bank.*

Das Kurzdeutsch
▶ S. 76

„Kurzdeutsch" (oder auch „Kiezdeutsch") ist eine **umgangssprachliche Sprachform,** bei der die **Artikel** oder die **Kombination aus Präposition und Artikel weggelassen** werden, z. B.: *Kommst du mit Kino? Bin schon Bahnhof.*

Sprachvarietäten
▶ S. 80 f.

- **Dialekte** (Mundarten) sind **Sprachvarianten,** die man nur in einer bestimmten geografischen Region spricht. Sie unterscheiden sich von der **Standardsprache (Hochdeutsch)** in der **Lautung** und zum Teil auch im **Wortschatz.**
- Man unterteilt die deutschen Dialekte grob in das **Niederdeutsche** (in Norddeutschland), das **Mitteldeutsche** (in Mitteldeutschland) und das **Oberdeutsche** (Dialekte in Süddeutschland).

Geschlechtergerechte Sprache
▶ S. 77

Geschlechtergerechte Sprache soll die **Gleichberechtigung der Geschlechter** zum Ausdruck bringen. Dafür gibt es folgende **zwei Möglichkeiten:**
- Man führt **alle Geschlechter** an, z. B. durch eine der folgenden Formen: *die Lehrerinnen und Lehrer, die LehrerInnen, die Lehrer/-innen, die Lehrer*innen, die Lehrer_innen.*
- Man verwendet **geschlechtsneutrale Formulierungen** wie *die Lehrenden, die Lehrkräfte.*

Rechtschreibstrategien und Rechtschreibregeln

Wörter schwingen

► S. 256

- Beim Schwingen kann man in der Regel jeden **Buchstaben deutlich hören,** z. B.: *der Ang li zis mus.*
- **Vor dem Schreiben:** Sprecht schwierige Wörter deutlich in Silben. Zeichnet Silbenbögen in die Luft.
- **Beim Schreiben:** Sprecht die Silben leise mit. Sprecht nicht schneller, als ihr schreibt.
- **Nach dem Schreiben:** Prüft, ob ihr richtig geschrieben habt:
  Zeichnet dazu **Silbenbögen** unter jede Silbe und sprecht dabei leise mit.

Offene und geschlossene Silben

- Aus Lauten bildet man Silben. Das Zentrum einer Silbe ist der Vokal (auch Umlaut, Zwielaut).
- Enden Silben mit einem Vokal, nennt man sie **offen.** Man spricht den Vokal lang, z. B.: *le sen.*
- Enden Silben mit einem Konsonanten, nennt man sie **geschlossen.** Man spricht den Vokal kurz, z. B.: *mer ken.*

Wörter verlängern

► S. 256

- Bei Einsilbern und auch bei einigen Zweisilbern kann man Buchstaben am Wortende (Auslaute) nicht immer sicher zuordnen. Dann **fügt** man an das Wort **eine Silbe an:**
  - Bei **Nomen** bildet man die Pluralform, z. B.: *der Grund* – denn: *die Grün de.*
  - **Adjektive** steigert man, z. B.: *hell* – denn: *hel ler als.*
  - **Verben** setzt man in die Wir-Form, z. B.: *kennt* – denn: *wir ken nen.*

Wörter zerlegen

► S. 256

- Die **unklaren Laute in zusammengesetzten Wörtern** findet man, indem man die Wörter **zerlegt** und anschließend **verlängert,** z. B.: *Hand | arbeit* – denn: *die Hän de.*
- Auch wenn man **Bausteine (Nachsilben) abtrennt,** kann man **Verlängerungsstellen** finden, z. B.: *glaubhaft* – denn: *glau ben, endlos* – denn: *das En de.*

Wörter mit *ä* und *äu* ableiten

► S. 256

Ableiten heißt: **verwandte Wörter** suchen. Der Vokal *e* und der Zwielaut *eu* sind leicht mit *ä* und *äu* zu verwechseln, denn man spricht sie gleich aus.
- Normalerweise schreibt man *e* oder *eu*, z. B.: *bellen, denken, heute, Leute.*
- Wenn es verwandte Wörter mit *a* oder *au* gibt, dann schreibt man *ä* oder *äu*, z. B.: *die Gegenstände – der Gegenstand, die Abläufe – der Ablauf.*

Schreibung von Fremdwörtern   ▶ S. 262

- **Fremdwörter** sind Wörter, die wir **aus anderen Sprachen** übernehmen.
- Wenn es sich bei den Fremdwörtern gleichzeitig um **Fachbegriffe** handelt, dann behalten sie meist ihre Aussprache und Schreibweise bei.
- Man erkennt die Fremdwörter an **typisch fremdsprachlichen Buchstaben und Buchstaben-gruppen,** z. B.: *th* statt *t, ph* statt *f, y* statt *ü* und *v* statt *w.*
- Häufig verwendete Fremdwörter werden in ihrer Aussprache und Schreibweise oft dem Deutschen angepasst, z. B.: *die Phantasie → die Fantasie.*
  In diesem Fall spricht man nicht mehr von Fremdwörtern, sondern von **Lehnwörtern.**

Wörter mit Doppelkonsonant, *ck* oder *tz* ▶ S. 257

- In **zweisilbigen Wörtern** endet die **erste Silbe** entweder mit einem **Vokal (offene Silbe)** oder mit einem **Konsonanten (geschlossene Silbe).**
- Ist die **erste Silbe geschlossen,** treffen an der **Silbengrenze** immer mindestens **zwei Konsonanten** aufeinander. Sie sind entweder verschieden oder gleich (Verdopplung).

Wörter mit *i* oder *ie* ▶ S. 257

- Die meisten *i*-**Laute** schreibt man mit *i.*
- Man schreibt immer *i,* wenn die **erste Silbe geschlossen** ist, z. B.: *die Kin der.*
- Man schreibt nur *ie,* wenn die **erste Silbe offen** ist, z. B.: *die Tie re.*
- Diese Regel gilt nur für **zweisilbige deutsche Wörter,** nicht für Fremdwörter wie *Rosine.*

Wörter mit *s*-Laut *(s, ß, ss)* ▶ S. 257

- Man schreibt **s,** wenn die **erste Silbe offen** ist und man den *s*-Laut **summend** spricht, z. B.: *die Rei se, le sen.*
- Man schreibt *ß,* wenn die **erste Silbe offen** ist und man den *s*-Laut **zischend** spricht, z. B.: *die Fü ße, rei ßen.*
- Man schreibt *ss,* wenn die **erste Silbe geschlossen** ist, z. B.: *die Flüs se, las sen.*
- Um diese Regeln für den *s*-Laut anzuwenden, braucht man **eine zweisilbige Wortform.**

Wörter mit *h* ▶ S. 257

- Wenn das *h* **am Anfang der zweiten Silbe** steht, kann man es beim Schwingen hören.
  Es trennt zwei Vokale in der Wortmitte und öffnet die zweite Silbe, z. B.: *dre hen.*
  Durch Verlängern kann man das silbenöffnende *h* in einsilbigen Wortformen hörbar machen.
- Wenn das *h* **am Ende der ersten Silbe** steht, ist es nicht hörbar. Diese Wörter sind Merkwörter, z. B.: *die Oh ren.*

Nomen und Nominalisierungen großschreiben ▶ S. 258 f.

- **Nomen** schreibt man **groß.** In Texten erkennt man sie an ihren **Begleitern.**
- Nomen ohne Begleiter kann man mit Hilfe der folgenden **Nomenproben** bestimmen:
  - **Artikelprobe:** Vor Nomen kann man einen Artikel setzen, z. B.: *ein Auto, der Verkehr.*
    Achtung: Artikel können sich auch mit Präpositionen verbinden, z. B.: *im (= in dem) Stau.*
  - **Zählprobe:** Vor Nomen kann man Zahlwörter setzen, z. B.: *zwei Autos, viel Verkehr.*
  - **Adjektivprobe:** Nomen kann man durch Adjektive näher beschreiben, z. B.: *das alte Auto.*
- Wörter aller Wortarten kann man als Nomen verwenden. Solche **Nominalisierungen** erkennt man ebenfalls mit Hilfe der **Nomenproben,** z. B.: *das Suchen, langes Warten.*

Groß- und Kleinschreibung von Herkunftsbezeichnungen

- **Eigennamen** bezeichnen ganz bestimmte, einmalige Personen, Orte, Tier- und Pflanzenarten. Man schreibt sie groß, z. B.: *Friedrich der Große, Afrika, die Karibik.*
- Von Orten **abgeleitete Adjektive auf -isch** schreibt man klein, z. B.: *afrikanisch, karibisch.* Sind sie jedoch **Bestandteile von Eigennamen,** schreibt man sie groß, z. B.: *der Afrikanische Elefant, der Karibische Riffkrake.*
- Von Orten **abgeleitete Wörter auf -er** schreibt man immer groß, z. B.: *der Kölner Dom.*

Groß- und Kleinschreibung von Tageszeiten und Wochentagen

- Tageszeiten und Wochentage werden **großgeschrieben,** wenn sie **Nomen** sind, z. B.: *am (an dem) Morgen.*
- Sie werden **kleingeschrieben,** wenn sie **Adverbien** sind, z. B.: *heute, morgen, abends.*
- Kombiniert man Adverbien und Nomen, behalten sie ihre Schreibweise bei: *heute Morgen.*
- Man kann die Großschreibung mit Hilfe der Nomenproben überprüfen, z. B.: *der Montag, viele Nächte, friedliche Abende.*

Zusammenschreibung und Getrenntschreibung ▶ S. 260 f.

Zusammen schreibt man Wörter, die zusammen eine neue Bedeutung eingehen:
- Verbindungen aus **Nomen und Nomen,** z. B.: *die Stadtplanung, das Grundstück,*
- Verbindungen aus **Nomen oder Adjektiven und Adjektiven,** z. B.: *goldrichtig, hellblau,*
- Verbindungen aus **unveränderlichen Wörtern und Verben,** z. B.: *ausfallen,*
- Verbindungen aus **Adjektiven und Verben,** wenn sie eine **neue Bedeutung** erhalten, z. B.: *leichtfallen (keine Mühe bereiten),*
- **Nominalisierungen** von Verbindungen mit Verben, z. B.: *das Radfahren, das Dasein.*

Getrennt schreibt man in der Regel Verbindungen, in denen die einzelnen Wörter ihre Bedeutung beibehalten:
- Verbindungen aus **Nomen und Verben,** z. B.: *Fußball spielen, Eis essen,*
- Verbindungen aus **Adjektiven und Verben,** z. B.: *richtig schreiben, leicht fallen,*
- Verbindungen aus **Verben und Verben,** z. B.: *kennen lernen, lesen üben,*
- Verbindungen mit dem **Verb sein,** z. B.: *weg sein, da sein, zurück sein.*

Arbeitstechniken und Methoden

Informationen sammeln

Überfliegendes und gezieltes Lesen ▶ S. 18, 282–284

- Das **überfliegende Lesen** hilft euch, in einem Text die Stelle zu finden, an der die für eure Fragestellung wichtigen Informationen stehen.
- Wenn man beim Überfliegen des Textes die Stelle mit den wichtigen Informationen gefunden hat, erarbeitet man diese durch **gezieltes Lesen.**
- Wenn ihr in einem Text nach bestimmten Informationen sucht, solltet ihr so vorgehen:
  1 Klärt, zu welcher Frage oder zu welchem Thema ihr euch informieren wollt.
  2 Überfliegt den gesamten Text, indem ihr mit den Augen zügig über den Text gleitet. Lest immer nur den Anfang der einzelnen Abschnitte und sucht nach Signalwörtern zum Thema.
  3 Lest anschließend die Textstelle mit den wichtigen Informationen zum Thema genau. Klärt unbekannte Wörter durch Nachdenken, Nachfragen oder Nachschlagen: Erschließt ihre mögliche Bedeutung aus dem Satzzusammenhang, fragt einen Lernpartner, schlagt das Wort in einem Fremdwörterbuch nach oder recherchiert die Bedeutung im Internet.
  4 Notiert in Stichworten Informationen zur Ausgangsfrage.

Grafiken und Diagramme auswerten ▶ S. 183

In Diagrammen werden Angaben (z. B. Mengen) **bildlich** dargestellt. Sie vermitteln Informationen auf zwei Ebenen: der **Inhaltsebene** und der **Gestaltungsebene.**
- Man unterscheidet folgende **Diagrammarten:**

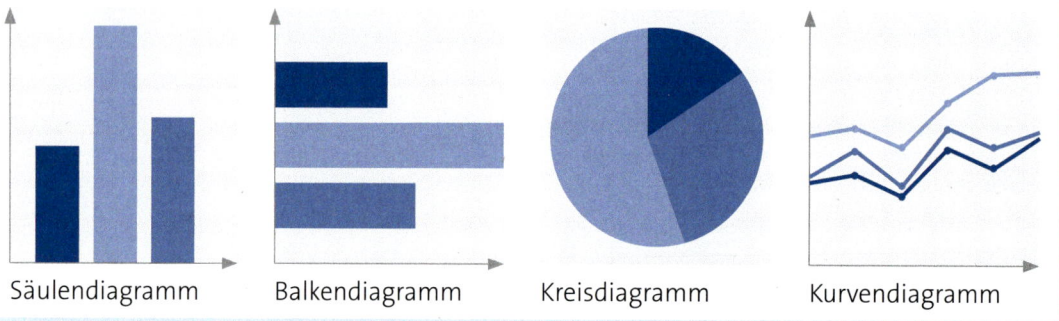

Säulendiagramm Balkendiagramm Kreisdiagramm Kurvendiagramm

- So könnt ihr **Diagramme entschlüsseln:**
  1 Betrachtet das Diagramm genau. Lest die Überschrift und alle Angaben.
  2 Untersucht zuerst die Inhaltsebene (Überschriften, Texte) und anschließend die Gestaltungsebene (Abbildungen, Zahlen, Farben).
    Welche Angaben werden gemacht? Wofür stehen die Zahlen?
    Welche Informationen werden gegeben?
  3 Vergleicht die Angaben und wertet das Diagramm aus.
    Achtet dabei auf besonders hohe oder niedrige, ähnliche oder abweichende Zahlenwerte. Notiert, was euch auffällt.
  4 Fasst die Grundaussage des Diagramms zusammen.

Ein Portfolio erstellen ► S. 58

Ein **Portfolio** ist eine **Mappe,** in der man **Materialien zu einem Thema,** z. B. zur Berufswahl, sammelt. Die Mappe wird nach und nach ergänzt. Sie enthält folgende Bestandteile:

- **Deckblatt** mit Angaben zu Name, Klasse, Thema, Sammelzeitraum,
- **Inhaltsverzeichnis,** das einen Überblick über alle Materialien gibt,
- **Materialien** zum Thema wie Mitschriften, selbst geschriebene Texte, recherchierte und ausgedruckte Materialien (mit Quellenangaben),
- **persönliche Einschätzung** der Arbeit am Portfolio (Selbstreflexion).

Informationen ordnen und veranschaulichen ► S. 101, 209

Informationen in einer Mindmap ordnen ► S. 285

- Mit Hilfe einer **Mindmap** (Gedankenland-karte) könnt ihr Informationen übersichtlich ordnen.
- Schreibt das **Thema** in die Mitte eines Blattes und umrahmt es. Notiert darum herum **Oberbegriffe** (► S. 331) zum Thema und verbindet das Thema und die einzelnen Oberbegriffe mit **dicken Linien** (Pfaden).
- Ergänzt zu den einzelnen Oberbegriffen zugehörige **Unterbegriffe** (► S. 331) und verbindet sie jeweils mit dem Oberbegriff durch **dünne Linien** (Nebenpfade).

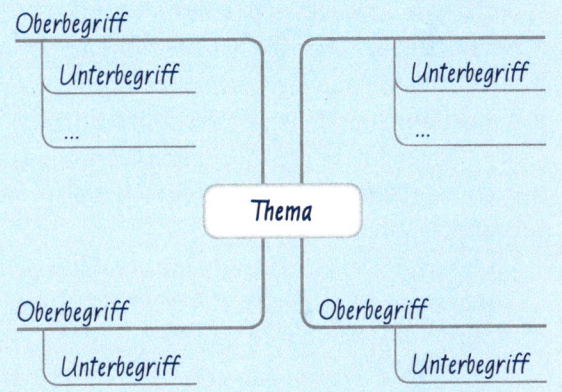

Die Struktur von Informationen in einem Baumdiagramm darstellen ► S. 286

- Mit Hilfe eines **Baumdiagramms** könnt ihr zeigen, in welcher **Beziehung** (Hierarchie) Informationen zueinander stehen.
- Notiert das **Thema,** zeichnet darunter **Pfade** und notiert die zugehörigen **Oberbegriffe.**
- Zeichnet von jedem Oberbegriff aus **weitere Pfade** nach unten und notiert **Unterbegriffe.**

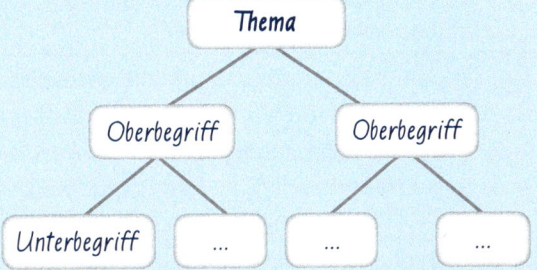

Einen Ablauf in einem Flussdiagramm veranschaulichen ► S. 286

- Mit Hilfe eines **Flussdiagramms** könnt ihr den **Ablauf von Vorgängen** veranschaulichen.
- Notiert Begriffe, Stichworte oder Sätze zu den einzelnen **Schritten,** rahmt sie ein und verbindet sie mit **Pfeilen.**

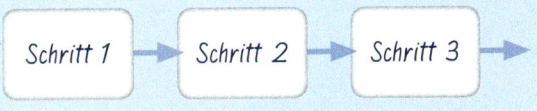

Informationen und Arbeitsergebnisse präsentieren

Ein Plakat anfertigen ▶ S. 102

Auf einem Plakat kann man wichtige Informationen zu einem Thema anschaulich präsentieren.
- Formuliert eine **Überschrift** und notiert sie in ausreichender Größe auf das Plakat.
- Verfasst **kurze Texte** zum Thema. Achtet dabei ebenfalls auf eine ausreichende Schriftgröße.
- Ergänzt passende **Bilder mit Bildunterschriften.**
- Veranschaulicht Informationen mit Hilfe eines Zeitstrahls, einer Karte, einer Mindmap, eines Diagramms oder einer anderen Grafik (▶ S. 337).

Bildschirmfolien erstellen ▶ S. 288 f.

Mit Hilfe von **Folien** kann man **Struktur** und **Inhalt** eines Vortrags **veranschaulichen.**
- Die **Einstiegsfolie** stellt das Thema vor und macht die Zuhörerinnen und Zuhörer neugierig, z. B. durch eine Frage, ein Bild oder ein Zitat.
- Auf der **Gliederungsfolie** wird der Aufbau des Vortrags dargestellt.
- **Inhaltsfolien** veranschaulichen die einzelnen Informationen des Vortrags.
- Auf der **Abschlussfolie** werden die wichtigsten Informationen zusammengefasst oder ein Fazit oder Fragen für die anschließende Diskussion präsentiert.
- Damit die Folien den Vortrag **wirkungsvoll** unterstützen, sollte man sich an bestimmte **Gestaltungsregeln** halten:
  - Legt eine Folie pro Unterthema an und beachtet die 5-4-6-Regel: Legt für euren Vortrag nicht mehr als 5 Folien an, formuliert je Unterthema höchstens 4 Aufzählungspunkte, verwendet je Aufzählungspunkt höchstens 6 Wörter.
  - Gestaltet die Folien gut lesbar und überschaubar. Der Hintergrund der Folien sollte möglichst einfarbig sein und nicht ablenken.
  - Wählt eine klare, schnörkellose Schriftart und denkt an eine ausreichende Schriftgröße.
  - Achtet bei der Wahl der Schriftfarbe auf einen passenden Kontrast zum Hintergrund.

Ein Handout verfassen ▶ S. 290

Ein Handout gibt den **Aufbau** und die **wichtigsten Informationen** eines Vortrags **knapp** und **übersichtlich** wieder und bietet **Platz für Mitschriften.**
- Gebt im **Kopfteil** euren **Namen**, das **Datum**, das **Fach** und das **Vortragsthema** an.
- Listet im **Hauptteil** die **Gliederungspunkte** auf und ergänzt **Stichworte zum Inhalt.**
- Gebt am Ende die **Quellen** der verwendeten Medien an:
  - bei **Büchern:** Autor/-in, Titel, Verlag, Ort, Erscheinungsjahr und eventuell Seitenangabe,
  - bei **Internetseiten:** Internetadresse und Datum, an dem die Seite aufgerufen wurde.

Arbeitsergebnisse in einem Museumsgang *(Gallery Walk)* vorstellen ▶ S. 102

Ein Museumsgang *(Gallery Walk)* eignet sich gut dafür, **Ergebnisse von Gruppenarbeiten** zu präsentieren:

- Legt die Arbeitsergebnisse der einzelnen Gruppen aus oder hängt die Plakate in einigem Abstand voneinander auf.
- Bildet neue Gruppen, indem aus den Expertengruppen jeweils ein Mitglied in eine neue Gruppe geht. Es darf in jeder neuen Gruppe immer nur ein Mitglied aus der alten Gruppe sein.
- Wandert in der neuen Gruppe von Ergebnis zu Ergebnis oder von Plakat zu Plakat. Das Gruppenmitglied, das bei der Erstellung des jeweiligen Ergebnisses oder Plakats beteiligt war, präsentiert den anderen die Informationen.
- Die Zuhörenden stellen Fragen und fertigen Notizen oder Mitschriften an.

Texte in einer Schreibkonferenz überarbeiten ▶ S. 196

In einer Schreibkonferenz stellt ihr euch gegenseitig eure Texte vor, korrigiert Fehler und gebt euch Tipps für die Überarbeitung.

- Setzt euch in kleinen Gruppen zusammen. Eine/r liest seinen Text vor, die anderen hören aufmerksam zu.
- Gebt der Verfasserin oder dem Verfasser eine Rückmeldung, was euch an dem Text besonders gut gefallen hat.
- Prüft den Text anschließend Satz für Satz. Dabei könnt ihr nach der ESAU-Methode vorgehen. Überlegt gemeinsam:
  - **Ergänzen:** Wo fehlt ein Gedanke, eine Information, ein Wort oder Satz?
  - **Streichen:** Wo erscheint etwas überflüssig?
  - **Austauschen:** Wo passen eine Formulierung oder eine Information nicht richtig?
  - **Umstellen:** Wo erscheint die Reihenfolge der Satzglieder oder Sätze unstimmig?
  - Achtet auch auf die **Rechtschreibung und Zeichensetzung.**
- Die Verfasserin oder der Verfasser notiert die Verbesserungsvorschläge und überarbeitet anschließend den eigenen Text mit Hilfe der Notizen.

Mit den Schreibwörtern üben ▶ S. 32, 52, 72, 92, 114, 136, 156, 180, 202, 226

Im „Deutschbuch" findet ihr am Ende der meisten Kapitel Schreibwörter. Übt ihre Schreibung:

- Faltet ein Blatt der Länge nach zweimal, sodass vier Spalten entstehen.
- Schreibt die Wörter, die ihr üben möchtet, untereinander in die 1. Spalte.
- Prägt euch drei Wörter ein, klappt die 1. Spalte um und schreibt die Wörter in die 3. Spalte.
- Deckt auf und vergleicht die Wörter: Richtig geschriebene Wörter könnt ihr abhaken. Falsch geschriebene Wörter müsst ihr durchstreichen und richtig in die 2. Spalte schreiben.
- Übt, die Wörter aus Spalte 2 richtig zu schreiben. Tragt sie in die Spalte 4 ein. Überlegt dabei, mit welcher Rechtschreibstrategie (▶ S. 333) man die Schreibweise jeweils erklären kann.

Textartenverzeichnis

Autoren- und Quellenverzeichnis

BAP
80 Alles em Lot
Musik Edition Discoton GmbH, Berlin

BEHRENS, ANDREA
116 Supersonic Me
aus: Schnee im August. Die besten Geschichten aus dem MDR Literaturwettbewerb 2015. Hrsg. v. Hametner, Michael. poetenladen: Leipzig 2015, S. 33–37

CAN, SAFIYE (*1977)
148 Normal
aus: Kinder der verlorenen Gesellschaft. Gedichte. Wallenstein: Göttingen 2017, S. 30

DACH, CHRISTOPH
200 Ohren auf, Handys aus!
nach: http://www.tagesspiegel.de/berlin/smartphones-bei-konzerten-ohren-auf-handy-aus/13947758.html [06.10.2017]

DE FOFFTIG PENNS
80 Löppt
Heimathafen Edition / Rückbank Musikverlag Mark Chubg EK / Freibank Musikverlag, Hamburg

EIST, DIETMAR VON (1115–1171)
140 Slafest du, friedel ziere / Schläfst du, mein schöner Liebster?
aus: Deutsche Lyrik des Mittelalters, ausgewählt und übersetzt von Wehrli, Max (1909–1998). Manesse: Zürich 1955

FORD, HENRY (1863–1947)
255 Wenn ich ...
aus: http://www.henry-ford.net/deutsch/zitate.html [15.03.2018]

FRISCH, MAX (1911–1991)
158, 161, 164, 165, 171, 172, 175, 178 Andorra [Auszüge]
aus: Andorra. Stück in zwölf Bildern. Suhrkamp: Frankfurt a. M. 1982, S. 7–11, 19–23, 25–26, 30–35, 39–41, 44–48, 59–61, 84–86

GOETHE, JOHANN WOLFANG (1749–1832)
143 Klärchens Lied
aus: Egmont. Ein Trauerspiel in fünf Aufzügen. Reclam Universal-Bibliothek (Nr. 75): Stuttgart 1970, S. 46

255 Der eine wartet ...
aus: http://zitate.woxikon.de/veraenderung [26.04.2018]

HAHN, ULLA (*1945)
150 Nie mehr
aus: Gesammelte Gedichte. DVA: München 2013, S. 298

HÄNTZSCHEL, HILTRUD (*1939)
100 Irmgard Keuns Roman „Nach Mitternacht"
aus: Irmgard Keun. Rowohlt: Reinbek bei Hamburg 2001, S. 87

HEINE, HEINRICH (1797–1856)
137 Die Engel, die nennen es
aus: Buch der Lieder. W. Spemann Verlag: Berlin, Stuttgart 1944, S. 22

149 Ein Jüngling liebt ein Mädchen
aus: Buch der Lieder. Winkler 1969, S. 74

HEINZ, JOHANNA (*1985)
193 Nett im Netz
aus: Bonner General-Anzeiger vom 24./25. Mai 2014

HELLSTERN, RAINER
29 Interview mit einer Expat-Familie in Seoul
nach: https://www.auswandern-handbuch.de/interview-expat-seoul/ [08.07.2017]

HERBOLD, ASTRID (*1973)
197 Führen Chats, Smileys und Kurznachrichten zum Verfall der Sprache?
nach: Zeit-Online; www.zeit.de/digital/internet/2013-01/chat-sprache-forschung [30.04.2015]

HERRNDORF, WOLFGANG (1965–2013)
74 „Ich habe meinem Erzähler einfach ..."
aus: Im Gespräch: Wolfgang Herrndorf. Wann hat es „Tschick" gemacht, Herr Herrndorf? http://www.faz.net/aktuell/feuilleton/buecher/autoren/im-gespraech-wolfgang-herrndorf-wann-hat-es-tschick-gemacht [31.01.2011]

74, 204, 206, 208, 210, 212, 216, 218 Tschick [Auszüge]
aus: Tschick. Rowohlt: Reinbek bei Hamburg 2012, S. 41–42, 21–23, 41–45, 89–93, 166–172, 222–226, 212–214, 213

HÖRA, DANIEL (*1965)
23 Das Schicksal der Sterne [Auszug]
aus: Das Schicksal der Sterne. bloomoon, arsEdition: München 2015, S. 13–16

HUBRICH, LARS (*1974)
218, 225 Tschick – das Drehbuch [Auszüge]
aus: Tschick – das Drehbuch. Rowohlt: Reinbek bei Hamburg 2016

HUMPE, INGA (*1956); ECKART, THOMAS (*1963); JOST, DAVID; GRUBERT, ROBIN (*1977)
138 Ein neues Gefühl
25% Porn & Poetry Publishing Robin Grubert; 25% IT WORX INGA HUMPE, THOMAS ECKART GBR, BERLIN; 25% Universal Music Publishing GmbH, Berlin; 25% Jost Music Publishing David Jost, Hamburg

HÜRLIMANN, THOMAS (*1950)
133 Der Filialleiter
aus: Die Satellitenstadt. Fischer Taschenbuch: Frankfurt a. M. 1994, S. 123–125

KASCHNITZ, MARIE LUISE (1901–1974)
126 Ein ruhiges Haus
aus: Steht noch dahin. Neue Prosa. Suhrkamp: Frankfurt a. M. 1970, S. 75–76

KEUN, IRMGARD (1905–1982)

94 Gilgi – eine von uns [Auszug]
aus: Gilgi – eine von uns. List: Berlin 2002, S. 13–15

104, 106, 108, 109, 110, 113 Das kunstseidene Mädchen [Auszüge]
aus: Das kunstseidene Mädchen. Ullstein Verlag Berlin 2006, S. 7–9, 67–68, 81–82, 93–94, 208 ff., 217 ff.

KLEINDIENST, JENS; SCHÄFER, STEFAN

85 Leben im „Haus Europa": „Es wird ein europäisches Heimatgefühl geben"
nach: Cohn-Bendit: „Es wird ein europäisches Heimatgefühl geben". aus: Darmstädter Echo vom 21.03.2014 http://www.echo-online.de/lokales/rhein-main/cohn-bendit-es-wird-ein-europaeisches-heimatgefuehl-geben_15525076.htm [08.02.2018]

KLOPSTOCK, FRIEDRICH GOTTLIEB (1724–1803)

144 Das Rosenband
aus: Ausgewählte Werke. Hrsg. v. Schleiden, K. A. Carl Hanser: München 1962

KONFUZIUS (551 v. CHR.–479 v. CHR.)

284 Sage es mir ...
aus: http://www.poeteus.de [15.03.2018]

KRÖSCHEL, SEBASTIAN

289 Die eigene Art des Lernens entdecken
nach: Welcher Lerntyp bist du? http://www.geo.de/geolino/mensch/5849-rtkl-lernen-welcher-lerntyp-bist-du [08.03.2018]

KUNZE, REINER (*1933)

145 Die Liebe
aus: gespräch mit der amsel. frühe gedichte. Fischer: Frankfurt a. M. 1984, S. 7

LENZ, SIEGFRIED (1926–2014)

121 Nacht im Hotel
aus: Siegfried Lenz. Erzählungen 1 1949–1955. Band 13. Hoffmann und Campe: Hamburg 1996, S. 7–13

LENTZ, MICHAEL

148 am ende des ganges die tür
aus: Offene Unruh. 100 Liebesgedichte. Fischer: Frankfurt a. M. 2010, S. 16

LEO, MAXIM

90 Oldenburger Bacon, geslict
aus: Easy-Feeling gegen Bombenkrieg. http://leogutsch.berliner-zeitung.de/2012/08/23/easy-feeling-gegen-bombenkrieg/ [02.03.2018]

LICHTENBERG, GEORG CHRISTOPH (1742–1799)

255 Vergnügen an Veränderung ...
aus: http://zitate.woxikon.de/veraenderung [15.03.2018]

MAYR, GESA (*1986)

27 „Du musst schneller lernen"
nach: SPIEGEL ONLINE 25.09.2015, http://www.spiegel.de/panorama/gesellschaft/fluechtling-aus-syrien-am-gymnasium-du-musst-schneller-lernen-a-1054335.html [05.02.2017]

MAYR, STEFAN (*1972)

188 Augsburg führt Boden-Ampeln für Handynutzer ein
nach: http://www.sueddeutsche.de/bayern/verkehrssicherheit-augsburg-fuehrt-boden-ampeln-fuer-handynutzer-ein-1.2958002 [04.10.2017]

MC BRUDDAAL

80 Du bisch mei Number One
D-Sign Music

MENZEL, JENNY

30 Interview mit einer Auswanderer-Familie in Neuseeland
nach: http://www.weltwunderer.de/blog-interview-auswandern-nach-neuseeland-gewusst-wie/ [25.08.2016]

MÖLLER, SVENJA-A.

87 Sprachreise – wenn Wörter wandern
aus: DEWEZET vom 24.11.2015. https://www.dewezet.de/hintergrund/hintergrund-seite_artikel,-wenn-woerter-auswandern-_arid,758516.html [08.02.2018]

MORGENSTERN, CHRISTIAN (1871–1914)

155 Es ist Nacht
aus: Moderne deutsche Liebesgedichte: von Stefan George bis zur Gegenwart. Hrsg. v. Brambach, Rainer. Diogenes: Zürich 1980, S. 19

OERDING, JOHANNES (*1981)

83 Heimat
Johannes Oerding Edition / EMI Music Publishing Germany GmbH, Berlin

OERTZEN, GEORG VON (1829–1910)

84 Wir sichern uns ...
aus: http://www.aphorismen.de/zitat/22808 [26.04.2018]

PLASBERG, FRANK; SPITZER, MANFRED; GEZEN, DUYGU; YOGESHWAR, RANGA

190 Hart aber fair: Immer online – machen Smartphones dumm und krank und manchmal sogar tot?
nach: http://www.daserste.de/information/talk/hart-aber-fair/sendung/immer-online-machen-smartphones-dumm-und-krank-moderation-100.html [23.05.2016]

POISEL, PHILIPP (*1983)

147 Ich will nur
POLARBAER MUSIKVERLAG HERBERT GROENEMEYER, Berlin

POLITYCKI, MATTHIAS (*1955)

146 Fast eine Romanze
aus: Die Sekunden danach. 88 Gedichte. Hoffmann und Campe: Hamburg 2009, S. 18

REIGERSFELD, DANIEL CZEPKO VON (1605–1660)

142 An die Augen der Gegen über stehenden Göttin. Allezeit lichte bey dieser Sonnen.
aus: Weltliche Dichtungen. Hrsg. v. Milch, Werner. Wissenschaftliche Buchgesellschaft: Darmstadt 1963, S. 106

REVENTLOW, FRANZISKA ZU (1871–1918)

143 Lass uns
aus: Gesammelte Werke. OK Publishing 2017

RICCIARELLI-ESPOSITO, NICOLE (*1971)

14 Wie es wirklich ist, ein Gastarbeiterkind zu sein
nach: http://www.huffingtonpost.de/nicole-ricciarelli-esposito-/spaghetti-oder-gulaschsuppe-und-wie-es-wirklich-ist-ein-gastarbeiterkind-zu-sein_b_7844196.html [10.07.2017]

RÖDER, MARLENE (*1983)

127, 131 Schwarzfahren für Anfänger
aus: Melvin, mein Hund und die russischen Gurken. Ravensburger Buchverlag, Ravensburg 2011, S. 105–111

SCHAUM, MARLIES; FARAHNI, DONVA

189 DRadio Wissen: Bodenampeln für Smartphone-Junkies
nach: https://www.deutschlandfunk-nova.de/beitrag/smartphone-unfallschutz-fuer-smombies-im-strassenverkehr [05.10.2017]

SCHMOLLACK, SIMONE (*1964)

77 Liebe Gästinnen und Gäste!
aus: Gender-Sprache. Liebe Gästinnen und Gäste! http://www.deutschlandfunkkultur.de/gender-sprache-liebe-gaeste-und-gaestinnen.1005.de.html?dram:article_id=318444 [06.02.2018]

SCHULZ, BENJAMIN (*1982)

50 Minimalisten: Haste nix, biste was
nach: http://www.spiegel.de/panorama/gesellschaft/minimalisten-haste-nix-biste-was-a-773718.html [15.01.2018]

SICKMANN, PHILIPP

182 Immer online, nie mehr allein
aus: Mediennutzung von Jugendlichen: Immer online, nie mehr allein. Tagesspiegel online vom 22.03.2014 http://www.tagesspiegel.de/medien/mediennutzung-von-jugendlichen-immer-online-nie-mehr-allein/9652054.html [29.09.2017]

STEENFATT, MARGRET (*1935)
119 Im Spiegel
aus: Augenaufmachen. Hrsg. v.
Gelberg, H. J. Beltz & Gelberg:
Weinheim 1984

SÜTTERLIN, PETRA (*1966)
283 Wie man am effektivsten lernt!
aus: Vier Lerntypen und wie sie am
effektivsten lernen. https://www.
philognosie.net/lerntypen/vier-
lerntypen-und-wie-sie-am-
effektivsten-lernen [06.03.2018]

THIEL, MARTIN
88 Warum Sportler die Nationalhymne nicht singen müssen
nach: http://www.swr.de/swr4/bw/
programm/sag-wie-haeltst-du-s-mit-
der-hymne/contra-warum-sportler-
die-nationalhymne-nicht-singen-
muessen/-/id=258008/did=10165952/
mpdid=10165562/nid=258008/
14qarj4/index.html [15.05.2014]

UCSNAY, JULIA
282 Die Hauptsysteme des
Gedächtnisses
nach: http://www.planet-wissen.de/
natur/forschung/gedaechtnis/
[06.03.2018]
283 Lernen und Gehirn: Wie lernen
wir?
nach: http://www.planet-wissen.de/
natur/forschung/gedaechtnis/
[06.03.2018]

WEIDERMANN, VOLKER (*1969)
98 Über Irmgard Keun
aus: Irmgard Keun: Kind aller Länder.
Kiepenheuer und Witsch: Köln 2016,
S. 217 ff.

WEIGUNY, BETTINA (*1970)
184 Macht WhatsApp unsere Kinder
doof?
aus: Digitale Kontaktpflege – Macht
WhatsApp unsere Kinder doof? FAZ
online vom 25.02.2014. http://www.
faz.net/aktuell/wirtschaft/
netzwirtschaft/digitale-kontaktpflege-
macht-whatsapp-unsere-kinder-doof-
12815680-p2.html [29.09.2017]

**Unbekannte/Ungenannte Autorinnen
und Autoren**
192 APP warnt vor
Handyabhängigkeit
nach: https://www.uni-bonn.de/
neues/009-2014 [05.10.2017]
86 Aus einem Herkunftswörterbuch
aus: Der Duden in 10 Bde. Bd. 7:
Etymologie. Herkunftswörterbuch der
deutschen Sprache. Bearb. und erw. v.
Drosdowski, Günther. Dudenverlag:
Mannheim, Wien, Zürich 1989, S. 276
16 Bundesministerium für
wirtschaftliche Zusammenarbeit
und Entwicklung: Ursachen von
Migration
nach: http://www.bmz.de/de/
themen/migration/hintergrund/
ursachen/ [19.08.2016]

271 D119
aus: DUDEN. Die deutsche
Rechtschreibung. Dudenverlag: Berlin
2017, S. 86
18 Fabian, Annamaria:
Auszug aus einem Interview mit
einer ungarischen Einwanderin
nach: https://akademigra.wordpress.
com/2010/03/10/erstes-interview-
betroffene-migranten/ [18.08.2016]
26 Gajewic, Maria:
Definition Integration
aus: Integration in Deutschland
http://www.bundesauslaenderbeauf-
tragte.de/integration.html
[03.04.2018]
76 Kurzdeutsch als neuer Trend:
„Ich lauf Bahnhof"
aus: http://www.abendzeitung-
muenchen.de/inhalt.analyse-einer-
wissenschaftlerin-kurzdeutsch-als-
neuer-trend-ich-lauf-bahnhof.
1c881c11-78a7-48e3-a75f-75ce517ca13a.
html [06.02.2018]
16 Oltmer, Jochen:
Definition Migration
aus: http://ome-lexikon.uni-
oldenburg.de/begriffe/migration/
[12.03.2018]
260 zusammen
aus: DUDEN. Die deutsche Rechtschreibung. Dudenverlag: Berlin 2017,
S. 1256

Bildquellenverzeichnis

S. 4: *oben* Fotolia/cristina_conti; *unten* shutterstock/marcin jucha; **S. 5:** Fotolia/ehrenberg-bilder; **S. 6:** *oben* shutterstock/Pagina; **S. 8:** *unten* Thomas Schulz, Teupitz; **S. 9:** Fotolia/william87; **S. 10:** *oben* INTERFOTO/NG Collection/© Studiocanal; **S. 13:** Fotolia/cristina_conti; **S. 14:** www.colourbox.de; **S. 15:** shutterstock/MaraZe; **S. 17:** Fotolia/Olivier; **S. 19:** panthermedia/matej kastelic; **S. 26:** Fotolia/Robert Kneschke; **S. 27:** Randstad Deutschland; **S. 29:** Fotolia/SeanPavonePhoto; **S. 30:** Fotolia/A. Karnholz; **S. 33:** Foto: © Tim Mitchell and Lucy Norris; **S. 34:** Fotolia/avlasvitali; **S. 38:** Fotolia/cherryandbees; **S. 42:** Robert Haas/Süddeutsche Zeitung Photo; **S. 45:** shutterstock/marcin jucha; **S. 50:** shutterstock/HappyAprilBoy; **S. 53:** Fotolia/ehrenberg-bilder; **S. 56:** Fotolia/Markus Mainka; **S. 58:** *oben* shutterstock/George Rudy; *Mitte* shutterstock/Pressmaster; *unten* shutterstock/welcomia; **S. 59:** Fotolia/Bernd Geller; **S. 63:** Fotolia/Microgen; **S. 65:** www.colourbox.de; **S. 67:** Fotolia/Daniel Ernst; **S. 69:** alle Thomas Schulz, Teupitz; **S. 71:** shutterstock/Pressmaster; **S. 73:** shutterstock/pagina; **S. 77:** LEXAart, Axel Hörnig, Berlin/LEXA 2008; **S. 83:** Artist: Stefan Strumbel, Foto: Studio Strumbel; © VG Bild-Kunst, Bonn 2018; **S. 88:** dpa Picture-Alliance/Sven Simon; **S. 95:** *links* bpk/Heinz Lienek; *rechts* action press/ullstein – Archiv Gerstenberg; **S. 96:** akg-images/Imagno; **S. 97:** (A) bpk/Otto Gebhardt; (B) akg-images/IMAGNO/Sammlung Hubmann; (C) bpk; (D) bpk/Umbo; © Phyllis Umbehr/Galerie Kicken Berlin/VG Bild-Kunst, Bonn 2018; **S. 98:** ullstein bild; **S. 99:** laif/Isolde Ohlbaum; **S. 101:** shutterstock/Pyty; **S. 103:** akg-images; **S. 124:** INTERFOTO/Brigitte Friedrich; **S. 137:** akg-images/Erich Lessing; **S. 142:** Fotolia/Ruslan Gilmanshin; **S. 149:** akg-images; **S. 157, S. 158, S. 161, S. 165:** Thomas Schulz, Teupitz; **S. 167:** INTERFOTO/Granger, NYC; **S. 175, S. 179:** Thomas Schulz, Teupitz; **S. 181:** Fotolia/william87; **S. 182:** Fotolia/carballo; **S. 188:** www.sueddeutsche.de (20.04.2016) © Süddeutsche Zeitung Digitale Medien GmbH; Foto: Thomas Hosemann/Stadtwerke Augsburg; **S. 190:** Das Erste/BR; **S. 196:** Fotolia/gustavofrazao; **S. 200:** Fotolia/9parusnikov; **S. 203:** *links* Wolfgang Herrndorf: Tschick. Rowohlt, Berlin 2010; *rechts* INTERFOTO/NG Collection/© Studiocanal; **S. 204:** akg-images/Album/Lago Film/© Studiocanal; **S. 206:** imago/ZUMA Press/© Studiocanal; **S. 208:** imago/ZUMA Press/© Studiocanal; **S. 211:** imago/ZUMA Press/© Studiocanal; **S. 213:** imago/ZUMA Press/© Studiocanal; **S. 214:** Wolfgang Herrndorf: Tschick. Rowohlt, Berlin 2010; **S. 217:** alle 2016 Lago Film GmbH, © Studiocanal; **S. 218:** Lars Hubrich: Tschick. Das Drehbuch. Nach dem Roman Tschick. Rowohlt 2016; **S. 220:** akg-images/Album/Lago Film/© Studiocanal; **S. 221:** alle 2016 Lago Film GmbH, © Studiocanal; **S. 222:** alle 2016 Lago Film GmbH, © Studiocanal; **S. 225:** akg-images/Album/Lago Film; **S. 242:** shutterstock/modustollens; **S. 246:** shutterstock/Maxx-Studio; **S. 248:** www.colourbox.de; **S. 250:** shutterstock/Georgiy Myakishev; **S. 252:** Fotolia/industrieblick; **S. 253:** Fotolia/industrieblick; **S. 256:** dieKLEINERT.de/Martin Zak; **S. 257:** action press/ullstein – Archiv Gerstenberg; **S. 258:** akg-images; **S. 264:** mauritius images/Aviation Visuals/Alamy; **S. 265:** mauritius images/VIEW Pictures Ltd/Alamy; **S. 266:** shutterstock/S-F; **S. 267:** laif/Andreas Fechner; **S. 268:** laif/Keystone Schweiz; **S. 273:** imago/Sabeth Stickforth; **S. 274:** dpa Picture-Alliance/dpa/Hauke-Christian; **S. 275:** Fotolia/VRD; **S. 276:** www.colourbox.de; **S. 279:** INTERFOTO/Sammlung Rauch; **S. 280:** *oben* shutterstock/Natalia Bratslavsky; *unten* www.colourbox.de; **S. 283:** mauritius images/imageBroker/Oleksiy Maksymenko; **S. 293:** beide Fotolia/JackF; **S. 314:** Thomas Schulz, Teupitz; **S. 317:** alle 2016 Lago Film GmbH, © Studiocanal; **S. 318:** *rechts* imago/ZUMA Press; *unten links, oben links* 2016 Lago Film GmbH, © Studiocanal

Sachregister

Lösungen

Lösungen zu Seite 236: Fordern – Kasus und Tempus beachten

1 Bei einem Bewerbungsgespräch sollte man unbedingt auf sein Aussehen achten. So ist es durchaus üblich, dass ein Junge Anzug und Krawatte trägt, wenn er sich bei einer Bank vorstellt. Für ein Mädchen, das in eine Bankfiliale geht und dort die Personalchefin trifft, empfiehlt es sich, ein Kostüm zu tragen. Wenn man ohne einen Parfümduft nicht aus dem Haus gehen mag, sollte man anlässlich eines Bewerbungsgesprächs sparsam mit dem Parfüm umgehen. Trotz eines perfekten Anzugs oder Kostüms kann man noch Fehler bei den Schuhen machen. Die sollte man erst nach sorgfältigem Putzen anziehen. Dem geschulten Auge entgeht nichts. Mangels adäquater Kleidung wurde schon so manche Chance verpasst.

2 a A auf dem Abiturball des älteren Bruders oder der älteren Schwester
B auf einer Strandparty während des Sommerurlaubs in einem Ferienhotel
C anlässlich einer Feier zu einem Jubiläum in der Firma der Mutter

3 Mit Schrecken **muss** ich noch heute an mein erstes Vorstellungsgespräch **denken**. Es **war** natürlich an einem Freitag, den 13. Ich **sollte** um 10 Uhr in der Sparbank Wiesbaden **sein.** Nachdem mein Wecker sehr zeitig **geklingelt hatte, wollte** ich doch noch ein paar Minuten **liegen bleiben.** Dann **duschte** ich erst einmal in aller Ruhe, bevor ich **frühstückte.** Während ich passende Anziehsachen **auswählte,** Schuhe **putzte** und mich vor dem Spiegel **zurechtmachte, verlor** ich irgendwie die Zeit aus dem Blick. Als ich dann zur Bushaltestelle **lief, dachte** ich so angestrengt über das bevorstehende Bewerbungsgespräch, mögliche Fragen und meine Antworten nach, dass ich gar nicht **bemerkte,** wie der Bus an mir **vorbeifuhr.** Nachdem ich diesen Bus nun **verpasst hatte, fiel** der nächste Bus aus, weil er von einem Laster **gerammt worden war.** Ich **musste** eine ganze Weile **warten.** So **kam** ich zu spät und **wurde** nicht mehr zum Gespräch **zugelassen.**

Lösungen zu Seite 237: Fordern – Aktiv, Passiv und Konjunktiv anwenden

1 a Menschen, die aufgrund eines Unfalls, einer Krankheit, einer Behinderung oder aufgrund ihres Alters unter Einschränkungen im Bereich der Sinnesorgane, der Motorik oder der geistigen oder psychischen Fähigkeiten leiden, werden von Ergotherapeuten beraten und behandelt. Menschen aller Altersgruppen werden von den Therapeuten zum Patientenkreis gezählt. Den jeweiligen Störungen entsprechend üben Ergotherapeuten mit ihren Patienten auch grundlegende Fähigkeiten, die die Patienten benötigen, um ihren Alltag zu bewältigen. Zunächst wird dafür ein Behandlungsplan von den Therapeuten erstellt.

2 a + b *Mögliche Lösung:*
Manche Patienten müssen viele Tätigkeiten, die wir schon als Kind beherrschten, neu erlernen. Die Therapeuten bringen ihnen bei, wie man isst, sich wäscht oder schreibt. Den Patienten wird nicht nur kurzfristig geholfen. Sie werden dabei unterstützt, im Alltag selbstständig leben zu können.

3 a Die Berufsberaterin meint, der Bewerber solle sich vorher im Berufsinformationszentrum über den Beruf informieren. Dann wisse er genau, was er möchte, kenne die Anforderungen des Berufs und könne Vor- und Nachteile abschätzen. Außerdem sei ein idealer Bewerber aktiv. Er schreibe nicht nur wahllos Bewerbungen, sondern wende sich gezielt an Ausbildungsbetriebe, bei denen er sich im Vorfeld über Möglichkeiten und Bewerbungsmodalitäten informiert hat.
b Die ganze Mappe sollte stimmig und fehlerfrei sein. Ich würde jemanden um Korrektur bitten. Auch ich würde mich zwar an bestimmte Mustervorlagen halten, aber ich würde versuchen, der Bewerbung eine individuelle Note zu verleihen.

Lösungen zu Seite 238: Fördern – Kasus und Tempus beachten

1 Gerade für die Jugendlichen ist Kleidung wichtig, weil sie etwas über die Identität des Trägers und dessen Lebenseinstellung verrät. Zu einem Bewerbungsgespräch sollte man nicht mit den weißen Socken in den Sandalen gehen. Statt eines lustigen T-Shirts sollte man eine Bluse oder ein Hemd tragen. Generell gilt, dass die Kleidung sauber sein sollte, ohne kleine Flecken und unschöne Knitterfalten. Bei der Auswahl des Schmucks sollte man behutsam vorgehen. Von auffälligen goldenen Ketten und Ringen lassen sich Personalchefs sicherlich nicht beeindrucken.

2 a **A** bei der mündlichen Prüfung

B anlässlich der Hochzeitsfeier einer Tante

C zu einer Besprechung mit den Elternvertretern und der Direktorin

3 **A** Bevor ich damals die ersten Bewerbungen **schrieb, informierte** ich mich auf der Internetseite www.planet-beruf.de über verschiedene Berufe.

B Nachdem ich im Internet die Seite des Berufsinformationszentrums **gefunden hatte, vereinbarte** ich gleich einen Termin für ein persönliches Beratungsgespräch.

C Nachdem ich mich für einen Ausbildungsort **entschieden hatte, schrieb** ich den Betrieb gleich **an** und **stellte** meine Fragen. Ich **erhielt** eine sehr nette Antwort.

D Ich **übte** das Gespräch mehrmals mit verschiedenen Freunden, nachdem ich zum Vorstellungsgespräch **eingeladen worden war.**

E Ich **überlegte** mir schon mögliche Fragen und Antworten, bevor ich zum Vorstellungsgespräch **fuhr.**

Lösungen zu Seite 239: Fördern – Aktiv, Passiv und Konjunktiv anwenden

1 a **A** Ich wurde bei meiner Ankunft (von einem jungen Herrn) begrüßt.

B Ich wurde (von ihm) in den Warteraum geführt.

C Mir und den anderen Bewerbern wurde eine Nummer (von ihm) gegeben.

D Uns wurde (von ihm) ein Platz angeboten.

E Alle 20 min wurde (von ihnen) eine Nummer angesagt.

F Irgendwann wurde (von ihnen) meine Nummer gerufen.

2 **G** Eine junge Frau holte mich ab.

H Sie führte mich in einen kleinen Raum mit einem großen Schreibtisch.

I Man bot mir Kaffee oder Wasser an.

J Eine ältere Dame stellte mir viele Fragen.

K Schließlich forderte sie mich auf, zu Hause auf eine Nachricht zu warten.

3 Wie **wäre** es eigentlich, wenn ich ein Vorstellungsgespräch **hätte,** bei dem sich alle **freuen würden,** sobald sie mich **sähen?** Sie **böten** mir einen Platz, mein Lieblingsgetränk und Schokolade **an.** Ich **nähme** Platz, **müsste** keine unangenehmen Fragen beantworten, sondern **bekäme** eine Spielekonsole in die Hand gedrückt, mit der ich ungestört spielen **könnte.** Ich **hätte** eine halbe Stunde Zeit, in der sie mich allein und in Ruhe spielen **lassen würden.** Sie **würden** meine Spielfähigkeiten **beobachten** und **würden** mich aufgrund meiner Konzentrationsfähigkeit sofort **einstellen.**

Lösungen zu Seite 248: Fordern – Nebensätze bilden und umformulieren

1 **A** Am ersten Praktikumstag bei einem Chocolatier zeigte mir eine Mitarbeiterin die Werkstatt, sodass ich einen Einblick in alle Arbeitsbereiche erhalten konnte. (Konsekutivsatz)

B Sie führte mich durch den Betrieb, wo ich einige Pralinen probieren durfte. (Lokalsatz)

C Erst am zweiten Tag durfte ich bei der Pralinenherstellung helfen, nachdem ich mich so lange darauf gefreut hatte, die Hauptaufgabe eines Chocolatiers kennen zu lernen. (Temporalsatz)

D Ich half dem Chocolatier, indem ich Marzipankugeln in einen Topf mit Kuvertüre hielt und sie auf ein Pralinengitter legte. (Modalsatz)

E Weil kein Schmutz in die Pralinen kommen darf, musste ich Gummihandschuhe, einen Kittel und eine Schutzhaube tragen. (Kausalsatz)

2 **A** Beim Schmelzen von Schokolade muss man auf die richtige Temperatur achten.

B Mit einem speziellen Digitalthermometer misst man die Temperatur.

C Zur genauen Überwachung der Temperatur wird oft auch ein so genanntes Temperiergerät eingesetzt.

D Aufgrund der richtigen Temperatur glänzte die Schokolade schön.

3 A Die Kuvertüre, die vom Chocolatier als Grundlage verwendet wird, ist von hoher Qualität.

B Die Marzipanmasse wird mit einem speziellen Schaber, der aus Edelmetall gefertigt ist, glattgestrichen.

C Die Herzförmchen, die mit Erdbeercreme gefüllt werden, sorgen dafür, dass die Pralinen später wie kleine Herzen aussehen.

D Die Spritzbeutel, die wegwerfbar sind, verwendet man zum Füllen von Pralinen-Hohlkörpern.

4 *Mögliche Lösung:*

Bei meiner Ankunft ahnte ich noch nicht, dass ich trotz meiner Erfahrungen beim Kuchenbacken während des Praktikums noch so viel Neues dazulernen würde.

Lösungen zu Seite 249: Fordern – Den Stil verändern

1 a Der Text wurde im Nominalstil verfasst.

b *Mögliche Lösung:*

Wenn man Pralinen herstellen möchte, benötigt man einige spezielle Werkzeuge. Die am häufigsten verwendeten Pralinenwerkzeuge sind Pralinengabeln, die aus rostfreiem Edelstahl gefertigt sind. Mit ihnen taucht man die Pralinen in flüssige Schokoladenkuvertüre oder arbeitet Muster in den Pralinenüberzug ein. Weiterhin sind Temperiergeräte notwendig, um die Kuvertüre zu schmelzen und warmzuhalten. Als Ergänzung dazu werden auch digitale Thermometer eingesetzt, um die Schokoladentemperatur zu regulieren. Unerlässlich sind auch Pralinen-gitter, um die Pralinen zu trocknen.

c *Mögliche Lösung:* Notwendige Werkzeuge zur Herstellung von Pralinen

2 B Beim Formen und Überziehen der Pralinen sehr sorgfältig arbeiten.

C Für einen glänzenden Überzug Schokolade öfter abkühlen und wieder erwärmen.

D Bei der Herstellung von Pralinen Handschuhe tragen.

3 a *Mögliche Lösung:*

An meinem dritten Praktikumstag lernte ich einen interessanten Herstellungsprozess kennen. Gemeinsam mit einer Mitarbeiterin durfte ich Schokoladenfiguren herstellen. Zunächst sollte ich dafür die Formen aus dem Lager holen und säubern. Die Mitarbeiterin erklärte mir, dass man mit Hilfe der Formen so genannte Hohlkörper herstellt. Sie ließ mich bei der Zubereitung der Schokolade zusehen. Dabei erlaubte sie mir, die flüssige Schokolade zu probieren. Anschließend zeigte sie mir, wie man die Formen mit der warmen, flüssigen Schokolade füllt. Am Nachmittag verzierte sie die Figuren, nachdem die Schokolade erkaltet war. Ich durfte ihr dabei zusehen. Später bekam ich die Erlaubnis, eine eigene Figur zu verzieren.

b *Mögliche Lösung:*

An meinem vierten Praktikumstag musste ich dabei helfen, die verschiedenen Schokoladenprodukte zu verpacken. Ich sollte zunächst immer zwölf Pralinen in Pappschachteln einordnen. Dann durfte ich die Schachteln zukleben und mit einer Schleife dekorieren. Anschließend sollte ich die Schokoladenfiguren mit Schleifen versehen und in kleine Tüten stecken. Schließlich musste ich alle befüllten Schachteln und Tüten sorgfältig in ein Regal einräumen.

Lösungen zu Seite 250: Fördern – Nebensätze bilden und umformulieren

1 A + 4 (Temporalsatz) / B + 3 (Finalsatz) / C + 1 (Kausalsatz) / D + 2 (Modalsatz)

2 B Bei der Erprobung der Spiele erfüllt man als Tester eine wichtige Aufgabe.

C Beim Durchspielen einzelner Teile beobachtet man den gesamten Spielverlauf.

D Nach der Durchführung des Tests gibt man den Programmierern eine Rückmeldung zur Verbesserung.

E Aufgrund der engen Zusammenarbeit mit den Programmierern braucht man soziale Kompetenz und Teamgeist.

3 A Jugendliche, die in Computerspielen erfahren sind, werden von Unternehmen bevorzugt eingestellt.

B Die Figuren, die von den Testern in Onlinespielen verwendet werden, sind im so genannten Gott-Modus unter-wegs, damit sie von normalen Spielern nicht gejagt werden.

C Die Fehler, die von den Testern entdeckt werden, werden dokumentiert und von Informatikern korrigiert.

D Ein Onlinespiele-Tester, der den ganzen Tag vor dem Bildschirm sitzt, kann abends vermutlich keine Computer oder Konsolen mehr sehen.

Lösungen zu Seite 251: Fördern – Den Stil verändern

1 **A** Obwohl kostenlose Online-Spiele beliebt sind, wird die so genannte Free-to-play-Strategie kritisiert.
B Bei den Spielen, die kostenlos verbreitet werden, müssen Spieler oft für die Zusatzausrüstung bezahlen.
C Die Spiele, die häufig speziell an Jugendliche gerichtet sind, verführen durch Frustschleifen, die extra eingebaut werden, dazu, dass man sich Waffen oder Werkzeuge kauft.
D Die Spieler kaufen sich somit Vorteile, damit sie in der Bestenliste aufsteigen können.

2 **B** Zum Testen eines Spiels die Anleitung genau lesen.
C Vor dem Programmstart die Hinweise des Herstellers beachten.
D Bei der Entdeckung eines Fehlers den Spieleentwickler informieren.
E Nach dem Test des Spiels einen Bericht schreiben.

3 a *Mögliche Lösung:*
An meinem dritten Praktikumstag traf ich mich zum ersten Mal mit den Spieleentwicklern. Zunächst berichtete ich ihnen von meinen Erfahrungen mit dem von mir getesteten Spiel. Danach beantwortete ich ihnen verschiedene Fragen zu meinen Erfahrungen mit dem Spiel. Weil ich so systematisch gearbeitet hatte, wurde ich von den Entwicklern gelobt.
b *Mögliche Lösung:*
Am Nachmittag erklärte mir die Chefin, welches Onlinespiel ich als Nächstes testen sollte. Außerdem erläuterte sie mir, worauf ich beim nächsten Test noch besser achten sollte. Danach zeigte mir die Leiterin, welche Spiele außerdem in der nahen Zukunft getestet werden müssen. Sie sagte mir, dass ich auswählen könne, welches Spiel ich mir zum Schluss vornehmen wolle.

Lösungen zu Seite 265: Fordern – Regelwissen anwenden

1 a imponieren, produzieren, konzipieren, transportieren
b *Mögliche Lösungen:*
Privilegierte, Naturkatastrophen, recycelter, Mobilität, Taiwan, Nomadic Museum

2 a Der dänische Ingenieur Mads Johansen hat einen Fahrrad-Wohnwagen entworfen. Diesen ungewöhnlichen Wagen kann man mit dem Fahrrad wie ein Schneckenhaus hinter sich herziehen. Er hat zwei Kinderfahrrad-Räder und eine Deichsel, und er ist mit Fenstern und Tür ausgestattet. Der Wagen ist einen Meter breit, 1,30 Meter hoch und 1,30 Meter lang und wiegt nur 45 Kilo. So kann er von einem normalen Fahrrad gezogen werden. Aber wie ist das Schlafen in dieser kleinen Kiste möglich? Ganz einfach: Beim Fahren sind einige Teile des Wagens eingeklappt, für das Übernachten werden sie schnell ausgeklappt. Dann ist der Wagen doppelt so lang und sieht tatsächlich aus wie ein kleiner Wohnwagen. Über mangelnde Aufmerksamkeit kann man sich bei dieser Art des Reisens nicht beklagen.
b der Mads Johansen (Name), mit zwei Fenstern, mit einer Tür
c das Schlafen, beim Fahren, das Übernachten, des Reisens

3 *Privilegierte* sind Bevorzugte, *Katastrophen* sind Zerstörungen großen Ausmaßes, *recycelt* bedeutet aufbereitet, *Taiwan* ist ein Inselstaat in Ostasien, *Nomadic* heißt Nomadisch, *die Mobilität* ist die Beweglichkeit

Lösungen zu Seite 266: Fördern – Regelwissen anwenden

1
b Fremdwörter, die man schreibt, wie man sie spricht	Fremdwörter mit besonderen Merkstellen
die Architekten, die Stars, international, die Materialien, global, die Konstruktionen	das **Th**eater, die **V**illen, konstru**ie**ren, individuellen, die **Ch**ance, innova**t**ive, der Comp**u**ter, die Fantas**ie**

2 architektonische Superlativmeldungen, kurze Zeit, das höchste Gebäude, 828 Meter, die Höhe, das Wohnen, das Arbeiten, das Einkaufen, eine Million, faszinierte Besucher, dieses gigantischen Hochhauses, 1007 Metern, alle Rekorde, zwei Probleme, ein Vakuum, zum Schwingen, dem Weg, das Umsteigen

Lösungen zu Seite 274: Fordern – Kommas richtig setzen

1 a + b Relativsätze, Infinitivgruppen

Eine Möglichkeit, Lebensmittel vor der Tonne zu retten, ist das so genannte *Foodsharing*. Dabei bieten Geschäftsleute oder Privatpersonen kostenlos Lebensmittel zur Abholung an, die sie sonst wegwerfen würden. Ihr Ziel ist es, Lebensmittel, die nicht mehr benötigt werden oder deren Haltbarkeitsdatum abgelaufen ist, vor dem Abfall zu retten, zu verteilen und so ein Zeichen gegen die alltägliche Verschwendung zu setzen. Die Lebensmittel können direkt vom Spender abgeholt werden. Darüber hinaus gibt es die Möglichkeit, sie in öffentlichen Kühlschränken anzubieten. Diese Kühlschränke, die auch *Fairteiler* genannt werden, findet man an frei zugänglichen Orten oder auch in Geschäften. Internetplattformen bieten die Möglichkeit, das *Foodsharing* zu organisieren.

2 a + b Für die *Fairteiler*-Kühlschränke gelten strenge Regeln. Man muss die Verbraucher davor schützen, **dass** sie unsaubere oder nicht mehr frische Nahrungsmittel bekommen. So müssen die Spender der Lebensmittel beispielsweise sicherstellen, **dass** die Kühlkette bei Milchprodukten eingehalten wird. Ein Produkt wie Hackfleisch, **das** schnell verdirbt, darf auf keinen Fall angeboten werden. Die *Foodsharer* verweisen immer wieder darauf, **dass** sie sich um einen sicheren Ablauf bemühen. Das Säubern der Kühlschränke, **das** entsprechend bestimmter Hygienevorschriften erfolgen muss, übernehmen Freiwillige. Trotzdem ist es wichtig, **dass** sich alle Nutzer verantwortlich fühlen: An vielen *Fairteilern* stehen Wischeimer und Putzlappen bereit.

Lösungen zu Seite 275: Fördern – Kommas richtig setzen

1 a + b Nebensätze, Infinitivgruppen

A Eine Möglichkeit, der Lebensmittelverschwendung entgegenzuwirken, bietet die Initiative „Mundraub". (IZ)

B Die Initiative bietet auf ihrer Internetseite eine Landkarte an, die die Standorte von Obstbäumen, Nusssträuchern und essbaren Kräutern im öffentlichen Raum zeigt. (RS)

C Nicht wenige Menschen nutzen diese Plattform bereits, um Fundorte miteinander zu teilen sowie Erfahrungen und Rezepte auszutauschen. (IZ)

D Viele sind überrascht, dass es in ihrer direkten Nähe Obst und Nüsse gibt, die kostenlos und legal geerntet werden dürfen. (NK, RS)

E Ein Besuch an solchen Orten lohnt sich auch, wenn man vor Ort nur naschen will. (NK)

2 a + b Die Idee für „Mundraub" hatten zwei Freunde während einer Paddeltour. Sie ärgerten sich darüber, **dass** sie im Supermarkt Obst gekauft hatten, **das** in Plastik verpackt und weite Strecken transportiert worden war, obwohl es um sie herum überall reife Äpfel, Birnen und Pflaumen gab. Das Erste, **das** sie zu Hause machten, war die Erstellung einer Karte mit den Obst-Fundorten. Sie überlegten, **dass** sie diese Fundorte anderen mitteilen könnten, und gründeten eine Plattform im Internet.

Es ist eine tolle Entwicklung, **dass** aus einer so einfachen Idee ein Netzwerk entstanden ist, **das** sich nicht nur über frei verfügbares Obst austauscht, sondern **das** auch Wissen über Obst vermittelt und Umweltbildungsangebote organisiert. Auch diese Initiative entspricht der Grundidee, **dass** man den Anteil weggeworfener Lebensmittel dadurch verringern kann, **dass** andere sie nutzen.

Knifflige Verben im Überblick

Infinitiv	Präsens	Präteritum/Perfekt	Konjunktiv I / Konjunktiv II	Imperativ Singular
befehlen	du befiehlst	er befahl / hat befohlen	sie befehle / befähle	befiehl!
beginnen	du beginnst	sie begann / hat begonnen	er beginne / begänne	beginn(e)!
beißen	du beißt	er biss / hat gebissen	sie beiße / bisse	beiß(e)!
bieten	du bietest	er bot / hat geboten	er biete / böte	biet(e)!
bitten	du bittest	sie bat / hat gebeten	sie bitte / bäte	bitt(e)!
blasen	du bläst	er blies / hat geblasen	er blase / bliese	blas(e)!
bleiben	du bleibst	sie blieb / ist geblieben	sie bleibe / bliebe	bleib(e)!
brechen	du brichst	sie brach / hat gebrochen	er breche / bräche	brich!
brennen	du brennst	es brannte / hat gebrannt	es brenne / brennte	brenn(e)!
bringen	du bringst	sie brachte / hat gebracht	sie bringe / brächte	bring(e)!
dürfen	du darfst	er durfte / hat gedurft	er dürfe / dürfte	
einladen	du lädst ein	sie lud ein / hat eingeladen	sie lade ein / lüde ein	lad(e) ein!
entscheiden	du entscheidest	er entschied / hat entschieden	er entscheide / entschiede	entscheid(e)!
essen	du isst	er aß / hat gegessen	sie esse / äße	iss!
fahren	du fährst	sie fuhr / ist gefahren	er fahre / führe	fahr(e)!
fallen	du fällst	er fiel / ist gefallen	sie falle / fiele	fall(e)!
fangen	du fängst	sie fing / hat gefangen	er fange / finge	fang(e)!
fliehen	du fliehst	er floh / ist geflohen	sie fliehe / flöhe	flieh(e)!
fließen	du fließt	es floss / ist geflossen	es fließe / flösse	fließ(e)!
fressen	du frisst	er fraß / hat gefressen	er fresse / fräße	friss!
geben	du gibst	sie gab / hat gegeben	sie gebe / gäbe	gib!
genießen	du genießt	sie genoss / hat genossen	er genieße / genösse	genieß(e)!
gießen	du gießt	er goss / hat gegossen	er gieße / gösse	gieß(e)!
greifen	du greifst	sie griff / hat gegriffen	sie greife / griffe	greif(e)!
halten	du hältst	sie hielt / hat gehalten	er halte / hielte	halt(e)!
heben	du hebst	er hob / hat gehoben	sie hebe / höbe	heb(e)!
helfen	du hilfst	er half / hat geholfen	sie helfe / hülfe	hilf!
kennen	du kennst	sie kannte / hat gekannt	er kenne / kennte	kenn(e)!
kommen	du kommst	sie kam / ist gekommen	sie komme / käme	komm(e)!
können	du kannst	er konnte / hat gekonnt	er könne / könnte	
lassen	du lässt	sie ließ / hat gelassen	sie lasse / ließe	lass(e)!
laufen	du läufst	er lief / ist gelaufen	er laufe / liefe	lauf(e)!
leiden	du leidest	sie litt / hat gelitten	sie leide / litte	leid(e)!
leihen	du leihst	er lieh / hat geliehen	er leihe / liehe	leih(e)!
lesen	du liest	er las / hat gelesen	er lese / läse	lies!